U0533091

后浪出版公司

我们与天赋

INSIDE THE SCIENCE OF
EXTRAORDINARY ATHLETIC
PERFORMANCE

DAVID EPSTEIN

[加] 大卫·爱泼斯坦 著

徐黄兆 译

的距离

贵州出版集团
贵州人民出版社

目 录

序　言　寻找运动基因　i

第1章　败给"耍手段"女孩：
　　　　与基因无关的"专长"模型　1

第2章　两位跳高运动员的故事：
　　　　多于1万小时或少于1万小时　23

第3章　大联盟球员的视力与最强小选手：
　　　　硬件与软件　49

第4章　男人为什么有乳头　71

第5章　可塑之才　95

第6章　超级宝贝、恶霸惠比特犬和肌肉的可训练性　125

第7章　体型大爆炸　143

第8章　维特鲁威NBA球员　159

第9章　在某种意义上，我们都是黑人：
　　　　种族和遗传多样性　177

第 10 章　短跑王国牙买加的秘密：

　　　　　战士-奴隶理论　197

第 11 章　疟疾和肌肉纤维　219

第 12 章　卡伦津人耐力之谜　233

第 13 章　海拔：世界最强天才筛选器　255

第 14 章　雪橇犬、超级跑者和懒人基因　281

第 15 章　心碎基因：

　　　　　赛场上的死亡、伤病和疼痛　305

第 16 章　金牌突变　335

尾　声　完美运动员　355

后　记　365

致　谢　380

注释和引用　385

― 序言 ―

寻找运动基因

米切诺·劳伦斯（Micheno Lawrence）是我所在高中田径队里的一名短跑选手，他的父母都是牙买加人。这家伙又矮又胖，透过网眼背心，他鼓鼓的肚腩一览无余，队里其他的牙买加选手也经常穿着这样的网格衫来参加训练。放学后，米切诺还要去麦当劳打工，虽然队友们总会开玩笑地说他肯定经常偷吃店里的食物，不过这丝毫不影响米切诺那令人侧目的冲刺速度。

在20世纪70年代至80年代的一小波移民潮中，大量的牙买加家庭涌入了美国伊利诺伊州的埃文斯顿，使得在埃文斯顿高中里田径成了备受欢迎的运动项目。（从1976年到1999年，我们学校的田径队连续24次夺得了地区比赛的冠军。）和一些杰出运动员一样，米切诺喜欢用第三人称来指代自己。"米切诺不会手下留情。"他会在大赛开始之前这样告诫自己，决心要毫无同情心地、彻底地击败自己的竞争对手。1998年，也就是我高三那年，在一场4×400米接力比赛中，跑最后一棒的米切诺凭借一己之力，将队伍名次从第4名拉到了第1名，一举赢得了伊利诺伊州冠军。

我们在读高中时，或许都见过这样的运动高手。他们就是能赢得不费吹灰之力。这些人要么是橄榄球比赛中首发阵容的四分卫或游击手，要么就是州代表队的控球后卫或跳高选手。一言以蔽之，天选之子。

事实果真如此吗？伊莱·曼宁（Eli Manning）和佩顿·曼宁（Peyton Manning）真的继承了老爸阿奇·曼宁（Archie Manning）的四分卫基因吗？还是说他们长大以后能够成为超级碗比赛最有价值球员是因为自幼便受到家庭氛围的影响和熏陶？外号"甜豆"的乔·布莱恩特（Joe Bryant）显然将自己的身高遗传给了儿子科比，但后者那爆发力十足的第一步突破又是从哪里来的？保罗·马尔蒂尼（Paolo Maldini）作为AC米兰队队长率队拿下欧洲冠军联赛的冠军，但在40年前，他的父亲老马尔蒂尼也完成了同样的壮举，这又该怎么解释？老肯·葛瑞菲（Ken Griffey）将自己的棒球击球天赋传给了儿子吗？还是因为小葛瑞菲从小接触职业棒球，抑或是二者兼而有之？2010年，伊琳娜·连斯基（Irina Lenskiy）和奥莉加·连斯基（Olga Lenskiy）这一对母女，在4×100米接力项目中撑起了以色列国家队的半边天。速度基因一定在这个家族的血脉中遗传。但是，真有这样的东西吗？所谓的"运动基因"的确存在吗？

序言　寻找运动基因

* * *

2003年4月，一支由多国科学家组成的团队宣布人类基因组计划（Human Genome Project）完成。经过13年艰苦研究，在解剖学意义上的现代人类诞生20万年后，该项目组绘制出了人类基因组图谱，总共测定出约23000个包含基因的脱氧核糖核酸（DNA）区域。由此，研究人员知晓了要从何处开始寻找人类诸多特征的根源，包括发色、遗传疾病和手眼协调能力等，不过他们低估了解读遗传指令的难度。

我们可以把人类基因组想象成一本23000页的食谱，它存储在每个人体细胞的中心，为人体的构建提供指引。如果我们能读懂这23000页的大部头，我们就能理解人体组成的方方面面。当然，这只是科学家们的一厢情愿。事实上，在这23000页中只有部分页面记载有控制人体众多不同功能的指令，而且一旦有一页被移动、修改或撕掉了，那么剩余22999页中某些页面就可能突然出现新的指令。

在人类基因组测序完成后的几年里，运动科学家们挑选了一些可能会影响运动能力的单基因，并在由运动员和非运动员组成的少数群体中对这些基因的不同版本进行了比较。可惜的是，在小规模研究中单基因所产生的影响实在微乎其微。即便是身高这样易于衡量的特征，科学家们也没有找到决定性的基因。这不是因为它们不存在，而是被遗传机制的复杂性掩盖了。

科学家们开始逐渐摒弃这类小规模的单基因研究，转而采用全新的方法来分析遗传指令的作用方式。通过生物学家、生理学家和运动科学家的共同努力，生物学天赋与严格训练的相互作用对于运动能力的影响这一谜团逐渐被揭开，体育领域"先天"与"后天"之争也开始了，其间也不可避免地涉及对性别、种族等敏感话题的艰辛探索。既然科学已经走到了这一步，本书也将直面这些难题。

在任何追求竞技表现的领域，先天遗传和后天训练的影响都是彼此交错纠葛的，以至于人们给出的答案往往是：二者兼而有之。但在科学上，这并不是一个令人满意的最终答案。科学家们必须追问："先天和后天因素具体是如何发挥作用的？""它们分别产生了多大的影响？"在探寻这些问题的过程中，运动科学家们迈入了现代遗传学研究的时代。我写作本书的目的，既是为了追踪他们的研究进展，也想了解在运动精英的天资由来方面哪些问题已经得到了解答，哪些问题还在纠缠不清。

* * *

高中时代，我很好奇帮助校队获得无数次胜利的米切诺，还有来自牙买加的其他孩子是不是都携带了一些特殊的速度基因？到了大学，我曾有幸与一些肯尼亚选手同场竞技，我又开始好奇他们是否从东非带来了耐力基因。与此同时，我也留意到田径队里有一个5个人的训练小组，组员们形影不离，日复一日地一起训练，但最终彼此的成绩却大相径庭。这怎么可能呢？

序言　寻找运动基因

大学的田径生涯结束以后，我继续攻读理科研究生，后来又成了杂志《体育画报》(*Sports Illustrated*)的撰稿人。在撰写本书的过程中，我终于有机会融入竞技体育的圈子里。起初，这一领域和我在运动科学方面的兴趣毫不相干。

为了完成这本书，我周游全世界，遍访世界冠军，接触了形形色色的人和各种各样的动物，这些人类和动物都拥有极大影响运动能力的罕见基因突变或奇异身体特征。一路走来，我渐渐意识到某些我原本以为是个人特质的要素，譬如运动员的训练积极性，实际上很大程度与遗传因素有关；而另外一些我以为是天赋，例如棒球击球手或板球击球手的快速反应能力，却恰恰相反。

就让我们从这里开始吧。

— 第 1 章 —

败给"耍手段"女孩

与基因无关的"专长"模型

美国职业棒球大联盟中国家联盟队的重炮手麦克·皮耶萨（Mike Piazza）气势如虹，而美国联盟队却已经身陷绝境，急需有人来稳住局面。

越过一排世界上最优秀的击球手，珍妮·芬奇（Jennie Finch）大步流星地走向洒满阳光的内场，她淡黄色的头发在阳光下闪闪发亮。在过去的24年中，这项百事全明星垒球赛[1]一直都被美国职业棒球大联盟的球员把持着。而随着这位身高1.85米的美国垒球队王牌球员进入投手区并握住了球，场外人群开始骚动了起来。

这是风和日丽的一天，加州大教堂城体育场内的温度为21摄氏度。这座球场仿照芝加哥小熊队的主场瑞格利球场修建，虽

---

[1] 百事全明星垒球赛（Pepsi All-Star Softball Game）：由百事可乐公司赞助的慈善赛事，美国职业棒球大联盟的球员通常会在春训之前参加这项赛事。比赛规则和大联盟全明星赛相同，由国家联盟队与美国联盟队各组一支明星队参赛，但赛事使用的是垒球和铝制球棒。——译者注（全书中未说明的注释为原注）

然规模只有后者的四分之三，但却十分传神地还原了那爬满常春藤的外场墙壁。甚至连瑞格利村的砖石公寓景色也被搬来，只不过是印在一幅与芝加哥那片景观近乎同样大小的乙烯印刷画上。

芬奇，这位将在2004年雅典奥运会上揽获一枚金牌的投手，起初只是受邀以美国联盟队教练组成员的身份来参加这次比赛。但是，当第5局美联队以1∶9落后时，教练组决定派她上场。

芬奇前脚刚迈进投手丘，她身后的防守球员就坐了下来。洋基队的内场手亚伦·布恩（Aaron Boone）脱下手套，躺在泥地上，头枕在二垒上。德州游骑兵队的全明星球员汉克·布莱洛克（Hank Blalock）则趁这个机会去喝了口水。毕竟，在击球训练中他们都见识过芬奇的投球。

作为赛前庆典活动的一部分，很多大联盟的球员都拿芬奇的下手投法考验过自己的技术。芬奇的垒球从13米外的投手丘投出，以超过每小时96千米的速度行进，球到达本垒板所用的时间与从18米开外的标准棒球丘投出的每小时153千米的快球差不多一致。每小时153千米的投速确实非常快，但对于职业棒球选手来说这不过是家常便饭。另外，相比棒球，垒球要更大一些，因此也更容易击中。

尽管如此，芬奇每次抡圆胳膊用力投出的球都会让击球的男人们感到困惑。当同时代最伟大的击球手亚伯特·普荷斯（Albert Pujols）在赛前练习中主动站出来要和芬奇对垒时，其他的大联盟球员都凑过来看热闹。芬奇紧张不安地理了理马尾辫，脸上泛起灿烂的笑容。她既兴奋又担心普荷斯会打出直接朝

第1章 败给"耍手段"女孩:与基因无关的"专长"模型

自己飞过来的平直球。普荷斯宽厚的胸脯上挂着一条银链,小臂和球棒一样粗。"准备好了。"普荷斯轻柔地说。芬奇的身体后仰,接着弹回,胳膊抡出一道巨大的弧线。她投出的第一个球有些高。普荷斯跟跄着后退了几步,脸上满是惊愕。芬奇咯咯笑了起来。

接着,她又投出一记快球,这次的球不仅高,位置还靠内。普荷斯急忙扭头转身摆出守势,而在他身后的一干同行们都哄笑起来。普荷斯走出击球区,强镇心神,又走了回去。他在泥地上蹭了蹭脚,死死地盯住芬奇。这一次芬奇投来的球直取中路。普荷斯用尽全身力气猛烈挥击,然而球却从球棒旁边擦过,观众们发出一片嘘声。再接下来,芬奇的投球偏向外侧,普荷斯放弃击打。之后又是一记好球,普荷斯再度抡空。只剩下最后一次击球机会了,普荷斯移到击球区靠后的位置,扎好马步,降低重心。

芬奇的球投了出来,普荷斯还是没打中。他转身离开击球区,朝着正在窃笑的队友们走去。很快,他便停了下来,看起来有些不知所措,接着他转过身去,面向芬奇脱去头盔以示敬意,然后继续向前走。"这种经历我绝对不想再体验第二次了。"事后他下定决心。

所以,当芬奇上场时,她身后的那些防守球员有充分的理由坐在地上:他们知道对方肯定一个球也打不中。结果也正是如此,就像在赛前练习时那样,芬奇两次投杀了对面的击球手,皮耶萨被直接三振出局。圣迭戈教士队的外场手布莱恩·贾尔斯(Brian Giles)第三次击打时彻底抡空,巨大的冲击力甚至让他

– 3 –

在原地打了个转儿。随后，完成工作的芬奇便返回了教练席。不过，她的球技给大联盟球员带来的困扰还远未结束。

从 2004 年到 2005 年，芬奇在福克斯电视台的《本周棒球》(*This Week in Baseball*) 节目中主持一个固定环节。她会前往大联盟集训营，挑战那些最优秀的棒球击球手，让他们当一回笨拙的菜鸟。

"女孩也能玩成这样？"西雅图水手队的外场手迈克·卡梅伦（Mike Cameron）在以 15 厘米的距离错失一记投球后，一脸难以置信地问道。

当 7 次最有价值球员得主巴里·邦兹（Barry Bonds）在大联盟全明星赛上看到芬奇时，他挤开媒体记者的包围圈，径直走到芬奇面前，对着她出言不逊。

"所以，巴里，我什么时候才有机会对阵你这位世界第一呢？"芬奇问道。

"随时奉陪！"邦兹自信满满地回应，"你碰到的那都是些笨蛋……你得尝尝世界第一的厉害。你长得漂亮，球技又好，得配上一个同样优秀的帅哥。"他挑逗着芬奇，像一只雄孔雀在炫耀自己美丽的羽毛。邦兹还让芬奇在和自己对决之前最好准备一张防护网："你肯定用得上……我会打中你的。"

"到目前为止，只有一个人碰到过我的球。"芬奇答道。

"碰到你的球？"邦兹笑着说，"相信我，只要它越过投手板，我就能碰到。我会好好地碰碰它。"

"我会让我的人打电话给你，这事就这么定了。"芬奇告诉

第1章 败给"耍手段"女孩：与基因无关的"专长"模型

他说。

"好，就这么定了！妹子，你可以直接打电话给我。"邦兹说，"我直接接受挑战……再在国家电视台上搞个直播，这样全世界的人都能看到。"

等到芬奇如约而至，准备和邦兹对决时——这次没有球迷和其他媒体在场，邦兹戏谑的口吻马上就改变了。在看了几次芬奇的投球以后，他便坚持要求摄像机不能对准他拍摄。芬奇投出的球一次又一次地越过邦兹，当旁观的队友都断定这是好球[1]时，"这是个坏球[2]！"邦兹不服气地说。对此，他的一位队友说道："巴里，这里可有这么多双眼睛在盯着呢。"邦兹眼睁睁地看着几十个好球从身边飞过，自己却一次都没能挥动球棒。直到芬奇告诉他投球的球路以后，他才勉强打出一记界外球，而球滚了几米就停下来。邦兹只得恳求芬奇："来吧，扔一个奶酪球[3]！"芬奇照办，结果球还是直接从他身边飞了过去。

随后，芬奇又去拜访了洋基队的亚历克斯·罗德里格斯（Alex Rodriguez）。当芬奇和球队里的一位捕手练习热身投球时，罗德里格斯，这位当时在役的最有价值球员，在她背后默默观察着。头5次投球，这位捕手漏掉了3次。目睹这一切的罗德里格斯做出了一个让芬奇失望的决定，他直接拒绝迈入击球区迎

---

[1] 好球（Strike）：通过好球区（位于本垒板的垂直上空，上至击球手肩部上沿与裤腰上沿之间的中点水平线，下至双膝上沿的立体区域）的球。——译者注

[2] 坏球（Ball）：通过好球区外但击球手并未击中的球。——译者注

[3] 奶酪球（Cheese）：指快球，尤其是击球手很难击中的快球。——译者注

战芬奇。他探过身子告诉芬奇："想把我当傻子耍，没门。"

* * *

在过去的 40 年中，科学家们一直尝试描绘优秀运动员拦截快速移动物体的画面。

最直观的解释便是，像亚伯特·普荷斯和罗杰·费德勒（Roger Federer）这样的运动员天生拥有更快的条件反射，这使他们有更充足的时间对运动中的球类做出反应。但事实并非如此。

有一项叫作"简单反应时间"（simple reaction time）的测试，考查人们按下按钮来对光亮做出反应的速度。在这项测试中，无论职业是老师、律师还是专业运动员，大多数人都需要大约 200 毫秒，即 0.2 秒的反应时间。从眼底视网膜接收到信息，到信息通过突触（神经元之间的通路，信息通过时需要花费数毫秒）传递至大脑后方的初级视觉皮质，大脑再将信息传送给脊髓促使肌肉做出动作，整个过程最短时间大约为 200 毫秒。所有这一切都发生在眨眼之间。但即便反应速度达到 200 毫秒，在面对时速 160 千米的棒球以及时速 210 千米的网球时，还是太慢了。

通常情况下，大联盟比赛中投出的快球在 75 毫秒内就会飞行大约 3 米。在这段时间内，视网膜上的感觉细胞确认棒球出现在了视野中，包括球的飞行轨迹、速度等相关信息也会传递给

第1章 败给"耍手段"女孩:与基因无关的"专长"模型

大脑。棒球从投手手中飞到本垒板仅需 400 毫秒。由于启动肌肉动作就需要花去一半的时间,因此,当棒球刚离开投手的手甚至还没来得及飞行到一半距离时,大联盟的击球手就必须得想清楚,自己的球棒该往哪里挥。当球进入球棒的击打范围后,视线与球的实际接触时间仅有 5 毫秒。当球不断靠近本垒板,相对于击球手视线的角度也在发生着快速变化,因此所谓"盯着球看"的建议几乎是不可行的。人类的视觉系统无法一直追踪球的动态。击球手即便在球飞行到半路时闭上眼睛也无妨。鉴于投球的速度以及人类在生物学上的局限性,能击中球简直堪称奇迹。

即使是这样,亚伯特·普荷斯和他的同行们在面对时速 153 千米的棒球时,不仅要看到球,还要击中它。因为他们以此来谋生。那么当面对时速 110 千米的垒球时,为什么他们又一下子变成了刚入行的新手?这是因为要想击中高速飞行的棒球,唯一的办法便是"预见未来",而当棒球选手对决垒球投手时,他们就如同被剥夺了"水晶球"的占卜师。

* * *

差不多 40 年前,珍妮特·斯塔克斯(Janet Starkes)还未成为全世界最具影响力的体育专业研究者之一。在那时,她还是一位身高 1.57 米的控球后卫,曾在加拿大国家队集训过一个暑假。不过,她为体育领域带来的深远影响却在球场之外,这来自她在加拿大滑铁卢大学读研究生期间所开展的研究工作——设法弄清楚优秀运动员优秀的原因。

令人感到惊讶的是，身体"硬件"，即运动员拥有的明显是与生俱来的能力（例如简单反应时间）对于解释他的专业表现几乎毫无帮助。优秀运动员的反应时间往往在 200 毫秒左右，这与普通人的结果完全一致。

于是，斯塔克斯决定另辟蹊径。她听说在以航空管制员为对象的研究中，研究人员会使用"信号侦测测试"（signal detection tests）来衡量一位专业管制员能够以多快的速度筛选视觉信息，确定关键信号是否存在缺失。在她看来，研究这类通过练习而获得的认知能力可能会取得丰硕的成果。于是，1975 年斯塔克斯发明了现代运动领域的"遮闭测试"（occlusion test），这也是她博士研究的一部分。

她收集了数千张女子排球比赛的照片并制作成幻灯片，有些照片中可以看到排球，而在另外一些照片中，排球恰好离开画面。在很多照片中，无论球是否在画面上，球员身体的方向和动作都几乎完全一致。因为在排球刚飞出画面的瞬间，一切基本没什么变化。

随后，斯塔克斯在幻灯片放映机上接了一台显示器，让优秀的排球选手们以几分之一秒的速度注视一张幻灯片，回答在刚才一闪而过的画面中是否出现了排球。短暂的一瞥太过迅速，实际上观看者根本不可能看到球。这个测试的目的是判断球员对于整个球场以及其他球员身体语言的观察方式是否异于常人。

首批遮闭测试的结果令斯塔克斯感到震惊。不同于反应时间

第1章 败给"耍手段"女孩：与基因无关的"专长"模型

测试的结果，顶级排球运动员和初学者之间差别巨大。对于精英运动员而言，零点几秒的时间就足够他们确定排球是否曾存在于画面中。而越是优秀的球员，从每张幻灯片中提取有效信息的速度就越快。

有一次，斯塔克斯测试了加拿大国家排球队的队员，这支队伍当时拥有世界上最好的二传手之一。当一张幻灯片以 0.016 秒（即 16 毫秒）的速度从眼前闪过，这位二传手就能推断出排球是否出现在了画面中。"这是一项难度很高的任务，"斯塔克斯告诉我，"对不熟悉排球的人来说，在 16 毫秒的时间里他们就只能看到一道闪光。"

这位世界水平的二传手利用 16 毫秒的时间，不仅能够确认画面中是否出现了球，还收集到了足够的视觉信息来判断照片拍摄于何时何地。"幻灯片闪过后她会喊'是'或'否'说明球是否出现。"斯塔克斯说，"但有时候她会说：'这是换了新队服以后的舍布鲁克队，所以照片肯定是在某某时间拍摄的。'"对别人而言只是一眨眼的瞬间，她却可以说出来一大堆信息。这个例子非常清晰地说明了专业运动员和新手之间的关键差别之一就在于后天习得的感受比赛的方式，而非天生的快速反应能力。

在拿到博士学位后不久，斯塔克斯成了加拿大麦克马斯特大学的一位教员，她与加拿大国家曲棍球队合作继续开展遮闭测试研究。一直以来，曲棍球训练的正统观念倾向于认为球员的先天反应是最重要的，而斯塔克斯提出的理论纯属"异端邪说"。

1979 年，斯塔克斯开始帮助加拿大国家曲棍球队备战 1980

年奥运会，但她心灰意冷地发现，国家队教练们还是在按照过时的观念来选择球员和安排训练。"他们认为每个球员都用同样的方式来感知球场。"她说，"他们还在使用简单反应时间测试来选材，认为这是判断谁能成为最佳门将或最佳前锋的决定性因素。反应时间可能什么也预测不了，他们对此竟然一无所知，这让我十分震惊。"

斯塔克斯当然懂得更多。曲棍球运动员的遮闭测试再次验证了先前在排球运动员身上发现的规律，甚至还更为显著。优秀的曲棍球运动员不仅能以比眨眼更快的速度判定球是否出现在画面中，还能精确地复述出球场上的情景。这一结果同样适用于篮球和足球运动员。好像每一位精英运动员都在自身的运动领域内奇迹般地拥有了照片式记忆。但问题在于这种感知能力对于顶级运动员而言有多重要？是否属于遗传天赋？

显然，在动作缓慢、谨慎且不受制于身体素质的比赛中寻找答案最为合适。

* * *

时间回到 20 世纪 40 年代，荷兰国际象棋大师兼心理学家阿德里安·德赫罗特（Adriaan de Groot）对棋艺水平的本质展开了研究。德赫罗特希望通过测试不同水平的国际象棋棋手，来探究特级大师级棋手优于普通专业棋手、普通专业棋手又远胜俱乐部棋手的原因。

第1章 败给"耍手段"女孩：与基因无关的"专长"模型

当时的普遍观点认为，在国际象棋比赛中，技艺精湛的棋手比实力逊色的棋手思考得更为长远。对于经验丰富的棋手与新手而言事实的确如此。但是当要求特级大师棋手和高水平棋手面对不熟悉的棋局，分别阐述自己的决策过程时，德赫罗特发现，即使水平不同，棋手们会考虑的棋子数量和设想好的步数几乎相同。但为什么最终胜出的是特级大师呢？这令他感到十分好奇。

德赫罗特组建了一个由4位国际象棋棋手组成的小组，棋手分别属于不同等级：获得过世界冠军的特级大师级棋手、大师级棋手、市级冠军棋手和普通俱乐部棋手。

德赫罗特又找来另一位大师级棋手，让他摆出一些残局，接下来的实验步骤与30年后斯塔克斯的实验如出一辙：德赫罗特让这些棋局从棋手面前以几秒的速度一闪而过，然后让他们在一张空白棋盘上重现刚才的棋局。结果表明，技艺水平不同的棋手之间存在着明显差异，尤其是两位大师级棋手与两位非大师级的棋手之间，差别更是明显。"差别如此显著，几乎没必要进一步去证实了。"德赫罗特写道。

在实验中，特级大师花了3秒时间观看棋局后便可以完整再现，并且4次均获得成功。大师级棋手也是如此，但仅成功了两次。两位实力较差的选手都未能完全准确地重构任何一盘棋局。总体而言，在实验中，特级大师和大师级棋手能够将90%以上的棋子准确地放在正确的位置，而市级冠军棋手只能复原大约70%的棋子，俱乐部棋手仅能完成50%。只需要5秒，特级大师便基本掌握了对弈局势，俱乐部棋手需要 15 分钟才能达到同样程度。德赫罗特写道，在这些测试中，"大师们的超强表现基于经验，这一点显而易见"。不过直到 30 年以后，科学家们才证实德赫罗特发现的能力确实是一种后天习得的技能，而非先天神奇记忆力的产物。

在 1973 年发表的一项开创性研究中，美国卡内基梅隆大学的心理学家威廉·蔡斯（William Chase）以及未来的诺贝尔奖得主、心理学家赫伯特·西蒙（Herbert Simon）重复了德赫罗特的实验，并且增加了难度：他们让棋手记忆从未在比赛中出现过的、棋子随机排布的棋局。棋手有 5 秒的时间来研究这些随机组合，然后再重现棋局。结果大师级棋手们的记忆优势消失了，他们的记性突然就变得和普通棋手差不多了。

为了解释这种现象，蔡斯和西蒙提出了关于技能的"组块理论"（chunking theory），虽然它是国际象棋等博弈学研究领域的关键理论，但也适用于运动领域。这一理论有助于解释珍妮特·斯塔克斯在曲棍球和排球运动员身上的发现。

国际象棋大师和精英运动员一样，他们会在棋局或赛场上对信息进行"组块"处理。换句话说，这些高手们不是一把抓住了一大堆零散的信息碎片，而是基于曾经见过的模式，下意识地将信息分类成数量较少且富有意义的信息块。以德赫罗特的研究为例，假如普通俱乐部棋手需要观察和尝试记住 20 枚棋子的排列方式，那么特级大师只需要记住包含多枚棋子的若干组块，因为对于他们而言，棋子之间的关系已然拥有了足够丰

第1章 败给"耍手段"女孩：与基因无关的"专长"模型

富的含义。[1]

特级大师对于象棋语言已经掌握得炉火纯青，他们相当于拥有一个"脑力数据库"。这个数据库包含数百万种棋局，分解为至少 30 万个重要组块，这些组块又重新组合成脑力"模板"（templates）。这种模板即由棋子（若是运动领域则是球员）排布成的棋局，在这样的棋局中，即便有些棋子的位置变动，也不会导致整体布局变得面目全非。当新手迷失于新信息和随机性时，大师们却可以观察到熟悉的秩序和结构，这使得他们可以及时追踪到对于迅速决策至关重要的信息。"原本需要耗费时间、有意识地演绎推理才能完成的任务，现在依靠迅速、下意识的感知即可达成。"蔡斯和西蒙写道，"国际象棋大师说自己'看出了'正确的棋步，这话说得没毛病。"

无论是棋手、钢琴家，还是外科医生、运动员，当相关研究追踪这些经验丰富的专业人士的眼球运动时，发现随着经验的积累，专家们可以更快速地对视觉信息进行筛选，实现去芜存菁。他们会迅速地将注意力从无关信息上移开，转移至最重要的信息上，再决定下一步的行动。当新手全神贯注于单个棋子或某一位队员时，专家们却把注意力更多地放在棋子之间或队员之间的空间上，这些空间关乎整体中各部分的统一关系。

感知秩序使得精英运动员能够从团队成员的位置排布或者对

---

[1] 其实我们每个人每天都在以组块方式处理信息。以语言为例，假如随机给出 20 个单词且单词之间毫无关联，那么记忆起来肯定有难度；但如果给出的是一个由 20 个单词组成的句子，记忆起来肯定会轻松许多。

手身体运动的细微变化中提取出关键信息，对接下来可能会发生的情况做出下意识的预测。在体育运动中，这是最重要的一点。

* * *

20世纪70年代末，布鲁斯·阿伯内西（Bruce Abernethy）还在昆士兰大学读本科，当时这位狂热的板球迷对斯塔克斯研究中的遮闭测试法进行了拓展。阿伯内西起初使用了超8毫米胶片[1]来拍摄板球投球手的视频。他向投球手展示视频，但剪掉了视频中球投出之前的部分，接着他让投球手预测球的方向。结果不出所料，专业球员对于球的行进路线的预测更胜于新手球员。

此后几十年间，担任昆士兰大学研究副院长的阿伯内西愈发娴熟地运用遮闭测试法来阐明运动领域感知技能的基本原理。他将自己的研究地点从显示屏前转移到了运动场和球场，通过为网球选手配备特殊的护目镜（它可以在对手准备击球时变得不透明），或者给板球的投球手戴上不同模糊程度的隐形眼镜等方法来进行研究。

阿伯内西的研究成果主要在于，他发现精英运动员只需要较少的时间和视觉信息就能预知未来动向，甚至在不自觉的情况下聚焦关键视觉信息，就像专业的国际象棋棋手那样。精英运动员会对与身体姿势和队形有关的信息进行组合归类，这与国际象棋

---

[1] 超8毫米胶片：一种8毫米胶片的改良版，1965年由柯达推出，它可以让影片拍摄的面积更大。——译者注

第1章 败给"耍手段"女孩：与基因无关的"专长"模型

特级大师对车和主教等棋子的处理方式如出一辙。"我们测试了专业的板球击球手，他们只能看到板球、手和手腕直到手肘的部分，结果他们的表现依然优于随机猜测。"阿伯内西说，"这看似离奇，但说明了手与胳膊之间存在着重要的信息，专业选手可以借此做出判断。"

阿伯内西发现，顶级的网球选手能够通过对手发球前躯干的细微扭动，判别出球会奔向自己的正手还是反手，而普通网球选手就只有在看到对手网球拍的动作以后才能做出判断，因此丧失了宝贵的反应时间。（以羽毛球为例，如果阿伯内西隐藏了球拍和整个前臂的画面，精英球员的判断就会变得和新手差不多。这表明小臂的动作信息对于羽毛球这项运动至关重要。）

职业拳击手也拥有类似的技能。穆罕默德·阿里（Muhammad Ali）的一记刺拳只需要40毫秒就能击中站在0.45米开外的对手面部。如果没有基于身体动作的预判，阿里的对手第一轮就会被击倒，而且是拳拳到肉。（阿里善于隐藏自己的出拳线路，迷惑对手的预判，这通常让对手在几个回合后便败北。）

即便是看似纯粹直觉的技能，例如篮球比赛中起跳抢篮板的能力，同样根植于后天习得的感知专长以及一个脑海中的知识数据库，数据库中记录了投手身体的细微移动将会如何改变篮球行进线路的信息。这是一个只有通过艰苦训练才能建立起来的数据库。[1]

---

[1] 如今，在职业板球队中已经不再使用投球机辅助训练了，因为投球机无法帮助击球手培养预判形势需要的身体动作识别技能。

缺少这样的数据库，任何运动员都会变成面对随机棋局时的国际象棋大师或者对决珍妮·芬奇时的亚伯特·普荷斯，后者相当于被剥夺了能帮助自己预测未来的信息。[1] 由于普荷斯缺少记录芬奇身体动作、投球癖好乃至垒球旋转的脑力数据库来帮助自己预判球路，所以他总是在最后一刻才做出反应。于是，普荷斯的简单反应速度就彻底沦为了普通人的水平。

美国圣路易斯华盛顿大学的科学家对普荷斯进行过测试，发现在简单反应时间上，这位当代最伟大的击球手在大学生随机样本中仅排名第 66 位。

* * *

没有人生来就具有精英运动员所必需的预判技能。在研究高水平羽毛球球手和初学者的眼球运动模式时，阿伯内西发现，初学者已经知道观察对手身体的正确区域，只是他们的大脑中缺少必要的认知数据库。"如果初学者一开始就拥有这样的数据库，"阿伯内西说，"那么训练他们成为专业球手简直轻松太多了，你只需要告诉他们'盯住手臂'。对于棒球击球手来说，真正有用的建议不再是'眼睛盯住球'，而是'观察对方的肩膀'。但实际

---

[1] 击球教练佩里·赫斯本德（Perry Husband）曾对美国职业棒球大联盟一个完整赛季中的所有 50 万次投球做过分析。结果表明，当对手投出 2 坏球和 0 好球时，大联盟球员对于中路投球的打击率为 0.462，当对手投出 0 坏球和 2 好球时，打击率降至 0.362。单单是帮助球手预判下一次投球的计数信息就能在结果上产生 0.1 的差别。

上如果你告诉他们这些，好球员反而会变差。"

当一个人练习某项技能时，无论是击打、投掷，还是学习驾驶一辆汽车，参与技能执行的思维过程都会逐渐从位于大脑额叶的高级意识区域退至自动化控制的更原始的大脑区域。也就是说，你逐渐可以"不假思索"地执行这些技能。

大脑的自动化机制对于体育运动中的技能是高度特殊化的，在对接受过特定训练的运动员进行脑成像研究时发现，只有当他们在执行完全相同的任务时，大脑额叶的活跃度才会降低。即当跑步运动员在骑自行车或手轮车（用手而非脚来驱动踏板）时，即便看似并不需要太多的意识参与，大脑额叶的活跃度仍然会比跑步时有所增加。运动员训练时执行的身体活动，在大脑中得到了高度特殊化的自动控制处理。按照阿伯内西的观点，"思考"如何行动是体育菜鸟的标志，也是专家退化为业余爱好者的关键因素。芝加哥大学心理学家西恩·贝洛克（Sian Beilock）已经证实，高尔夫选手可以通过哼歌来提前占据大脑中的高级意识区域，从而克服推杆时压力所导致的手足无措——贝洛克称之为"分析性瘫痪"（paralysis by analysis）。

组块化和自动化共同引导专业技能的达成。只有通过下意识地快速辨别肢体线索和运动模式，亚伯特·普荷斯才能确定自己是否应该在球刚从投手手中飞出的一刹那挥棒击打。这样的解释同样适用于佩顿·曼宁。当面对快如闪电的线卫球员时，他不可能停下来有意识地梳理对方的防守站位和阵型——这些信息经过经年累月的练习和研究比赛录像，他已经了如指掌。他只有几秒钟的时间观察场上局势并将橄榄球掷出去。他就像一位下快棋的特级大师，只不过马和卒换成了线卫和中卫。（与此同时，来自职业橄榄球联盟的防守协调员们也会对自己的球员进行排兵布阵，试图给曼宁一个具有误导性的或看似随机的"棋局"。）

从德赫罗特到阿伯内西，关于专业技能研究的结果可以用一句话概括。而在我采访那些研究专业技能的心理学家的过程中，这句话也被反复提及——"它属于软件问题，与硬件无关。"也就是说，将专业人士与业余爱好者区分开来的感知性运动技能是通过练习而获得的。就像下载软件一样，它不是人类这台机器的标准配置。这一事实催生了现代体育技能研究领域最著名的理论，并且与基因毫无瓜葛。

* * *

我们先从音乐家开始说起。

在1993年开展的一项研究中，3位心理学家将视线投向了柏林音乐学院（现柏林艺术大学），这所学院在培养小提琴演奏家方面享有世界级声誉。

学院的教授帮助心理学家们挑选出了3组学生：第1组由10位最高水平的小提琴学生组成，他们都有潜力成为国际知名的独奏家；第2组为10位优秀学生，他们有望在交响乐队谋得生计；第3组是水平一般的学生，他们未来可能会成为音乐教师。

心理学家对30位学生都进行了细致的访谈，发现了某些相似之处。3 组学生都在 8 岁左右开始了系统性的学习，在 15 岁左右决定成为音乐家。尽管演奏水平上存在差别，但 3 组小提琴手每周都会投入长达 50.6 个小时的时间来磨炼音乐技能，具体包括上音乐理论课、听音乐、练习以及表演等。

接着，他们之间出现了一个重要的差别。前两组小提琴手花在独自练习上的时间为每周 24.3 个小时，而第 3 组为每周 9.3 个小时。音乐家们认为独自练习是音乐训练中最重要的方面，尽管它比集体练习或娱乐性演奏要劳心劳力得多。前两组小提琴手生活中的一切似乎都围绕着训练和恢复。他们每周睡 60 个小时，第 3 组为每周 54.6 个小时。不过单从练习时间上来看，前两组之间没什么差别。

于是，心理学家让小提琴手们通过回忆估算自己从开始演奏小提琴那天起到现在总共练习了多长时间。第 1 组小提琴手在开始练习后，总练习时间很快便上涨，12 岁时便超出"未来的音乐教师"组大约 1000 个小时。此外，即便前两组学生在求学期间花在独自练习上的时间相同，但"未来的国际演奏家"组（最高水平组）到 18 岁时，独自练习的平均总时长为 7410 个小时，第 2 组为 5301 个小时，第 3 组为 3420 个小时。"可以看出，"心理学家们写道，"技能水平与平均独自练习时间之间存在着对应关系。"因此，所谓的"先天音乐才华"，可能只是日积月累地不断练习。

值得注意的是，心理学家们还发现，专业钢琴家的平均练习时长与顶尖小提琴手差不多，因此这中间似乎存在着某种普遍规律。研究人员根据每周练习时长得出结论：专业音乐家无论使用哪种乐器，到 20 岁时都平均累积了 1 万小时的练习时间，而技艺高超的演奏家花在"刻意练习"上的时间还要更多。刻意练习是一种需要独自完成的练习方式，它能够提升训练者的能力。

在那篇著名的论文《刻意练习对获得专业表现的意义》中，作者引用了珍妮特·斯塔克斯的遮闭测试结果，说明在运动领域，习得性感知技能比与生俱来的反应能力更加重要。他们认为，无论在音乐领域还是运动领域，都是长年累月地练习"乔装"成了天赋。

现定居于佛罗里达州的心理学家 K. 安德斯·埃里克森（K. Anders Ericsson）是该论文的第一作者。在论文发表后，他被视作"'1 万小时定律'之父"，尽管他本人从未将其称为"定律"。"1 万小时定律"也叫作"刻意练习体系"，技能学习领域的研究者们通常都熟知这一说法。

埃里克森被认为是技能研究专家。他和上述理论的支持者们进一步证实了在短跑、外科手术等多个领域，累积练习才是隐藏在天赋背后的真正"魔法"。

随着遗传科学的地位日益重要，埃里克森开始将基因研究融入自己的理论中。2009 年在一篇名为《迈向卓越成就的科学》的论文中，埃里克森与合著者写道，成为专业运动员（或任何领域的专业人士）所必需的基因"都包含在所有健康个体的 DNA 中"。专家区别于普通人的地方在于他们的练习经历而非基因。媒体则将埃里克森的研究成果解读为"1 万小时练习"是让任何

第1章 败给"耍手段"女孩：与基因无关的"专长"模型

人成为专家的必要且充分条件，即练习时间不够就成不了专家，只要练习时间足够，每个人都能成为专家。

在诸多畅销书和文章的支持下，"1万小时定律"（也被称为"10年定律"）逐渐在运动领域扎根，成了让孩子尽早接受艰苦训练的助推力。

一些畅销书作家在谈及埃里克森的理论时会考虑个体的遗传差异，但另一些人则刻板地将"1万小时定律"视为绝对，认为遗传天赋可以完全忽略。在撰写本书的过程中，我发现"1万小时定律"在很多无关领域也被视为成功的秘诀，譬如它就出现在对美国奥林匹克委员会某位科学家的采访中，还出现在某对冲基金用于向投资者解释投资理念的年报中，我甚至因此结识了一位高尔夫球手，他亲身验证了"1万小时定律"。

― 第 2 章 ―

两位跳高运动员的故事

多于 1 万小时或少于 1 万小时

2009年6月27日，在30岁生日那天，丹·麦克劳林（Dan McLaughlin）决意做点特别的事情：辞去自己在俄勒冈州波特兰市的商业摄影师工作，成为一名专业的高尔夫球员。在此前的30年人生中，他所有与高尔夫有关的经历不过是和哥哥去过两次高尔夫练习场。除了在高中时代接触过青少年网球以及参加过一个赛季的越野跑以外，麦克劳林基本没显示出什么运动才能。但有些时候，人必须求变。

在2003年拿到美国佐治亚大学的新闻学学位以后，他为报社拍了两年照片，随后又辗转于广告和产品摄影领域。此后6年，他找了一份办公室工作，主要是为牙科设备拍照片。此时的麦克劳林想要来一场人生冒险，因为这更符合他热衷挑战的个性。

一开始，麦克劳林想去读研究生，所以他攒够了钱，报名参加了一个金融专业的工商管理硕士（MBA）课程。但在美国波特兰州立大学的第一天，上课内容竟然是如何使用微软 Excel 表格，麦克劳林这才意识到，读 MBA 并不是自己渴望的那种改变。他也犹豫过是否要成为一名助理医师或建筑师，但最终他决定让人生发生某种剧烈的转变。

麦克劳林的个性中一直存在某种极端面。2006 年冬天，他甚至想去处在军事政变中的斐济旅行。不过，从总体上看麦克劳林只是个普通人。他身高 1.75 米，体重 68 千克，用他自己的话说，"先天条件并不是特别突出"，"我就是一个再平常不过的人"。

在杰夫·科尔文（Geoff Colvin）所著的畅销书《被高估的天才》(*Talent Is Overrated*) 以及马尔科姆·格拉德威尔（Malcolm Gladwell）的畅销著作《异类》(*Outliers*) 中，麦克劳林读到了埃里克森的理论，并由此受到了启发。通过阅读，他知晓了"1 万小时定律"——在《异类》中，"10000"被称为"成就伟大的神奇数字"。此外，他还了解到，那些看似是天赋的技能，往往不过是成千上万个小时训练的成果。

就这样，2010 年 4 月 5 日那天，麦克劳林记录下了自己首次的 2 小时刻意练习，向着成为职业高尔夫球手和打上美国职业高尔夫巡回赛（PGA Tour）的终极目标迈开了第一步。他打算记录下 1 万小时累积过程中的每一个小时，由此证明："我或者其他普通人与专业选手之间并无差别，这一点不仅体现在高尔夫上，亦适用于其他任何领域。如果我身高超过 1.83 米，那可能没资格说这种话，但我就是个最普通的家伙。"

截至 2012 年底，麦克劳林已经记录了 3685 小时。他的"迈

第2章 两位跳高运动员的故事：多于1万小时或少于1万小时

向职业之旅"并非为了作秀，而是为了完成一项科学实验。为此，他还聘请了一位 PGA 认证的教练指导自己训练，并向埃里克森咨询训练策略方面的建议。麦克劳林只是认真地记录下符合埃里克森定义的"刻意"练习时间。

"按照刻意练习原则，你必须全身心投入。"麦克劳林解释说。只是去高尔夫练习场花几个小时挥上几杆，没有主动寻求改进和纠错就没有意义。于是，麦克劳林每周 6 天，每天花 6 个小时来刻意练习。实际上他每天耗费在练习上的时间有 8 个小时，因为他需要经常停下来思考自己哪里做得好，哪里还需要改进，例如怎样在击球瞬间控制杆面。此外，一连几个小时保持高度专注也着实令人心力交瘁。

麦克劳林必须从零开始锻炼自己的高尔夫球技。当我第一次和他见面时，他刚训练了 1776 小时，尚未开始使用 1 号木杆[1]。"我最多用到 8 号铁杆，"他说，"所以我打的都是 140 码以内的球洞。"当他使用 8 号铁杆来模拟一轮比赛时，麦克劳林会将 3 个球放在离球洞不同距离的地方，然后同时击打它们。他说："这样我就可以用 9 洞模拟出 27 洞的效果。"按照目前的进度，麦克劳林将在 2016 年底累积到 1 万小时（他甚至没有将花在举重、阅读高尔夫理论书籍以及咨询营养师的时间算在内）。麦克

---

[1] 高尔夫球杆可分为木杆、铁杆、挖起杆和推杆。1 号木杆一般在发球区发球时使用，它在所有球杆中是最长的，挥杆幅度也最大。在使用恰当的情况下，打出的球距离也是最远的。铁杆主要用于将球道上的球打上果岭，由于杆身较短，初学者常常在练习时使用。——译者注

劳林期望着在累积到"神奇数字"时，自己会成为一名职业高尔夫球员。"谁也不能保证什么，"他说，"说不定明天我就会遭遇车祸死掉，但参加 PGA 巡回赛是我的终极目标。"

"无论发生什么，"他继续说道，"我都会视其为成功。我越来越喜欢这项运动。我在佛罗里达州立大学的一场研讨会上作过演讲，当时我与埃里克森博士共进了三餐……他说这能帮助他了解事态如何发展，即便实验对象只有我一个人。他还说自己从未如此长时间地研究一个人，追踪他的刻意练习过程。"

从来没有人做过这样的研究。所有支持"1万小时定律"的数据都具备科学家们所谓的"横向研究"和"可追溯性"。也就是说，研究者们选择已经掌握了某种特定技能的研究对象，然后让他们回忆自己累积练习时间的过程。在"1万小时定律"研究的最初案例中，研究对象是那些已经达到世界水准的演奏家。所以一开始，绝大多数普通人就被筛了出去。如果研究只局限于经过筛选的演奏家，那么肯定存在令人无望的偏见，不利于发现天赋是否存在的证据。另一方面，"纵向研究"才是更高标准的实验方法，需要在研究对象累积练习时数的过程中持续观察其技能进步状态。"1万小时定律"的纵向研究之所以困难，原因也不难理解：能招募到一群像丹·麦克劳林这样的人，并且他们都愿意花费数年时间来练习某项自己从未尝试过的技能——这已经够困难了，更不用说还要持续地追踪。

不过，依然存在其他追踪技能习得过程的方法，以此来避免主观回忆可能带来的问题。

第2章 两位跳高运动员的故事：多于1万小时或少于1万小时

＊　＊　＊

国际象棋棋手是依照埃洛等级分（Elo points）来进行评级的，埃洛分以发明这套评级系统的物理学家阿帕德·埃洛（Arpad Elo）命名。普通棋手的埃洛分大约为1200；大师级棋手，即依靠国际象棋谋生的最低水准，通常拥有2200～2400的埃洛分；而国际大师的埃洛分在2400～2500；特级大师则拥有超过2500的埃洛分。由于埃洛分会随着棋手的精进而增加，因此这套评级系统相当于为棋手技艺精进的过程提供了客观的核算方法。

2007年，来自布宜诺斯艾利斯市美洲开放大学的心理学家吉列尔莫·坎皮特利（Guillermo Campitelli）以及伦敦布鲁内尔大学专业技能研究中心的主任费尔南德·戈贝特（Fernand Gobet），招募了104位具有不同技能水平的国际象棋棋手来参与一项棋艺研究。坎皮特利曾经指导过后来成为特级大师的棋手，而戈贝特年轻的时候每天要花8～10个小时在下棋上，他拥有国际大师的称号，也是瑞士国内排名第二的棋手。

坎皮特利和戈贝特发现，达成大师级或2200埃洛分所需的练习量和1万小时差不多。研究显示，达到大师水平的平均练习时间实际上为11000小时——确切地说，是11053小时，这比埃里克森在小提琴手研究中得出的时间要多出不少。不过，相比平均练习时数，时间的变化范围蕴含了更多的信息。

研究中的一位棋手仅练习了3000个小时就达到了大师水平，而另一位棋手则需要23000小时。如果按照1年大致相当于 1000 小时的刻意练习时间来算，那么二者要达到相同的专业水平就有 20 年的时间差别。"这是我们研究结果中最引人注目的部分，"戈贝特说，"基本上，有些人要达到同样水准，需要的练习时间是其他人的 8 倍。还有些人即便练习了这么长时间，也达不到同样的水准。"[1] 在参与研究的棋手中，有不少人早在童年时期就开始练习，他们有记录的练习时数超过了 25000 小时，但依然未能获得基础的大师级称号。

尽管达到大师水平的平均练习时间为 11000 小时，但有些人的"3000 小时定律"在另一个人身上就成了"25000 小时可能还不够定律"。对小提琴手的 1 万小时研究，仅仅给出了平均练习时数。由于没有展示所需小时数的变化范围，因此我们无法判断 1 万小时是否真的能让那些研究对象成为精英小提琴手，还是说这只是不同个体差异的平均值。

在 2012 年美国运动医学会大会的一场专题讨论会上，埃里克森承认，论文中那些著名数据是从一小部分研究对象身上收集到的，它们并不完全可靠。"我们只收集了 10 个样本。"埃里克森说，"（小提琴手们）做了很多次的回忆估算，不可能完全一致。"也就是说，关于自己的练习时长，小提琴手们给出的答案前后并不一致。即便如此，埃里克森仍然表示，10 位最高水平小提琴手（1 万小时组）之间的差异"也肯定超过了 500 小时"。实际上埃里克森本人从未使用过"1 万小时定律"的说法。2012

---

1 另一个惊人的发现是：专业象棋棋手中左撇子的概率是非专业人士的 2 倍。

第2章 两位跳高运动员的故事：多于1万小时或少于1万小时

年，在发表于《英国运动医学杂志》(British Journal of Sports Medicine) 的一篇论文中，他将这一说法的流行归咎为马尔科姆·格拉德威尔在《异类》一书中将其作为某一章节的标题。"这本书实际上'曲解'了小提琴手研究的结论。"埃里克森写道。

当我问丹·麦克劳林是否担心自己会像某些象棋棋手那样，需要练习2万小时而不是1万小时才能达到目标时，他说过程本身就是一种胜利。"等到那天最终来临，当我完成了第1万个小时的训练，"麦克劳林说，"那时我究竟是在练习打75杆，还是以一球之差在PGA巡回赛的职业资格赛Q-School中被淘汰，抑或真的在打巡回赛，能亲眼见证这些将是非常有趣的一件事。我觉得只要花上7000～40000小时，普通人或许都能掌握某项技术，而且这是一种追踪进步的好方法。"但不知道为什么，"7000～40000小时定律"就没有享受到和"1万小时定律"同样的知名度。

对于象棋棋手来说，进步差距很快就能显现出来。"如果观察那些后来成为大师以及一直被困在此水平之下的棋手，"戈贝特说，"会发现虽然前3年的训练进度差不多，但有些人彼此之间的表现已经出现了巨大差异。或许一开始在天赋上存在的细微差别在结果上产生了巨大的影响。假设掌握一个组块需要10秒，成为大师大约需要30万个组块。如果一个人学习每个组块只需9秒，而另一个人需要11秒，那么在晋级大师的过程中，这些微小差距就会被不断放大。"

这有点像专业技能领域的蝴蝶效应。按照戈贝特的说法，两位练习者在初始条件上的微小差别可能会导致截然不同的结果，或者说为了达到类似结果需要完全不同的练习总量。

* * *

2004年8月22日早晨，斯特凡·霍尔姆（Stefan Holm）正专心致志地沉浸在书中，这是他在比赛之前保持平静的方法。这天他阅读的是迈克尔·卢埃林·史密斯（Michael Llewellyn Smith）的著作《1896年雅典奥林匹克：现代奥运会的诞生》（*Olympics in Athens 1896: The Invention of the Modern Olympic Games*）。这位来自瑞典的跳高运动员经常到处参加比赛，他喜欢读与比赛所在地有关的书籍。今天这本书就特别应景，因为几小时后他将在雅典的奥林匹克体育场参加2004年奥运会的跳高决赛。

一如既往地，霍尔姆要确保每个日常细节都是象征好运的吉兆。即便读书时看到第225页，他也要强迫自己至少翻到第240页，因为当跳高比赛中横杆升至225厘米时，他可不希望这个数字给自己带来"停顿"的联想。

为了避免琐碎的事导致自己精神紧张，霍尔姆这天早晨的一切行动都按部就班：首先享用玉米片配橙汁的早餐；然后在出发前的一个小时，将蓝黄配色且印有瑞典王冠标志的比赛服铺在床上，接着去淋浴，用洗发水洗头发（不知道为什么，他总是洗两遍），再刮胡子。他按照与之前一样的顺序整理背包。他会穿上

第2章 两位跳高运动员的故事：多于1万小时或少于1万小时

为比赛准备的黑色内衣。穿袜子时他先穿右脚，再穿左脚；穿跳高鞋则反过来，先左后右。

那晚在比赛场上，霍尔姆的命运定格在最后一跳的成绩2.33米上。他前两次的试跳都失败了，而第三跳如果再失败就将宣告比赛结束。像每次试跳时那样，他两次用手向后捋了捋自己的寸头，抹了把眼睛，拉拉胸前的运动衣，接着再擦干额头上的汗水。他向横杆所在的方向先是迈了几小步，再全力冲刺。只见他腾身飞起，一跃而过。接下来，他又完成了2.36米的高度，并最终拿下了这枚奥运金牌。从少时的痴迷，到天才诞生，对于霍尔姆来说，这真是一个恰如其分的高光时刻。

4岁那年，在1980年莫斯科奥运会的感召下，霍尔姆第一次尝试跳高——他和邻居马格努斯携手跳过了沙发。这场冒险以马格努斯摔断胳膊而告终，不过这两个孩子并未被吓倒。

霍尔姆6岁时，马格努斯的父亲用枕头和一张旧床垫为男孩们在后院做了一个跳坑。两年之后的1984年，8岁的霍尔姆观看了帕特里克·舍贝里（Patrik Sjöberg）的一场比赛。在这场比赛中，这位气势满满、留着一头金色长发的瑞典跳高选手创造了新的世界纪录。自那以后，瑞典各地涌现出了无数个"小舍贝里"，他们开始在长沙发椅上练习跨越式和背越式跳高。小霍尔姆也经常喊住父亲，然后开心地大叫道："看！我是帕特里克·舍贝里！"然后再猛地跃过长沙发椅。

那时的霍尔姆已经开始上学。校园生活令他兴奋不已，因为学校里有一个跳坑。他无数次在午休时拉着马格努斯一起演练想象中的奥运会跳高比赛场景，甚至会因此上课迟到。

雅典奥运会决赛那天，马格努斯就在看台上，斯特凡·霍尔姆的父亲兼终身教练约翰尼·霍尔姆（Johnny Holm）也在那里。约翰尼年轻的时候曾是瑞典足球丁级联赛的一名身手矫捷的守门员，他本可以晋升至职业联赛，但为了照顾家庭，他最终选择以焊工为职业。自年少时起，霍尔姆便能从父亲的故事中感受到他对于没有成为职业运动员的遗憾。虽然父亲并未直接表露，但他热切地帮助霍尔姆全身心投入到跳高运动中。自那以后，他们都渐渐痴迷上了这项运动。

仿佛是得到了"跳高之神"的青睐，1987年，距离霍尔姆所在的小镇仅几分钟车程的地方开了一家专业级室内田径训练馆。这让当时才11岁的霍尔姆拥有了全年，甚至是整个职业生涯都可以享用的世界一流的训练场地。

14岁那年，霍尔姆跳过了1.83米的高度，这已经是他所在的瑞典西部地区同龄组的最佳纪录了，不过那个赛季他还是输掉了几场比赛。15岁时，他赢得了瑞典青年锦标赛冠军，并跟着父亲去哥德堡拜访了帕特里克·舍贝里的教练维尔约·诺西艾宁（Viljo Nousiainen）。这次会面开启了老霍尔姆与诺西艾宁之间的长久友谊。此后，他开始将诺西艾宁的训练方法用在儿子身上。这个将舍贝里视作伟大偶像的男孩，突然之间开始追赶起了偶像，但二人之间存在一个明显差别。舍贝里身高2米，与此相反，每一篇报道霍尔姆体育成就的文章都会提及他身材矮小。成年后的霍尔姆身高也只有1.8米，对于跳高运动员来说，这样的

第2章 两位跳高运动员的故事：多于1万小时或少于1万小时

身高就是个矮子。在一个要求运动员尽可能提高身体重心的体育项目中，一开始就拥有高重心无异于是巨大的优势。

少年时代的霍尔姆也出现过怯场心理：当横杆比头还高时，他就会直接从横杆下跑过去，摔倒在降落垫板上。那段时间有几场比赛，霍尔姆连续3次违规后直接出局。但他并没有因此而放弃，而是全身心地投入到跳高运动中。16岁那一整年，他只输掉了一场比赛，这成为他刻骨铭心的伤痛，对此，他以2004年的不败战绩一雪前耻。此后，他沉浸在"与跳高结下的20年情缘"中。在这20年的大部分时间里，这段"感情"几乎占据了霍尔姆的全部，以至于他都抽不出时间恋爱。霍尔姆坦承自己很可能是世界上练习跳高次数最多的人。

到了17岁时，霍尔姆已经优秀到足以与偶像舍贝里一决高下了。虽然舍贝里赢得轻而易举，但霍尔姆相信，只要坚持下去，有朝一日自己终能超越这位瑞典偶像人物。19岁时，霍尔姆开始了举重训练——目的是锻炼自己的左腿。在此后的10年里，他不断提高负重，直到能将2倍体重的140千克杠铃扛在肩上练习深蹲。他会深蹲至臀部几乎贴到地面，然后再猛地发力起身。

为了弥补身高劣势，霍尔姆将冲刺练到了炉火纯青的地步，最快速度高达每小时30千米，可能比世界上任何跳高运动员都要快。为了匹配速度，他必须在距离横杆很远的地方就开始腾空。他每年都在进步，跑得越来越快，起跳越来越远，也跳得越来越高。他在横杆前纵身跃起，全力向后屈曲身体，达到极致的拱形时，仿佛脚后跟在耳旁轻声诉说着秘密。从1987年开始，

-33-

霍尔姆每年都能提升几厘米的成绩。在这样一个"不成功，便成仁"的任务中，霍尔姆让自己蜕变成了终极赢家。

自1998年首次夺冠后，霍尔姆荣获瑞典全国锦标赛11连冠。而2年以后在悉尼，他却未能站上奥运领奖台，仅仅获得了第4名。对他而言，这样的成绩并不够好。

霍尔姆一直住在家里，也断断续续地读着大学。25岁那年，他从学校退学，又从父母家搬了出去，住到距离瓦克斯纳沙伦训练馆不远的一栋公寓里。公寓位于一座只有6万人口的小镇卡尔斯塔德，坐落在瑞典最大湖泊维纳恩湖的北岸。从那时起，霍尔姆每周要训练12次。日常训练从上午10点开始，先练习2个小时的举重、跳箱或者跨栏跑——他和父亲专门设计了一种可以提升至1.68米的特殊跨栏。接下来是午餐、休息时间。下午晚些时候进行另一场训练，训练内容是30次比赛状态下的全速跳高。只要按计划跳完30次即可，不过只要有一次未能跳过去，霍尔姆就不能回家，他也不能降低高度以投机取巧。他会一直练习，直到征服面前的所有高度。到雅典奥运会开始前，约翰尼·霍尔姆已经看过儿子无数次跳高，在距离起跳还有4步时他就可以判断儿子这次能否跳过横杆。

在不助跑的情况下，霍尔姆原地站立起跳的垂直高度可达到71厘米，对于运动员来说，这稀松平常。但快速助跑能让他先压缩自己的跟腱，然后再像弹簧一样反弹回去，凭借这股力量推动自己越过横杆。科学家在检查霍尔姆的身体后发现，长期的训练使他的左跟腱被锻炼得极其坚硬，哪怕使其延展1厘米也需要

第2章 两位跳高运动员的故事：多于1万小时或少于1万小时

施加 1.8 吨的力量，其强度大约是普通人的 4 倍，因此成了异常强大的助跳装置。

2005 年，拿下奥运冠军一年后，霍尔姆获得了"完美人体发射器"的美誉：他跳过了 2.4 米的高度，创造了横杆高度与跳高运动员身高之间的距离差纪录。

* * *

那天的晚些时候，在积雪覆盖的卡尔斯塔德火车站，我见到了霍尔姆。他带我去了瓦克斯纳沙伦训练馆，用他的话来说，这座训练馆"这 20 年间就相当于是我的家"。馆内跑道一侧靠近举重区域的地方有一个锁起来的箱子，里面存放着为霍尔姆定制的跨栏。为了克制自己不去碰它，霍尔姆已经把箱子钥匙送给了别人。虽然他每周还会来训练馆跳上一两次，但日常主要是他父亲在馆里训练年轻的跳高运动员。

霍尔姆的儿子梅尔温（Melwin）已经是个小跟班了。梅尔温不是一个瑞典语名字，但霍尔姆和妻子希望儿子的名字跟"赢"（win）能多少沾点边。2007 年，梅尔温才 2 岁，爷爷约翰尼还在照看着他。有一天，霍尔姆回到家，发现这个还穿着纸尿裤的小家伙，竟然用背越式翻过了一个用乐高积木搭成的跳高玩具。"看来 30 厘米难不倒他。"霍尔姆面无表情地说道。

在瓦克斯纳沙伦训练馆，有几个孩子凑过来找霍尔姆签名。退役之后，霍尔姆因为在瑞典的电视智力竞赛节目中获奖而变得家喻户晓。他记忆力超群，能够回忆起过去20年中某次跳高比赛中自己跳过的准确高度。现如今大部分时间，霍尔姆会独自一人注视着那些七八岁的孩子练习跳高。有些孩子起跳时用错了脚，还有些孩子用双脚起跳。随着他们一个接一个地摔倒在垫子上，霍尔姆指着几个懂得在空中把握身体姿态的孩子，悄声对我说："我觉得他们颇有潜力。"当我问到他是否会亲自指导某个孩子成为奥运冠军时，他说："有些东西是教不来的——那种跳高的感觉。我从来没有练过技巧方面的东西，但背弓动作[1]就是能做到位。"

我们离开训练馆向火车站走去，途中经过了一家书店。"过来。"霍尔姆对我说。隔着书店的玻璃，他指着一本白色封面的书，上面印着一只涂成蓝色的手，比着胜利的手势。我把脸贴在玻璃上，终于看清原来那是马尔科姆·格拉德威尔所著《异类》一书的瑞典语译本。

"看到了吗？你不妨读读看。"霍尔姆说，"我年轻的时候，有不少跳高选手曾经战胜过我。那时候没人相信我会成为奥运冠军。1万小时决定了一切。"

* * *

2007年，霍尔姆参加了在日本大阪举行的世界锦标赛并且

---

[1] 背弓动作：采用背越式跳高时使用的过杆动作。——译者注

第2章 两位跳高运动员的故事：多于1万小时或少于1万小时

是夺冠热门选手。尽管在跳高领域几乎找不到第二个比霍尔姆还勤勉的运动员，但他依然遭遇了一位陌生的竞争者——来自巴哈马群岛的唐纳德·托马斯（Donald Thomas）。托马斯初出茅庐，在大学担任田径教练的堂兄说他："那家伙连跑道是不是环形的都搞不清楚。"

一年之前的2006年1月19日，在美国密苏里州圣查尔斯的林登伍德大学，托马斯正坐在自助餐厅里向几个田径队的朋友吹嘘自己的扣篮本事。作为林登伍德大学最优秀的跳高选手，卡洛斯·马蒂斯（Carlos Mattis）不想听托马斯夸夸其谈，他打赌对方肯定跳不过1.98米。

托马斯决定用实际行动证明自己所言非虚。他回家拿了一双运动鞋，然后直奔林登伍德大学的体育馆。马蒂斯已经在那里设置好了高度为1.98米的横杆，他一脸幸灾乐祸地后退几步，等着看这位大言不惭的人摔个跟头。托马斯尝试了一把，并没有将横杆蹭掉。更让马蒂斯感到惊奇的是，托马斯竟然轻松跳了过去。于是，他将横杆升至2.03米，但托马斯还是跳了过去。接着是2.13米。托马斯的跳高技巧与优雅根本不沾边——他几乎没办法把背弓起来，在空中乱蹬的双腿好像风筝后面拖着的飘带——即便如此，他依然成功地跳了过去。

马蒂斯赶紧带着托马斯冲到田径队总教练莱恩·洛尔（Lane Lohr）的办公室，洛尔正在为即将到来的东伊利诺伊大学运动会确定参赛名单。马蒂斯告诉教练自己发现了一位能跳过2.13米高度的跳高选手。"教练根本不信，他说我不可能跳过去。"托马斯回忆说,"但马蒂斯一副信不信由你的表情。于是教练问我愿不愿意参加周六的田径运动会,我直接答应了。"接着洛尔便拿起电话,恳请赛事组织方补录一个名额。

两天后,穿着黑色背心和白色耐克运动鞋的托马斯第一次尝试就跳过了 2.04 米的高度——他的短裤太过宽松,在身体越过横杆时甚至挂在了上面——这个成绩足以让他晋级全国锦标赛。随后,他又跳过了 2.14 米,林登伍德大学的跳高纪录刷新了。接下来,在人生中的第 7 次跳高尝试中,托马斯在半空中以一种仿佛躺在一张隐形折叠椅上的僵硬姿态跳过了 2.22 米,这一高度打破了兰茨室内田径场的纪录。这个时候,由于担心托马斯会受伤,洛尔教练强迫他停了下来。

此后一切顺风顺水。两个月以后,在澳大利亚举办的英联邦运动会上,托马斯穿着网球鞋与世界上最优秀的几位跳高运动员展开了竞争。他在这项高水平比赛中最终拿到了第 4 名,这一结果让他有些迷惑不解。他甚至还没理解跳高比赛中平局决胜的规则,在公布结果前他都以为自己是第 3 名。

托马斯的堂兄亨利·罗尔(Henry Rolle)是美国奥本大学的跨栏教练。托马斯很快就获得了奥本大学的奖学金,条件是他必须答应从 2007 年开始投入跳高训练。他确实做到了。

奥本大学的助理教练杰瑞·克莱顿(Jerry Clayton)曾指导过 1996 年奥运会跳高冠军查尔斯·奥斯丁(Charles Austin)。他一眼就看出,培养托马斯的事急不得。"他第一次来的时候,连怎么热身、怎么拉伸都不知道。"克莱顿说。接下来的训练暴露了更多问题。托马斯会假借喝水,偷偷逃离体育馆。40分钟后,克莱顿发现他在外面练习投篮。托马斯说跳高这项运动"有点无聊"。

经过几个月的低强度训练,克莱顿大大改善了托马斯跟跄的助跑。虽然托马斯还是不愿意穿其他精英选手都会穿的跳高鞋,但克莱顿至少让他换上了撑竿跳高鞋。在首个完整的赛季中,托马斯跳过了2.33米,赢得了全美大学生体育协会(NCAA)室内跳高锦标赛的冠军。

2007年8月,经过8个月的正规跳高训练以后,托马斯穿上了撑竿跳高鞋以及代表祖国巴哈马的蓝黄相间的运动服,来到日本大阪参加世界锦标赛。在非奥运年,世锦赛就相当于田径领域的"超级碗"。

托马斯轻松晋级决赛,斯特凡·霍尔姆同样如此。当介绍男子跳高决赛的选手时,广播员特意强调了霍尔姆是万众瞩目的夺冠热门。在体育场明亮的灯光下,戴着太阳镜的托马斯看起来也非常酷,但广播员描述他是一位"不知名的新秀"。

比赛初始阶段,首次成为世界焦点的托马斯似乎并不在状态。当其他跳高选手纷纷采用长距离助跑,即需要从跑道上起跑时,托马斯却从内场起跑,仿佛是在高尔夫球场上选择了短球梯[1]开球。跟跟跄跄的步法导致他连2.21米都没跳过去,而这

---

[1] 短球梯:开球时将高尔夫球架高的专用工具,目的是让击球目标更加明确。对于初学者而言,使用短球梯开出长球的难度较大。——译者注

个高度比他第一次参加东伊利诺伊大运会时还要低。幸好每位运动员在每个高度上都有 3 次机会。这时，霍尔姆轻松跳过了 2.21 米、2.26 米、2.30 米和 2.33 米，没有一次失误。霍尔姆的父亲通过摄影机看到儿子的精彩表现后，激动得在看台上挥舞起了拳头。

但托马斯开始逐渐进入状态，失误次数减少，成功概率大增。横杆已经升到了 2.35 米，赛场上只剩下托马斯和很小一部分选手，其中就包括霍尔姆。

霍尔姆准备第一次试跳，他站着闭上了眼睛，想象自己飘浮在横杆之上。接着他助跑，腾空跃起，稍稍擦到了横杆。横杆掉到了地上，他整个人懊恼地向后仰面摔倒在垫子上。下一个试跳的是身高 1.98 米的俄罗斯选手亚罗斯拉夫·里巴科夫（Yaroslav Rybakov），身体直接将横杆撞了下来。再接下来是托马斯。他在接近横杆时大幅减速，看起来似乎完全不可能跳过去。然而，他踢蹬着双腿，几乎直挺着背部，第一次尝试就跳过了 2.35 米的高度。他的双手放在身后，仿佛是为了不让自己跌倒，因为他还是不习惯后仰着摔下去的感觉。他翻身下了地垫，在跑道上欢呼雀跃地庆祝。

霍尔姆又试跳了一次，又失败了，还是差之毫厘。霍尔姆挥了挥手，仿佛是在恳求"跳高之神"的庇佑，但显然对方没有回应。在最后一次的尝试中，霍尔姆的腿后侧撞到了横杆，他摔在垫子上，头埋在掌心里。

一位穿着撑竿跳高鞋，甚至觉得跳高这项运动"有点无聊"

第2章 两位跳高运动员的故事：多于1万小时或少于1万小时

的家伙，最终获得了 2007 年世锦赛的冠军。在赢得比赛的那一跳中，托马斯硬是将身体重心抬到了 2.49 米。如果他的背弓动作能达到其他专业跳高运动员的水准，哪怕只是接近，那么打破世界纪录也将不在话下。

赛后，霍尔姆礼貌地恭喜了这位新冠军。里巴科夫则惊呼托马斯创造了惊人的成就，他说自己为了成为世界冠军，已经训练了 18 年之久，但依然未偿夙愿。相比之下，托马斯只练了 8 个月。不过，霍尔姆的父亲兼教练约翰尼却因为托马斯的获胜而有些气急败坏。在赛后采访中，他直呼对方是"*jävla pajas*"，瑞典语的字面意思是"可恶的小丑"。约翰尼认为托马斯的"蹬腿式"简直就是跳高界的丑闻，认为这种不雅的跳高动作侮辱了这项运动以及那些成年累月训练的运动员。

2008 年，日本 NHK 电视台委托芬兰于韦斯屈莱大学神经肌肉学研究中心的科学家石川昌纪（Masaki Ishikawa）对托马斯进行了检查。石川注意到，托马斯不仅有着与身高比例不符的大长腿，还天生拥有长度惊人的跟腱。如果说霍尔姆的跟腱像一根长度正常但异常坚硬的弹簧，那么托马斯长达 26 厘米的跟腱和同等身高的运动员相比则堪称离奇。跟腱越长（且越坚硬），拉伸后能储存的弹性能量就越大，更有利于发力将运动员推送到空中。

"跟腱对于跳跃非常重要，而且并非只对人类如此。"美国阿拉巴马大学伯明翰分校的运动生理学家加里·亨特（Gary Hunter）表示。他对跟腱长度进行过专门研究："举例来说，与人类相比，袋鼠的跟腱非常长，所以它们蹦跳着走要比行走更加省力。"

亨特还发现，较长的跟腱有助于运动员从所谓"伸展-收缩循环"(stretch shortening cycle)中获得更多的能量，"伸展-收缩循环"指跟腱先伸展再回弹的过程。这根"弹簧"在拉伸时储存的能量越多，释放时人体获得的能量也就越多。（纵跳就是一个最典型的例子，测试者需要迅速下蹲，伸展跟腱和肌肉，然后向上跳起。）研究过程中，亨特让研究对象躺在腿举机上，再施加重量。他发现跟腱越长的人，用腿朝相反方向推动负重的速度就越快。"虽然这和跳高并非完全一致，"亨特说，"但有很多相似性。这就是为什么人们向前跨一步或几步以后会跳得更高，因为可以利用落地的速度来收紧跟腱，就像弹簧一样。"

跟腱长度不会因为训练而出现显著变化，它主要取决于跟腱连接的腓肠肌和跟骨之间的距离。尽管有可能通过训练来改善跟腱的硬度，但有越来越多的证据表明跟腱的硬度在一定程度上受到胶原蛋白合成基因的影响（胶原蛋白是组成人体韧带和跟腱的蛋白质）。

石川和亨特都未曾断言霍尔姆和托马斯在跳高上取得成功的唯一秘诀就是跟腱。但跟腱相当于拼图中的一块，有助于解释这个问题：一位运动员 20 年来一直努力精进技巧，另一位运动员则因为和朋友打赌而误打误撞入了行，并且只严格训练了不到 1 年的时间，为什么却几乎达到了相同水准？有趣的是，加入职业

第2章　两位跳高运动员的故事：多于1万小时或少于1万小时

巡回赛后的 6 年间，托马斯的成绩就再也没有提高过 1 厘米。托马斯的首次亮相即巅峰，但之后却不见进步。他的经历似乎在各个方面都与刻意训练框架相矛盾。

事实上，所有关于运动专业技能的研究都表明，达到同样水准的运动员在训练时数上存在巨大的差异，并且在达到顶尖竞技水平之前就积累了 1 万小时训练时间的精英运动员极其罕见。通常他们会涉足多个运动领域，掌握多项运动技能，然后再专注于其中一种。一项针对耐力超强的铁人三项运动员的研究发现，优秀运动员通常都练得更多，但表现相近的运动员之间，训练时长有时会相差 10 倍。

不少以运动员为对象的研究发现，顶级选手达到一流水准所需要的刻意训练时长远低于 1 万小时。相关科学文献则显示，在篮球、曲棍球和摔跤项目中，达到国际水平需要的平均训练时数分别是：接近 4000 小时、4000 小时和 6000 小时。在一项以参加英式篮球项目（类似于篮球，但没有运球和篮板）的澳洲女球员作为抽样对象的研究中，薇姬·威尔逊（Vicki Wilson），这位当时世界最佳球员，在入选国家队前总共只训练了 600 小时。而另外一项针对澳洲国家队成年运动员的研究则表明，28% 的运动员在 17 岁左右才开始专项训练，而此前他们都平均尝试过 3 种其他的体育项目，而进入专项训练仅 4 年以后，他们就会亮相国际赛场。

即便在当今这个体育高度专业化的时代，也有一些天才人物只用了不到一两年的训练时间，就成长为世界级的运动员乃至世界冠军。从跑步到划船，这样的例子在各个运动领域都出现过。正如戈贝特研究的象棋棋手，无论何种运动项目、何种技能，与生俱来的巨大差异是唯一不变的定律。

* * *

1908年，被誉为"现代教育心理学之父"的爱德华·桑代克（Edward Thorndike）提出了一种方法，用于测试在某项任务中决定个人能力的究竟是先天因素还是后天因素。桑代克支持当时一种颇具争议的观点，即认为年长者（在那个年代指年龄超过35岁的人）仍然可以继续学习新技能。他试图通过让受试者针对某项任务达成相同的练习量，然后再观察他们的水平是否有差异，从而区分先天和后天的影响。桑代克推断，如果他们的技能水平趋于一致，则后天练习具有压倒性影响；如果存在显著差异，则意味着后天努力难敌天赋异禀。

在一项实验中，桑代克让成年受试者以尽可能快的速度心算三位数和三位数相乘。受试者所取得的进步令他感到吃惊。"这些成熟且优秀的头脑经过如此短暂的训练，就能获得如此大的提升，"桑代克写道，"这非常值得注意。"经过100次练习后，很多受试对象的心算时间都缩短了一半，每一位受试者都有所进步。与象棋、语言、音乐和棒球一样，练习者们逐渐内化将问题分解为组块的模式系统，进而让计算速度越来越快。

尽管目睹了受试者能力的全面提升，桑代克同时也留意到社

第2章 两位跳高运动员的故事：多于1万小时或少于1万小时

会学家们所说的"马太效应"。这一概念来自《圣经·马太福音》中的一段话：

> 因为凡有的，还要加给他，叫他有余；没有的，连他所有的，也要夺过来。

桑代克发现，相比那些一开始进度缓慢的受试者，在练习一开始时就表现优秀的受试者会取得更快的进步。桑代克写道："在同等训练量的情况下，个体差异被进一步拉开。这表明较高的初始能力与通过训练获得的能力之间存在某种正相关性。"虽然《圣经》中的这段话并不能准确体现出桑代克的实验结果——因为每一位受试者都取得了进步，但"富裕者"的确更加"富裕"了。每个人都在学习，但学习速度始终存在差别。

随着"一战"的爆发，桑代克加入了由一群心理学家组成的美国人事分类委员会，他们受美军委托对新兵进行评估。也就是在那里，桑代克深刻地影响了一位名叫大卫·韦克斯勒（David Wechsler）的年轻人，后者当时刚获得心理学硕士学位。韦克斯勒后来也成了一位著名的心理学家，他毕生痴迷于研究人类的边界，无论是上限，还是下限。

1935年，韦克斯勒搜寻了一切关于人类极限的数据。从垂直起跳高度到孕期长度，再到肝脏重量、工厂打卡员的打卡速度等，他将这些测量结果汇集成了一本书，给这本书取了一个贴切又醒目的名字——《人类的能力范围》（*The Range of Human*

Capacities）。

韦克斯勒发现，无论是跳跃高度，还是织袜子的速度，在任何一种针对人类的测量数据中，最小与最大、最好与最差之间的比值都介于2∶1和3∶1之间。在韦克斯勒看来，这个比值如此稳定，可以视为某种普适性的经验法则。

在某种意义上，美国佐治亚理工学院的心理学家兼技能习得专家菲利普·阿克曼（Phillip Ackerman）可以被视作当代的韦克斯勒。他通过对世界范围内的技能习得研究进行梳理，致力于探索在练习面前是否人人平等。最终，他的结论是：这需要视任务而定。在简单任务中，练习会让人们水平接近，但对于复杂任务，练习通常会让人们拉开差距。阿克曼设计了用于测试航空管制员的电脑模拟程序。他发现在诸如点击按钮让飞机按顺序起飞这样的简单任务中，人们通过练习可以达到相近的技能水平。但实际用于培训航空管制员的模拟程序会更复杂，此时练习会使得个体差异增大，而不是缩小。换言之，技能习得过程中出现了马太效应。

即便是在相对简单的运动技能上，练习也无法彻底消弭差异。"多多练习确实有所帮助，"阿克曼说，"但没有任何一项研究发现差异会完全消失。"

"如果你走进一家杂货店，"他继续说道，"观察一下收银员的工作，就会发现他们使用的主要是知觉动作技能。新手收银员接待1位顾客的时间若是换成有10年工作经验的老手，可以接待10位顾客。但在有10年工作经验的收银员中，最快速度也只是最慢速度的 3 倍左右。"

研究技能表现的科学家试图解释人与人之间存在"偏差"的原因。偏差是指统计意义上个体与平均值间的偏离程度。以跑步运动员为例,如果一位运动员用 4 分钟时间跑完 1 英里(约合 1600 米,下同),另一位运动员用了 5 分钟,那么平均用时为 4.5 分钟,偏差即为 0.5 分钟。科学家们的疑问在于:是什么导致了偏差的出现?练习、基因,抑或是其他因素?

这是一个批判式问题。对于科学家而言,只是知道"练习非常重要"并不够,因为这一点并不令人意外。正如加拿大约克大学的运动心理学家乔·贝克(Joe Baker)所言:"没有任何遗传学家或生理学家会说勤学苦练根本不重要,也没有人会认为奥运选手在家跳跳沙发就足够了。"

科学家们必须超越"练习非常重要"的结论,回答这个艰难的问题:练习到底有多重要?如果严格按照"1 万小时定律",练习时间的累积应该可以解释绝大部分甚至是全部的技能偏差。但实际上,这样的想法永远都行不通。研究发现,从游泳运动员、铁人三项选手到钢琴演奏家,练习时间只能解释较低到中等之间的偏差值。

举例来说,安德斯·埃里克森与飞镖选手合作完成的一项研究表明,在选手之间的表现偏差中,仅有 28% 的偏差可归因于 15 年的练习。按照该研究中所记录的技能趋同率来计算,如果飞镖选手们真能达到完全相同的水平,那么将"1 万小时定律"改名为"1 万年定律"或许更合适。

这些数据明确支持了这样一种观点：无论是象棋、音乐，还是棒球、网球，技能习得并非"硬件胜于软件"，而是先天"硬件"和后天"软件"的结合。

第3章

大联盟球员的视力与最强小选手

硬件与软件

1992年，路易斯·罗森鲍姆（Louis Rosenbaum）在洛杉矶道奇队开展研究的第一年就遇到了一个意想不到的难题——球员们的表现好得有些超乎寻常。

自1988年以来，罗森鲍姆就一直担任着全美橄榄球联盟菲尼克斯红衣主教队的随队眼科医师。眼下，他正身处佛罗里达州道奇城的春训基地，为道奇队的87位球员做测试。他们之中既有大联盟球员，也有希望赢得出场机会的小联盟球员。

从上午8点到下午5点，罗森鲍姆测试了球员的普通视力、动态视力（分辨移动物体细节的能力）、立体视力（分辨物体深度差异的能力）和对比敏感度（区分明暗差异的能力）。相比自上而下排列字母"E"的传统视力检查表，罗森鲍姆和同事采用了朗多环视标（Landolt ring）来进行视力检测。朗多环视标由带有缺口的圆环组成，圆环自上而下逐渐变小，受检者必须指出缺口的方向。

问题在于，罗森鲍姆使用的是市售的朗多环视标表，视力的测试极限只到 20/15。几乎所有球员都轻松通过了测试。

幸运的是，另一项视觉测试就较为成功。因此，当道奇队的传奇教练汤米·拉索达（Tommy Lasorda）抱着怀疑的态度，要求罗森鲍姆预测出哪位小联盟球员能够在大联盟中崭露头角时，罗森鲍姆已经掌握了不少可供参考的数据。他没有棒球技术方面的球员统计数据，只能单纯依靠视力测试结果。最终他选择了一位分数优异的小联盟一垒手。

这位球员名叫埃里克·卡洛斯（Eric Karros），1988 年在第六轮选拔中被道奇队看中。到 1992 年，卡洛斯开始担任道奇队的一垒手，并赢得了那一年的全联盟年度新人奖。这也是他在大联盟中完整打拼 13 个赛季的开始。

第二年春，罗森鲍姆重返道奇城，这次他带上了极限可达 20/8 的特制视力测试表。鉴于人眼中感光细胞（视锥细胞）的大小和形状，20/8 已经接近人类视力的理论极限了。

一个人的最大视力由黄斑中的视锥细胞密度决定，黄斑是视网膜上一个椭圆形的区域。视锥细胞密度相当于数码相机的像素，人与人的差异非常大。通过对年龄在 20～45 岁成年人的视网膜进行分析，科学家们发现视锥细胞的密度范围通常在每平方毫米 10 万个到每平方毫米 32.4 万个。如果某人的视锥细胞密度在每平方毫米 2 万个以下，那么他可能要用放大镜来读报纸。正如迈克尔·彼得斯（Michael Peters）所言，我们每个人的视锥细胞数量似乎都是由基因决定的。彼得斯是《从视觉到运

第3章 大联盟球员的视力与最强小选手：硬件与软件

动》(See to Play) 一书的作者，同时也是一位与职业板球选手以及曲棍球选手共事过的眼科医生。

有了特制测试表，罗森鲍姆终于可以在1993年的春训中测出职业棒球运动员的视力到底有多强了。拉索达再次要求罗森鲍姆给出预测，看哪一位小联盟球员可能成长为杰出的职业球员。这一次，在罗森鲍姆的视力测试中脱颖而出的球员是麦克·皮耶萨，一位不受重视的接球手。

5年前的那次选拔总共有1390位球员参加，皮耶萨在第62轮被道奇队选中，原因只是他的父亲和拉索达是童年好友。但无论如何，皮耶萨印证了罗森鲍姆的预言。他获得了1993年的全联盟年度新人奖，接着一路高歌猛进，成了棒球史上最伟大的击球手。

经过4年对387位来自大小联盟的球员进行测试后，罗森鲍姆和他的团队发现，这些球员的平均视力为20/13。野手（需要击打的球员）的视力比投手的更好，大联盟球员的视力比小联盟的更好。大联盟野手右眼的平均视力为20/11，左眼平均视力为20/12。在立体视力测试中，58%的棒球球员得到了"优异"的评级，相比之下对照组仅有18%的人获此评级。在对比敏感度测试中，职业球员的得分要高于大学棒球球员，而大学球员的得分又高于普通人群中的年轻人。职业棒球球员的每一项视力测试都优于非运动员，大联盟球员又好于小联盟球员。"在道奇队的大联盟阵容中，一半球员的裸眼视力都高达20/10。"罗森鲍姆说。

印度和中国分别进行过史上最大规模的人群视力研究，从中可以看出 20/10 的视力有多罕见。在印度进行的研究中测试了 9411 只眼睛，只有 1 只眼睛的视力达到了 20/10。而在中国的测试中，4438 只眼睛中视力达到 20/17 的仅有 22 例。

不过，仅针对年轻人的小规模研究显示，年轻受测对象的平均视力要优于 20/20 的标准值。在瑞典的一项研究中，17 岁到 18 岁年轻人的平均视力为 20/16。因此，平均年龄为 28 岁的职棒大联盟击球手们如果只是拥有优于 20/20 的视力，那或许是因为他们还年轻；然而如果平均值达到了 20/11，那就和年龄无关了。无独有偶，29 岁通常是人类视力开始退化的年纪，这也同样是击球手竞技状态开始下滑的年纪。

马克·基普尼斯（Mark Kipnis）的儿子杰森喜欢玩棒球，他和我分享了自己第一次意识到杰森拥有超强视力的经历。那是他们在滑雪度假期间，当时杰森才 12 岁。基普尼斯一家人坐在酒店餐厅里，马克想看一下远处角落电视上的橄榄球比分。他有点疲惫，便让杰森站起来走到电视跟前看一下。"他只是转过头去看了一眼，就告诉了我比分，"马克说，"那一刻我突然意识到了什么。"10 年以后，杰森在 2009 年第 2 轮选拔中被克利夫兰印第安人队选中。从 2011 年起，他成了队里的首发二垒手。

泰德·威廉斯（Ted Williams）是大联盟历史上最后一位赛季打击率达到 0.400 的球手。他总说自己打猎时能比同伴更快地看到地平线上出现的鸭子，只要他"专心致志"就可以。这或许是理由之一。但如果同伴知道威廉斯在后来的"二战"飞行员

第3章 大联盟球员的视力与最强小选手：硬件与软件

考试中，测出了 20/10 的超强视力，多少不会再意外了。[1]

道奇队中有大约 2% 的球员视力在 20/9，几乎接近人类视力的理论极限。眼科医生丹尼尔·拉比（Daniel Laby）曾经参与过道奇队的研究，后来加入了波士顿红袜队。他表示自己每年春训都能遇到几个拥有这种视力的球员。"我可以很肯定地说，在 20 年的眼科生涯中，我为 2 万多人做过视力检查。但除了职业运动员，还从未见过普通人能达到这样的视力水平。"拉比说。验光师大卫·基尔申（David Kirschen）也和专业运动员有过合作，他还是加州大学洛杉矶分校医学院朱尔斯·斯坦眼科研究所双眼视力和视轴矫正科室的负责人，他说自己虽然也见识过普通人拥有 20/9 的视力，"但在 30 年的从业生涯中，这样的例子一只手就能数过来"。

因此，尽管大联盟击球手的反应速度不见得比你我更快，但他们拥有常人难以企及的超强视力，可以帮助他们获得提前预判所需要的线索，于是反应速度的重要性便降低了。[2]

棒球击球手必须在球到达前的 200 毫秒内决定朝哪里挥棒，因此越早获得预判线索越好。心理学家迈克·斯塔德勒（Mike Stadler）在《棒球心理学》（The Psychology of Baseball）一书中曾经提到过，投球时"一闪而过的光"或是棒球上红色缝线

---

1 有传闻说威廉斯可以看清旋转的唱片上的标签，不过他本人澄清了这只是谣传。
2 一项针对美国网球公开赛球员的研究也发现，他们的视力要比同龄非职业网球选手的好出太多，不过也有一些球员只拥有正常的视力。这说明出色的视力是重要优势，但视力平平也并不是难以逾越的障碍。

旋转时形成的图案可以作为指示球旋转方向的线索。二缝线快速球和曲线球可以通过棒球侧面标志性的红色缝线来预判；四缝线滑球则看起来是一个中心带有亮红色圆点的白色圆圈。"当这个圆圈从（投手）手中飞出，你的大脑就得辨认出'哦，是个滑球'。"曾5次担任全明星赛一垒手的基思·赫尔南德斯（Keith Hernandez）在某次纽约大都会队的转播中评论道："如果辨认不出棒球上的小红缝，你就陷入大麻烦了。"

一项虚拟现实的击球研究证实了判断棒球旋转方向的重要性，研究要求棒球球员辨认以及挥击数字虚拟的投球。当球员掌握了棒球的旋转方向时，他们就能更准确地辨别投球方式，从而更精准地挥棒。棒球的红色接缝越显眼，击球手的表现就越好；当接缝被白色颜料覆盖时，击球手的表现会更糟。

* * *

即使是一位拥有出色视力的运动员，如果缺少用于判断的大脑数据库，就会像面对珍妮·芬奇时的亚伯特·普荷斯一样束手无策，其原因不难理解。不过一旦将经验数据存储进大脑，能够更早且更清楚地接收到线索信号就成了优势，运动员不再单纯依靠反应速度。[1] 艾尔·戈尔迪斯（Al Goldis）长期在棒球大联

---

[1] 极少数运动员确实拥有超常的反应速度。在1969年的测试中，穆罕默德·阿里在150毫秒中对一束光线作出了反应，这接近人类视觉反应时间的理论极限。

第3章 大联盟球员的视力与最强小选手：硬件与软件

盟担任球探，他的研究生专业是运动技能，他认为："如果球员拥有超强视力，当棒球离开投手飞出 1.5～3 米的距离时，他就能预判出球的路线。如果他做不到这一点，就必须拥有出色的技巧，而如果反应得太迟，甚至有可能会打断球棒，因为球已经飞到手边了。挥棒的速度不重要，重要的是视力。这一点点的不同，就是寻常与超常之间的区别。"

在研究了参加 2008 年北京奥运会的美国运动员以后，拉比和基尔申发现，美国垒球队的平均视力为 20/11，球员们都拥有出色的立体视力，而且他们的对比敏感度比其他所有项目的运动员都要高。奥运会的射箭运动员也具有超常的视力——与道奇队的球员差不多——但立体视力不算特别出色。拉比表示，这也能说得通，因为目标在远处，而且是平的。而击剑运动员因为必须要快速感知近身的微小距离变化，因此他们在立体视力方面的得分就非常高。需要追踪一定距离之外飞行物体的运动员，如垒球、足球和排球运动员，在对比敏感度测试上的表现都非常优异。[1] "这可能就是所谓的天赋。"拉比说。

毫无疑问，视力"硬件"与参与的体育项目之间产生了相互作用。另外，球类运动中球体运动的速度越快，视力就越发重要。一项关于比利时大学生接球技能的研究发现，立体视力正常的人和较弱的人在面对低速球时，接球能力相差无几；而当球速

---

[1] 有证据表明，玩电子游戏可能会在一定程度上提升对比敏感度，但必须是动作游戏。一项相关研究显示，《使命召唤2》能达成上述效果，但《模拟人生2》就做不到。

加快以后，接球技能就表现出了巨大差异。即只有当球呼啸着高速飞出时，立体视觉才会导致受试者的技能出现差异化。

一支跨国的科学家团队采用了随访研究，他们招募了一群视力正常的年轻女性，但她们的立体视力有好有差。每位女性都需要先完成一项接球测试，即抓住由机器投出的网球，然后在2个星期内练习接球超过1400次，接着再进行一次测试。结果显示，拥有优秀立体视力的女性在训练过程中进步迅速，而立体视力较差的女性则毫无进步。更好的"硬件"加速了运动技能"软件"的内化过程。美国埃默里大学医学院2009年的一项研究表明，立体视力较差的孩子通常在10岁左右就会主动选择退出棒球和垒球小联盟的竞争。和戈贝特在国际象棋棋手研究中发现的一样，在拦截飞行物体方面，有些接球手训练起来就是比其他人轻松。

独立存在的身体硬件——譬如立体视力或一般视力——就如同空有操作系统但没有安装软件的笔记本电脑一样无用。但一旦"下载"了专项运动的"软件"，这些先天"硬件"的价值就在于它们将决定谁最终将拥有性能更优异的"电脑"。职业棒球球员和奥运会垒球运动员具有出色的视力，路易斯·罗森鲍姆曾通过视力测试，连续两年成功预测全联盟年度新人奖的得主——尽管这并不能与科学研究直接画等号。

其他的"硬件"测试可以在个体发育的更早时期发现其成长的巨大潜力。

第3章 大联盟球员的视力与最强小选手：硬件与软件

* * *

1978年，德国网球联合会帮助心理学家沃尔夫冈·施耐德（Wolfgang Schneider）以及海德堡大学的一支研究团队，招募了在8岁到12岁年龄段水平最高的106名网球选手。当时施耐德没有意识到自己获得了一个千载难逢的研究机会。

德国网球联合会之所以热心提供帮助，是因为该协会的官员们很想知道在一群高水平的小球员样本中，科学家是否能够预测谁可能在成年以后成为一名精英球员。事实证明，施耐德的研究样本可能是有史以来最好的青少年运动员单一样本。在106名小球员中，最后有98人达到了专业水准，10人跻身于世界百大网球选手之列，还有几人在世界排名前十。

科学家们连续5年测试孩子们的网球技巧和综合运动能力。施耐德推测，由练习积累的网球技巧（譬如将球准确回击至特定目标等）有助于预测成年后的成绩排名。他的想法果然是正确的。最终，在对比测验数据与成年后的实际排名后，研究者们发现小球员在网球技巧方面的得分能够成功预测其成年后网球排名的概率为60%～70%。不过，让施耐德始料未及的是另一项发现。

那便是诸如30米冲刺和灵敏性训练等综合运动能力的测试结果决定了哪些孩子会更快地掌握网球技巧。"如果不考虑综合运动能力，模型就无法再预测出排名。"施耐德说，"于是我们决定让这些数据继续留在模型中。"换句话说，在5年的研究中，那些综合运动能力较强的孩子也更擅长掌握网球技巧。正如立体视力测试和接球技能学习能力的结果一样，优秀的"硬件"条件加速了网球技巧这一"软件"的内化进程。施耐德的研究成果在德国引起了广泛关注，但由于是用德语发表的，因此在世界其他地区并没有受到太多重视。

10年后，施耐德又在另外100位青少年网球选手身上重复了整个实验。不过这一次他就没有那么走运了——样本中没有一个人在成年后能跻身世界排名前一百之列。但综合运动能力影响网球技巧习得结果的结论依然成立。"这一结论可能无法推广至其他运动项目。"施耐德（后来他成了国际行为发展研究学会的会长）说，"但在网球领域，我认为它是一种相当普遍的现象。"

在参与首次研究的孩子之中，有2人在实验开始时还不满12岁，但他们后来都成了赫赫有名的人物——鲍里斯·贝克尔（Boris Becker）和施特菲·格拉芙（Steffi Graf），堪称网球史上最具影响力的两位球员。"我们都认为施特菲·格拉芙是完美的网球天才，"施耐德说，"在网球技巧和综合运动能力方面，她都完胜其他人。另外，她的肺活量数据也让我们相信她可以成为1500米长跑的欧洲冠军。"

无论是竞争欲望、专注力还是奔跑速度，格拉芙在每一项测试中都名列前茅。数年后，即便已经成了世界上最好的网球选手，格拉芙还是会和德国的奥运田径运动员一起进行耐力训练。

第3章 大联盟球员的视力与最强小选手：硬件与软件

* * *

另外一则关于"硬件"和"软件"的故事，同样源自对运动员从少年到职业选手的一路追踪。作为"格罗宁根天才研究计划"的一部分，来自荷兰格罗宁根大学的 4 位科学家从 2000 年开始，在 10 年间对每年进入职业俱乐部培养梯队的足球运动员进行了跟踪测试，测试对象主要是 12 岁的男孩。

虽然荷兰仅有 1670 万人口，但在足球运动领域却是全世界最受欢迎的不折不扣的强国。荷兰队曾经 3 次杀入世界杯决赛，最近的一次是在 2010 年。荷兰的所有职业足球队都设有针对年轻球员的天才培养计划。截至 2011 年，有 68% 的研究对象进入了职业联赛，19% 的人效力于荷兰最高级别的联赛——荷甲联赛。

来自格罗宁根大学人体运动科学中心的玛里耶·埃尔夫林克-吉姆瑟（Marije Elferink-Gemser）回忆在研究刚起步时说："我几乎要跪下来求别人，'能让我测试一下您的球员们吗？'"但随着研究在预测球员发展前途方面的价值逐渐显现，"现在很多俱乐部会跑来邀请我们也测试一下他们的球员，"埃尔夫林克-吉姆瑟说，"找上门的俱乐部多到我们都应付不过来了。"

有些行为特征也有助于鉴别出未来的职业球员。有潜力成为职业球员的人不仅会训练得更多，而且在训练中还会主动寻求进步。"第一次测试这些 12 岁的孩子时我们就发现，那些有潜力进入职业联赛的小球员如果对训练内容有异议，就会主动站起来问教练：'为什么我要这样做？'"埃尔夫林克-吉姆瑟说。

在这些经过职业俱乐部严格筛选过的年轻球员中间，12岁时在体质特征方面出现的微小差异，就足以决定其未来的成败。"以往返冲刺为例，"埃尔夫林克-吉姆瑟说，"那些后来签订了职业合同的球员，在12岁时会比其他人平均快上0.2秒，此后在13岁、14岁和15岁乃至16岁时都是如此。他们总是会比那些最终一直停留在业余水准的球员平均快上0.2秒。这确实在一定程度上表明速度非常重要。你需要达到最低标准。如果你的速度真的很慢，之后便不可能追得上来，因为对于职业球员来说，速度非常难训练。"[1]

在运动科学家们看来，上述结论完全算不上什么爆炸性新闻。当南非体育科学研究所高水平表现研究中心的主任贾斯汀·杜兰特（Justin Durandt）在全国范围内寻找英式橄榄球的好苗子时，就常常会采用速度测试的办法。在他测试过的人中，跑得最快的孩子完全是天生的。"这个16岁的男孩来自农村，从未接受过哪怕一天的专业训练。"杜兰特说。男孩跑完40米所用的时间为4.68秒，换算成美国橄榄球联盟的40码（约合36.6米）标准场地，用时差不多是4.2秒，与联盟速度最快的球员相

---

[1] 少数能在一定程度上弥补冲刺速度差距的球员，通常在第一次接受测试时还未经历"身高速度高峰"（peak height velocity）。格罗宁根团队跟踪了小球员们的身高增长情况，以避免低估某位尚未进入青春期的球员。即便如此，速度太慢的球员无论如何也无法追上来。

当。虽然杜兰特并没有亲眼见证这一幕，但足以说明速度的重要性。"我们测试过上万个男孩，"他说，"但从来没见过哪个一开始跑得慢的孩子后来速度会变快。"

* * *

2004年8月，在著名的澳大利亚体育学院，一小群科学家将研究重点孤注一掷地放在了综合运动能力上。

科学家们花了一年半的时间，希望为澳大利亚培养一位能参加2006年意大利都灵冬奥会钢架雪车项目的女运动员。在该项目中，运动员首先要将一只手或双手放在钢架雪车上，奔跑着进入冰面，然后快速跳起，接着全身趴在钢架雪车上，以每小时113千米的速度沿着冰雪覆盖的轨道俯冲而下。

虽然澳洲的科学家们此前从未接触过这项运动，但他们知道最终的比赛成绩几乎一半取决于最初的冲刺阶段。于是，他们便在全国范围内海选能够适应趴在狭窄的钢架雪车上进行冲刺的女性运动员。随着冬奥会的选拔赛拉开帷幕，澳洲媒体对这件事的关注度不亚于选秀节目。

通过书面申请，有26位运动员受邀前往堪培拉的澳大利亚体育学院接受各种体能测试，竞争10个资助名额。这些女性分别来自田径、体操、水橇和冲浪救生（冲浪救生是一项风靡于澳大利亚的体育项目，它综合了开放水域划船、划皮划艇、冲浪划板、游泳以及沙地竞走）等各个运动领域。这些女运动员此前从未听说过钢架雪车,更不用说尝试了。

在这 10 个名额中,有 5 个名额仅凭 30 米冲刺跑的成绩来选拔,其余 5 个名额根据运动员在干地上的测试表现,由科学家和体育学院教练协商一致后决定——在干地测试中,运动员们需要跳上一个装着轮子的钢架雪车。

在从事钢架雪车项目的人看来,上述选拔计划注定只是一场作秀。"所有人都告诉我们,'你们不会成功的'。"当时任职于澳大利亚体育学院的生理学家杰森·古尔宾(Jason Gulbin)说,"他们说'这种事完全凭感觉。它是一门艺术,你需要在这项运动上投入时间'。而最大的质疑声恰恰来自其他国家钢架雪车项目的教练们。"

参与该项目的女运动员们肯定对冰雪毫无感觉,但她们都是出色的全能选手。梅丽莎·霍尔(Melissa Hoar)曾经是冲浪救生比赛沙滩竞走分项的世界冠军;艾玛·希尔斯(Emma Sheers)也赢得过世界水橇冠军。"将这些纵横于海滩的精英运动员们硬生生地赶到钢架雪车这个她们一窍不通的项目里,"古尔宾说,"这真是一件怪事。"

选拔结束后,该检验这些女运动员能否毫发无损地立于冰面上了。科学家们鼓足勇气,在冬季开始时前往加拿大的卡尔加里,在那里开启了第一轮冰上集训。然而,训练结果即使是外行人看来都一目了然。

在 3 轮滑行中,这些新人创造了钢架雪车运动的澳洲纪录,比此前经过多年训练的全国纪录保持者的速度还要快。"上冰的

第3章 大联盟球员的视力与最强小选手：硬件与软件

第一周，一切质疑的声音都烟消云散，"古尔宾说，"事实就摆在眼前。"

看来，所谓的冰上感觉也就到此为止了。一夜之间，当钢架雪车项目的竞争对手和教练们开始意识到他们有可能会被这些自己先前认为是菜鸟的女运动员羞辱或取代时，起初的乐于相助就变成了爱搭不理。

距离第一次踏上冰面10周后，梅丽莎·霍尔就在第23届钢架雪车世界锦标赛中打败了约一半的竞争对手，并在第二场比赛中拿到了冠军。沙滩冲刺高手米歇尔·斯蒂尔（Michelle Steele）则一路晋级至意大利都灵冬奥会。

澳大利亚体育学院的科学家们以论文的形式记录了该项目的成功。他们为这篇论文取了一个恰如其分的标题——《14个月，从冰上新人蜕变为冬奥选手》。

作为世界体育强国，澳大利亚的体育事业凭借人才选拔和人才流转制度（即在不同的体育项目之间调换运动员）一直保持着兴盛势头。1994年，为了备战2000年悉尼奥运会，澳大利亚启动了"天才搜索"计划，要求所有年龄在14岁至16岁的学生必须在学校接受体格测试和综合运动能力测试。当时，澳大利亚的人口仅有1910万，却在悉尼奥运会上揽获58枚奖牌，平均每百万人口就获得了3.03枚奖牌。这几乎是当时美国人口与奖牌比例的10倍，美国为每百万人口0.33枚。

"天才搜索"计划让一些运动员从已经积累一定经验的运动领域进入到自己不熟悉但更适合的项目中。1994年，曾在体操、田径和帆船领域都打拼过的阿丽萨·坎普林（Alisa Camplin）转行成了一名空中滑雪运动员。坎普林是一位杰出的全能型选手，此前从未接触过雪上项目。第一次跳跃时，她甚至摔断了一根肋骨；第二跳时她又撞上了一棵树。"所有人都觉得我是个笑话。"坎普林在接受澳大利亚第 9 频道电视节目的采访时表示，"他们说我年纪太大，起步太晚了。"然而到了 1997 年，坎普林就开始参加世界杯巡回赛。在 2002 年的盐湖城冬奥会上，尽管 6 周前刚刚摔断了双脚的脚踝，但坎普林还是顶住压力，获得了金牌。在获胜之后，没什么经验的坎普林站在滑雪板上，看上去仍旧像是一只长颈鹿刚穿上了溜冰鞋。当她从山上滑下来参加为金牌得主举办的新闻发布会时，竟然撞烂了自己的冠军花束。

人才流转制度的成功说明了这样一个事实：一个国家在体育方面取得成功，不仅是因为拥有很多刻苦训练运动技巧的运动员，还在于能够让最优秀的全能型运动员及时进入到更适合自己的运动领域。以比利时国家男子曲棍球队为例，有研究人员发现，球队里球员的平均训练时间刚好超过了 1 万小时，比荷兰队球员要多出好几千个小时（但比利时国家队在世界上一直徘徊在中游水平——相当于职业橄榄球大联盟里的克利夫兰布朗队）。相比之下，能吸引优秀运动员加入的荷兰男子曲棍球队，则常年稳居强队行列。

第3章 大联盟球员的视力与最强小选手：硬件与软件

* * *

事实是，即使从最基本的层面而言，"硬件"和"软件"都应该结合起来看。少了"软件"，"硬件"毫无用武之地，反之亦然。运动技能的习得无法离开特定基因和特定环境，二者通常还必须同时产生作用。

吉列尔莫·坎皮特利和费尔南德·戈贝特在国际象棋研究中得到的另一个惊人的发现是：如果棋手在12岁前没能接受正规训练，那么达到国际大师水准的可能性就会急剧降低。多早开始训练并不重要，只要在12岁以前开始即可。虽然有晚于12岁才开始训练的棋手也成了国际大师，但只是个例。因此，12岁可能是一个关键节点，这个年龄的棋手必须掌握与棋局相关的某些组块，同时强化特定的大脑神经元连接，这样才不会错失成为大师的良机。

科学家们曾认为，人类的大脑会在成长和学习的过程中形成新的神经元。但现在看来，人在刚出生时，神经元的数量是过剩的，而早期没有使用的那些神经元就会被大脑"剪除"，一直在使用的神经元则会强化和互联。这样，大脑牺牲了广泛的灵活性，换来了恰到好处的高效。

在《迈克尔为什么打不到》(*Why Michael Couldn't Hit*) 一书中，神经学家哈罗德·克拉万斯（Harold Klawans）认为，尽管迈克尔·乔丹（Michael Jordan）拥有卓越的运动才能，但在他首次从 NBA 退役后只够打棒球小级别联赛，根本不可能在大联盟级别的棒球联赛中立足。因为用来掌握预判技巧的神经元在很早以前——在他忙于打篮球的时候——就已经被大脑"剪除"了。[1]

这就是刻意练习法的倡导者建议越早开始训练越好的原因。虽然尚不清楚哪些运动项目的确需要童年的专业化训练才能在未来达到精英水准，但可以肯定的是，女子体操运动员的训练必须趁早开始。也有越来越多的科学证据表明，在很多运动领域，要想成长为最高水平的运动员，早期的专业化训练不仅不是必需的，甚至还要主动避免。

以短跑项目为例，过早进行大量专项训练会导致运动员进入可怕的"速度停滞期"，运动员被困在了似乎源自早期训练的某个峰值速度和跑步节奏中。来自南非体育科学研究所的贾斯汀·杜兰特援引国际田径联合会（相当于世界田径运动的主管部门）的一项科学报告称："速度停滞现象最常发生在那些过早进入细分专项训练的初学者身上，其代价是综合能力发展的缺失。我们并不是不相信训练，只是埃里克森 1 万小时理论鼓动运动员们过度训练了。"

2011 年针对 243 名丹麦运动员的一项研究发现，早期专项训练要么毫无必要，要么不利于运动员的最终成长。在这项

---

[1] 在 2A 级小联盟的 127 场比赛中，乔丹的平均打击率为 0.202。很显然，以这样的实力进入大联盟打球的希望不大。不过话说回来，又有多少 15 年都没摸过棒球的成年人，能在 2A 级小联盟的球场上抗衡前大学明星球员以及未来的大联盟职业球员，同时拿下 0.202 的打击率呢？我猜很多人在这一场景下会直接交白卷。

第3章 大联盟球员的视力与最强小选手：硬件与软件

研究中，运动员被分为精英组和亚精英组，前者曾在奥运会等顶级赛场上参与过竞争，后者则实力稍逊。该研究专门针对"CGS运动"，即以距离（Centimeter）、重量（Gram）和速度（Second）来衡量的项目，例如自行车、田径、帆船、游泳、滑雪和举重等。结果显示，精英组和亚精英组在童年时期都"尝试"过多种体育项目，但后者（即实力较弱的一组）却体现出早期专项训练带来的某种变化。在15岁以前，他们比精英组训练得更多；15岁以后，精英组的训练水平开始加速；到18岁时，精英组的训练时长就已经超过了亚精英组。这项反直觉的研究，选择了一个与"1万小时定律"背道而驰的标题——《推迟专项训练：在CGS运动领域取得成功的关键》。

对于CGS运动领域研究结果上的一致性，南非运动生理学家、作家罗斯·塔克（Ross Tucker）认为，精英组运动员本来就拥有更高的天赋，他们不需要像亚精英组那样，在职业生涯早期就开始艰苦训练。"天赋异禀让他们即便比同龄人付出更少，也能达到同样的水平。"塔克说，"十六七岁的年纪，正是大多数孩子身体发育成熟的时候，他们开始意识到，如果自己想在体育领域有所作为，就必须要加强训练。"[1]

很多畅销书中都有意无意地忽略了基因的重要性，泰格·伍兹（Tiger Woods）被奉为践行"1万小时定律"的典范。伍兹

---

[1] 针对英国契天音乐学院学生的一项研究也发现了类似的规律：在早期成长阶段，具有"杰出才华"的学生往往比"天资平平"的学生练习得更少，训练量直到后来才提升上去。

的父亲的确促成了其童年早期阶段的海量练习。但按照伍兹本人的说法，那不过是为了满足他自己对于打高尔夫球的渴望。"直到今天，"他在2000年时说，"父亲也从未强迫我去打高尔夫球，都是我主动要求的。关键在于孩子自己想要练习的意愿，而不是父母强迫孩子去学。"很多人可能都忽略了，伍兹在6个月大时，当大多数婴儿连站都站不稳时，他就能踩在父亲的手掌上，稳稳当当地绕着房子转一圈。这并不是说成年伍兹拥有的超人的协调性和力量完全源自天赋，但天赋至少让他得到了早于其他孩子开始练习的机遇，所以他在11个月大时就开始击球。这或许是身体"硬件"促成运动技能"软件"内化的另一个例子。

以"唯练习论"来解释泰格·伍兹的成功显然颇具吸引力，因为它迎合了我们的内心期待——只要环境合适，一切皆有可能；孩子就像一块黏土，在运动方面具有无限的可塑性。简而言之，比起其他解释，这种说法更多地肯定了自由意志，励志效果最佳。然而，回避天赋的贡献会对运动科学产生负面影响。

从事基因研究的运动科学家曾告诉我，他们的研究会遇上公共关系方面的难题：公众认为，承认基因的决定性作用相当于否定了自由意志，否定了个体具备提升自身运动水平的能力。尽管某些基因，譬如编码两只眼球的基因以及会导致退行性大脑疾病——亨廷顿舞蹈症的基因，的确能起到决定性作用。如果存在亨廷顿舞蹈症的基因缺陷，你就会得上这种疾病。不过其他很多基因都并非直接决定生物的命运，而是仅仅改变了个体的体质倾向。遗憾的是，主流媒体往往不会采取这种客观、中立的观点，

第3章 大联盟球员的视力与最强小选手：硬件与软件

而是大肆吹捧关于新基因的研究，仿佛新基因可以完全取代人类在某些方面的主观能动性。

曾经参与过澳大利亚奥运会钢架雪车实验的生理学家杰森·古尔宾表示，在人才选拔时，"基因"一词已经成为禁忌，以至于"我们会主动改变措辞，用'分子生物和蛋白质合成学'来替代'基因学'的说法。实际上，最好连这个词都不要提。所有我们提交的研究报告，只要有可能，都不会提及基因。而看到报告以后，其他人便会说：'哦，你们从事的是分子生物和蛋白质合成方面的研究，那就没什么问题了'"。没有人在意这二者其实就是一回事。

我们采访的多位运动心理学家都公开支持对基因进行边缘化处理的观点，因为他们相信这样能传递出一种积极的社会信号。不过，一位著名的运动心理学家也告诉我："有些时候，告知他人'你无法进一步提升，是因为你还不够努力'，这种做法或许也很危险。"

珍妮特·斯塔克斯和埃里克森的研究成果开创了"软件胜过硬件"的时代。不过斯塔克斯一直相信，基因差异在一定程度上影响着运动技能，尽管过去她一直不愿意这样公开表态。"35年前，人们很容易接受天赋的说法。"斯塔克斯说，"随着（习得）感知理论愈发完善，我的态度变得更加中立了，不过仍然会左右摇摆……例如，扔飞镖是典型的闭锁性动作技能，不太会受到外界因素的影响，但练习依然无法解释所有的变数。击打（棒球）不可或缺的是视力，视力好固然重要，但你也必然需要与之相匹配的软件。"

斯塔克斯对技能训练研究的贡献不亚于当今的任何运动科学家。她的工作为严谨的 1 万小时理论奠定了基础——只有训练才能决定体育运动的成败。然而，即便不敢说出口，斯塔克斯心里也非常清楚：不谈基因，对于运动专长的描述具有令人遗憾的残缺。

斯塔克斯又补充说："如果只有累积的练习时长最重要，那为什么我们要在竞技比赛中区分男性和女性呢？"

这着实是个好问题。

— 第4章 —

男人为什么有乳头

玛丽娅·何塞·马丁内斯-帕蒂诺（María José Martínez-Patiño）没有任何理由怀疑自己的女性气质。她脸型修长，充满英气，拥有精致的高颧骨和紧绷光滑的皮肤。除了比同龄人更善于跑步和跳跃外，她就是个在西班牙北部长大的普通女孩。

1985年，当时24岁的马丁内斯-帕蒂诺已经是国际上小有名气的短跑跨栏选手。当她去往日本神户参加世界大学生运动会时却忘了带上医生的证明——这份证明声明她是一位女性，可以参加女子比赛。因此，她不得不进行常规赛前检查，通过口腔拭子[1]采样来确认自己的生物学性别。

性别检测制度自20世纪60年代起开始实施。当时一些来自东欧国家的女运动员拥有发达的肌肉——她们中的很多人都服用了违禁药物，因此国际田径联合会便颁布了这项检测规定，防止男性运动员伪装成女性参赛（但实际上从未发生过这类案例）。早期的性别检测相当粗鲁，女性运动员甚至被迫在医生面前脱下

---

1 口腔拭子：指从口腔内膜收集细胞进行实验室检查的方法。——译者注

裤子。直到 1968 年墨西哥城奥运会时，这种有辱人格的检测流程才被口腔拭子这种规范、客观的技术所取代。口腔拭子可用于检验染色体——女性的性染色体为 XX，男性的性染色体为 XY。

当然，总有些时候会出现意外。

1985 年 8 月的一天，西班牙国家队的队医告诉马丁内斯-帕蒂诺：检测结果出现了问题，她不能参加比赛了。一开始，马丁内斯-帕蒂诺怀疑自己得了艾滋病或者白血病——她弟弟正是被这个疾病夺走了生命。但队医不愿意透露更多信息。马丁内斯-帕蒂诺在惶恐不安中度过了 2 个月。她瞒着还沉浸在丧子之痛中的父母，独自一个人去看了医生，不久便得到了诊断来信。虽然诊断结果显示与艾滋病或白血病无关，但足以改变她的生活。信中透露，对从她口腔中取样的细胞进行分析后发现，50 个细胞中的每一个细胞都含有 XY 染色体。天啊，自己竟然是名男性！因此，西班牙国家队官员敦促马丁内斯-帕蒂诺假装受伤，然后悄悄退役。

但马丁内斯-帕蒂诺不仅拒绝退役，反而在 3 个月后赢得了西班牙全国锦标赛 60 米跨栏比赛的冠军。胜利没能带给她荣耀，却招致了公众的奚落——因为她的性别检查结果泄露给了媒体。事态急转直下，现实异常残酷。

往日荣光一扫而空。西班牙田径协会剥夺了马丁内斯-帕蒂诺的全国冠军头衔。他们将她从国家队的宿舍中赶了出来，撤销了她的奖学金，甚至删除了她的比赛成绩记录，就仿佛这个人从未存在过一般。一些朋友也离她而去，甚至包括她的未婚夫。

第4章 男人为什么有乳头

马丁内斯-帕蒂诺感到羞愧难当,整个人失去了生命的活力。不过,她很快就恢复了斗志。她对媒体发誓要捍卫自己的女性身份,与此同时,助力亦从远道而来。

一位名叫阿尔伯特·德·拉·沙佩勒(Albert de la Chapelle)的芬兰遗传学家从一篇新闻报道中获知了马丁内斯-帕蒂诺的遭遇。德·拉·沙佩勒非常清楚,染色体并不能决定性别。他在研究携带 XX 染色体却发育为男性的个体方面是前沿专家。当父母的 X 染色体和 Y 染色体在交换信息时没有完美排列,Y 染色体末端断裂的基因连在 X 染色体上时,就会导致所谓的"德·拉·沙佩勒综合征"(XX 男子综合征)。

马丁内斯-帕蒂诺花费了数千美元请医生进行检查。医生告诉她,她长着隐藏在阴唇内侧的睾丸,此外,她既没有子宫,也没有卵巢。同时医生还发现,尽管帕蒂诺的睾丸能产生接近男性水平的睾酮,但她却对雄激素并不敏感。换言之,她的身体没有对睾酮的刺激做出应答,因此完全发育成了一位女性。大多数女性运动员可以凭借自身所产生的少量睾酮获得体育竞技上的优势,但马丁内斯-帕蒂诺则完全不能利用这种激素。

差不多 3 年后,马丁内斯-帕蒂诺的性别检测结果被公布于众,奥林匹克医学委员会在 1988 年的韩国汉城奥运会上碰头讨论,宣布对马丁内斯-帕蒂诺解禁。然而那时,她的职业生涯已经无可挽回——她以 0.1 秒之差无缘 1992 年的奥运会。

1990 年,马丁内斯-帕蒂诺的不幸遭遇促使国际田径联合会召集科学家们组成了一个国际小组,准备彻底解决比赛中性别鉴定的问题。然而科学家们的答案是：我们也不知道！不仅如此，他们还建议完全抛弃性别检测。到1999年，国际奥委会已经将标准降至只有在存在疑问的情况下，才会对女性运动员进行性别检测。可即便如此，仍然没有明确的标准来判断究竟怎样才算是女性。

难点在于，人体无法像体育主管部门希望的那样，简单地区分为男性和女性。在过去的20年，技术进步并没有带来丝毫改变，未来也不会有什么变化。耶鲁大学的儿科名誉教授迈伦·吉尼尔（Myron Genel）曾是建议国际田联放弃性别检测的专家小组成员之一，他表示："我觉得，我们现在能想到的方案，与20年前相比没什么两样。"

医生们最终认定马丁内斯-帕蒂诺受到了不公正的待遇。他们认为，从竞技比赛的角度来看她是一位女性。她同时拥有阴道和隐睾，有乳房但没有卵巢和子宫，而达到男性水平的睾酮在她的体内缓慢地循环。

既然无论是身体部位还是细胞中的染色体都无法明确区分男性和女性。那么，究竟是否存在可以彻底区分两性的基因学手段呢？

* * *

《女性在未来会很快超越男性吗？》，当我在2002年第一次看到加州大学洛杉矶分校生理学家撰写的这篇论文时，觉得标题

第4章 男人为什么有乳头

颇为荒谬。当时我还是一名大四学生。作为田径800米项目的参赛选手，我只训练了5个赛季，但已经跑得比女子世界纪录还要快了，而且我还不是接力队中跑得最快的人。

不过这篇文章发表在《自然》(Nature)杂志——世界上最负盛名的科学期刊之一上，所以它肯定有点东西。公众们也抱有同样的想法。在1996年亚特兰大奥运会之前，《美国新闻与世界报道》(U. S. News & World Report)调查了1000位美国人，其中三分之二的人赞同"顶尖女性运动员击败顶尖男性运动员指日可待"。

在那篇发表于《自然》杂志的论文中，研究者们将历史上各项田径赛事的男子和女子世界纪录绘制成了图表。结果发现，女子世界纪录的提升速度要远远快于男子世界纪录。按照折线的走向推算，该论文作者认为，到21世纪上半叶，女性就将在所有径赛项目中击败男性。"纪录提升的速率呈现出如此显著的差异，说明差距正在逐渐拉近。"作者写道。

2004年，以雅典奥运会为契机，《自然》杂志又刊登了一篇类似的文章，标题为《2156年奥运会上的历史性冲刺？》，文中预测在这一时间节点，女性将会在100米短跑中超越男性。

2005年，3位运动科学家在《英国运动医学杂志》上发表的一篇论文甚至省略了标题中的问号，直接陈述了结论：《从长远来看女性终将胜出》。

难道男性在世界纪录上的主导地位，自始至终就是某种歧视下的假象，其目的只是将女性从竞争中排除出去？

20世纪上半叶，文化传统和伪科学严重限制了女性在体育运动方面的表现机会。在1928年的阿姆斯特丹奥运会上，媒体报道了800米比赛后女子选手因筋疲力尽而倒地不起（其实是捏造）的新闻，这让当时的一些医生和体育记者反感，以至于该项赛事被认为会对女性健康有害。"跑上这个距离对女性体力的要求太严苛了。"刊登在《纽约时报》（*The New York Times*）上的一篇文章曾如此评论。[1] 从那届奥运会以后，超过200米的女子田径项目很快都被请出了奥运赛场，并且持续了32年之久。直到2008年奥运会，女性运动员才终于拥有了和男性完全相同的径赛项目设置。不过，正如《自然》杂志上那篇论文所指出的，随着参与竞争的女性越来越多，女性的竞技表现最终的确有可能与男性旗鼓相当，甚至超越男性。

在拜访约克大学的运动心理学家乔·贝克时，我们探讨了男性和女性在运动表现尤其是投掷类项目上的差异。在所有涉及两性表现差别的科学实验记录中，投掷项目始终是最大的差别来源之一。从统计学层面来看，男性和女性之间平均投掷速度的差异为3个标准差。该数值大约是男女身高差距的2倍。这意味着，即便随便从街上找来1000个男人扔球，其中998个男人扔球的

---

[1] 虽然当时各大报纸都惊诧地报道参加800米比赛的女运动员们纷纷倒在了赛道上，但据2012年《跑步时光》（*Running Times*）上的一篇文章澄清，当时只有1名女性在终点处瘫倒，另外还有3人打破了世界纪录。《纽约晚邮报》（*New York Evening Post*）一位据称参加了比赛的记者写道，在"11名可怜的女人"中，有5人没能完赛，还有5人结束后瘫在地上。然而，《跑步时光》的文章指出当时只有9位女性参加了比赛，并且全员完成了比赛。

第4章 男人为什么有乳头

力量都会比普通女性更大。

但贝克同时也注意到，上述情况也可能只是反映了女性缺乏相应的训练。他的妻子从小练习棒球，在投球方面能轻松碾压他。贝克开玩笑说："她投出的球像激光一样准。"所以，男性和女性的差异是存在于生物学层面的吗？

男女之间的 DNA 差异极其微小，仅限于单染色体，即女性为 X、男性为 Y 的差别。兄妹或姐弟从相同来源获得各自的基因——只不过母亲和父亲 DNA 的混合，即所谓的重组过程会确保兄弟姐妹永远不会完全一模一样。

大部分性别分化可以归结为 Y 染色体上的一个基因：SRY 基因，或称之为"Y 染色体性别决定"基因。如果说所谓的"运动基因"真的存在，那就是 SRY 基因了。人体生物学正是建立在这一点之上：同样的双亲，虽然传递了相同的基因，但他们既可以生出儿子，也可以生出女儿。SRY 基因是一把 DNA 万能钥匙，它可以选择性地激活男性胎儿的基因。

我们所有人都是以女性身份开启生命之旅的。人类胚胎在形成后的头 6 周内都可以视作女性。由于哺乳动物的胎儿会接触到来自母体的大量雌性激素，这对于发育为女性的胎儿来说更高效。而如果是雄性个体，到了第 6 周，SRY 基因就会诱导睾丸的形成，同时在睾丸内生成用于合成睾酮的间质细胞。1 个月之内，睾酮便会大量合成，触发特定基因表达以及关闭某些基因。用不了多久，日后表现为投掷距离远近等性别差异也会开始出现。

还在母亲子宫里的时候，男孩就开始发育出更长的前臂，有利于在投掷时发挥更强大的挥动效果。虽然男孩和女孩在投掷能力方面的差异不如成年男女之间那样显著，但这在 2 岁儿童中间就已经表现得很明显了。

为了确认儿童在投掷距离上的差距在多大程度上由文化因素决定，来自美国北得克萨斯州大学和澳大利亚西澳大学的科学家们合作对美国儿童和澳洲原住民儿童的投掷技能进行了测试。澳洲原住民不事农耕，一直保留着狩猎和采集的习俗。澳洲原住民女孩和男孩一样，从小就会学习投射技能，以备战斗和狩猎所需。研究发现，与美国儿童相比，澳洲原住民男孩和女孩在投掷能力上的差异要小得多。不过，尽管女孩由于成熟得更早，在身高和体重上都占据优势，但男孩的投掷力度仍然远胜女孩。

男孩不仅普遍擅长投掷，而且在视觉追踪和拦截飞行物体方面也往往更加熟练；87% 的男孩在瞄准测试中的表现超过女孩的平均水平。这种差异至少部分是由于在子宫内受睾酮影响的结果。先天性肾上腺皮质增生症会导致胎儿的肾上腺过度分泌雄激素，因此患有这种遗传疾病的女孩在母亲的子宫内接触到了较高水平的睾酮，她们在上述任务中的表现更像男孩，而不是女孩。

训练有素的女性很容易胜过未经训练的男性，但同样训练有素的男性却大大胜过训练有素的女性。即便女子标枪很轻，奥运男子标枪选手的投掷距离还是会比女子选手远大约 30%。女子棒球最快投球速度的吉尼斯世界纪录是 105 千米每小时，而一

第4章　男人为什么有乳头

个棒球水平尚可的高中男生投出的球，通常都不止这个速度，一些职业男子选手的投球速度甚至可以超过 161 千米每小时。

经验表明，从 100 米到 10000 米的跑步比赛中，男女优秀选手的成绩差距为 11%。另外，不管是短跑还是马拉松，在任何距离的径赛中，男子前十名都比女子前十名快约 11%。[1] 就专业表现而言，这无异于巨大的鸿沟。女子百米短跑的世界纪录比 2012 年奥运会男子百米短跑的入围成绩还要慢上 0.25 秒。在 10000 米项目上，女子世界纪录的成绩甚至达不到奥运会男子项目的最低参赛标准。

在投掷和需要爆发力的项目中，男女之间的差异则更加明显。以跳远为例，女性选手的成绩落后于男性高达 19%。而游泳项目中的男女差异最小。但即便如此，在 800 米自由泳项目中，女子顶尖选手相比男性顶尖选手仍有 6% 的差距。

那些预测女性终将超越男性的论文认为，在 20 世纪 50 年代到 80 年代之间出现的女性竞技表现稳步提升的趋势会一直持续下去。但实际上，这只是一个短暂的爆发过程，随后便进入停

---

[1] 人们曾经认为，随着比赛距离的增加，女性跑步选手的成绩终会超越男性。克里斯托弗·麦克杜格尔（Christopher McDougall）那引人入胜的著作《天生就会跑》(Born to Run) 正是以此为主题。但事实上，这一想法并不正确。无论距离长短，顶尖男女运动员之间 11% 的差距始终存在。不过南非的生理学家发现，如果一名男性和一名女性跑完一场马拉松的用时相同，那么这位男性通常可以在短于马拉松的距离上击败这位女性；但如果将比赛距离拉长至 64 千米，前者又会不敌后者。研究者们认为，这是由于男性通常更高、更重，因此比赛时间越长，劣势越大。在世界顶级马拉松运动员中，男性和女性之间的体型差异小于一般人群。不过在超长距离比赛中，11% 的差距依然存在于顶尖男女马拉松选手之间。

滞——女性选手进入了停滞期，而男性却没有。到了20世纪80年代，女性运动员在各个径赛项目中的最高速度已趋于平稳，而男性则继续缓慢提升，尽管幅度极小。

数据明确无误地摆在面前。精英女性运动员不仅无法赶超精英男性运动员，甚至难以维持目前的差距，因为后者仍然在缓慢地进步。生物学层面的鸿沟正在不断扩大。

但为什么会存在这样的差距呢？

* * *

大卫·吉尔里（David Geary）的办公室窗台上摆着一本厚如字典的电话黄页簿，旁边则是一副女性的头骨——仿佛正在俯瞰着密苏里大学的校园。"你可以看得出来，这颅骨很小。"吉尔里说。吉尔里脸庞瘦削，宝蓝色的眼眸，前额上隆起的一缕白发看起来像一个问号，恰好为他的面容增添了一分好奇和求知的气质。"她的大脑只有我们现代人类的三分之一左右。这就是她为什么被放在字典旁边，她必须勤学苦练。"他开玩笑道。这个头骨是著名的阿法南方古猿（Australopithecus-afarensis）、人类祖先——露西（Lucy）头骨的等比例模型。露西生活在距今320万年前，其骨骼在埃塞俄比亚被发现。

吉尔里花了很多时间思考大脑。他是一位认知发展心理学家，其职业生涯的大部分时间都致力于了解儿童如何学习数学。这一职业追求促使他在2006年加入了全美数学顾问小组，一

第4章 男人为什么有乳头

直到 2008 年。此外，他也堪称是性别差异研究领域的"活数据库"。

自 20 世纪 80 年代在美国加州大学河滨分校攻读研究生以来，吉尔里就对人类性别差异的演变抱有浓厚兴趣。但考虑到生物性别差异研究——至少是超出生殖系统范畴之外的研究——要面对诸多困扰，吉尔里一直等到获得终身教职以后才开始发表人类进化领域的研究成果，此后便一发不可收。他参与合著了一本近千页的教材，将过去 100 年来从出生体重到社会态度等所有与性别差异有关的严肃科学研究进行了汇编。

在我现身他的办公室门口之前，吉尔里或许还未意识到自己对体育界最有趣的贡献当属 550 页的鸿篇巨制——《男性和女性：人类性别差异的演化》（*Male, Female : The Evolution of Human Sex Differences*）。这本书是第一部将所有涉及人类性别差异的研究，无一遗漏地纳入性别选择框架的著作。

达尔文第一个阐明了性别选择的原理，不过人们对它的关注远远不及达尔文的另一项智慧成果——自然选择。自然选择是指人类在适应自然环境的过程中 DNA 的留存或消失等变化，而性别选择则指由于交配竞争和选择而产生的 DNA 扩散或灭亡等变化。性别选择是导致大多数人类性别差异的根源所在，它对于理解人类运动技能至关重要。

就两性的生理差异而言，男性通常体重更重，身高更高，拥有相对更长的胳膊和腿部，有更大的心脏和肺。男性左撇子的概率是女性的 2 倍——在不少体育运动中，左撇子都属于天然的竞技优势。[1]男性身体的脂肪更少,骨密度更高,红细胞的携氧能力更强。另外,男性更重的骨骼也能够支撑更多的肌肉;臀部较窄,跑步时更节省体力,也减少了奔跑和跳跃过程中受伤的风险——相比之下,前交叉韧带(ACL)撕裂在女性运动员中就极为常见。美国凯斯西储大学的人类学和解剖学教授布鲁斯·拉蒂默(Bruce Latimer)表示:"由于骨盆更宽,女性膝盖拥有更大的活动度。因此,她们需要花费更多能量来维持髋关节的稳定,但这对向前移动毫无帮助……骨盆越宽,浪费的能量越多。"

两性之间最显著的生理差异之一在于肌肉量。男性身体的任意一个部位都拥有比女性更多的肌纤维,上半身的肌肉量多出80%,腿部肌肉量多出50%。在上肢力量方面,男女之间的差异为3个标准差。还用之前的类比方法,即随便从街上找来1000个男人,其中998个男人的上半身都会比普通女性更为强壮。

"我们可以在大猩猩身上直观地看到上肢力量的性别差异。"吉尔里说,"差异非常大。在我们的灵长类近亲中,大猩猩的性别二态性(sexually dimorphic)最为明显,雄性的体型大约

---

[1] 左撇子并不常见,遭遇左撇子对手的机会也较少,因而关于他们身体动作的脑力数据库也积累得并不完善,这让左撇子运动员具备了科学家们所谓的"负频依赖优势"(negative frequency dependent advantage)。例如,在1980年莫斯科奥运会的花剑比赛中,进入决赛的6位男子选手都是左撇子。法国科学家夏洛特·福里(Charlotte Faurie)和米歇尔·雷蒙(Michel Raymond)经分析后发现,左撇子出现概率越高的土著社会,徒手打斗行为就越常见。这两位研究者以及其他科学家假设,自然选择在男性群体中保留了一定数量的左撇子来作为一种战斗时的优势。

第4章 男人为什么有乳头

是雌性的 2 倍。尽管大猩猩的体型比人类更大，但二者上肢力量的性别差异具有相似性。"

人类与大猩猩具有相似性的原因体现了性别选择如何塑造人类（或大猩猩）的运动能力。如果我们想知道某个物种中更强壮的个体是什么性别，有一条特别有用的线索——看看哪种性别的潜在繁殖率更高。

由于妊娠期和哺乳期较长，雌性大猩猩大约每 4 年才能繁育一个后代。雄性大猩猩组建和守护一群雌性作为伴侣，因而具有高得多的潜在繁殖率。但如果某只雄性大猩猩独霸雌性，其他雄性就完全没有了繁殖后代的机会。因此，雄性大猩猩为争夺更多雌性而激烈竞争，这种"雄性间竞争"表现为打斗或至少摆出打斗的姿态，于是自然选择就凸显了那些让大猩猩具有更强战斗力的特征。"在雌性潜在繁殖率更高的物种中，"吉尔里以海马为例解释道，"情况正好相反，雌性的体型更大且更具有攻击性。"因此毫无意外，负责照顾受精卵的雄性海马也更青睐体型更强壮的雌性海马。

在不太依靠体力进行巡视和防御的竞争领域，譬如天空，雌性对雄性的选择就变得更加重要了。此时，自然选择突出了其他一些雄性特征，例如，鸟类所展示出的迷人的羽毛色彩和旋律优美的求偶歌声。但在活动区域主要局限于陆地的灵长类，诸如大猩猩和原始人类中，正面搏斗可能较为重要，因此进化着重强调了武力。

所有这一切揭示了一个关于人类男性的不太令人愉悦的事

实：某些身体特征被选择性地保留下来，以便男性们可以伤害、杀戮或者至少恐吓彼此。那些在伤害、杀戮或者恐吓同类上最为成功的男性，有时候也会利用这种成功，与更多的女性进行交配，从而获得更多的后代。

有强有力的证据支持这一点。在狩猎、采集社会中，大约有 30% 的男性在战斗或偷袭中死于其他男性之手，其目的通常都是掳掠妇女。正如哈佛大学心理学家斯蒂芬·平克（Steven Pinker）在谈及自己的《人性中的善良天使》(*The Better Angels of Our Nature*) 一书时所提到的，人类暴力的历史及其在现代的式微，"证明了托马斯·霍布斯的观点是正确的。自然状态下的人类生活污秽、野蛮且短暂"。

基因证据显示，人类男性祖先为争取更多配偶而争斗的说法无可辩驳。由于父亲只会将自己的 Y 染色体基因遗传给儿子，而母亲只会将自己的线粒体 DNA 遗传给下一代，因此我们可以穿越时空，分别追溯我们的母系和父系祖先。来自世界各地的研究结果都非常明确：无论是哪片区域，人类的男性祖先总是比女性祖先要少。也就是说，孕育出当前世界人口所需的"亚当"要比"夏娃"少得多。（某些证据显得尤为极端，譬如 1600 万亚洲男性——相当于全世界男性总数的 0.5%——都拥有一段几乎完全相同的 Y 染色体，遗传学家认为它很可能来自成吉思汗。

还有另一种模式同样适用于不同物种，特别是雄性竞争异常激烈的灵长类。对于搏斗而言关键的身体机能形成于雄性的青春

第4章　男人为什么有乳头

期。在青春期时,一个正在快速成年的个体以繁殖为目的的各种能力都会得到强化。因此,如果挥拳猛击或投掷石块这样的运动特质对于繁殖很重要,就会在青春期凸显出来。同样,人类男性也分毫不差地遵循了暴力型灵长类的发育模式。女孩成熟得既早且快;男孩的青春期却来得既晚又漫长,成长时间更为充裕,在此期间运动能力激增。

在10岁以前,女孩和男孩的身体状态都差不多。虽然女孩往往个头更高,身体脂肪也稍多一些,但就运动特点而言,男孩和女孩几乎毫无差别。到了10岁,男孩和女孩的最快奔跑速度仍然相差无几。这种状态会一直持续到14岁,而此时的男孩就开始有天然类固醇的"加持"。

到了14岁,两性间原本就存在的投掷差距已然成了鸿沟。男孩们发育出更强壮的手臂和更宽的肩膀,到18岁时男孩的平均投掷距离已经是女孩的3倍。此外,男性还会发育出一些其他的特征,使自己更难以被击倒:眉骨更加粗壮,能够保护眼睛;下颌骨变宽,面部更能抵御击打——如同玻璃一般脆弱的下巴显然不适合原始男性。

雄性在青春期激增的睾酮也会刺激红细胞的产生,因此男性可以比女性利用更多的氧气,这使得男性对疼痛的敏感性低于女性[1]——动物和人在接受睾酮注射后,也会出现同样的效果。

---

[1] 女性比男性更能忍耐疼痛,因为她们会经历分娩——实际上这是一个错误的观点。所有科学研究的结果都与此相反,女性对疼痛更敏感,更有可能被慢性疼痛所折磨。只不过在临近分娩时,女性对疼痛的确不那么敏感。

到了14岁左右，普通女孩正在逼近她一生中最快的冲刺速度。在青春期之前，9岁男孩和9岁女孩的同龄组短跑世界纪录几乎相同，这一阶段体育运动中的性别差异几乎不涉及生物学因素。然而到了14岁，成绩纪录却会发生翻天覆地的变化。[1]

有时在青春期后，女性的某些运动表现甚至会变得更差。雌性激素促使脂肪堆积在臀部，使之变得丰满，因此大多数女孩的垂直跳跃能力会进入停滞期或下降。即使是最瘦的成年女性马拉松选手，体脂率也只能降至6%～8%左右，相当于男性选手的2倍。

针对奥运选手的研究表明，在特定的体育项目中，女性运动员所具有的一个重要特征就是她们不会像其他女性那样发育出较宽的臀部。如果一名女子体操选手的身高或臀围出现了显著的增长，那么她们在顶级赛场上的职业生涯基本也就走到头了。如果体型增长快于力量增长，那么对于空中技巧动作至关重要的力量-体重比就会朝错误的方向发展，空中旋转能力也同样如此。女子体操运动员往往在20岁时就已经到达巅峰，而同龄的男子体操运动员却仍然处在职业生涯的早期。在2000年悉尼奥运会上，一位体操女选手获得的奖牌后来被取消，原因即在于国际奥委会发现她的实际年龄比16岁的最低参赛年龄要小2岁。不过，在男子体操运动员身上就不会看到

---

[1] 以400米短跑世界纪录为例，具体数据如下：
9岁男孩：1:00.87　14岁男孩：46.96
9岁女孩：1:00.56　14岁女孩：52.68

第4章 男人为什么有乳头

类似的事件发生。

因此，一些女性运动员的优势来自通常在男性身上更为典型的特征，例如体脂较低或者臀部较窄。

现在看来，20世纪70年代至80年代女性在田径项目上能赶超男性的主要原因在于（而《自然》杂志对此并没有说明）她们通过注射睾酮来弥补SRY基因的缺失。从20世纪60年代开始，冷战逐渐波及体育领域。在女性运动员不知情的情况下对其系统性地使用兴奋剂，这种行为在民主德国（东德）等国家非常普遍。自那以后，在最需要爆发力的体育项目中，顶尖女运动员之间的竞争已达到白热化的地步。举例来说，在有史以来排名前80位的女子铅球投掷纪录中，有75项纪录诞生于20世纪70年代中期至1990年之间，且选手主要来自东欧国家。排名第80位的纪录来自东德选手海蒂·克里格（Heidi Krieger），而数十年后，她出庭作证，证实当年东德曾系统性地使用兴奋剂。此时她已改名为安德烈亚斯·克里格（Andreas Krieger）。类固醇属于睾酮的类似物，由于注射了大剂量的类固醇，克里格的身体被迫向着男性的方向发展，最终她选择了以男人的身份生活。时至今日，几乎所有女子短跑和力量项目的世界纪录都诞生于20世纪80年代，这证明了雄激素对女性运动员的确存在着巨大影响。一旦极端滥用兴奋剂的时代结束，竞技表现上的性别差距就会因为SRY基因的有无而重新拉开。如今事实摆在眼前，在大多数运动中，男性相对于女性的基因优势是如此深远，以至于最好的解决方案便是分性别竞争。

爱丽丝·德雷格（Alice Dreger）是美国西北大学范伯格医学院临床医学人文和生物伦理学系教授，也是体育性别鉴定史方面的权威，她告诉我："在体育运动中我们要将男女分开，是因为在很多项目中，即使是最顶尖的女选手也根本无法和最好的男选手竞争。这一点每个人都知道，但没有人愿意说出来。我认为，虽然出于各种善意的理由，但体育运动中女子级别的比赛设置其实有些类似于残障组。"

但难题在于如何确定谁有资格进入上述级别的比赛。正如在2009年的田径世锦赛上，一位南非新秀卡斯特尔·塞门亚（Caster Semenya）参加了800米项目。这位看起来虎背熊腰的女运动员在赛场上一路过关斩将，最终拿下了世界冠军。但塞门亚的竞争对手却纷纷在世界各大媒体上嘲笑她。俄罗斯选手玛利亚·塞万诺娃（Mariya Savinova）在谈及塞门亚狭窄的臀部和健硕的躯干时，冷笑着讥讽："明眼人一看就知道。"然而，仅凭外表并不能给出答案。

那届世锦赛过后，有传言说塞门亚具有隐睾，缺少卵巢或子宫，而且睾酮水平也很高。（但塞门亚本人并未证实这一点，也没有发表过相关声明。）所以，如果传闻属实，那她究竟应当被划分为什么性别？耶鲁大学儿科教授迈伦·吉尼尔表示，如果要按照具体的生物学特征对运动员进行分类，"我们就必须举办像威斯敏斯特犬展那样的国际比赛，让每个'品种'都参加比赛"。前文中的西班牙跨栏运动员马丁内斯-帕蒂诺就同时拥有Y染色体和 SRY 基因，但由于她本人对睾酮不敏感，最终被允许参加女子组比赛。

在 2012 年伦敦奥运会开赛前夕，针对塞门亚事件所引发的持续争议，国际田径联合会和国际奥林匹克运动会宣布将通过睾酮水平来判定运动员的性别。这里的睾酮水平不仅指机体所产生的量，还包括机体能够利用的量。

睾酮水平并不是稳定不变的。女性每毫升血液中的睾酮含量通常不超过 0.75 纳克；而男性通常在 2.4 纳克到 12 纳克之间。因此可以看出，男性体内睾酮的最低水平依然比女性的最高水平高出 2 倍多。2011 年，在全美女性同性恋权利中心下属智库的建议下，全美大学生体育协会（NCAA）颁布规定，要求所有接受变性手术的男性运动员都必须休赛一年以降低其体内的睾酮水平，之后才能参加女子组比赛。也就是说，睾酮已经被认定为男性竞技优势的根源所在。但是它或许并非唯一的源头。

当我和研究雄激素不敏感型女性群体的内分泌学家们进行交流时，发现他们都抱有这样一种观点：同时拥有 XY 染色体，却对雄激素不敏感的女性（像马丁内斯-帕蒂诺那样完全不能利用睾酮的女性）在体育界所占的比例不仅不低，反而相当之高。

在最后一届采用口腔拭子检测的 1996 年亚特兰大夏季奥运会上，对 3387 名女运动员检测后发现，有 7 名女性拥有 SRY 基因且对雄激素不敏感，比例约为 1/480。而雄激素不敏感在一般女性中的出现概率约在 1/20000～1/64000。在过去 5 届奥运会中，平均每 421 名女性运动员中就有 1 人确认拥有 Y 染色体。可以看出，在奥运会这个世界最大规模的体育盛会上，对雄激素不敏感的女性比例非常之高。因此，除了睾酮之外，Y染色体或许也有其他特性能够带来竞技上的优势。

对雄激素不敏感的女性通常拥有更典型的男性肢体比例。她们的手臂和腿相对于身体比例而言更长，她们的平均身高比一般女性也要高出好几厘米。我们以艾丽卡·科因布拉（Erika Coimbra）为例，这位巴西排球运动员身高1.8米，获得过2000年奥运会的铜牌，她是少数个人信息公开的对雄激素不敏感的女运动员之一。我采访过的两位内分泌学家表示，性染色体为XY的女性在模特界的比例也比较高，因为除了身高和腿长外，她们的外表往往非常女性化。在个人医疗信息不幸被媒体曝光以前，身材高挑、金发碧眼的科因布拉就一直被称为"巴西的芭比娃娃"。

对睾酮不敏感的XY染色体女性之所以更高挑，可能得益于生长期的延长，因为她们的身体没有"理会"激素发出的停止生长的信息或受到Y染色体上调控身高的基因的影响。多出一条Y染色体的男性，通常身材也非常高。国际高个子俱乐部中个头最高的成员戴夫·拉斯穆森（Dave Rasmussen）身高2.21米，是XYY染色体男性，而他父亲和母亲的身高分别为1.93米和1.75米。

正如发表在《英国运动医学杂志》上的一篇论文所述，XY染色体型的女运动员只不过是"体育界中间性态现象的冰山一角"。来自美国休斯敦的内分泌学家杰夫·布朗（Jeff Brown）

第4章 男人为什么有乳头

曾与一些美国顶级运动员共事过,对方所有的奥运金牌加在一起竟有15块之多。而在他诊断过的奥运女选手中,很多人都患有部分21-羟化酶缺乏症。这种疾病来自家族遗传,会导致体内生成过量的睾酮。[1] 按照布朗的估计,这种病症出现于女运动员中的比例相当之高。"她们是否比没有这个病症的人更有优势?"布朗说,"当然,答案是肯定的。但这属于老天爷赏饭吃……我在跳远、短跑和长跑运动员身上都发现了这种情况。"

* * *

没有一位科学家能完全说清楚睾酮对运动员个体的确切影响。不过,2012年的一项研究花费了3个月时间,对包括田径和游泳在内的一系列体育项目中的女运动员进行了跟踪调查。结果表明,精英运动员体内的睾酮水平始终是非精英运动员的2倍多。除此之外,研究者们还收获了一些让人大跌眼镜的奇闻轶事。[2]

---

[1] 布朗在男性身上也发现了部分21-羟化酶缺乏症的存在,但相比女性而言影响较小。布朗认为,精英运动员的内分泌系统与普通成年人的内分泌系统往往存在着明显差异。"运动员们拥有各种各样的特殊生理机能,"他说,"体内的激素环境完全不同于你我。"

[2] 生理学家克里斯蒂安·库克(Christian Cook)研究了运动员的睾酮水平,他说:"我们发现了一种倾向,高水平的力量型女性运动员,其体内的睾酮水平通常接近于男性……而这些女性也往往具有通过训练来获得力量增长的强大能力。"在2013年的一项小规模研究中,库克还发现,与睾酮水平较低的同行相比,睾酮水平高的女性运动员会主动选择强度更大的力量训练。

55 岁的乔安娜·哈珀（Joanna Harper）是一位医学物理师，她生下来是男性，后来变性为女性。另外，哈珀也是一位非常优秀的跑步选手。2004 年 8 月，当她开始利用激素疗法抑制体内的睾酮水平并在生理上向着女性转变时，和所有优秀的科学家一样，她记录下了该过程中的相关数据。哈珀原以为自己的跑步速度会逐渐变慢，但令人惊讶的是，第一个月刚结束，她就发现自己已经明显变慢且变虚弱了。她说："跑步时我就是快不起来。"2012 年，哈珀赢得了 55 岁至 59 岁年龄段全美越野比赛的冠军，从年龄组和性别分级的成绩标准来看，女性的哈珀与当年她身为男性时具有同样的竞争力。即作为一名女性，哈珀在跑步领域相对于其他女性的优秀程度，与她在变性前作为男性相对于其他男性的优秀程度保持了一致性。尽管现在她的速度远低于从前睾酮水平较高的时候。

2003 年，尚未变性的哈珀参加了在美国波特兰举行的赫尔维希亚半程马拉松，成绩是 1 小时 23 分 11 秒。2005 年，变性后的哈珀在这项赛事中的成绩为 1 小时 34 分 1 秒。相比女性时期，男性时期的哈珀每千米的速度大约会快 31 秒。另外，她还收集了其他 5 位从男性变性为女性的跑步选手的相关数据。她发现所有的跑步选手都表现出了相同的速度剧降趋势。其中一位跑步选手连续 15 年参加 5000 米比赛，男性时期为 8 次，在接受睾酮抑制治疗后的女性时期为 7 次。从总体来看，他在男性时期的成绩总会快于 19 分钟，而在女性时期则会慢于 20

第4章 男人为什么有乳头

分钟。[1]

因此,典型的男性激素模式(更高的睾酮水平)、骨骼结构(更高的身高、更宽的肩膀、更高的骨密度、更长的手臂、更窄的臀部)和基因特征(SRY 和其他基因)的确可以带来某些运动上的优势。那么,由此引出了一个有趣的进化问题:对于女性而言,运动能力的存在究竟有何意义?

人类的女性祖先和男性祖先一样,也需要具备足够的运动能力才能跋山涉水、背负孩子、伐木以及挖掘块茎。但女性不太可能需要战斗、奔跑,或者通过爬树等高强度活动来提升上肢力量。吉尔里和其他很多科学家都告诉我,女性之所以具有运动能力,部分原因在于男性拥有运动能力。

我们不妨思考一个相似的问题:男性为什么有乳头?答案是:因为女性也有。乳头对于女性繁育后代绝对必不可少,它们的存在对男性又不构成危害,因此不需要施加巨大压力通过自然选择来摆脱它们。哈佛大学人类学家丹·利伯曼(Dan Lieberman)研究了耐力跑在人类狩猎和进化中的作用,他告

---

[1] 我首次采访哈珀时,部分谈话内容以文章的形式刊登在了 2012 年的《体育画报》杂志上,这篇名为《变性运动员》的文章由我和巴勃罗·托雷(Pablo Torre)合作撰写。巴勃罗和我还采访了凯伊·阿勒姆斯(Kye Allums),他曾是美国乔治·华盛顿大学女子篮球队的一名球员,也是有史以来第一位公开变性的全美大学生体育协会一级联盟(NCAA Division I)运动员。为了在生理上转变为男性,阿勒姆斯在采访前不久开始注射睾酮。他感到自己的手、脚和头都在生长,声音变得更低沉,脸上开始长出较浅的胡须,并且能够跑得更快。相关医学研究已经证实,身体的肌肉量、肌肉力量与注射的睾酮剂量之间存在着依赖关系。

诉我："男性和女性不可能被完全分开来设计。这不像订购汽车，要么是红色，要么是蓝色。在基本的生物学层面，两性基本相同，略有不同。如果女性完全不需要奔跑，或许你会认为她们并不需要腿部的跟腱。但接下来怎么办？我们必须要设计一种与性别相关的跟腱缺失机制。"但大自然并没有这样做，相反，它为人类设计了一个系统，在这个系统中，激素可以选择性地激活基因以产生不同的效果，而不是直接改变大量的基因。

男性和女性拥有几乎完全相同的基因。然而那些微小的基因差异——比如 SRY 基因——会诱导一连串的生物学结果，进而导致男女在运动场上的表现差异巨大。这些生物学结果不仅涉及身高、四肢长度这些明显的特征，还包括其他方面。例如：在进行举重训练时，男性的肌肉增长速度快于女性；在进行耐力运动后，男性心脏的扩张速度也比女性更快。因此，Y 染色体上微小的 DNA 差异，最终会影响运动训练的实际效果。

但能产生这种影响的，并非只有 Y 染色体。

— 第5章 —

可塑之才

祖母在喊他吃晚饭，但男孩充耳不闻。他打算投出一记好球，而此刻他正死死盯着对手阵营中的重炮手。这场对垒会持续好几个小时，男孩投出的快速直球在祖父母家里飞来飞去，撞在石墙上发出沉闷的声响。

当然，根本不存在什么击球手，这一切都只是男孩的幻想，因为他梦想成为一名棒球投手。实在不行的话，接球手、三垒手或者其他什么位置都可以，甚至不是打棒球也无所谓，从能记事起，他就梦想着当一名运动员，无论什么领域都可以。男孩只是想成为某个团队中的一员，他对上学不感兴趣，所以除了通过体育运动，他实在想不出还有什么出人头地的法子来。

某天，男孩在一台老旧的黑白电视上看完了一集《超人》后便翻箱倒柜，把家里的咸菜、可乐和番茄酱都找出来，想要调制一种特殊的"超级饮料"，喝下去以后能让自己飞起来，这样就可以让自己那副令人失望的躯壳改头换面。但"超级饮料"喝起来实在恶心，而且一点作用都没有。

还没等到可以使用更长的垒线来打球，男孩就被踢出了教堂棒球队。他的力量太差，根本做不到将棒球从三垒直接投到一垒。此外，尽管他比其他大多数孩子都高，但还是被初中篮球队淘汰了。最后，这个男孩只能用其他方法来挽救自己行将崩溃的自尊。

到六年级时，他开始骂人和打架。他经常和老师顶嘴，有一次被校方直接赶出了学校。他把一个装满香烟的塑料工具盒藏在家附近的灌木丛中，每天早晨上学之前都会抽上几根。他会在保龄球馆闲逛几个小时，抽烟，吃垃圾食品，学着从一辆送餐卡车上偷新鲜出炉的馅饼。随着男孩的胆子越来越大，很快他就开始从街角的商店里顺手牵羊，偷漫画书和糖果。在严格的基督教会里长大的他甚至一度质疑起上帝。

即便他的叛逆和轻微犯罪行为让他在同龄人中获得了一些认同，但男孩仍然渴求着某种遵循传统且实实在在的东西：一件奖励给优秀运动员的毛衣。对于还在上初中的他而言，只剩下唯一一项运动可以尝试了——田径。于是，他想再尝试最后一次报名柯蒂斯中学的九年级田径队。前几年他也参加过试训，但结果惨不忍睹。他不会跳远，在尝试撑竿跳时更是直接摔下来不省人事。七年级时，他在跨栏比赛中撞倒跨栏；八年级时，他在50码（约合46米）的短跑中拉伤了肌肉。所以1962年春天的这次试训，他选择了最长距离的比赛，即绕田径场跑一圈，长度恰好为1/4英里，也就是400米。选拔赛前，他在心中暗暗祈祷上帝，希望能让自己如愿加入田径队。

当体育老师发出起跑口令以后，男孩便猛冲到队伍前面。他

第5章　可塑之才

终于找到了属于自己的使命感。他独自一人遥遥领先，双腿像活塞一样踩踏着跑道，头顶蓝天，脚下的煤渣发出噼啪的声响。在一口气狂奔了 200 米后，很快他的腿就沉得如同灌了铅，肺也像被砂纸裹着一样难受。其他几个男孩马上追赶了上来，将他抛在了身后。他用时接近 60 秒，这样的成绩并不足以让他入选田径队。

尽管如此，男孩还是在比赛里领先过，虽然时间很短。如果坚持下去，说不定有一天他能跑出 52 秒或 53 秒的好成绩，或许还能得到那件让他梦寐以求的毛衣。所以，在进入东威奇托高中读十年级之前的那个暑假，他经常从家里起跑，冲过两个街区，然后再冲回来，最后筋疲力尽地倒在草地上。在那年秋天的一次集训上，耐力跑教练面对众人说了一席话，虽未指名道姓，但在他听来仿佛意有所指。"你们中的很多人可能在初中时运动表现不佳，"这位教练说，"但不要气馁，每个人的成长速度都不一样，你们还有很大的成长空间。"教练的这番话深深打动了这个男孩，于是他拼尽全力，最终加入了这支队伍。

男孩加入越野队后的第一次耐力跑是和另一位十年级的学生搭档，他的名字叫道格·博伊尔（Doug Boyle）。博伊尔和他志趣相投，但同样缺乏经验。几十年后男孩回忆起当时那一幕说："我们对望了一眼，我对他说：'我从来没有连续跑完 8 千米。我们要互相帮助，一起慢慢跑完全程。'"结果他们真的做到了，这让两个人都很高兴，但随后难度就慢慢加大了。

在首次参加 1 英里计时赛时，男孩跑出了 5 分 38 秒的成绩。

虽然开局不算差,但在队伍里只能排第 14 名。忧心忡忡的母亲劝他:"放弃吧!你看着不舒服,晚饭也没吃两口,还总是把自己搞得筋疲力尽。"

"这对你来说太难了。"父亲也这样开导他。但男孩的队友们一直在鼓励他,在奔跑过程中,有些东西也感染了他。他感觉得到了活力,决定留在越野队中,于是一场戏剧性的蜕变从此拉开了帷幕。

男孩在第一场越野比赛中仅排名全校第 21 名,不过这一成绩让他得以进入学校的 C 队。真正的训练开始了,不久他就可以不间断地跑完 16 千米。在新赛季开始 6 周后,一直在 C 队接受训练的男孩升入了 B 队。让他自己都想不到的是,2 个月后他竟然带领学校 B 队获得了堪萨斯州的冠军。

尽管取得了惊人的进步,但男孩却不想局限在跑步上。"我热爱成功的感觉,"一天他这样写道,"但我更讨厌伤痛!"所以冬天他给自己放了个大假,幻想着来年春天或许能体验更为有趣的体育活动。他梦想着能参加竞争激烈的举重,或者自己最喜欢的高尔夫。但冬去春来,他发现自己还是站在了跑道上。不过,相比进步缓慢的队友,他再一次大踏步向前。

在那年的 3 月,尽管整个冬天都没有训练,在 1 英里计时赛跑出 5 分 38 秒仅仅 6 个月后,男孩又跑出了 4 分 26 秒的好成绩,成功击败堪萨斯州的上届冠军。之后,他又将成绩刷新至 4 分 21 秒。在回程的校队大巴上,教练鲍勃·蒂蒙斯(Bob Timmons)把男孩招呼到跟前,问他觉得自己最快能跑到多

第5章 可塑之才

快。男孩回答说:"今年差不多能到4分18秒或4分19秒,高中毕业时或许能跑到4分10秒。"听到这番话后,教练心中顿时萌生了一个想法。早在10年前,这位教练曾亲眼见证罗杰·班尼斯特(Roger Bannister)用实际行动向全世界证明:一个人可以在双腿完好如初的情况下跑进1英里4分钟内。现如今,在这个名叫吉姆·赖恩(Jim Ryun)的男孩身上,教练看到了班尼斯特的影子。于是他告诉赖恩,他会成为第一个1英里跑进4分钟大关的高中生。虽然赖恩觉得教练有些疯狂,但希望的种子却在心里扎下了根。

赖恩以4分8秒的成绩结束了十年级的学习,也告别了第1个田径赛季。在接下来的第二年,他开始像专业运动员一样训练。他告诉牧师,一周去3次教堂不利于自己突破4分钟大关的目标,因为他每周基本要完成100英里(约合161千米)的训练。在赛季结束后的那个暑假,他和教练住在一起,经历了令人难以置信的高强度训练,譬如一口气进行40组400米的高强度间歇跑。终于在高中第三年,也就是第2个赛季,他就以3分59秒的成绩跑完了1英里,轰动了全国。

那年夏天,赖恩入选1964年的美国奥运代表队。1966年,身为堪萨斯大学19岁大一新生的他,创造了3分51.3秒的世界纪录。在接下来的那个夏季,赖恩在加州贝克斯菲尔德市举行的一场比赛中大出风头。这场赛事堪称田径历史上最怪异的比赛之一。如今长跑项目的世界纪录往往诞生于使用"兔子"(定速员)的比赛,定速员可以帮助想要尝试冲击纪录的运动员控制跑步节奏，并为其破风。不过在 1967 年的 6 月 23 日，赖恩并没有定速员，甚至缺少来自竞争对手的压力，并且是在一条煤渣跑道上打破了个人创造的纪录。从发令枪响起的那一刻开始，他就遥遥领先，最终以 3 分 51.1 秒的成绩完赛，而该世界纪录保持了将近 8 年时间。

直到今天，作为有史以来最优秀的中长跑运动员之一，他的名字依然被世人所铭记。最终，赖恩凭借自己的运动成就当选为堪萨斯州的共和党议员。回想起当年向上帝祈求让自己加入田径队的情形时，他开玩笑说："祈祷时可要想清楚祷词！" 2007 年，美国娱乐与体育电视网（ESPN）将赖恩列为有史以来最伟大的美国高中生运动员之一，排名在泰格·伍兹和勒布朗·詹姆斯（LeBron James）之前。

如果不是教练在他心中种下了"跑进 4 分钟"的种子，如果不是充满激情的训练，赖恩很可能只是一名出色的高中生跑步选手而已，根本不可能成为在维基百科上拥有详尽个人词条的专业运动员。但相比创造世界纪录，或许更不可思议的是从 1962 年到 1963 年的那段时间。在赖恩开始狂热地追求 4 分钟目标之前，他从一名成绩糟糕的高中越野队成员，一跃成为州队伍里的最佳选手。随后，从秋季到春季，他又将自己 1 英里的完赛时间足足提升了 90 秒，以至于当时的速度几乎和一年前跑 400 米时的冲刺速度差不多。后来，当他回忆起当年进步神速时，他在书中写道："我无法解释究竟发生了什么，其他人也不知道原因。"考虑到当时的认知水平，此言非虚。

第5章 可塑之才

* * *

1992年，来自加拿大和美国5所大学的一支研究团队，开始为一个名为"HERITAGE[1]家庭研究"的开创性项目招募受试者。最终，研究人员招募到了98个包含两代人的家庭，要求这些家庭成员在5个月内使用相同的固定自行车锻炼方案来进行锻炼。具体包括每周3次强度递增的锻炼，其过程会在实验室条件下严格控制。

开展这项研究的科学家们想要了解定期锻炼会如何改变这些从没有训练过的受试对象。他们的心脏活力会发生何种变化？抑或他们在锻炼中身体可利用的氧气量会发生什么改变？胆固醇和胰岛素水平又会如何波动？血压可能会下降，但下降多少？每个人身上发生的变化都一样吗？

与以往不同的是，这一次科学家们会采集所有481位参与者的DNA，其目的是检验基因是否会影响人与人之间的健康差异。研究人员感兴趣的最主要体征是有氧能力，即最大摄氧量（VO_{2max}）。有氧能力是用来衡量一个人在全速跑步或骑自行车时身体可利用的氧气量。它取决于心脏泵出的血液量，肺部通过血液输送的氧气量以及肌肉在血液流经时从中利用氧气的效率。通

---

[1] HERITAGE：该名称由健康（health）、风险因素（risk factors）、运动训练（exercise training）和遗传学（genetics）等英文单词中的字母组合而成，同时"heritage"有"遗产"之意，与研究内容恰好相吻合。——译者注

常一个人可以利用的氧气越多，耐力就会越好。[1]

现就职于美国路易斯安那州立大学彭宁顿生物医学研究中心的克劳德·布沙尔（Claude Bouchard）博士，曾是"HERITAGE家庭研究"项目的策划者，其实当时的他对结果早已心中有数。早在20世纪80年代，布沙尔就针对一个由30名久坐不动者组成的受试群体实施了相同的训练计划，希望借此了解人体有氧能力的增长。耐力训练对人体会产生深远的影响，它可以促使人体生成更多血液，同时血液也会流向"扎根"于肌肉中的新生的毛细血管。此外，心肺功能增强后，细胞中用于产生能量的线粒体也会激增。

布沙尔预计最大摄氧量的提升在不同个体之间会存在一些差异，但他完全没料到会出现"从0%到100%的变化"。这激起了他的强烈兴趣，于是他决定针对同卵双胞胎开展3项不同研究，每项研究分别对应一套独特的训练方案。结果研究中出现了对于训练的高应答者和低应答者。"但在双胞胎兄弟之间，相似性非常显著，"布沙尔说，"不同组双胞胎兄弟之间的训练应答差异是双胞胎个体之间应答差异的6～9倍，而且这3项研究的结果非常一致。凭借该成果，我才能说服美国国立卫生研究院资助

---

[1] 平心而论，最大摄氧量虽然重要，但并非唯一的耐力指标。即便知道马拉松跑者的最大摄氧量，也难以预测他们的完赛名次，不过仍然有可能以此分辨出专业跑者、大学校队成员、业余爱好者以及完赛都很困难的体验者。在其他运动中，选手的有氧能力可能更具预测性。例如瑞典生理学家比约恩·埃克布洛姆（Björn Ekblom）在研究20世纪70年代的数据后发现，对于奥运会越野滑雪项目来说，最大摄氧量就是有效的奖牌预测指标。

第5章　可塑之才

HERITAGE这一大型研究项目。"最终，研究人员花费了4年时间来收集数据，建立了相应的模型。

研究者们为HERITAGE项目设置了4处锻炼中心，分别在美国的印第安纳大学、明尼苏达大学、得克萨斯农工大学和加拿大的拉瓦尔大学。这4个中心的研究结果也呈现出惊人的一致性。5个月来，参与研究的每位成员都执行了完全一致的锻炼计划，大部分受试者的有氧能力都出现了相似的明显提升。其中只有大约15%的参与者几乎没有或完全没有任何提升，而有15%的参与者出现了非常显著的提升，机体可利用的氧气量增加了约50%，甚至更多。

令人惊讶的是，参与者的有氧能力提升程度与初始水平并无关联。弱者有可能更弱（初始有氧能力较低的人几乎没有提升），强者也有可能变得更强（初始有氧能力较高的人在锻炼后迅速提升），以及介于二者之间的变化——基础水平高但锻炼后几乎没有提升，基础薄弱但锻炼后身体却发生了巨大变化。

同一家族成员的效果曲线往往呈现聚集态势。换句话说，家庭成员通常可以从训练中获得相似的有氧能力提升效果，不同家庭之间则差别很大。数据分析表明，个体能够通过训练提升的有氧能力约有一半由父母决定，而提升幅度则与初始有氧能力水平无关，不过初始水平的一半同样源于家庭遗传。

2011年，HERITAGE研究小组公布了在运动遗传学方面取得的一项突破：他们鉴定出了能预测个体有氧能力提升效果的21个基因变体（不同个体之间存在细微差别）。虽然还有一半的有氧训练能力取决于其他因素，但 21 处基因标记足以区分出高应答者和低应答者。拥有至少 19 个"有利"型基因的 HERITAGE 受试者，其最大摄氧量几乎是拥有不到 10 个"有利"型基因的受试者的 3 倍。

在这项研究之前，科学家们基本上未能检测到有助于预测耐力提升的基因。10 年前，当人类基因组测序被视为个性化医疗时代的开端时，科学家们便期待着发现一个简单方便的生物系统，在这个系统里，单个或少量基因即可定义某一性状。但现在看来，大多数性状显然要复杂得多，这一点着实令人恼火。

基因组相当于一本图谱，它包含在人体的每一个细胞之中，指导机体进行自我装配。这本"书"大约有 23000 页，上面记载着构建蛋白质的直接说明，即所谓的"基因"。科学家们希望通过解读这 23000 页的大部头来了解有关身体构筑的所有信息。但现实情况是，这本书某些页面所记载的指令包含一系列的功能，如果其中一页被更改或撕掉，那么剩下的 22999 页可能会突然出现新的指令。也就是说，这些记载指令的页面之间存在着相互影响的关系。

在人类基因组测序完成后的几年内，运动科学家们选择了预想会对运动能力构成影响的单一基因，在少数运动员群体和非运动员群体中进行了比较研究。但遗憾的是，单一基因的影响通常微乎其微，以至于在小范围研究中根本无法检测。即便是与身高这种易于衡量的性状相关联的基因，也同样难以检测。科学家们低估了遗传的复杂性。

第5章 可塑之才

在 HERITAGE 项目的后续研究工作中，布沙尔以及一个国际同行小组采取了一项创新举措，即通过基因组来预测要研究的基因，而不是通过猜测。在一项独立于 HERITAGE 的实验中，研究人员让 24 名日常久坐不动的年轻人接受了为期 6 周的自行车训练。他们在训练前后分别提取了受试者的肌肉组织样本并进行对比检测，看看哪些基因过度"表达"，哪些基因较少"表达"——换言之，研究者需要了解哪些蛋白质生成的活跃度升高，哪些活跃度降低。结果表明，有 29 个基因在表达水平上的差异，可以将高应答者与低应答者区分开来。这些基因虽然存在于所有受试者体内，但与训练能力较差的人相比，训练能力较强者的基因的表达活跃度有所不同。随后，研究者们给另外一组体质较为健康的年轻人群体安排了高强度间歇式训练计划，并采取同样的方法预测受试者的训练应答性，结果先前的基因表达特征依然成立。（人体中一部分的高应答基因同样也可以预测老鼠的运动适应性。）重要的是，这 29 个基因的表达水平在个体身上不会因训练而发生改变。这说明，这些基因的表达水平代表了真正的个体特质，而非训练之后的结果。

布沙尔和同事们鉴定出来的预测基因，究竟是基因本身重要，还是只是代表了更为宽泛的基因网络的存在？这一点目前不得而知。相关数据表明，有数百个基因关乎个体的运动应答，其中部分基因，如 RUNX1 基因，可能与肌肉组织的变化或新血管的形成有关。还有一些基因帮助生物体适应了地球的富氧大气，这种大气环境是由海洋细菌在 30 亿多年前开始创造的。

鉴于基因的复杂性，我们应当以谨慎的态度来解释相关研究结果。但不管怎样，HERITAGE 项目的研究成果，相当于向着解读可训练性的基因组架构迈出了一大步。此外，一些独立研究也为这些成果提供了支持。在迈阿密大学发起的另一项名为"GEAR"[1]的研究中，研究人员针对 442 名无亲缘关系且种族各异的成年人开展了完全相同的有氧运动和举重训练计划。结果发现，正如 HERITAGE 项目一样，涉及机体免疫和炎症过程的基因可以预测个体在有氧训练能力方面的差异。HERITAGE 研究中发现的某些基因，在 GEAR 项目中同样具有代表性。

我曾经问参与 HERITAGE 项目的科学家托莫·兰基宁（Tuomo Rankinen），有没有可能某些人属于身体天生渴求训练的"有氧定时炸弹"体质呢？他笑着提议说，"可训练性炸弹"的说法或许更贴切，因为前者的说法将天赋混淆为在训练之前出现的能力。至于可训练性的另一极端，正如《应用生理学杂志》(*Journal of Applied Physiology*) 的一篇社论所指出的："不幸的是，对于研究中的低应答者来说，基因可能无法拼出'跑步者'这个单词来。"不过，这倒并非完全是坏事。

HERITAGE 研究的最终目标与人类基因组计划的愿景不谋而合，即向着个性化医疗迈进。如果了解个体对于运动的应答状态，医生就能确定运动计划是否可以带来预期的健康效果，如是否可以降低血压或提高心血管功能等，以及是否需要对特殊的低

---

1 GEAR：指"遗传学、运动和研究"(Genetics Exercise and Research)。——译者注

第5章 可塑之才

应答者进行药物治疗。幸运的是，每一位 HERITAGE 研究的受试者都从运动中获得了健康益处。即使是那些有氧能力完全没有提升的参与者，在血压、胆固醇以及胰岛素敏感性等健康指标上也有所改善。（不过少数携带两个特定基因变异的锻炼者，运动反而会降低他们的胰岛素敏感性。这说明，虽然体育锻炼有助于大多数人远离糖尿病，但也可能会让少数人患糖尿病的风险变高。）

研究中测得的每项身体素质指标都存在由低到高的应答性分布。研究团队忙于寻找能够预测每项人体特征的可训练性基因，目前已经确定了与血压和心率下降有关的基因。例如，CREB1 基因会影响人的心律，研究人员发现该基因的变异可预测个体在健康状况提升时心率降低的幅度。

HERITAGE 研究还确认了研究样本中的基因基础。基因基础可将道格·博伊尔与吉姆·赖恩作为两类人区分开来。虽然博伊尔在高三的 1 英里计时赛中获得了东威奇托校队第 3 名，成绩为 4 分 39 秒，但此时赖恩已经可以轻松跑到 4 分 06 秒。

在一开始，赖恩和博伊尔都被 8 千米长跑给吓坏了，但最终在技能水平上，他们之间出现了天壤之别。赖恩参加了东京奥运会，成为世界上最优秀的跑步选手之一。这是童年的他在做"超级饮料"时就一直梦想着的成功。怀抱着这样的梦想，拥有教练的关注和支持，他得以充分利用高应答体质，完成了每周 190 千米的残酷锻炼。对于大多数跑步者来说，这样的强度哪怕只是想一想都令人痛苦万分。毫无疑问，赖恩对速度的执着追求帮助他在体育界占据了一席之地。但这一切都建立在他的身体对训练具有非凡应答能力的基础之上。

你可能会好奇，在 HERITAGE 研究的可训练性分布结果中，赖恩家族会落在哪里。当赖恩被问到他的家庭成员是否也对耐力训练极其敏感时，他回答："好问题，但我是家里唯一的运动员，其他人对体育都不感兴趣。"谈及妹妹，赖恩说："我根本没想过她会去跑步，她在这方面不是很有天赋。"赖恩的哥哥亦是如此。但或许这只是他们未经训练之前的表象。

训练方式相近，原本齐头并进的两位选手却出人意料地拉开了差距——这样的故事在美国田径界一再上演，只是远没有这般戏剧化。没有任何生物学上的理论能够解释这样的现象，于是我们找到了其他一些说法，结果也颇为有趣。

* * *

军械库田径中心位于曼哈顿的第 168 号街，那里的空气出了名地糟糕。2002 年 1 月，我在哥伦比亚大学大四的室内田径赛季正式开始，干燥的空气可打消不了我参加比赛的决心。但比赛结束后，阵阵袭来的胸痛却让我夜晚无法入睡。如果这就是所谓的成果，我倒不如省去艰辛的训练，直接吸入铁粉来得痛快呢！不过幸好我赛季开局的成绩不错。

本来那天我还指望着能和训练伙伴斯科特在赛场上一较高下。开赛前不久，我们还在一起热身，但很快他就消失了。等到

第5章 可塑之才

再次现身时，斯科特说他打算只跑 600 米就退赛。最后关头做出这样的选择实在有些奇怪，但我也能理解。

两年前我上大二时，斯科特还是个高中毕业班的学生。当田径队招募新人时我接待了他。我知道他是个热门人物，因为有位助教提前打过招呼，要我"一定要好好照顾这个孩子"，但我并没有太放在心上。和我一样，斯科特也专攻 800 米项目。当时的我是个尚未加入学校巡回代表队的边缘选手，一想到队伍里又要来一位精英，不禁有些垂头丧气。这家伙虽然比我低两级，可他的 800 米成绩比我要足足快上 5 秒。

时间倒回到 1997 年，也就是我接触田径的高三那年，斯科特在自己的加拿大老家创造了 14～15 岁年龄组的 400 米全国纪录。他不仅极有天赋，而且好胜心强、头脑聪明、比赛经验丰富。与加拿大其他前途无量的年轻选手一样，他加入了一支比大多数美国高中校队都更训练有素的俱乐部队伍。斯科特的一切似乎都顺风顺水。他的母亲曾在 1969 年拿过加拿大的青少年百米冠军，他的父母都当选过 1973 年至 1974 年温莎大学男女田径项目的最有价值运动员。

为什么这位天才选手在比赛前决定跑到 600 米就退赛呢？事实上那个赛季斯科特一直备受煎熬。由于成绩一直无法提升，半途退赛成了他面对压力的最好办法。如果跑到 600 米退赛，就没有人会说他 800 米跑不出好成绩，也没有人会说："虽然这家伙的天赋让人羡慕得要死，但还不是一样无法跑得再快了。他指定有点什么毛病。"

与此同时，我的成绩提升得很快。我在高中后期才开始接触田径，之前还练过橄榄球、篮球和棒球，所以相比队里其他人，我的经验不够丰富。但事后回头看，我觉得自己像是 HERITAGE 研究中的那类受试者：起点低，但应答性高。

在我刚开始跑步时，一旦距离稍微长点，就很难跟上其他人。后来一位肺科医生测量了我的呼吸，发现我每次呼气时排出的空气量只有同龄人的 60%。之后医生出具了一份报告，指出我尽管年轻，但呼气量却低到和极早期肺气肿的症状相似。而当我状态不佳时，身体状况会变得极其糟糕，连上楼都会气喘吁吁。

大学期间的每年秋季，我都会向学校汇报自己和所有参加 800 米项目的选手一样，不折不扣地完成了规定的轻量夏季训练。然而，我的状态总是比其他人更糟糕。但是当真正艰苦的训练开始时，我又很快赶了上来。冬季时，我又去看了肺科医生，结果显示，我奇迹般地"重获青春"，拥有了和同龄人同样强劲有力的呼吸。这样看来，我的确属于起点较低的快速应答者。训练队中的其他成员似乎都拥有较高的基础有氧能力，但我们的应答程度千差万别。

以斯科特为例，虽然赛季开始时他的状态相对良好，但成绩的提升太过缓慢且有限，使得他被打上"浪费自身优良天赋"的标签。当事情发展到这一步时，其影响是毁灭性的。就像在那天比赛前，斯科特需要用退赛的极端方式来释放心理重压。

而我则正好相反，发生在我身上的故事要正能量许多。我天

第5章 可塑之才

资平平，想取得一丁点的进步都要付出比其他人更多的艰辛。疼痛对我来说不算什么，我必须最大限度压榨自己那少得可怜的天赋。当然，我也真的做到了。在最艰苦的练习后我甚至经常呕吐。我会掐好时间点，偷偷溜到某个僻静处的垃圾桶旁，这样我的队友就不会看到我在呕吐了。

每次在训练中和斯科特并肩奔跑时，我都会偷瞄他那流畅的步伐。但我想，既然自己资质愚钝，那就要训练得更刻苦一些。教练组和队友们都比较推崇这样的想法，而且他们在田径队里也是这样做的。我接受了一个不屈不挠的龙套角色形象，心想我就算是天资平庸的榆木疙瘩，也要努力跑出点成绩来。现在回想起来，如果从HERITAGE研究的角度进行思考，我相信这种叙事既掩盖了对基因的描述，也回避了基因与训练之间的相互作用——而这些故事一直在我们看不见的地方上演着。

大四的某一天，又在四处寻找隐秘角落呕吐的我，无意中瞥见了斯科特，他似乎已经吐完了，正在干呕。第二次又是这样，我看到他抱着个垃圾桶，吐了个天昏地暗。这样的情景一次又一次地发生，甚至有好几次，他在训练途中匆忙离开田径场去呕吐，然后再回来继续训练。事实证明，斯科特拥有钛合金一般刚强的意志。从每个赛季的开始到结束，我都没有超越他，即便我比他更努力。在大学生涯的后期，我们的训练内容完全相同，而且水平也差不多。或许那时候我正在慢慢赶上他的水平，虽然我起点低，但训练应答快。当时我从未听说过HERITAGE研究以及高应答者、低应答者之类的概念，只是在每个赛季开始时，

— 111 —

我都会给自己积极的心理暗示:"别担心,虽然他们的状态更好,但训练就像火箭燃料,能带给我无穷的力量。"

参与 HERITAGE 研究的一位科学家曾检查过我的基因数据,他表示,我对于有氧训练的应答水平或许高出平均。运动时我的血压会迅速下降,这一点我是知道的。另外,根据大学时最能让自己受益的训练方式来推测,我怀疑自己对短跑训练的应答水平更高。和有氧训练一样,爆发性运动中同样也会出现低应答者和高应答者。(如果说运动基因学研究能够告诉我们什么,那便是没有万能的训练计划。如果你觉得自己对于某项训练的应答不如同伴,与其放弃,不如尝试不同的训练内容。)

在军械库田径中心比赛的那天,或许是一种重在参与的心态让斯科特卸下了心理负担,他最后决定跑完全程。我在离终点 150 米的地方超过了他,以 1 分 54 秒的成绩完赛。这是我第一次在正式比赛中击败他,这一成绩比我在高三时足足快了 30 秒。

渐渐地,斯科特跑得越来越少,最后他离开了 800 米长跑的赛道,转战其他运动项目,同样也获得了成功。而我的速度还在提升,持续的进步使我赢得了古斯塔夫·耶格纪念奖(Gustave A. Jaeger Memorial Prize),这块由木头和玻璃做成的漂亮奖牌专门授予那些"面对不同寻常的挑战和困难依然取得巨大竞技成就"且为哥伦比亚大学校队奋斗了 4 年的运动员。在我看来,那些基准有氧能力较高的选手若想获得这个奖项,怕是有些困难。

第5章 可塑之才

* * *

有些人可以比其他人更快地提升耐力，天生具有很强的可训练性；还有些人天生就具备较高的基准有氧能力。但基准多高才算高？换句话说，在运动领域最关键的问题在于：有没有人未经训练就具有精英级别的有氧耐力水准？早在20世纪70年代，来自加拿大约克大学的运动功能学教授诺曼·格莱德希尔（Norman Gledhill）就开始思考这一问题，当时他负责管理全美冰球联盟的选拔测试。工作中他遇到的一些例子，表明某些运动员的一部分耐力似乎在训练之前就存在，这激起了格莱德希尔的好奇心。其中，女高中生南希·蒂纳里（Nancy Tinari）的故事给格莱德希尔留下了极其深刻的印象。

1975年，穿着牛仔短裤和破帆布鞋的蒂纳里，在没有接受过任何训练的情况下，在体育课上的12分钟跑测试中轻松跑完了约3.2千米的距离。"我觉得自己不是当运动员的料。"蒂纳里说，"我不喜欢穿运动服，也不喜欢训练，对体育真的没什么兴趣。"但那天拿秒表计时的乔治·格鲁佩（George Gluppe）对蒂纳里很感兴趣，他灵敏地意识到自己发现了一块璞玉。于是格鲁佩开始鼓励蒂纳里参加训练，他告诉这位女高中生："你知道吗？南希，你有成为奥运选手的潜质。"一开始，蒂纳里只是一笑了之，最终她被说服了，最后真的实现了教练的预言。

从开始训练起，她就在各项比赛中屡获胜利。高中毕业后，蒂纳里进入约克大学，成了一名专业运动员。1988年，尽管因为伤病每周只能完成50千米至55千米的训练量，但她还是参加了汉城奥运会的10000米项目。直到今天，蒂纳里依然保持着15000米的加拿大全国纪录。

诺曼·格莱德希尔永远不会忘记这个女孩的故事，她在体育课上被发掘，然后成了约克大学有史以来最伟大的赛跑选手之一。整个20世纪80年代到90年代，这则故事一直萦绕在格莱德希尔的脑海中。在此期间，他和同事维罗妮卡·亚姆尼克（Veronica Jamnik）对数千名对象进行了耐力测试，这些对象中既有老年女性，也有精英级别的自行车手和划船运动员。但时不时，他们总能发现一些特殊体质者，这些人身体的最大摄氧量与其久坐不动的生活方式之间充满了矛盾。

到了20世纪90年代末，格莱德希尔、亚姆尼克以及约克大学的研究员马尔科·马蒂诺（Marco Martino）开始分析是否有办法鉴别出来并研究这一类高健康水平者。他们的工作内容之一是对有望成为多伦多市消防员的年轻男性进行健康筛查。在两年多的时间里，研究团队总共测试了1900位年轻男性的最大摄氧量。

在这些年轻人中，有6名男性未接受过任何训练，但他们的有氧能力却和大学校队的田径选手不相上下。澳大利亚的生理学家达米安·法罗（Damian Farrow）和贾斯汀·肯普（Justin Kemp）在著作《为什么迪克·福斯贝里要用背越式》（*Why Dick Fosbury Flopped*）中，将这6名男性称为"天生健康六人组"——尽管他们喜静不喜动，但他们的最大摄氧量水平却比普

第5章　可塑之才

通年轻人高出 50% 以上。

当检查这 6 个人所谓"隐藏的天赋"时，约克大学的研究者们发现，这些天生健康水平较高的男性都拥有一项至关重要的天赋，一项无须依靠自律便拥有的巨大优势——血液。如果仅看血容量，他们可能会被误认为是受过耐力训练的运动员。格莱德希尔认为"这是心脏舒张功能增强的效果"，在心肌放松以让血液回流的过程中，"如果有更多的血液进入心脏的右心室，也就意味着有更多的血液可以通过左心室泵入体内各处。这额外的血容量增强了身体的血液循环功能"。

血容量的增加是运动员训练有素的标志之一。专业运动员有时会被媒体曝光使用药物扩充血容量从而增强耐力，但这"天生健康六人组"不需要服药，他们从出生开始，体内就仿佛能产生天然的"兴奋剂"。

一些伟大的耐力运动员，如克里希·威灵顿（Chrissie Wellington）同样似乎天生就拥有比同龄人更健康的体魄。

* * *

运动员克里希·威灵顿因在铁人三项赛中的优秀表现而在英国被家喻户晓。铁人三项的比赛内容包括：3.8 千米的游泳，自行车骑行 180 千米，最后再跑完 42 千米的全程马拉松。

威灵顿是英国有史以来最伟大的女性铁人三项赛选手，这样说没有一点夸大的成分。她曾 13 次参加铁人三项赛，其中包括 4 次铁人世锦赛，从未有过败绩。2011 年 7 月，威灵顿上演了耐力运动史上最令人瞠目结舌的表演之一：她在德国以 8 小时 18 分钟 13 秒的成绩完成了比赛，这一成绩比 2007 年威灵顿初次踏入该项运动之前的世界纪录甚至要快上半个小时。在那场特殊的比赛中，除了 4 名男性外，她的成绩领先于其他所有选手。

威灵顿承认，孩提时代她生活在英格兰东部的小村庄费尔特韦尔，那时她对任何激烈的体育运动都没有兴趣。保护环境才是她童年时的爱好，她说："小时候我经常组织社区回收活动。"虽然威灵顿也会参加体育活动，但"上学的主要目标是尽可能地取得好成绩，体育只是为了娱乐"。因此，她尝试了包括跑步、曲棍球、篮球、网球在内的几乎所有项目，甚至加入过本地的塞特福德海豚游泳队。

等到她 15 岁时，威灵顿的父母终于意识到家里出了一个游泳天才。威灵顿回想起她和父母的一段对话："我父母说：'你在游泳方面挺有潜力。离家一个小时车程的地方有家比较大的游泳俱乐部，如果你想去，我们每天早上可以开车送你。不过你马上也 16 岁了，就要面临重要的考试，或者你想把心思放在考试上面？'我说：'嗯，我挺乐意待在本地的游泳俱乐部，别弄得这么严肃。我还是想把精力放在考试上面。'这就是我年轻时的选择。"

专注于学业对威灵顿的人生帮助极大。1998 年，她以优异的成绩从伯明翰大学毕业。在环游世界之后，她开始在曼彻斯特大学攻读国际发展硕士学位。2002 年，威灵顿供职于英国政府

第5章 可塑之才

下属的环境、食品和农村事务部（DEFRA）。工作两年来，她致力于贫困国家发展项目并帮助起草了英国政府关于伊拉克冲突后的重建政策。与此同时，作为生活的放松和调剂，她开始跑步。第一次参加马拉松时，威灵顿3小时就跑完了全程，这样的成绩令她自己都感到震惊，而她原本预想要花3小时45分钟。威灵顿起初对在政府的工作充满了热情，但到了2004年，她就开始厌倦推动政策改革过程中遭遇的官僚式扯皮。她渴望能做一些实质性的工作。于是，她去了尼泊尔，在一个饱受内战蹂躏的地区致力于污水处理工程的建设。也正是在那里，在喜马拉雅山脉，她萌生了成为铁人三项职业运动员的想法。

威灵顿没有公路自行车的骑行经验——27岁时她才第一次接触公路自行车——但在2004年5月，也就是动身去尼泊尔之前，有位朋友怂恿她去参加一项业余短跑铁人三项赛，比赛内容为400米游泳、10千米自行车以及2.4千米跑步。威灵顿借了一辆破旧的公路自行车，她说那辆车"黄黑相间，看起来就像只大黄蜂"。与全副武装的竞争对手不同，威灵顿甚至没有骑行专用的自锁鞋。当比赛进行到一半时，她的鞋带缠到自行车齿轮上，差点摔下车来。尽管如此，她还是以出色的表现获得了季军。之后，威灵顿又参加了2次短跑铁人三项赛，都拿到了名次。因此她在尼泊尔一下飞机，就立刻买了一辆公路自行车。

在尼泊尔，威灵顿有时候会在早晨和朋友们一起骑自行车，很快她就发现自己"可以一直骑车，一直骑，甚至骑一整天"。在一次两周的假期里，威灵顿和一群朋友骑行去了西藏拉萨，然后再从拉萨骑行了 1280 千米，穿越喜马拉雅山返回加德满都。

威灵顿曾在海拔约为 1500 米的加德满都生活了 8 个月，对高海拔环境有一定程度的适应，但那次假期骑行的大部分行程都在海拔 4600 米以上，行程中珠穆朗玛峰大本营为最高点，海拔约为 5200 米。一路上空气稀薄，对海拔适应能力差的人连行走都很困难，更不用说骑行了。但对于威灵顿和她的朋友们而言，这根本不算问题。这些经验丰富的自行车手是尼泊尔本地的夏尔巴人，他们依靠给珠穆朗玛峰的攀登者做向导为生。"他们的骑行技术远胜于我，"威灵顿说，"但我可以翻山越岭，一路坚持到底。"

"2005 年底从尼泊尔返回英国以后，"她说，"我就下定决心要在铁人三项赛上好好努力一把。不过那时我还没有想好是否要成为专业运动员。"

2006 年 2 月，回国后不久，威灵顿打算前往新西兰参加一场婚礼，中途被朋友软磨硬泡着参加了一场穿越南阿尔卑斯山的越野比赛，比赛全程 243 千米，内容包括跑步、骑行和划皮划艇。一个月前上过的皮划艇速成课程就算是威灵顿的毕生所学了。尽管在皮划艇赛段多次翻船，但她依然拿到了第 2 名。同年 9 月，兼顾训练和全职工作的威灵顿赢得了业余铁人三项赛的世界冠军。5 个月后，也就是 2007 年 2 月，她正式转型为职业选手。

尽管此前只针对距离较短的铁人三项赛进行过专门训练，但在 2007 年 10 月，威灵顿还是报名参加了铁人三项世锦赛，当

第5章 可塑之才

时的比赛对手们对她几乎一无所知。2007年10月13日,当比赛进行到下午,她已经比后面的女性选手提前2分钟进入了跑步赛段。"我一直觉得会有更强壮的运动员从后面冲上来超过我,"威灵顿说,"但差距越拉越大。"到了终点,差距已经扩大到5分钟。此时此刻,她已不再是一个无名之辈了。

英国铁人三项联合会称赞这场胜利是"一项了不起的壮举,对于第一次参加铁人三项世锦赛的新人来说,这几乎是不可能完成的任务"。威灵顿击败了亚军萨曼莎·麦格隆(Samantha McGlone)等一群优秀选手。而在过去的5年里,当威灵顿还在帮助第三世界国家解决饮用水问题时,麦格隆就已经是加拿大国家精英铁人三项队的专业选手了。麦格隆参加过2004年雅典奥运会的铁人三项比赛,与威灵顿不同,她一直练习的是铁人三项的距离。"每个人都有天赋,"威灵顿说,"有时这些天赋是隐藏的,你必须敢于尝试新事物,这样才会知道自己擅长什么。"

2012年12月,结束了5年的职业生涯,威灵顿退役了。将铁人三项作为业余爱好的经历逐渐成了回忆。在职业运动员期间,威灵顿一直热衷于训练。每周6次游泳、骑自行车和跑步,每天6小时的训练可谓是家常便饭,更不用说训练之后的按摩以及精心制订的饮食和睡眠计划了。在整个职业生涯中,她一直在进步,最佳表现永远在下一次比赛中。不过,最让人印象深刻的还是她在这项赛事中的迅速崛起。

当被问及自己的弱点是什么,威灵顿马上说是游泳。有趣的是,实际上她在游泳方面的经验最丰富。

* * *

在约克大学的研究中，1900 名男性中只有 6 人作为天生的健康者脱颖而出，乍一听好像很稀少，但实际上这个比例说明在大多数规模较大的高中里，我们都能找到这样生来健康的男孩。如果上述比例同样适用于女性，那么仅在美国就有超过 10 万名年龄在 20 岁到 65 岁之间的天生健康者。从这个角度而言，历史上肯定有很多职业耐力运动员在一开始并不知道自己是天生的健康者。

学校的体能测试曾经帮助南希·蒂纳里走上奥运之路，这是一种识别未来世界冠军的常见方式。厄立特里亚裔美国人梅布·凯夫莱齐吉（Meb Keflezighi）在 2009 年成了 27 年来首位赢得纽约马拉松比赛的美国人。他是在圣迭戈高中七年级体育课上的 1 英里赛跑中发现自己具有耐力潜质。凯夫莱齐吉在他的自传《奔向胜利》(*Run to Overcome*) 中写道："因为想得个 A，所以我只是拼命往前冲，并不知道策略或节奏之类的概念。"在没有经过训练的情况下，他用 5 分 10 秒跑完了 1 英里。体育老师立刻打电话给圣迭戈高中的越野教练，告诉对方"我们这里出了一位奥运苗子"。事实的确如此，在 2004 年雅典奥运会的马拉松比赛中，凯夫莱齐吉获得了银牌。"体育课改变了我的生活，"他这样写道，"虽然当时我并没有意识到这一点。"

美国人安德鲁·维汀（Andrew Wheating）也是一位顶级的 1 英里跑选手。在新罕布什尔州的金博联合学院求学时，他

第5章 可塑之才

在毕业那年才生平第一次参加田径比赛。作为高三足球赛季体能训练的一部分，他参加了1英里跑，结果跑完只用了5分钟。维汀的足球教练意识到这孩子未来在竞技领域的发展肯定是在田径场，而不是足球场上。于是教练建议他转行去越野，自此，维汀的跑步生涯拉开了帷幕。随后，他获得了田径人才辈出的俄勒冈大学的田径奖学金。在大二结束后的那个暑假，即自己的第3个田径赛季，维汀入选了美国奥运代表队，征战800米项目。两年后，在2010年田径赛季接近尾声时，维汀的1500米跑出了3分30秒90的好成绩，位列世界第四，换算成1英里，用时不到3分50秒。

1976年，古巴短跑选手阿尔贝托·胡安托雷纳（Alberto Juantorena）成了唯一一位在400米和800米项目中都获得金牌的运动员。而早在1971年，他还是一位满怀抱负的篮球运动员。当时的国家篮球队教练建议他转行去跑步，胡安托雷纳拒绝了："谢谢您的提议，但我不愿意。篮球就是我的生命。"对此，教练的回答是："很抱歉，不过你转行这事已经定了。从明天开始你就要去跑步，别打篮球了。"结果次年胡安托雷纳就参加了慕尼黑奥运会。

也有些天生健康者与威灵顿或维汀不同，他们反而更像是HERITAGE研究中的低应答者，其运动表现不会随着训练增加而迅速提升。布沙尔的研究小组获得了300名耐力运动员的DNA，这些运动员都拥有极高的最大摄氧量水平。如果根据基因来预测，他们中的所有人都不可能分布于低应答区间。根据数据，布沙尔估计有 1/10～1/20 的人天生就具有较高的有氧能力——但仍然不及天生健康者高；有 1/10～1/50 的人属于高有氧应答者。"一个人同时具有较高天赋和较高可训练性的概率是上述两项概率的乘积。"布沙尔表示，"数字不太好看，差不多介于 1/100～1/1000 之间。"

当然，所谓终极组合是指一个人天生具有很高的有氧能力，同时又有较高的训练应答性。研究者们很难在这些人接受训练之前辨别出他们，因为在正常情况下，实验室测试的运动员对象肯定都取得了一定的成就。科学研究更善于分析精英运动员成功的原因，而不是在开始训练前预测对方可能会成功或有一定概率会对训练做出应答，然后再对其进行跟踪。

不过，运动生理学家杰克·丹尼尔斯（Jack Daniels）博士还是在这方面完成了独特且富有意义的科学研究。他既是曾经的美国奥运五项全能选手，也是世界上最受人尊敬的耐力教练之一。几十年前，丹尼尔斯曾花费 5 年时间跟踪一位奥运跑步选手，至少每 6 个月就对其做一次全方位的生物学特征测试。丹尼尔斯发现，在充分训练的状态下，这位选手的最大摄氧量大约是未经训练的普通健康人的 2 倍。然而到了第 3 年，这项研究却面临着一个意想不到的难题：运动员厌倦了比赛。回应期望的压力以及日复一日辛苦乏味的训练令他感到崩溃。在全国锦标赛中，这位选手还没跑到一半就直接退赛，随后整整 1 年都拒绝再踏上田径场半步。而 1 年半以后，他才真正重新认真地跑步。

丹尼尔斯并没有放弃研究，而是在研究对象无所事事的那一

第5章 可塑之才

年里继续跟踪测试。通过训练达到的最大摄氧量，可能在停止训练的几周内丧失 15% 以上。而丹尼尔斯通过测试发现，这位跑步运动员的最大摄氧量下降了 20%。在缺少训练的情况下，这位奥运跑步选手的有氧能力与约克大学研究中的"天生健康六人组"完全一致。（几十年后，丹尼尔斯将会对这种现象感到熟悉。1968 年，丹尼尔斯在博士论文研究中测试了 26 名精英跑步选手，其中 15 人参加了奥运会。而当他在 1993 年重新测试这些研究对象时发现，即便是多年前就停止跑步的体重超重者，其最大摄氧量依然远高于普通男性。丹尼尔斯在接受杂志采访时表示："即使是那些没有继续跑步的研究对象，也能充分证明遗传因素的存在。"）

经过一年的心理康复，那位赛跑选手开始和妻子一起慢跑。随着奥运会的临近，他对全职训练的激情又被点燃了。随着训练强度逐渐增加，他的身体很快就恢复了，准确地说，是恢复了他在休息期间失去的 20% 的有氧能力。

从生理学角度来看，丹尼尔斯 5 年多来的记录结果与针对日本男性青少年长跑运动员的一项为期 7 年的研究结果完全一致。被选中参与研究的这些男孩，都曾在日本青少年锦标赛中获得过中长距离赛事的冠军。研究者们追踪了男孩们从 14 岁到 21 岁的刻苦训练过程，他们每周会训练 5～6 天，每天 2 小时。起初，他们的有氧能力和丹尼尔斯研究的奥运选手在非训练期间的水平大致相当，与"天生健康六人组"处于同等水平。在此后多年的训练过程中，男孩们都获得了提升，但也自然形成了两个组别：Ⅰ组中的男孩们，平均有氧能力增加了13%；Ⅱ组中的男孩们在17岁时，有氧能力提升幅度就到达了9%的停滞点，其比赛成绩的提升也进入了停滞期。而Ⅱ组中进入发展停滞期的男孩在17岁后无一例外地放弃了跑步。实际上可能存在着某种自我选择，那些可以继续提升的男孩们作为拥有更强竞争能力的人被留了下来（继续向着1万小时努力）。这并不是说留下来的男孩们仅仅是受到了上天的眷顾。这项研究认为，可提升的潜力越大，就意味着需要付出更大的努力才能兑现这份天赋。不过，可提升的潜力是促使他们继续从事这项运动并专注于训练的原因。

Ⅰ组中的那些日本男孩就像丹尼尔斯研究的那位奥运选手一样，有氧能力的基础水平较高，可提升的潜能也比同行更强。最终，那位奥运选手进步更大，而他的部分同行（例如Ⅱ组的日本男孩们）却表现平平，因此转而去追寻其他领域的梦想。这样看来，丹尼尔斯研究的那位奥运选手既天生具有较高的有氧适能，又是一位训练的高应答者。

巧的是，那位奥运选手就是吉姆·赖恩。

— 第6章 —

超级宝贝、恶霸惠比特犬和肌肉的可训练性

一名男婴在千禧年出生,他身体的莫名抽动引起了护士的关注。虽然男孩的体重有些超标,但对于柏林夏立特医院育婴室的医生来说,这也不是什么让人惊掉下巴的事。真正令人不安的是小家伙出生几个小时后就开始不停地颤抖。医生担心他可能患有癫痫,于是把他送到了新生儿病房。在新生儿病房中,儿童神经科医生马库斯·舒尔克(Markus Schuelke)注意到了男婴身上隆起的线条。

这名新生儿的肱二头肌微微鼓起,仿佛在出生之前就已经把妈妈的子宫当成了健身房。他的小腿肌肉轮廓分明,股四头肌上的皮肤绷得很紧。他的屁股也不像普通婴儿那样柔软,肌肉结实得似乎能把硬币弹开。下肢的超声检查结果显示,小男孩的肌肉量超过了普通婴儿的最高值,而脂肪含量则低于下限。

男婴在其他方面都很正常。他的心脏功能没有问题,两个月后抽动情况也逐渐消失。也许这个宝宝就是婴儿健美界的本杰

明·巴顿[1]，他的肌肉会逐渐失去。可事实并非如此。到 4 岁时，他就可以毫不费力地直臂平举 3 千克的哑铃。（可想而知，他家的幼儿防护围栏需要修得多结实！）

这个家族拥有世代相传的天生怪力。男孩的妈妈就非常强壮，她的兄弟和父亲同样如此。据说，她的祖父甚至徒手从货厢上卸下 150 千克的铺路石，赢得了施工人员的交口称赞。

穿戴整齐的时候，这个男孩在同龄人中并不出众。如果在街上擦肩而过，恐怕你也不会注意到他那稚嫩的胸肌。但实际上，他胳膊和腿上的肌肉大约是同龄男孩的 2 倍。双倍肌肉——这让舒尔克医生想起了一件事。

* * *

20 世纪 90 年代初，美国约翰·霍普金斯大学的遗传学家李世进（Se-Jin Lee）在位于巴尔的摩北沃尔夫街的实验室里开始研究肌肉。他研究的不是已经成型的肌肉组织，而是构建它的蛋白质支架，其目的在于寻找肌肉耗损性疾病，如肌肉萎缩的治疗方法。李世进及其同事锁定了一个被称为转化生长因子 -β 的蛋白质家族。他们克隆了编码这些蛋白质的基因，然后像带着新玩具的孩子一样踏上了研究之旅，试图弄清楚每个基因究竟发挥了

---

[1] 本杰明·巴顿是斯科特·菲茨杰拉德的小说《本杰明·巴顿奇事》（*The Curious Case of Benjamin Button*）中的主人公。他一出生便是 80 岁老人的形象，随后逐渐变得年轻，最终回到婴儿形态。

第6章 超级宝贝、恶霸惠比特犬和肌肉的可训练性

怎样的作用。

研究人员给这些基因取了一些平淡无奇的名字——生长分化因子1到15，然后培育出缺少每个基因拷贝的小鼠，一次培育一种。通过观察每一只小鼠身上会发生什么，从而推断出每个基因的功能。缺失生长分化因子1（GDF-1）的小鼠，器官长在错误的一侧，它们的寿命很短；缺失生长分化因子11（GDF-11）的小鼠长出了36根肋骨，它们也会很快死亡；缺失生长分化因子8（GDF-8）的小鼠存活了下来，然而它们属于另类的畸形啮齿动物，长出了双倍肌肉。

1997年，李世进的研究小组将GDF-8（位于2号染色体上的基因）所表达的蛋白质命名为"肌肉生长抑制素"（myostatin）。在拉丁语中，"myo-"的意思是肌肉，而"-tatin"意为停止。事实上，肌肉生长抑制素的确会发出让肌肉停止生长的信号。也就是说，研究者们从基因上找到了肌肉发育停止的标记。在缺少肌肉生长抑制素的情况下，肌肉会呈爆炸性增长，至少在实验鼠身上是这样。

李世进想知道这一基因在其他物种身上是否也具有同样的作用。于是，他联系了密苏里州斯托克顿市的湖景比利时蓝牛牧场的农场主迪伊·加莱尔斯（Dee Garrels）。比利时蓝牛作为"二战"后培育出来的肉牛品种，为了满足欧洲战后的市场需求，具有更高的肌肉量。比利时的育种者让弗里斯兰奶牛与健壮的达勒姆短角牛杂交，得到了这种肌肉发达的牛——准确地说，是拥有双倍肌肉的牛。乍看上去，满身肌肉的比利时蓝牛像是被人拉开

了身上的"拉链",然后将保龄球塞了进去。加莱尔斯饲养过一头名叫"热线"的比利时蓝公牛,它重达 1134 千克,曾经获过大奖。有一次,这头牛为了追求另一只发情的母牛,竟然将一扇铁门从合页上扯了下来。

李世进向加莱尔斯要了一些蓝牛的血液样本。经检测后果然发现,蓝牛肌肉抑制素表达基因的 6000 多个 DNA 碱基对中缺失了 11 个,这导致蓝牛的身体接收不到肌肉停止生长的信号。另一种叫作皮埃蒙特牛(Piedmontese)的双倍肌肉牛也存在一处基因突变,这使得其体内的功能性肌肉生长抑制素无法表达。

接着,李世进想在人类群体中搜寻类似的样本。搜索的第一站就是杂货铺。作为同事口中"世界上最瘦的男人",当李世进在购物车里塞满了健身杂志,杂志的封面上全是穿着小裤衩、全身青筋凸起的肌肉男时,他一辈子也忘不了收银员脸上那戏谑的表情。不过,他管不了那么多。他还在《肌肉与健美》(Muscle and Fitness)杂志上刊登了一则招募广告,接着很快便收到了大量志愿者的自荐。许多人给他寄来了自己穿着暴露或干脆裸体的照片。他从 150 名肌肉发达的男性身上采集了样本,但并没有发现抑制肌肉生长的基因突变的存在。

于是,李世进的研究搁置了。直到 2003 年,马库斯·舒尔克打电话来告诉他 3 年前出生于夏立特医院的那名健壮男婴的故事,说自己一直在追踪男婴的成长过程。第二年,舒尔克、李世进团队便发表了一篇论文,向全世界介绍了这名"超级宝贝"。

第6章 超级宝贝、恶霸惠比特犬和肌肉的可训练性

这名德国男孩的身份一直严格保密,可以说,他像是人类版的"比利时蓝牛"。他的肌肉生长抑制素基因均发生了突变,这使得他的血液中完全检测不到肌肉生长抑制素的存在。更令人感到不可思议的是,男婴的母亲携带一个正常的和一个突变的肌肉生长抑制素基因,因此她体内的肌肉生长抑制素水平比儿子高,但比普通人少。这名女性成了唯一一个被记录下来的、具有肌肉生长抑制素突变的成年人,她还是一名职业短跑运动员。

* * *

双倍肌肉看似属于天赐之福,但肌肉生长抑制素基因的存在是有原因的。从进化的角度来说,它属于"高度保守"序列。该基因同时存在于小鼠、大鼠、猪、鱼、火鸡、鸡、牛、羊和人类中,发挥相同的作用。这可能是因为对生物的身体而言,肌肉代价高昂。肌肉需要消耗热量,特别是需要蛋白质来维持其功能,当人类祖先还无法稳定获取蛋白质供养时,拥有大量肌肉可能会带来严重的问题。不过在现代社会中,这种担忧变得越来越没必要。

在超级宝贝的案例中,医生一开始还担心,肌肉生长抑制素的缺乏可能会导致他的心脏生长失控。不过到目前为止,他和他的母亲都并未出现重大的健康问题。[1] 因此,即便是携带肌肉生

---

[1] 在那些经常练习举重的人群中,肌肉生长抑制素的减少实际上是一种正常的适应性变化。很显然,这是机体在为增肌"扫除障碍"。

长抑制素基因突变的个体，只要一直以来身体健康，或许都从未想过要接受这方面的检测。这使得我们至今无法了解肌肉生长抑制素基因突变有多罕见，只知道大多数人以及动物都不具备这一突变。但是，携带两个罕见的肌肉生长抑制素基因突变的男孩拥有超常的力量，而他的母亲拥有惊人的速度，这并非巧合。在赛级惠比特犬身上，同样证实了这一点。

从 19 世纪后期开始，追求速度的惠比特犬饲养者在不知不觉中培育出了具有肌肉生长抑制素单突变的犬种，它们快如闪电。在最高级别的惠比特犬 A 级比赛中，狗的最高速度可达到 56 千米每小时，其中超过 40% 的狗都携带通常极为罕见的肌肉生长抑制素突变；在 B 级比赛中，只有大约 14% 的狗携带突变；而在 C 级比赛中，突变就完全消失了。

即使是在 A 级比赛中，肌肉生长抑制素基因的突变也并非先决条件，尽管它显然是有利的。惠比特犬繁育体系的缺点在于最终可能会产生一些肌肉过于发达的狗。

每只惠比特犬都可以从双亲那里分别继承一份肌肉生长抑制素基因。如果两只短跑型惠比特犬（各自携带一个肌肉生长抑制素基因突变）产下 4 只小狗，就很可能会出现这样的情况：1 只小狗不携带突变基因，表现正常；2 只小狗各携带一个突变基因，就像"超级宝贝"的妈妈一样，属于短跑健将；第 4 只小狗携带 2 个突变基因，它就如同拥有双倍肌肉的"超级宝贝"，被称为"恶霸"惠比特犬。"恶霸"惠比特犬顶着一张逗人喜爱的脸，但身体就像是塑料真空包装的岩石堆。它们块头太大，不适合短

第6章 超级宝贝、恶霸惠比特犬和肌肉的可训练性

跑,所以会从比赛犬中淘汰。

随着研究的深入,科学家们发现还有更多物种能够验证肌肉生长抑制素基因突变与速度之间的关联。2010年初,两项独立的研究发现,以纯种赛马的肌肉生长抑制素基因的变异特点作为指标,可以有效预测这些赛马是擅长短跑还是长跑。一种C型肌肉生长抑制素基因可减少肌肉生长抑制素的表达,从而产生更多的肌肉。相比携带两个T型基因且体内肌肉生长抑制素较高的赛马,携带该基因的赛马能够多赚5.5倍的奖金。

不出所料,发现上述规律的科学家们很快就创办了基因检测公司,服务对象正是纯种马驯养者。

* * *

1997年,在首次公布了双倍肌肉实验鼠的研究结果后,李世进就收到了大量来自父母们的信——他们的孩子都患有肌营养不良,以及一些自愿成为研究对象的运动员(这倒令人颇感意外)。不过有些运动员似乎完全弄不清状况,向李世进打听哪里可以买到肌肉生长抑制素,殊不知体内缺乏肌肉生长抑制素才会让肌肉生长。

李世进本人就是一位超级体育迷,他对整整45届全美大学篮球联赛的冠军球队如数家珍。当妻子问到他们20年前的约会时,他得先回忆当时圣路易红雀队的投手姓甚名谁,然后才能开启联想。不过,李世进一直不愿和体育记者谈论自己的研究成

果。运动员们显然乐意滥用即便还未成型的技术，这令他感到不安，因为他们不像病患那样别无选择。他希望任何基于肌肉生长抑制素的治疗方案在未来都不会像类固醇那样，由于在运动丑闻中所扮演的角色而遭到污名化。

可以理解，基因研究前沿领域偶尔曝出的一些"内幕"，对于运动员而言具有极大的诱惑力。在发现肌肉生长抑制素之后，李世进决定在小鼠身上展开进一步的研究。这一次，他不仅阻断了肌肉生长抑制素的表达，还改变了另一种涉及肌肉生长的蛋白质——卵泡抑素。结果，4倍肌肉的小鼠诞生了。随后，李世进与惠氏制药公司的研究人员合作，研发出了一种可以结合并阻断肌肉生长抑制素的分子。研究结果显示，该分子仅需要注射2次，就可以使小鼠的肌肉在两周内增长60%。另一家制药公司在2012年完成的一项药物试验报告中声称单次注射该分子可以提高绝经后妇女的肌肉量。目前，已有多家公司开发的肌肉生长抑制素进入了临床试验阶段。

对于制药公司而言，这不仅是在寻找治愈肌肉萎缩的良方，更是在寻找制药行业的终极宝藏，即解决肌肉正常老化衰退的问题。因为在肌肉爆发性增长的过程中，肌肉生长抑制素基因并非唯一的相关基因。

就在李世进的双倍肌肉实验鼠研究登上新闻头条的第二年，宾夕法尼亚大学的生理学教授李·斯温尼（Lee Sweeney）也向世人展示了自己创造的肌肉豚鼠。通过向普通豚鼠注入在实验室中重组的转基因，促使其体内产生可促进肌肉生长的胰岛素样

第6章　超级宝贝、恶霸惠比特犬和肌肉的可训练性

生长因子（IGF-1），就诞生了肌肉豚鼠。和李世进一样，打给斯温尼的电话纷至沓来。一名高中摔跤教练和一名高中橄榄球教练都提出"贡献"自己的球队用于实验研究。当然，这些提议都遭到了斯温尼的拒绝。

基因兴奋剂时代或许已然来临。2006年，德国田径教练托马斯·斯普林斯汀（Thomas Springstein）被指控向未成年人提供用于提高运动成绩的药物。有证据表明，该教练一直在寻找一种名为"Repoxygen"的治疗贫血的药物，该药物可通过向机体内导入一段转基因来促使机体产生红细胞。

在2008年前往北京参加奥运会之前，一位前世界举重冠军向我推荐了一家公司，说有健美运动员正在使用这家公司的基因治疗技术。我联系了这家公司，该公司的某位代表也就潜在的基因技术和我进行了探讨。但我怀疑，这只是一种招徕顾客的手段，他们实际上并没有开展基因治疗。

尽管如此，斯温尼表示，简单从血液中注入基因，这种方法虽然不一定安全，但却足够简单，一个机灵一点的分子生物学专业的本科生就可以完成。虽然斯温尼曾为试图打击基因兴奋剂的世界反兴奋剂机构官员提供过帮助，但他也表示，如果基因治疗被证明是安全的，自己也没有理由将其排斥在运动领域之外。[1]

---

[1] 在法国的一项著名基因治疗试验中，12名男孩成功接受了针对X连锁严重联合免疫缺陷病（俗称"泡泡男孩综合征"）的治疗，但其中几名男孩随后就患上了白血病。

或许最有趣的问题在于，相较于罕见突变，IGF-1 和肌肉生长抑制素等较为常见的变异能否确定一个人可以比同伴更快地增加肌肉？在针对举重者和久坐者的研究中，研究人员比较了肌肉生长抑制素基因的常见变异，但并没有得到令人意外的结果。有些研究发现了细微的差异，有些则根本没有。为什么有些人在进行负重训练后身材就变得凹凸有型，还有些人再怎么努力增肌都纯属徒劳？为了理解这一点，研究参与肌肉形成过程的其他基因同样至关重要。

* * *

肌肉由数百万根肌纤维紧密排列而成，每根肌纤维长约几毫米，细如针尖，肉眼几乎不可见。每根肌纤维上都存在许多被称为肌核的指挥中心，它们控制着该区域的肌肉功能。每个指挥中心都掌管着属于自己的肌纤维"领地"。

肌纤维外围附着有肌卫星细胞。这些干细胞静静等待着，当肌肉受损时——像在举重时会出现的——它们便会大量增殖分化，形成更强大、健康的肌肉。

大多数情况下，力量增长并不会带来肌纤维数量的增加，而是肌纤维增粗。随着肌纤维的增长，每个肌核指挥中心控制的区域也会扩大，直到开始需要后备力量加入。此时，肌卫星细胞便会形成新的指挥中心，这样肌肉就可以继续生长。2007 年和 2008 年，美国阿拉巴马大学伯明翰分校的核心肌肉研究实验室

第6章 超级宝贝、恶霸惠比特犬和肌肉的可训练性

和伯明翰退伍军人事务医学中心开展了一系列实验,结果表明,基因和肌卫星细胞活动的个体差异对于区分人们对举重训练的应答至关重要。

在另外一项实验中,66位年龄各异的受试者接受了为期4个月的力量训练,训练内容包括深蹲、腿部推举和抬腿。所有受试者的训练强度都与他们可以举起的最大重量的固定百分比数值相关。(通常以可承受最大重量的75%为单次强度,一组11次。)在训练结束后,根据训练成效可以将受试者相当齐整地分为3组:第1组受试者的大腿肌纤维增大了50%;第2组受试者的肌纤维增大了25%;第3组受试者的肌纤维则完全没有增大。

尽管接受了完全相同的训练,但受试者的提升幅度却从0%~50%不等。这样的结果听起来颇为耳熟——和HERITAGE家庭研究结果一样,人们在训练应答上同样呈现出巨大差异,只不过这一次是将耐力训练换成了力量训练。在66位受试者中,有17人属于"极端应答者",他们的肌肉疯狂增长;32人属于中等应答者,锻炼后收获颇丰;还有17人毫无应答,他们的肌纤维没有增长。[1]

甚至在力量训练开始之前,肌肉极端增长组受试者的股四头肌中的肌卫星细胞数量就是最多的,这些细胞都在等待被激活,从而参与肌肉的构建。为了从举重训练中获益,这些受试对象的

---

[1] 越努力训练,成为"无应答者"的可能性就越小。这一点非常重要。因为越是努力,身体就越有可能产生一些应答,即便相比其他人效果没那么明显。

身体相当于做好了更充分的准备。(顺便说一句,类固醇可以帮助运动员快速增肌的原因之一可能在于:它能促使机体产生更多的肌卫星细胞,用来辅助肌肉的生长。)

其他相似的力量训练研究也发现,不同受试对象对于举重训练的应答性具有显著差异。在迈阿密大学的"GEAR"研究中,442名受试者在腿部推举训练和坐姿推胸训练中的力量增长幅度从低于50%到超过200%不等。而由医院和大学共同组成的另一支国际研究团队,对585名男性和女性进行了为期12周的研究。结果发现,受试者上臂力量的增长幅度最低为0,最高超过250%。

上述结果不禁令人想起美国运动医学会提出的新理念:运动即良药。科学家们已经确认,某些基因组区域会影响个体对咖啡因、对乙酰氨基酚或胆固醇类药物的反应。相似地,对于任何特定训练内容的"疗效",个体也都存在个性化的生理应答。

伯明翰的研究人员采取了类似HERITAGE研究的方法来寻找区分力量训练中高应答者(即肌卫星细胞丰富的人)和低应答者的相关基因。正如HERITAGE研究和GEAR研究发现的一样,力量训练中的极端应答者,在耐力方面的基因表达水平同样出类拔萃。

研究者在训练前、第一次训练后和最后一次训练后,对所有受试者都进行了肌肉活检。某些基因的活跃程度在所有受试者中都呈现出相似的升高或降低状态,但也有一些基因的活跃程度,仅仅在应答者人群中升高。在训练时,在极端反应者体内表

第6章 超级宝贝、恶霸惠比特犬和肌肉的可训练性

现出更高活跃性的基因之一是 IGF-IEa，它与斯温尼制造肌肉豚鼠的基因存在关联性。其他表现突出的基因包括机械生长因子（MGF）和肌细胞生成素基因，它们都与肌肉生长以及肌肉功能有关。

在高应答者体内，机械生长因子和肌细胞生成素基因的活性分别提高了 126% 和 65%；在中度应答者中分别为 73% 和 41%；而没有肌肉增长的受试者则完全看不出变化。

* * *

尽管有关调节肌肉生长的基因网络的研究才刚刚开始，但力量锻炼中个体差异的生物学因素却已经是众所周知的了。某些运动员之所以拥有更大的肌肉生长潜力，原因在于其肌纤维分配方式天生就与其他人不同。

简单来说，肌肉纤维有两种主要类型：慢缩型肌纤维（Ⅰ型肌纤维）和快缩型肌纤维（Ⅱ型肌纤维）。研究表明，肌肉的收缩速度是限制人类短跑速度的因素之一。对于爆发性运动来说，快缩型肌纤维的收缩速度至少是慢缩型肌纤维的 2 倍，不过前者很快就会疲劳。[1] 在进行举重训练时，快缩型肌纤维的生长速度

---

[1] 慢缩型肌纤维需要充足的氧气供应，因此被丰富的血管所包围，颜色呈暗红色。观察感恩节大餐上的火鸡可以看到，其暗红色的肌肉位于腿上，而白色的快缩型肌纤维主要集中于胸部。这是因为火鸡以步行为主，不善飞行。慢缩型肌纤维富含铁元素，如果你想通过饮食补铁，那不妨选择火鸡腿肉。

也是慢缩型肌纤维的 2 倍。因此我们可以说，肌肉中的快缩型肌纤维比例越高，肌肉的生长潜力就越大。

在大多数人的肌肉中，慢缩型肌纤维约占一半。不过，运动员的肌纤维混合形式与其从事的运动是相匹配的。短跑运动员的小腿肌肉拥有 75% 乃至更多的快缩型肌纤维；像我这样经常跑 800 米的运动员，小腿肌肉中快缩型肌纤维和慢缩型肌纤维通常各占一半左右，高水平选手肌肉中的快缩型肌纤维比例通常更高；长跑运动员偏向于拥有更高比例的慢缩型肌纤维，这种肌纤维不能产生爆发力，但不易疲劳。弗兰克·肖特（Frank Shorter）是一位曾经赢得奥运会马拉松比赛冠军的美国人，在对他的腿部肌肉进行取样分析后，科学家发现其中含有 80% 的慢缩型肌纤维。这引发了疑问：运动员独特的肌肉纤维组合是通过训练获得的吗？还是说他们进入某一运动领域并取得成功是由于独特的肌肉结构类型所致？

大量证据表明，后者的可能性更高。在以往的研究中，无论是体育训练，还是每天 8 小时对肌肉实施电刺激，都无法在人体中实现从慢缩型肌纤维到快缩型肌纤维的大量转化。虽然电刺激会引发小鼠肌纤维类型的转化，但无法在人类身上重现。2010 年，针对是否可以通过训练来实现肌纤维显著转化这一问题，一篇发表于《斯堪的纳维亚运动医学与科学杂志》（*Scandinavian Journal of Medicine & Science in Sports*）上的研究综述中给出了这样的回答："最直接也是最令人失望的回答是：'不可能。'但具体来说，还是存在一些令人激动的细微差

第6章　超级宝贝、恶霸惠比特犬和肌肉的可训练性

别。"[1]事实上，有氧训练可以增强快缩型肌纤维的耐力，而力量训练则可以使慢缩型肌纤维更强健，但二者之间不会相互转化。但某些极端情况除外，比如一个人的脊髓被切断，此时所有的肌纤维都会还原为快缩型肌纤维。

这些研究表明并不存在适用于所有人的万能训练方法，这是由个体的先天素质差异决定的。一些运动科学家已经将这一理念付诸实践。

* * *

作为全国人口仅550万的小国，丹麦的顶尖体育人才可容不得丝毫"浪费"。因此，耶斯佩尔·安德森（Jesper Andersen）希望丹麦的运动员和教练记住肌纤维类型这一指标。

安德森曾是丹麦国家级400米田径运动员，后来执教丹麦国家短跑队。现如今，他成了一名生理学家，供职于享誉全球的哥本哈根运动医学研究所（ISMC）。安德森与精英运动员展开合作，研究对象包括奥运选手以及来自哥本哈根俱乐部的足球运动员——哥本哈根队是丹麦国内最好的球队，同时也是欧洲冠军联赛的常客。这样，他能够每天追踪运动员对训练计划的个性化

---

[1] 2009年，一项针对俄罗斯1423名耐力运动员和1132名非运动员的研究发现，肌肉中慢缩型肌纤维所占比例与人体中的10个基因之间存在着统计学上的中等乃至高度相关性；也有研究发现了这些基因与耐力之间的微弱关联。然而，对于影响肌纤维类型比例的特定基因，科学家们仍然知之甚少。

应答。

2003年，在对丹麦的铅球运动员进行肌肉活检时，安德森发现了一位名叫约阿希姆·奥尔森（Joachim Olsen）的选手，其肩部、股四头肌和肱三头肌中快缩型肌纤维的比例远高于其他顶级选手。如此高比例的快缩型肌纤维，让安德森确信奥尔森的肌肉增长潜力还远未达到终点。因此，他敦促这位铅球运动员停止全年无休的负重训练，专注于短时间内的极限重量练习，而其余时间单纯休息，不做任何负重训练。经过一个赛季的训练后，第二次活检显示，奥尔森的肌纤维激增。第二年夏天，他就在2004年雅典奥运会上斩获了铜牌。

此外，安德森还发现丹麦皮划艇国家队一位运动员的肩部肌肉中拥有超过90%的慢缩型肌纤维，而这位运动员的兄弟亦是如此。这位皮划艇运动员想要在500米或1000米项目中获得奥运会参赛资格，但竞争对手在起点处的爆发力总是比他强得多，即便他总能在比赛后程追赶上来，也经常功亏一篑，没法进入奥运代表队。于是安德森便将肌肉类型的分布结果告诉了这位皮划艇运动员，建议他更换项目。最后，这位选手选择专攻长距离比赛，迅速成了世界顶级皮划艇运动员之一。

尽管在田径和皮划艇项目上都有成功应用肌纤维研究的先例，但在足球领域还是令安德森感到苦恼。安德森想知道，既然足球教练都青睐速度快的球员，为什么丹麦职业球员中很多人快缩型肌纤维比例比普通人还低？他求助于哥本哈根足球俱乐部的研究部门。在那里，他发现一些速度最快的球员还未达到顶级水

第6章 超级宝贝、恶霸惠比特犬和肌肉的可训练性

准,就遭受到了慢性伤病的打击。"快缩型肌纤维比例高的球员无法承受与其他球员同等的训练量。"安德森说,"拥有大量快缩型肌纤维的球员可以快速收缩肌肉,但也更容易出现腘绳肌拉伤之类的伤病。而有些球员虽然无法完成肌肉的快速收缩,但也不容易受伤。"

不易受伤的球员在成长过程中坚持了下来,这就是为什么丹麦精英球员的肌肉构成最终会偏向于慢缩型肌纤维。安德森表示:"在美式橄榄球中,'大块头'会专攻某个位置,而速度快的人会变成外接手,训练方式是不同的。但足球运动员的训练都是一样的。我经常听到足球教练说:'我们不能派他上场,因为他很容易受伤。'但如果球员一直受伤,那很可能是训练方式出了问题。我们需要改变这一点,而不是放弃速度最快的球员。"

放眼追逐金钱和荣誉的国际足坛,速度很快的球员往往还未踏入职业赛场便因为伤病被教练弃用,这样的例子屡见不鲜——至少在丹麦有不少。同一剂药方不应当开给所有人。对于某些运动员来说,减少训练才是"良方"。

* * *

如果不考虑肉眼不可见的先天体质类型差异(例如肌纤维类型的比例),很可能有运动员因为所谓"刻苦训练适用于所有人"的观念而前程尽毁。如果安德森没有将那位"慢热"的皮划艇运动员引导至他更擅长的长距离比赛,他的职业生涯很可能会浪费

在屡战屡败的短程冲刺比赛中。

在瞬息万变的竞技体育基因池中的运动员,其体质特征必须与从事的运动相匹配。这一点在其他例子中体现得更加明显。

— 第 7 章 —

体型大爆炸

几十年前,特别是在欧洲地区,地方体育俱乐部为地区内具有竞争力的运动员乃至半职业化运动员提供了支持,他们相当于当时体育竞技领域的顶尖精英。但科技进步打破了这一格局。

现如今,数以亿计的观众只需要点击几下屏幕,就能欣赏奥运会、世界杯或者超级碗的比赛。因此,当下的大多数体育爱好者都更愿意成为观众,而非身体力行的参与者。一大群斜靠在躺椅上的"业余四分卫们",只要花点钱,就能欣赏到极少数真正四分卫的表演。这种变化创造了经济学家罗伯特·弗兰克(Robert Frank)所谓的"赢家通吃"市场。由于欣赏非凡竞技表现的客户群体在不断扩大,名望和金钱奖励也开始向着成绩的金字塔塔尖涌去。随着顶级赛事中的奖励不断增加,能够获胜的竞技者也变得更快、更强壮和更富于技巧。

部分运动心理学家、1万小时定律的"虔诚追随者"认为,个别运动项目的世界纪录和团队运动的竞技水平之所以能在20世纪取得长足的进步——甚至超过了进化改造基因库的速度——只能归因于运动员练习量的增加。随着顶尖选手获得的奖励不断增加，有越来越多的运动员为了赢得这些奖励而不断增加自己的训练量。

然而，即便在一些简单直接的运动项目中，有时成绩的提升也很显然是技术进步的结果。例如，在对传奇短跑名将杰西·欧文斯（Jesse Owens）的生物力学视频进行分析后发现，在20世纪30年代时，欧文斯的关节摆动速度与80年代时卡尔·刘易斯（Carl Lewis）的摆动速度一样快。然而，欧文斯那个时代用的是煤渣跑道，相比刘易斯创造纪录的合成材料跑道，煤渣跑道更容易损失能量。

常被人忽略的进步源头不仅只有技术，不断提升的训练强度和精度也有助于推动竞技表现迈向新的境界，这一点毫无疑问。但"赢家通吃"效应，再加上全球化市场促使越来越多的人争夺名额有限但收益丰厚的胜者资格，这一切的确让基因库发生了改变。尽管并不是全人类的基因库，但涉及竞技体育的基因库肯定受到了影响。

* * *

20世纪90年代中期，澳大利亚运动科学家凯文·诺顿（Kevin Norton）和蒂姆·奥尔兹（Tim Olds）整理了运动员体型方面的数据，希望了解运动员的体型在20世纪是否经历了显著改变。毕竟，在此期间运动科学发生了翻天覆地的变化。

19世纪后期，体型科学（俗称"人体测量学"）的研究者

第7章 体型大爆炸

们得出了一系列结论。这些结论既受到了古典哲学的影响，例如柏拉图的理型概念；也受到了古典艺术的影响，譬如达·芬奇的《维特鲁威人》(*Vitruvian Man*)。这幅著名的作品以圆形和方形刻画了人体，象征着理想的人体比例。此外，带有种族色彩的议题也影响了这些结论。在19世纪后期一篇列举运动员特征的文章中，作者这样写道："存在某种完美形式或者类型的人，而白色人种的发展趋势即是此种状态。"

当时的人体测量学家认为，人类的体格呈钟形曲线分布，曲线的最高点（即平均态）才是最完美的形态，处于两侧的体格皆是因意外或缺陷而产生的偏离。因此，他们断定最好的运动员必定拥有最全面或最平均的身体构造，这样的人高矮适中、胖瘦得当（而且还只能是男性）。最适中的人体形态是所有体育活动追求的理想形态。这种主观理论主导了20世纪初的体育教练和教师的日常工作，并体现在了运动员的身材上。1925年，一名优秀排球运动员的身材和掷铁饼运动员的完全相同，世界级跳高运动员的身材也和铅球运动员的差不多。

但正如诺顿和奥尔兹所看到的，随着"赢家通吃"市场的出现，20世纪早期追求的单一且完美的运动身材逐渐消失，取而代之的是更加稀少、高度专业化的身型，就像雀类的喙型与其所处的生态环境相匹配一样。在绘制出现代世界级跳高运动员和铅球运动员的身高和体重曲线图以后，诺顿和奥尔兹发现这二者之间存在着惊人的差异。精英级铅球运动员的平均身高比跳高选手高出6.35厘米，平均体重多出59千克。

在身高体重比的图表上，他们标出了二十几个项目中精英运动员的平均体型。一类数据点代表 1925 年每个项目中运动员的平均体型，另一类数据点代表 70 年后该项目中运动员的平均体型。

当他们将每个项目从 1925 年到 1995 年之间的所有点连起来时，便呈现出独特的模式。在 20 世纪早期，每个项目中顶尖运动员的体格数据都聚集在教练们青睐的"平均"体格周围，在图表上呈现出一个相对紧凑的核心。之后它们便开始向着各个方向分散。这张图看起来就像是天文学家绘制的图表，用来展示在不断膨胀的宇宙中星系彼此远离的运动。因此，诺顿和奥尔兹将这种模式形象地称为"体型大爆炸"。

正如同星系在飞速分离一样，在不同运动中获得成功所需要的体型也各自朝着高度专业化的孤独角落不断前行。与人类整体的趋势相比，精英级别的长跑运动员正变得越来越矮。需要在空中旋转的竞技选手，例如跳水运动员、花样滑冰运动员和体操运动员也同样如此。在过去 30 年中，精英级女子体操运动员的平均身高从 1.6 米缩减至 1.45 米。与此同时，在排球、划艇和橄榄球领域，运动员的块头却变得越来越大。在大多数运动中，身高的作用都异常重要。在 1972 年和 1976 年奥运会上，身高 1.8 米的女性选手进入决赛的可能性至少是 1.52 米以下女性选手的 191 倍。职业体育领域已然成了实验室，进行着极端的自我分类实验，用诺顿和奥尔兹的话来说，是人工选择而非自然选择在发挥着作用。

第7章 体型大爆炸

掌握了"体型大爆炸"数据的诺顿和奥尔兹设计出了一种被称为双变量重叠区间（BOZ）的度量方法。这种方法可以针对随机选择的普通人，给出其体格可在某种运动领域达到精英水准的概率。不出所料，随着"赢家通吃"的市场推动了体型大爆炸，和任何特定竞技领域匹配的基因都变得更加稀有，大多数运动的BOZ都已大大降低。现如今，只有大约28%的男性拥有符合职业足球运动员的身高和体重标准；23%的男性拥有符合精英短跑运动员的标准；15%的男性拥有符合职业曲棍球运动员的标准；而符合英式橄榄球前锋身高和体重标准的男性仅占9.5%。

在全美职业橄榄球联盟中，球员身高平均每增加1厘米或体重每增加3千克，即可多挣得约45000美元的收入。（尤其是在需要特殊体格的领域，会出现更密集的"赢家通吃"结构，其程度甚至超过职业体育领域。一名走秀模特的BOZ值不到8%，国际模特下降到5%，而超级名模仅为0.5%。）

"体型大爆炸"这一变化趋势同样体现在特定的身体部位上。和人类整体的身高增长相比，高个子运动员的身高增长更快，而小个子运动员则相对较慢。在特定运动中，运动员越来越需要极其特异化的身体特征。一项从1980年到1998年针对克罗地亚精英水球运动员的测量结果表明，在过去20年里，水球选手的手臂长度增加幅度超过了2.5厘米，是克罗地亚人整体的5倍。随着职业体育对于竞技表现的要求越来越高，只有具有长臂这一特定优势的运动员才能持续精进，最终达到精英级别标准，而手臂较短的运动员则往往被淘汰出局。

除了手臂整体变得更长，顶级水球运动员的手臂骨骼比例也发生了变化。与普通人相比，精英球员的小臂更长，这使得他们能够更有效地挥舞手臂进行投掷。需要以手臂作为杠杆来完成重复的有力划水动作的选手，例如皮划艇运动员，也产生了同样的变化。与此相反，精英举重运动员的手臂，尤其是小臂，则相对于他们的身高越来越短，这为他们将重物举过头顶提供了巨大的杠杆优势。在针对潜力选手的体质测试中，全美职业橄榄球联盟的测试方法存在诸多缺陷，其中之一便是在测量力量时没有考虑臂长因素。对于手臂较短的人来说，卧推显然会轻松得多，但对于橄榄球场上的实战而言，长手臂则更有优势。因此，一个因卧推力量大而受到青睐的球员，实际上是从短臂的不利身体特征中获益了。

当今篮球和排球等跳跃项目中的顶级球员通常拥有相对较短的躯干和较长的腿部，这更有利于下肢加速发力以获得更强有力的起跳。而职业拳击手的体型和身材虽然更多样化，但大部分都是长臂加短腿的组合，因为这样可以提供更大的击打范围，重心更低且更稳定。

田径运动员的身高通常决定了其最适合的比赛项目。60 米短跑的世界顶级选手几乎总是比 100 米、200 米以及 400 米项目的选手更矮，因为短腿和较轻的体重更有利于加速。（短腿的转动惯量更小，这意味着运动员在启动时的阻力较小。）短跑运动员可以在 100 米和 200 米比赛中达到最高速度，而在 60 米比赛中加速时间所占全程的比例则相对较大。或许矮个子在加速上

第7章 体型大爆炸

的优势，解释了为什么在全美职业橄榄球联盟中，以快速启动和停止作为谋生根本的跑卫和角卫在过去40年里平均身高变得更矮，即便人类整体的身高在同期内呈增长趋势。

有时候，运动技术的变化几乎能在一夜之间改变优势体型。1968年，迪克·福斯贝里发明了"背越式"跳高法，这为重心较高的运动员提供了一定优势。在福斯贝里"背越式"技巧发明后的短短8年内，精英级跳高运动员的平均身高便增加了10厘米。[1]

在其他情况下，体型的影响则比较小。虽然身材矮小通常是耐力跑者的福音，但女子马拉松世界纪录的保持者保拉·拉德克利夫（Paula Radcliffe）的身高是1.73米，相比大多数世界级竞争对手，她差不多要高出一头。然而身高并没有妨碍这位以顽强而著称的英国女性，在2002年至2008年职业生涯的巅峰时期，她拿下8场马拉松比赛的冠军。不过，拉德克利夫的体格可能对她赢下大部分在秋季举行的比赛更有帮助。马拉松运动员通常身材矮小的原因之一在于，体型较小的人具有更大的比表面积。而比表面积越大，人体的散热效果越好，热量消散的速度也就越快。因此，既矮又瘦的人比身材高大的人更容易感冒。而散

---

[1] 在全球范围内寻找合适竞技选手的做法几乎在每一项运动中都取得了巨大的成功。几个世纪以来，由于只有日本人参加比赛，因此日本选手在相扑比赛中一直占据主导地位。从17世纪到20世纪90年代，只有日本的摔跤手获得过最高级别的"横纲"称号。不过如今很多国民体格普遍较高大的国家的运动员已经大规模加入到相扑运动中。让部分传统相扑主义者感到沮丧的是，近年的7位"横纲"中有5位是蒙古国人或是在夏威夷出生的美国人。

热对于耐力表现至关重要，因为当身体的核心温度超过40摄氏度时，中枢神经系统会迫使机体减慢或完全停止运动。[1]

当比赛在秋季凉爽的早晨举行时，巅峰时期的拉德克利夫几乎是不可战胜的，但到了炎热的夏季，她就变得无精打采。2004年雅典奥运会的马拉松比赛是在35摄氏度的高温下进行的，尽管此前拉德克利夫创下了女子马拉松的最好比赛成绩，但这次她却未能完成比赛，并且蜷缩成一团倒在路边，而这次比赛的冠军选手身高为1.5米。在2008年北京奥运会的马拉松比赛中，气温是27摄氏度且湿度很大，拉德克利夫成绩不佳，只获得了第23名。从2002年到2008年，当马拉松比赛的气温凉爽时，拉德克利夫8次全部夺冠，但一旦碰上酷热的夏季奥运会比赛，她不仅2次遭遇失利，甚至曾直接弃赛。

* * *

一支国际研究团队完成了有史以来最著名的运动员体型研究，仅收集数据就花费了整整一年。这些数据来自1265名参加1968年墨西哥城奥运会的运动员，他们来自92个不同的国家，

---

[1] 违禁药物苯丙胺可以有效增强耐力表现，原因在于它似乎能消除大脑在体温过高时启动的抑制机制，让运动员在体温达到40摄氏度后继续保持运动状态。尽管苯丙胺对于提高成绩非常有帮助，但它也可能会导致运动员在比赛期间中暑死亡。2009年，肯塔基州一名高中橄榄球运动员在极端高温下训练时倒地身亡，其教练因此被判谋杀罪。但最终这名教练获准无罪释放，据知情人透露，这位不幸的球员此前一直在服用处方药苯丙胺来治疗多动症。

第7章 体型大爆炸

涵盖了除马术以外的所有运动项目。研究者们又花费了6年时间才将结果整理出来，最终形成一本236页的书。书中一半的内容是简单的人体测量表，即使没有说明，这些表格也传递出明显的信息：在大多数奥运会项目中，运动员彼此之间的身体相似性甚至比兄弟之间更多。

在田径运动中，大多数运动员都可以将身体测量数据与所从事的运动项目对号入座。参加400米、800米或跨栏比赛的男女选手是径赛运动员中身高最高的（这并不稀奇，因为跨栏比赛的目标就是在尽可能少移动重心的情况下越过障碍）；参加马拉松的运动员是最矮的。不仅如此，在同一运动项目中，他们之间的相似之处还体现在不太明显的骨骼体征上。

参加同一项运动或赛事的运动员，身高和体重往往相差不多（通常与非运动员对照组的差异较大）。在骨盆宽度和肩部骨骼结构方面，上述结论同样成立。

当然，研究中对照组的女性非运动员，其髋骨比男性非运动员更宽。不过，女子游泳运动员的髋骨却比对照组的普通男性更窄。与女子游泳选手相比，女子跳水运动员的髋骨更窄。女子短跑运动员的髋骨又比女子跳水运动员的更窄，因为纤细的臀部有助于高效奔跑。相比之下，女子体操运动员的臀部还要更加纤瘦。

女子短跑选手的腿比对照组的女性要长得多，差不多达到了对照组男性的水平。男子短跑选手的身高比对照组高约5厘米，高出的部分完全体现在腿长上。因此当他们坐下时，身高就会与对照组的男性差不多。

男子游泳运动员比短跑运动员平均高 3.8 厘米，但腿却短了 1.3 厘米。更长的躯干和更短的腿，使得前者与水的接触表面积更大，相当于独木舟拥有了更长的船体，这对于在水中高速移动大有益处。有传闻称，美国游泳名将迈克尔·菲尔普斯（Michael Phelps）身高 1.93 米，他买的裤子从裤裆到裤脚的长度为 81 厘米，比 1 英里跑世界纪录保持者——摩洛哥跑步选手希查姆·埃尔·盖鲁伊（Hicham El Guerrouj）穿的还要短，而后者的身高仅为 1.75 米。与其他顶级游泳运动员一样，菲尔普斯也拥有很长的手臂，手和脚也显得特别大。这种细长的体型可能预示着一种叫作马方综合征（Marfan syndrome）的危险疾病。菲尔普斯在其自传作品《水面之下》（*Beneath the Surface*）中透露，这种不同寻常的身材比例，导致他每年都要接受马方综合征的检查。[1]

随着精英体育运动越发由参与性的比赛转变为吸引大量观众的专业赛事，获得成功就越发需要罕见的体格，吸引天赋异禀者加入的价码也越高。1975 年，参与美国主要体育运动项目的运动员的平均薪酬大约是美国男性薪资中位数的 5 倍。而如今前者的平均工资已经是后者全职薪资中位数的 40～100 倍。美国薪酬最高的运动员一年的薪水，相当于一个通过全职工作挣得中位数年薪的普通美国人工作 500 年。

---

[1] 在游泳、皮划艇和长曲棍球等运动中，运动员的"臂指数"往往非常高。即与大臂相比，他们的小臂相对更长，这让他们的手臂更擅长推进发力。而追求稳定和力量的举重运动员以及摔跤运动员，其臂指数就非常低。

第7章 体型大爆炸

* * *

基因会对体重构成影响。人体测量学特征基因研究协会（GIANT）通过对 10 万名成年人进行研究，发现了 6 个影响体重的 DNA 变异。例如，研究中发现的 FTO 基因，可能通过影响一个人对油腻食物的偏好进而对体重产生一部分间接影响。不过，所有在感恩节大餐中饱食一顿接着跳上体重秤的人都可以证明，体重在很大程度上取决于生活方式。

脂肪是对锻炼和饮食最敏感的身体组织。体重对某些药物的反应也非常灵敏。诺顿和奥尔兹曾调查过全美职业橄榄球联盟的防守截锋，发现在 20 世纪 60 年代末和 70 年代初，这些球员的体型经历过一轮明显的增长，而当时类固醇类药物才刚开始在橄榄球领域泛滥。从 20 世纪 40 年代到 90 年代，橄榄球联盟防守截锋的体重指数（BMI）从 30 增至 36。这相当于一名身高为 1.88 米的截锋的体重从 106 千克增长到 127 千克。

显而易见，早在工业化社会中肥胖开始流行之前，FTO 基因就已经存在了。对于双胞胎和领养儿童的研究表明，影响体重的基因还有很多。科学家们才刚刚开始了解遗传、生活方式和体重之间复杂的相互作用。由 GIANT 鉴定出来的所有 DNA 变异全加在一起，也只是影响体重的基因的冰山一角。（根据基因分析的结果，本人有权将现在我 68 千克体重中的 3.9 千克归因于这些基因。）

快缩型肌纤维和慢缩型肌纤维的比例，不仅会影响个体的肌肉生长潜力，还会影响其脂肪燃烧能力。来自美国和芬兰的独立研究表明，虽然快缩型肌纤维比例高的成年人能更有效地增肌，但同时也更难减脂。脂肪的燃烧主要源于生产能量的过程，而该过程通常发生在慢缩型肌纤维中。慢缩型肌纤维越少，个体燃烧脂肪的能力就越低——短跑和力量型运动员通常比耐力型运动员更强壮，在职业生涯开始之前和之后都是如此，其原因可能正在于此。

很显然，饮食和训练会显著改变运动员的体格，但也有局限性。这种局限性来自个体的骨骼结构。

* * *

体能训练和营养学研究专家弗朗西斯·霍尔威（Francis Holway）来自布宜诺斯艾利斯，他从小就对人类体格的极限非常感兴趣。霍尔威最初的启发来自人猿泰山的故事。一位英国勋爵的儿子被猿类收养，在丛林环境中茁壮成长，最终长成了足以与犀牛抗衡的强壮体格以及利用藤蔓在林中摆荡的本领——这个故事令他无比着迷。在 7 岁时，霍尔威完成了第一次实验。他狼吞虎咽地吞下几勺燕麦片，然后在饭后迫不及待地收缩自己的二头肌，想看看它是否有变大。

在孩提时代，他认为是运动塑造了身体。篮球运动员因为打球而长高，举重运动员因为蹲举而变得又矮又壮。在某种程度上，成年以后他所从事的研究也证实了类似的惊人现象。霍尔威

第7章 体型大爆炸

测量了世界排名前 20 名的网球运动员们的小臂，发现他们持拍手与非持拍手的臂长略有不同。持拍手一侧的小臂骨骼长度比非持拍手的小臂骨骼长约 0.64 厘米，而肘关节则宽了 1 厘米。和肌肉一样，骨骼也会对训练产生应答。即便是普通人，惯用手的手臂骨骼也往往更结实，因为频繁使用让骨骼变得更强壮，能够支撑更多的肌肉。"骨骼会适应反复承受压力这件事真是令人惊讶。"霍尔威表示。职业网球选手的持拍手确实会因为较频繁地发球和截击，使得小臂长度进一步增加。然而，这种可塑性是有限的。

密苏里大学的人类学家利比·考吉尔（Libby Cowgill）研究了来自世界各地的骨骼样本，想要知道是否有人通过童年活动形成了强壮的骨骼，或者是否有人天生就拥有能够支撑大量肌肉的强健骨架。"不同人群之间骨骼的强度差异，在 1 岁时就能看得出来，"考吉尔说，"研究表明差异的确存在。从事不同的活动会在成长过程中进一步放大骨骼方面的差异，但似乎人类生来就有或强或弱的遗传倾向。"

在一项研究中考吉尔将生活在中世纪、以游牧为生的米斯蒂哈尔吉人（Mistihalj）的骨骼与 20 世纪 50 年代美国丹佛的儿童骨骼进行了比较。"米斯蒂哈尔吉人的孩子是我见过的最高大、最强壮的儿童。"她说，"如果以现代美国儿童的骨骼质量数据与之相比，当代人类可谓弱不禁风。"但是，严格的童年训练计划能否让一位美国孩童变身为强壮的中世纪游牧民？对此，考吉尔表示："训练活动，尤其是人生早期开启的训练计划可以改变很多事情，但现在看起来更像是遗传因素影响。"

源自遗传的骨骼在很大程度上决定了我们将来能否达到从事特定运动所必需的体重。霍尔威将骨架比作一个空书柜，如果一个书柜比另一个书柜宽10厘米，那么前者的质量只会比后者稍重一些。但是当两个书柜都装满了书以后，宽书柜所多出的一点宽度，就会突然间转化为相当大的重量。人体的骨骼就是如此。通过对足球、举重、摔跤、拳击、柔道以及英式橄榄球领域的数千名精英运动员进行测量后，霍尔威发现，1千克骨骼最多能支撑5千克的肌肉。那么，5∶1的比例即为人体肌肉与骨骼比的普遍极限。[1]

"经常有人向我们咨询，说出于审美考虑想要增肌。"霍尔威说，"我们会先进行测量，如果肌肉与骨骼承重比例接近5∶1，就会问对方在目前的力量水平上停滞多久了。他们通常表示，在过去的5～7年里，自己一直无法突破。"霍尔威也在自己身上做实验，他在数年里进行负重训练的同时采取高蛋白饮食，并补充肌酸。但在肌肉、骨骼比例接近5∶1后，摄入更多的牛排和蛋白粉只会增加脂肪，而非肌肉。

霍尔威测量过男性力量型奥运会运动员，如铁饼选手和铅球选手的骨骼。他发现，虽然这些运动员的骨骼仅比普通男性重约3千克，但却意味着他们的身体在日常训练中，要多负荷超过13

---

[1] 霍尔威通过研究证明，女性的肌肉骨骼承重极限接近4.2∶1。不过男性和女性的极限值都未考虑使用类固醇的情况，使用类固醇的运动员其肌肉骨骼承重能够突破5∶1的上限。

第7章 体型大爆炸

千克的肌肉。霍尔威利用自己的研究结果来帮助运动员量身定制训练方案。举例来说，铅球运动员不需要移动很远的距离，只需要将物体大力地掷出去，因此他们只需要考虑增加肌肉，即便因此额外增加了脂肪也很划算；但在标枪运动中，运动员既要跑得快，又得大力投掷，因此他们需要谨慎增重，避免超过 5∶1 的极限值从而防止增加脂肪；再比如相扑选手或者橄榄球中的进攻内锋，他们的作用就是限制对手在场上的移动，因此额外增加点脂肪非常有帮助。橄榄球场上的进攻内锋通常极其强壮，但他们多半没有明显的肌肉线条。

同理，如果将先天生物学差异考虑进来，结论很清楚——针对个人生理机制量身定制的训练计划才算是成功的训练计划。正如著名的生长发育专家、世界级跨栏运动员 J. M. 坦纳博士（Dr. J. M. Tanner）在《从胎儿到人》（*Fetus into Man*）一书中写道："每个人都有不同的基因型。因此为了实现最理想的发展，每个人都应拥有不同的环境。"

* * *

要想让竞技表现提升到前所未有的高度，运动员们既需要专业的训练方案，又必须拥有能满足训练要求的体格。

现如今，运动员之间体型差异增大的速度正在放缓。大规模的自我分类、人工选择过程已经结束。高个子运动员与普通人之间的身高差异不再像 20 年前那样夸张，体型较小的运动员也是如此，世界纪录不断被打破的进程也随之放缓。

"纪录是用来被打破的"——在 20 世纪的大部分时间里，这句话一直被奉为至理名言。然而大多数主流项目的世界纪录只是一点一点地"往前挪动"。从好的方面来看，毕竟还是在进步。在 20 世纪 50 年代到 2000 年期间，男子 1 英里和 1500 米比赛的世界纪录每 10 年就会被打破 8 次，但 2000 年之后这种趋势便结束了。其他径赛项目中打破纪录的次数也在减少，尽管情况会稍好一些。尤塞恩·博尔特（Usain Bolt）曾以一己之力大幅提高了世界纪录。不知道博尔特的成功是否能吸引更多拥有和他一样爆发力和身高的运动员，从其他运动项目转行到短跑中来。

参与体型研究的科学家蒂姆·奥尔兹表示："虽然还有一些未经探索的地方，但我们已经触及全球大部分区域。人类正越来越接近身体的极限。全球人口的增长正在放缓，身高、体重的增长乃至新运动纪录的出现都正在逐渐放缓。"不过，就像冒险家对地球的探索是永无止境的一样，不断打破纪录的时代已然成为过去，缓步前行才是未来的常态。

随着人类运动体型的"宇宙"仍然在不断膨胀，对于罕见体型的渴求已经引发全球范围内的人才搜索，范围越来越广，成本也越来越昂贵。

在这方面，还没有哪家机构能比美国国家篮球职业联赛（NBA）做得更成功。

── 第8章 ──

维特鲁威 NBA 球员

在成为流行文化的隐喻之前;在约会麦当娜、迎娶卡门·伊莱克特拉(Carmen Electra)以及哗众取宠般地自己和自己结婚之前;在顶着亮红色头发、脖子上戴着金属镶钉颈链、手擎一只蓝色鹦鹉,得意洋洋地摆造型为《体育画报》拍摄杂志封面之前;在宣布将创办一个袒胸女子篮球联赛以及陪朝鲜领导人金正恩闲逛之前——丹尼斯·罗德曼(Dennis Rodman)只是一个缺乏安全感的小男孩。

孩提时代的罗德曼住在得克萨斯州达拉斯橡树崖的安居房中。每天晚上入睡之前,他都会躺着想:"丹尼斯·罗德曼,你一定会成为一个大人物。"而当时他并没有意识到有朝一日自己真的会成为一个"大人物"。

那时候,罗德曼的两个姐姐都已经是篮球明星了,她们二人都是全美大学最佳球员,而家里最小的丹尼斯则又矮又笨,连上篮都很困难。在高中篮球校队坐了半个赛季的冷板凳后,他就被踢了出去。高中毕业时他的身高才1.75米。每次跟着比自己更高大、更有活力、更强壮的姐姐们一道出门,他都要忍受来自朋友们的嘲讽。

毕业之后，罗德曼在达拉斯-沃斯堡国际机场找了一份打扫地板的夜班差事。有天晚上，他将扫帚伸进已经关门了的机场礼品店的安全栅，从店里勾出了几十块手表，分给了朋友们。结果自然是人赃俱获，还因此丢掉了工作。不过与此同时，罗德曼的"大人物形象"开始初露头角。在高中毕业后的两年里，罗德曼的个头一直在猛长。他之后的一份工作是在一家汽车行兼职洗车，时薪为3.5美元，这时他的身高已经达到2.03米了。

于是，罗德曼又开始打起了篮球。他发现变高之后，自己的肌肉更发达了，还突然间没有那么笨拙了。他很快就掌握了这项运动，仿佛某天夜里篮球仙子把篮球秘籍悄悄留在了他枕头底下一样。用他的话说："我好像突然拥有了一个全新的身体，过去做不到的事情，现在都能做了。"

在一位友人的劝说下，罗德曼加入了当地社区大学的球队。一段时间后他因学业问题退出了球队。第二年，也就是1983年，他凭借篮球奖学金进入了东南俄克拉荷马州立大学，这座大学不为人熟知，却也是美国大学校际体育协会（NAIA）学校。在那里的3年时间，他横扫球场，场均得到25.7分外加不可思议的15.7个篮板。接下来便是众所周知的NBA经历了。罗德曼通过选秀进入NBA，在14年中赢得了5次总冠军，2次被评为年度最佳防守球员，成了NBA历史上最伟大的篮板手。2011年，这位在21岁之前几乎没有参加过任何正规篮球比赛的球员，入选了篮球名人堂。

第8章　维特鲁威NBA球员

* * *

整个20世纪90年代，能够让人觉得无法避免的事情，除了死亡和税收之外，恐怕就只有芝加哥公牛队赢得NBA总冠军这件事了。

公牛队在球场上的统治力源于3位未来的名人堂成员，以及这3人在紧要关头的爆发性成长。在"公牛三巨头"还未到达巅峰高度之前，单凭他们的技术并不足以让球队称霸。

其中自然少不了罗德曼。三巨头中的另一位斯科蒂·皮蓬（Scottie Pippen）的经历和罗德曼差不多。高中毕业时，皮蓬的身高为1.85米。一开始他在中阿肯色大学担任球队经理。上学未满1年，他的身高便猛增到1.91米，随后开始为球队上场打球。到第二年暑假结束时，皮蓬长到了1.96米。在大三赛季，他的身高达到了2.01米。NBA球探们蜂拥至看台，观看默默无闻的中阿肯色大学校队的比赛。多年后，皮蓬被评选为NBA历史上最伟大的50名球员之一，比罗德曼早一年入选名人堂。

迈克尔·乔丹的人生则没有如此跌宕起伏。早在高中时期，乔丹就已经是一名出色的篮球运动员了——高一时身高才1.73米的他就开始扣篮。虽然其他家庭成员的身高并不突出，但乔丹在高二时出人意料地长到了1.83米。当时还是高中生的乔丹也接受过大学球探的评估，但对方觉得他似乎更适合小一点的大学。按照乔丹自己的说法，身高1.7米的哥哥拉里和他一样具有运动天赋，在家中后院里较量时，哥哥每次都占上风。不过，等乔丹到了身高疯长的阶段，一切都变得不同了。在高中后期，他长高了 15 厘米，同时放弃了棒球以专注于篮球。高中毕业后，他获得了 NCAA 老牌劲旅——北卡罗来纳大学的奖学金。再接下来的故事就无须赘述了。

罗德曼、皮蓬和乔丹组成了公牛队的核心，在 1995—1996 赛季他们以 72 胜 10 负的傲人战绩夺得了总冠军，这是一项前所未有的壮举。至于其中身高因素有多重要，他们的个人传记中就有明证。

当然，这并不是说身高 1.98 米或 2.03 米的人就一定能成为职业篮球选手，更不用说入选名人堂。正如 ESPN 知名媒体人科林·考赫德（Colin Cowherd）在电台节目中所说："没有人从呱呱坠地就能成为天才……在美国，身高在 2.03 米的人有 100 万，但能打进 NBA 的又有多少？"不过，这话也不是全对。

根据美国人口普查局和美国国家卫生统计中心的数据，年龄在 20～40 岁且身高不低于 2.03 米的美国男性，其人数可能不到 20000 人。所以在同等身高的男性中，出现丹尼斯·罗德曼或勒布朗·詹姆斯的概率并非百万分之一，而是相当于以密苏里州罗拉市的人口数量为基数挑选出 1 人。

人类的身高是一个极其狭隘、受限的体征。美国有 68% 的男性身高在 1.7 米到 1.85 米的 15 厘米区间范围内。成人身高的钟形曲线就像喜马拉雅山一样陡峭，曲线两侧的人数急剧下降。只有 5% 的美国男性身高不低于 1.9 米，而 NBA 球员的平均身

第8章 维特鲁威NBA球员

高通常在 2.01 米。也就是说，普通人的身高和 NBA 球员的身高之间几乎不存在重叠（至少远远低于考赫德的推测）。

虽然在 20 世纪大部分时间里，工业化国家的居民身高以每 10 年 1 厘米的速度增长——部分原因在于蛋白质摄入量的增加以及阻碍儿童发育的感染性疾病的减少；另外也可能是因为，在更广泛的基因混合之后，相对于"矮个子"基因，"高个子"基因成了显性基因——但 NBA 球员平均身高的增速是普通人的 4 倍多，身高最高的 NBA 球员的增速甚至达到了普通人的 10 倍。

在《异类》一书中，马尔科姆·格拉德威尔以智商相类比，提出了关于篮球球员身高的一个观点。他认为身高存在一个阈值，关键在于是否达到阈值，而非超过阈值多少。他认为在智商上，120 这一数值就足以将大部分人排除，如果一个人的智商超过 120，就表明他已经足够聪明，可以尝试解决最难的智力问题，但更高的智商并不能转化为现实世界中加倍的成功。同样，在篮球运动中"1.88 米肯定比 1.85 米更好……但只要达到了某个数值，身高就变得不再那么重要了"。不过，智商的阈值假说并没有得到该领域科学家们的支持，NBA 领域的身高阈值假说也没有球员数据的支撑。

基于 NBA 和 NBA 选秀联盟球员光脚测量的真实身高数据、美国人口普查局以及美国疾病控制中心（CDC）下属国家卫生统计中心所收集的数据，我们可以发现 NBA 球员超出平均值范围的身高具有相当大的附加价值。对于一名年龄在 20～40 岁的美国男性，以 1.83 米为起点，其身高每增长 5 厘米，成为现役 NBA 球员的概率就会增加一个数量级。对于一个身高在 1.83 米到 1.88 米之间的男性来说，他目前加入 NBA 的概率为百万分之五；若是身高在 1.88 米到 1.93 米之间，这一概率便增加到百万分之二十；倘若身高介于 2.08 米到 2.13 米之间，那么这一概率会激增至百万分之三万二千，即 3.2%。而身高超过 2.13 米的美国男性实在太过罕见，以至于 CDC 甚至没有列出这一身高的概率。但结合 NBA 的测量结果再加上 CDC 数据所描绘出的曲线来看，年龄在 20～40 岁、净身高为 2.13 米的美国男性，其目前效力于 NBA 的人数比例达到了惊人的 17%。[1] 也就是说，每 6 个身高达到 2.13 米的高个子中，就有 1 人效力于 NBA。

提出"体型大爆炸"理论的科学家凯文·诺顿和蒂姆·奥尔兹绘制出了从 1946 年到 1998 年 NBA 中身高为 2.13 米的球员的增长图。他们发现，这类球员的比例在 35 年中缓慢而稳定地上升，从 1946 年的 0% 到 20 世纪 80 年代初的 5%，随后便进入"赢家通吃"市场的超高速发展阶段。

1983 年，NBA 与球员达成了一项开创性的劳资协议。该协议规定，运动员作为联盟的合作伙伴，有权从许可协议、门票收入和电视合同中获得分成。次年，新秀迈克尔·乔丹便与耐克签订了一份同样具有开创意义的合同：耐克销售以乔丹名字命名的

---

[1] 很多声称身高达到 2.13 米的 NBA 球员，如果光脚测量，都会矮上 2.5 厘米甚至 5 厘米。不过，沙奎尔·奥尼尔 2.16 米的身高可谓实实在在，因为他是脱掉鞋子量的。

第8章 维特鲁威NBA球员

球鞋,乔丹可以从中获得特许权使用费。

一夜之间,职业篮球运动员的"吸金"能力就突破了竞技领域的天花板,几乎所有能在NBA打球的人都想尝试一下。与此同时,NBA球队开始在全球范围内寻找高个子球员。在新劳资协议签订后的短短3年里,NBA中身高达到2.13米的球员的比例就增加了1倍以上,达到了11%,此后也基本保持不变。"这意味着世界上所有身高2.13米且能打篮球的人,基本上都加入了这项运动。"奥尔兹说,"换句话说,似乎已经到达这个身高的人口上限。"

篮球运动的全球化催生了这一现象。在NBA中,美籍球员的平均身高为1.99米,而外籍球员的平均身高则接近2.06米。之所以有很多外籍球员效力于NBA,主要是因为球队在美国本土很难找到足够高的球员。因此,稳定效力于NBA的外籍球员很多来自克罗地亚、塞尔维亚和立陶宛等世界上国民身高最高的国家。人类身高的曲线通常呈正态分布,国家之间国民平均身高的微小差异意味着极端身高(例如达到2.13米)的人数也存在很大差异。

就身高稀有性而言,美国国家女子篮球职业联赛(WNBA)则远不如NBA。WNBA球员的平均身高在1.8米到1.82米之间,她们与普通女性的身高差要小于NBA球员与普通男性之间的身高差。WNBA球员的平均身高仅比美国女性的平均身高高10%,而NBA球员则比普通男性高出差不多15%。

或许吸引更多高个子女性加入篮球运动需要一些时间,又或者是篮球运动需要更强大的"赢家通吃"市场。WNBA 球员的年收入仅数万美元，而 NBA 球员的平均年薪则超过 500 万美元。不难看出为什么许多兼具身高和运动天赋的女性会选择其他能创造更多获利机会的运动，例如网球等。随着网球球拍变得更轻，发球变得更加重要，球员也变得更高了。在撰写本书之际，世界排名前三位的女子网球运动员的平均身高为 1.82 米，与 WNBA 球员的平均身高几乎持平。

当然，这并不是说个头不高的男性和女性就不能在篮球场上取得成功。1.6 米的马格西·博格斯（Muggsy Bogues）、不到 1.73 米的内特·罗宾逊（Nate Robinson）以及穿着厚袜子才 1.7 米的斯伯特·韦伯（Spud Webb）都在"高人"如林的 NBA 赛场上闯出了一片天地。他们用能力弥补了身高上的不足。罗宾逊和韦伯虽是 NBA 历史上最矮的两位球员，但他们都曾获得过扣篮大赛的冠军。据说，博格斯的垂直跳跃高度曾达到惊人的 111 厘米，但手太小让他很难单手握住篮球，因此在训练中他更愿意手持排球练习扣篮。

矮个子一般不会进入 NBA，除非他们有异常优秀的弹跳能力。虽然不一定要像博格斯、罗宾逊和韦伯那般优秀，但如果在选秀联盟的测试中连篮球筐都摸不到，那距离进入 NBA 恐怕还很远。不过，除了弹跳能力外，还有其他因素有助于小个子球员玩转 NBA。

达·芬奇笔下的维特鲁威人拥有与身高相等的臂展。我也是，很有可能你也是。然而身高 1.72 米的内特·罗宾逊却拥有

第8章 维特鲁威NBA球员

长达185厘米的臂展。他并没有看上去那么"矮"。实际上，几乎每一个NBA球员都比实际看上去要更高，即使是那些高得离谱的球员。

NBA球员臂展与身高的比值平均为1.063。（以医学标准来看，大于1.05的比值是马方综合征的传统诊断标准之一。马方综合征是一种出现四肢畸形细长症状的身体结缔组织疾病。）换句话说，如果某位NBA球员的身高大约为2.01米，那么臂展即为213厘米。如果要匹配这位维特鲁威NBA球员的身材，达·芬奇可能需要画出一个长方形和一个椭圆形，而非规整的正方形和圆形。

由于身高不够高而被打上"矮小"标签的NBA球员，通常会以臂展来弥补身高的不足。埃尔顿·布兰德（Elton Brand）是1999年的NBA选秀状元，他身高2.04米，作为大前锋来说并不出众，但227厘米的臂展范围足以让他成为大前锋中的"巨人"。2010年选秀状元、控球后卫约翰·沃尔（John Wall）净身高只有1.9米，但他的臂展却长达206厘米。在2010—2011赛季之前，迈阿密热火队大张旗鼓地凑齐了"三巨头"：克里斯·波什（Chris Bosh）、勒布朗·詹姆斯和德维恩·韦德（Dwyane Wade），这3个人的身高和为603厘米，但臂展之和却达到了646厘米。这足以说明问题。

根据2010—2011赛季初NBA名单中的球员统计数据来看，臂展会影响众多关键数据。要想提升球队的盖帽数，球队总经理最好能签下一名臂展更长的球员，而不是身高更高的球员。新奥尔良鹈鹕队的安东尼·戴维斯（Anthony Davis）是2012年的选秀状元，得分以及封盖俱佳，他身高2.06米，臂展为226厘米。根据预测，在上场时间相同的情况下，拥有戴维斯身材的球员平均每个赛季会比一个臂展和身高相同的2.16米的球员多拿下10次盖帽。如果球队总经理想要改善进攻篮板，那么他签下一名长臂展的球员和签下高个子球员的效果差不多。虽然在考虑防守篮板时，身高优势比臂展优势更有用一些，但二者其实都很重要，因为它们加起来就决定了一名NBA球员一半的篮板防守能力——甚至不考虑弹跳能力、体重、位置和综合篮板技巧等其他因素。

毫无疑问，精通计算的球队总经理们肯定已经注意到了这一点。休斯敦火箭队的总经理达里尔·莫雷（Daryl Morey）毕业于麻省理工学院，以"魔球"理论而闻名。他在选秀中选中的几位球员都是NBA中身材最矮小的球员。对于火箭队是否在选秀中有意瞄准臂展和身高比值较高的球员的疑问，莫雷不予置评。而3个赛季之前，火箭队阵容中首发中锋查克·海耶斯（Chuck Hayes）是NBA历史上最矮的中锋，他的身高只有1.97米。幸运的是，他的臂长达到了208厘米。

不管怎么说，NBA球员不仅身高高得离谱，臂展也长得出奇。当一名NBA球员的身高不足以匹配其在"竞技体型宇宙"中的位置时，往往可以利用臂展来进行弥补。几乎每一位进入NBA的球员都拥有匹配其位置的体型，且往往与普通人相差甚远。在2010—2011赛季的NBA官方名单中，只有两位球员的

第8章 维特鲁威NBA球员

臂展比身高短。一位是密尔沃基雄鹿队的后卫 J. J. 雷迪克（J. J. Redick），他身高1.93米，臂展为191厘米，在NBA球员中可谓是彻头彻尾的"霸王龙"。[1]另一位是现已退役的火箭队中锋姚明，由于继承了父母高大的身材，超过2.26米的身高也让他能很好地匹配中锋的位置。

* * *

针对家族遗传和双胞胎的研究发现，身高的遗传率约为80%。这意味着研究群体的身高差异中，80%可归因于遗传，20%可归因于环境。在非工业化社会中，身高的遗传率较低，就如同贫瘠土壤中的植物一样，人们会因缺乏营养或感染疾病而无法完全发挥其遗传的身高潜力。因此在特定的人群中，如果身高最高的5%的人比身高最矮的5%的人高30厘米，那么其中的25厘米可以用遗传来解释。

在20世纪的大部分时间里，工业化社会中居民的身高以每10年大约1厘米的速度增长。17世纪，法国人的平均身高为1.63米，这差不多是现代美国女性的平均身高。在美国出生的第二代日裔，其身高也往往会超过出生在日本后移民到美国的父母一辈。

---

1 出色的拳击手通常也拥有较长的臂展，但这一现象不如在NBA球员中那样普遍。洛基·马西安诺（Rocky Marciano）堪称是那个时代的J. J. 雷迪克，他身高1.8米，而臂展据称达到170厘米。相比之下，和马西安诺同时代的桑尼·利斯顿（Sonny Liston）身高1.82米，臂展却达到了213厘米。

20 世纪 60 年代，生长发育专家 J. M. 坦纳对一对同卵双胞胎进行测试后得出了身高变化受到环境影响的程度。这对同卵双胞胎男孩在出生后即被分开，哥哥在一个富足的家庭中长大，弟弟则由一个虐待成性的亲戚抚养——他被锁在一个昏暗的房间里，连喝口水都要恳求。成年以后，来自富足家庭的哥哥身高比孪生弟弟高出 7.6 厘米，不过二人的身长比例非常相似。在《从胎儿到人》一书中，坦纳写道："相较于高矮，基因对体型的影响更加明确。"较矮的弟弟，相当于因为受虐而成了缩小版的哥哥。

然而，科学家们对影响身高的实际基因知之甚少，因为即便是表面上看起来简单的特征，涉及的遗传学原理也往往非常复杂。2010 年发表在《自然遗传学》(*Nature Genetics*) 上的一篇论文针对 3925 名受试者、多达 294831 个单核苷酸多态性（即不同人之间单个碱基发生变化的 DNA 位点）进行了研究。但这么多单核苷酸多态性也只能解释 45% 的成人身高差异，况且这已经是目前最完善的研究了。要找到与身高有关的所有基因需要开展更大型、更为复杂的研究，其规模将远超科学家们 10 年前的预计。

虽然基因很难精确定位，但从对同卵双胞胎的研究中可以明显看出身高由基因设定的特点。由于子宫内环境不同，同卵双胞胎在出生时的体型通常不如异卵双胞胎那么相似。然而在出生以后，同卵双胞胎中体型较小者很快就能赶上体型较大者。成年以后，他们的身高就会变得差不多或者完全相同。女子体操运动员也会通过高强度的训练来延迟快速生长发育期的到来，但这并不会影响她们成年后的最终身高。儿童的成长速度也明显体现了基因设定的痕迹。在第一次和第二次世界大战中，欧洲的儿童曾遭受过短暂的饥荒，在此期间他们的生长发育几乎停滞不前。而当食物再次变得充足时，他们的身体仿佛铆足了劲似的快速生长，于是成年后的身高并没有变矮。"营养不良的孩子会放慢生长的速度，等待更好的时机出现，"坦纳写道，"而所有处于幼年期的动物都有能力做到这一点……虽然现代社会物质富足，但人类并没有失去这一能力。"

先天与后天之间的相互作用决定了身高，而影响方式变幻莫测。儿童在春夏两季比秋冬时节生长得更快，这显然是受到进入眼球的阳光信号的影响，因为完全失明的儿童其成长过程也具有类似的波动性，但却与季节不同步。

20世纪，城市居民的身高增长主要源自腿部长度的增加。腿部长度增加的速度比躯干更快。在发展中国家，在营养和传染病预防方面，中产阶级和低收入人群之间存在着巨大差距，而生活舒适者和生活困难者之间的身高差异也体现在腿长上。

在"二战"后的"经济奇迹"时期，日本国民的身高呈现出惊人的增长趋势。从1957年到1977年，日本男性的平均身高增长了4.3厘米，女性增长了2.5厘米。到1980年，日本国民的平均身高已经赶上日裔美国人的身高。令人感到惊讶的是，所有的身高增长都源于腿部长度的增加。与欧洲人相比，现代日本人的个头仍然比较矮，但相较从前已有所提升。现在这两类人群在身型比例上呈现出更多的相似性。

* * *

不过，某些体型差异并没有随着时间的推移而消失，这引起了运动人体测量学家的兴趣。关于种族间体型差异的研究一致发现，黑人和白人之间存在明显的体型差异，无论他们居住在非洲、欧洲还是美洲。在坐高（即一个人坐在椅子上时，头顶离地面的高度）相同的情况下，非洲人或非裔美国人的腿通常比欧洲人长。以61厘米的坐高为例，非裔美国男孩的腿会比欧洲男孩的腿长6.1厘米。近代的非裔个体腿长占身高的比例更高。[1]这一点同样适用于精英运动员。

针对奥运会运动员的研究发现，非洲人、非裔美国人、非裔加拿大人以及非裔加勒比人的体型比亚洲或欧洲血统的竞争对手更具有"流线型"。也就是说，他们往往拥有更修长的腿和更狭窄的骨盆。

在针对1968年墨西哥城奥运会上1265名奥运选手的测量结果进行汇总分析后，科学家们发现，无论是什么种族，同一运动中成功选手的体型比不同运动之间成功选手的体型要相似得多。但同类运动中最根深蒂固的差异在于，拥有近代非洲血统的

---

[1] 拥有近代非洲血统的人通常四肢也较长，因此马方综合征的传统诊断标准已经更新。对于非裔美国人，如果躯干与腿长的比值小于0.87，即存在马方综合征的可能性；而在美国白人中，该标准则是0.92。

第8章 维特鲁威NBA球员

运动员臀部较窄，手臂和腿也较长。"这个差异几乎存在于所有运动项目中。"研究人员写道。

测量运动员体型的科学家有时会在文章中不情愿地提到，体型差异会影响运动成绩。他们通常小心翼翼地指出，某种特定的体型并非更佳，只是相对其他体型或许能够更好地适应某种运动。"体型大爆炸"领域的研究权威诺顿和奥尔兹在他们合著的教材《人体测量学》（Anthropometrica）中这样写道："身材苗条且四肢相对较长的东非人在耐力项目中表现出色，而四肢较短的东欧人和亚洲人则在举重和体操领域有着悠久的成功历史，而上述模式可以一定程度上解释这种现象。"

四肢长度的族群差异也体现在NBA球员身上。[1] 在现役NBA球员的选秀前体格测试中，美国白人球员的平均身高为2.02米，臂展为208厘米；非裔美国球员的平均身高为1.97米，臂展为211厘米。虽然后者身高更矮，但臂展更长。NBA白人和黑人球员的臂展与身高比值都远高于美国人的平均水平，但二者之间依然存在相当大的差距。美国白人球员的臂展与身高平均比值为1.035，非裔美国球员的平均比值为1.071。尽管如此，同一种族的球员之间也会存在很大的差异。举例来说，白人球员考比·卡尔（Coby Karl）身高为1.92米，臂展为211厘米；另一名白人球员科尔·阿尔德里奇（Cole Aldrich）身高

---

[1] NBA球员的种族数据与杨百翰大学经济学家约瑟夫·普莱斯（Joseph Price）慷慨分享的数据完全吻合。普莱斯曾出色地分析过NBA裁判的种族偏见与其犯规判罚之间的关联。

2.06 米，臂展则为 225 厘米。这两个人的臂展与身高比都接近 1.1，与 NBA 其他的白人球员相比属于明显的异常值。其他的白人球员甚至连接近该比值都达不到，而某些黑人球员则超出了这一比值。当我给一位研究运动员体型的科学家展示这些数据时，他认为："所以或许并不是白人球员的弹跳能力不行，他们只是摸高不够。"[1]

在某种意义上，对于一直从事身体形态研究的科学家来说，这已经是上上个世纪的新闻了。1877 年，美国动物学家乔尔·阿萨夫·艾伦（Joel Asaph Allen）发表了一篇开创性的论文，指出越接近赤道，动物的四肢就会变得越长、越细。我们可以通过像帆一样宽大柔软的耳朵将非洲象与亚洲象区别开来，因为前者的耳朵就像人类的皮肤，可以作为散热器来释放热量。而散热器的表面积与其体积之比越大，热量就消散得越快。非洲象在靠近赤道的地方进化，为了降温而长出了更大的耳朵。生活在温暖气候地带的动物往往具有更长的四肢，这个规律被称为"艾伦法则"。如今科学家们已经将这一规律扩展至人类世界。

1998 年，在一份对以世界各地族群为对象的数百项研究进行分析的报告中指出，某一地理区域的年平均气温越高，世代居住在那里的居民的腿长相对于整个身体的比例就越长。研究囊括了几十个土著群体中的男性和女性。在按照腿长比例进行分组以后，科学家们发现分组结果与地理位置相互对应。低纬度非洲人

---

[1] 本章中提到的 NBA 联盟的测量值都来自专业运动员的样本。依据这些数据，白人球员站立垂直起跳的平均高度为 69.3 厘米，黑人球员为 75.3 厘米。

第8章　维特鲁威NBA球员

和澳大利亚原住民的腿最长，躯干最短。所以这不是严格意义上的种族因素，反而更像是地理因素，准确来说是纬度和气候因素。祖籍位于非洲大陆南部地区、离赤道较远的非洲居民，不一定有特别长的四肢。但是此项研究中的非洲群体，无论是来自尼日利亚，还是来自遗传和体质都显著不同的埃塞俄比亚，只要生活在低纬度地区，他们的腿部就很可能比同等身高的欧洲人的腿部要更长——而且肯定比来自加拿大北部的因纽特人更长，因为因纽特人往往身材矮而粗壮，四肢较短，骨盆较宽。[1]

在19世纪，艾伦推测低纬度地区的动物四肢较长是温暖气候的直接结果。他猜想，如果一头小非洲象被亚洲象父母收养，并一直在亚洲高纬度地区生活，那么它的耳朵就会变得和亚洲象一样小。艾伦的猜测并不正确。对生活在同一个国家（如英国或美国）的赤道非洲人后裔和欧洲人后裔进行比较可以发现，肢体差异仍然存在。因此，气候对四肢的影响主要是通过一代又一代人的遗传选择来实现的。在寒冷的高纬度地区，四肢较短的人类祖先具有更大的生存和繁殖机会，因为他们可以保留更多的热量。

2010年，来自杜克大学和霍华德大学的一个种族多元化研究团队遇到了一个涉及血统和运动表现的体型难题。最后，科学家们不得不发表了一则声明以洗清种族刻板印象的嫌疑，"我们

---

[1] 以上是基于平均数据的表述，这一点很重要。因为就平均来说，男性肯定比女性高。但由于存在足够多的个体差异，要找到一个比许多男性高的女性并不是什么难事。

的研究并没有推崇种族差异概念"。在新闻稿中，研究小组的黑人成员爱德华·琼斯（Edward Jones）认为能否方便地接触体育设施对于运动能力的发展至关重要，例如尽管他自己在南卡罗来纳州长大，但家长从未鼓励过他去游泳。研究报告中也提到，人体的重心大概位于肚脐眼的位置，与同样身高的白人成年人相比，黑人成年人的重心大约高出3%。借助身体在流体（空气或水）中移动的工程模型，他们发现肚脐眼位置较高的运动员（黑人运动员），他们所具有的3%的重心差异可以转化为1.5%的跑步速度优势；而在肚脐眼位置较低的运动员（白人运动员）群体中，3%的重心差异可以转化为1.5%的游泳速度优势。

正如琼斯所指出的，忽视接触训练设施与优秀教练的重要性是盲目且愚蠢的。但这是一本关于基因和运动能力的书，因此对于一些在全球范围内竞争且几乎没有准入门槛的运动项目，同样无法忽视某些特定地理区域、特定血统人群占据的主导地位。总而言之，无论是短跑还是长跑项目，跑得最快的当然还是黑人运动员。

— 第9章 —

在某种意义上，我们都是黑人

种族和遗传多样性

在 1986 年的时候，带一袋血液登上飞机尚不算什么难事。也正是在那一年，在纽约皇后区肯尼迪国际机场的某个偏僻角落，一袋血样的交接让科学家们改变了对种族和人类起源的理解。

遗传学家肯尼斯·基德（Kenneth Kidd）来自耶鲁大学，他的两位同事刚从非洲归来，准备在肯尼迪国际机场转机。为了拿到血液样本，基德专程赶到机场和他们会面。这些样本来自比亚卡人（Biaka）和姆布提人（Mbuti），前者生活在中非共和国境内，后者则来自刚果民主共和国。

在加利福尼亚州塔夫脱长大的基德，是加油站经理的儿子。12 岁在花园中闲逛时，他常常惊叹于自己亲手杂交的鸢尾会开出多彩的花朵。从那时起，他开始痴迷于遗传学。大学毕业后他开始着手研究人类的 DNA。甚至早在肯尼迪国际机场拿到那份样本之前，对于自己将来的发现，基德就隐约有了预感。

1971 年，一场纪念达尔文《人类的由来》(*Descent of Man*)

出版 100 周年的科学研讨会在意大利举行。在这次会议上，基德展示了一组数据。从数据中可以看出，相比东亚和欧洲人群体，某些非洲群体的 DNA 中包含更多的变异（即同一基因或基因组区域中碱基的各种"拼法"）。当时很多科学家认为非洲人、东亚人、欧洲人都已经独立地进化到了智人（Homo sapiens）阶段，而现代人的祖先直立人（Homo erectus）则在每个大陆上分别进化，最终形成了我们今天看到的种族。

在接下来的 20 年里，基德的实验室中塞满了世界各地土著居民的 DNA。坦桑尼亚北部的马赛人（Masai）、以色列的德鲁兹人（Druze）、西伯利亚的汉特人（Khanty）、俄克拉荷马州的夏延（Cheyenne）美洲原住民、丹麦人、芬兰人、日本人、韩国人——所有样本都装在半透明的塑料容器中，按照所在大陆用颜色编码分类。有些样本是基德自己收集的，而另一些样本，例如尼日利亚豪萨人（Hausa）的 DNA，则来自一位尼日利亚医生。这位医生一直想弄清楚为什么尼日利亚西南部某些族群的女性比世界上其他地方的女性拥有更高的生下双胞胎的概率。

基德的一部分目标在于，通过分析不同人群中对应 DNA 片段的差异，进而对世界各地人群的基因变异进行分类。通过聚焦分析 DNA 双螺旋结构的部分片段，一种特定的模式开始显露出来——非洲人群的 DNA 中包含有更多变异。在人类的 DNA "图谱"中，任意指定一段"文字"，非洲人群的拼读规律和表达方式的丰富程度总是超出世界上其他地方的人群。另外，

第9章 在某种意义上，我们都是黑人：种族和遗传多样性

在很多基因组区域，非洲不同土著族群之间的变异率比非洲以外大陆的人群要更高。基德发现在特定的某段 DNA 上，非洲俾格米人（Pygmy）具有的变异数量比世界其他所有地区人群的变异总和还要多。

在遗传学家莎拉·蒂什科夫（Sarah Tishkoff）的协助下，基德绘制出了地球上每个人的进化图谱。其中，非洲人呈扇形散开，占据了图中的大部分区域，而所有欧洲人口都聚集在边缘的小分支上。基德表示："从基因的角度甚至可以说，所有的欧洲人长得都一样。"这是因为在不太遥远的过去，生活在非洲的人类几乎含有全部的人类遗传信息。

基德的研究成果连同其他遗传学家、考古学家以及古生物学家的工作共同构建了"晚近非洲起源"模型。该模型认为，非洲以外的所有现代人的祖先都可以追溯至 9 万年前生活在撒哈拉以南、东非的某一支古人类族群。根据线粒体 DNA 及其变异率的估算，当年一支勇敢的人类祖先队伍冒险走出非洲前往世界其他地区定居，其人数可能只有区区几百人。

大约 500 万年前，人类与黑猩猩从共同的祖先中分离出来。如果把这一时间跨度看作一场足球比赛，那么人类离开非洲的历史，比 2 分钟的热身时间还要短得多。从进化的角度来看，现代人类祖先走出非洲的时间并不长，而且只带走了极少部分的人口，因此人类的大部分遗传多样性留在了非洲。数百万年来，随机发生以及自然选择产生的 DNA 变异，通过留在非洲的人类祖先的基因组不断积累。但是对于非洲以外的人类祖先来说，DNA

产生特殊变异的时间只有区区 9 万年——换句话说，基因组的许多区域根本就没什么变化。非洲以外的人类只是非洲某支遗传亚群的一小部分群体的后代。[1] 每当现代人类扩张到世界上某个新区域时，参与开拓的移民数量通常都很少，并且只携带了遗传变异中的一小部分。来自世界各地的数据表明，原住民的遗传多样性通常会随着人类迁徙路径从东非开始降低，美洲原住民的遗传多样性是最低的。

这一结果动摇了按照肤色对人群进行分类的做法。在某些情况下，拥有黑色皮肤并不能表明多少关于基因组方面的具体信息——只能说明一个人具有编码深色皮肤的基因，因为这样的肤色有助于抵御赤道阳光。某位非洲男性的基因组与其非洲黑人邻居之间的差异性可能大于林书豪（Jeremy Lin）与莱昂内尔·梅西（Lionel Messi）之间的差异。

上述发现同样会影响体育运动领域。基德认为理论上，世界上最具备和最缺少某一运动技能天赋的人都可能是非洲人或晚近非洲人的后代，就像非裔美国人或非裔加勒比人一样。跑得最快和最慢的可能都是非洲人；跳得最高和最低的也可能都是非洲人。当然，在竞技比赛中，我们通常只会关注跑得最快或跳得最高的人。"人们当然可以在非洲以外的地方找到拥有更多变异的

---

[1] 然而有一个重要的例外：科学家们最近发现，冒险走出非洲的人类肯定与尼安德特人杂交过，因为在北非和非洲以外的现代人 DNA 中，有少量尼安德特人的 DNA。虽然将非洲以外的人类作为单一非洲人群迁徙所形成的亚群是通用做法，但随着遗传学家检验样本的增加，人类走出非洲前后发生的基因混合会显得愈加复杂。

第9章 在某种意义上，我们都是黑人：种族和遗传多样性

个别基因，"基德说，"但总的来说，非洲人群中存在着更多变异……因此出现极端变异的比例也会更高。"

也就是说，非洲族群之间显然也存在平均差异，这就是为什么基德不建议在非洲俾格米人中发掘未来的奥运会短跑运动员或NBA全明星球员，尽管他们拥有惊人的遗传多样性。"俾格米人的解剖特征会带来一些干扰，"基德指的是他们极矮的身材，"但你可以在非洲其他族群中找到最好的篮球运动员，他们的身高和协调性都超出了平均水平，群体内部也存在很多其他的遗传变异。"

基德的这番话的确暗示了部分非洲人和具有近代非洲血统的人在运动能力上具有遗传优势。不过因为基德并没有直接说明这种优势是平均意义上的，因此他合情合理的假说受到科学家和媒体的一致认可。

* * *

基德的妻子朱迪思也是耶鲁大学的遗传学家，夫妻二人共同使用康涅狄格州纽黑文的一间实验室。实验室里摆放着不锈钢冰箱和垃圾桶大小的液氮容器，里面保存有来自世界各地人群的DNA，所有样本非常齐整地按照颜色进行了区分。来自尼日利亚约鲁巴人的样本放在半透明的黄色塑料盒子里；汉族人是绿色盒子；紫色盒子里装着阿什肯纳兹犹太人的样本。如果基德采集了我的DNA，就会放在紫色盒子里。

2010年，我曾委托一家私人公司分析过我自己的部分基因组。对方不仅准确地追溯到了我的东欧血统，还告诉我，我的HEXA基因携带着一个突变。如果我与另一个携带着相同HEXA基因突变的女性生下后代，每个孩子将有四分之一的概率继承HEXA基因的两个突变拷贝，从而患上泰-萨克斯病（Tay-Sachs disease）。这是一种神经系统的疾病，患儿通常在4岁时就会死亡。尽管在世界上大部分地区HEXA突变都不常见，但大约每30个祖先来自波兰或俄罗斯的犹太人中就有1个是携带者，就像我一样。HEXA突变是众多DNA识别标记中的一个，而这些特征使得研究者们可以辨识紫色塑料盒样本所对应的人群。也就是说，在基德的实验室中，每种颜色的盒子里都装着不同族群的DNA，而这些族群也都具有自身独特的遗传特征。

"比如，这是一个会影响人体分解泰诺药物成分的基因位点。"基德一边捻着自己的八字须，一边打开了电脑里与他人合著的一份研究报告，"在CYP2E1这个基因上存在的某种突变会导致个体发生对乙酰氨基酚中毒。"很快，基德的电脑上出现了一张五颜六色的图表。

在这项研究中，基德以来自世界各地的50个原住民族群为对象，检验了某个基因位点上特定DNA拼写方式的出现频率。正如预期，涉及CYP2E1的全部16种拼写变异（每种变异以不同的颜色表示）都可以在非洲人群身上找到，另外也能找到在世界其他地方看不到的其他拼写组合。随着人类远离东非，穿过南亚、欧洲、西伯利亚东北部抵达太平洋群岛、东亚和美洲，象征不同

第9章 在某种意义上，我们都是黑人：种族和遗传多样性

拼写组合的颜色便逐渐消失。

"可以看到，非洲是五彩斑斓的，有淡紫色、洋红色、黄色、黑色等，"基德解释道，"但是再看看欧洲，几乎每个人都至少有一个拷贝是绿色的。"生活在太平洋上靠近巴布亚新几内亚的布干维尔岛上的纳西奥人（Nasioi），每一个族群成员的CYP2E1基因上都有绿色的DNA序列。"也有非洲人拥有两个绿色拷贝，从这个特定位点来看，每100个非洲人中就会有1个人比其他人更近似欧洲人。"基德说，"但整体而言，他们与欧洲人之间仍然存在着很大差别。"非洲人群的遗传密码不仅具有独特的拼写方式，不同族群中基因变异出现的频率也不同。通过观察基因片段，可以追溯个体的地理和种族起源。

随着人类先祖迁徙至世界各地，并被山脉、沙漠、海洋，以及社会交往、国界等各种障碍阻隔开，不同群体逐渐形成了特有的DNA特征。纵观人类历史，人们在出生的地方生活、缔结婚姻和繁衍。随着先驱者在新的地域建立文明，通过随机概率的"遗传漂变"以及当某种基因型有助于人类适应在新环境生存或繁衍时发生的自然选择，特定基因变异会在人群中变得更加普遍或更为罕见。

帮助成年人消化牛奶中乳糖的基因变异就是例证之一。一般来说，哺乳动物在断奶后，体内的乳糖酶功能即被关闭，此后乳汁便不能再被人体充分消化。在9000年前，即牛被驯化之前，这一规律基本上适用于所有人类。然而当人类开始饲养奶牛，能够消化乳糖的成年人就具有了繁衍优势。于是，在那些依赖奶牛

熬过冬季的族群，如北欧人之中耐受乳糖的基因变异便像野火一样扩散开来。如今，几乎所有的丹麦人和瑞典人都能消化乳糖，但在牛的驯化时期较晚或没有经历过驯化的东亚和西非人群中，成年人的乳糖不耐症仍是常态。喜剧演员克里斯·洛克（Chris Rock）曾开玩笑说，乳糖不耐是富裕社会的奢侈品。"你觉得卢旺达人能有机会'享受'这该死的乳糖不耐吗?!"洛克用他那惯有的讥讽腔调反问。不过事实上，大多数卢旺达人都有乳糖不耐症。

再举一个与体育尤为相关的例子。在具有欧洲血统的人群中，有约10%的人携带有某种基因变异的两个拷贝，该基因变异使得他们能够在使用兴奋剂这件事上"逍遥法外"。体育领域检测睾酮非法滥用的最常用方法是尿液检测，即分析睾酮与另一种称为表睾固酮的激素之间的"T/E比率"。二者的正常比例是1:1。而向体内注射合成睾酮会使T（睾酮）的水平高于E（表睾固酮），进而扰乱上述比率。药物测试人员认为，超出4:1的比率即代表可能存在睾酮的滥用行为。但如果受检对象的UGT2B17基因上携带某种特殊变异的两个拷贝，那么他们无论如何都能通过测试。该基因与睾酮的分泌有关，它的变异会导致无论向体内注射多少睾酮，T/E比率依然能保持正常。因此，这10%的欧洲运动员可以大胆"作弊"而不用担心被最常见的药物测试给揪出来。而在东亚等其他地区，这种"逃避药检"基因的携带者更为普遍，以至于在某种程度上缺失才算异常。例如，三分之二的韩国人携带有对T/E比率测试免疫的基因。

第9章 在某种意义上，我们都是黑人：种族和遗传多样性

尽管人与人之间存在差异，但如果追溯至并不算遥远的过去，所有人类都拥有共同祖先，因此我们其实非常相似。从整个基因组的角度来看，人与人的相似性比黑猩猩彼此之间的相似性更高。在 DNA 水平上，人类这本"图谱"中的 30 亿个碱基对，基本上有 99%～99.5% 都是完全相同的。某种程度上我们甚至可以直观地感受到这一点。如果必须从零开始创造两个人类，无论他们来自哪里，大多数构造都是相同的：两只眼睛、十根手指和脚趾、一个肝脏、两个肾脏，以及完全相同的骨骼结构和大脑化学物质。就这一点而言，人类和黑猩猩的基因图谱的每一页也基本是相同的，因为在 DNA 水平上我们与黑猩猩有着 95% 的相似性。至于仅存的那点差别无关紧要——但你如果真这样认为，那可大错特错了。

人类个体之间平均至少存在 1500 万个 DNA 碱基的差异，按照人类基因组图谱的实际长度来计算，也差不多有几百万碱基的区别。如此巨大的差别，足以引发全世界不同族群之间能看到的全部变化。2007 年，世界上最负盛名的科学期刊之一《科学》(*Science*) 杂志将"揭示人类彼此之间在基因水平上的真正差别"列为"年度突破性进展"。随着基因组测序技术变得更加方便且便宜，这一点只会被进一步放大。事实上，无论人类在哪里建立文明，都会迅速地进行内部分化。

一家名为"deCODE Genetics"的公司表示，尽管冰岛有人类居住的历史仅有 1000 年左右，但只需要通过基因组上的 40 个区域就可以了解某位冰岛居民的祖父母来自其国土 11 个地区

中的哪一个。2008 年，利用 3000 个欧洲人的样本，科学家们在更大范围内进行了 DNA 研究，确定了样本中所有人的地理祖先都曾经生活在几百千米的某个范围之内。在某种程度上，DNA 甚至可以有助于辨识"种族"的结构。

2002 年，包括基德在内的研究团队在《科学》杂志上发表了一项研究成果。在该研究中，他们通过计算机详细考察了来自世界各地的 1056 个研究对象的基因组上的 377 个位点，然后根据遗传差异对人群进行了分组。结果显示，电脑所标记出的分组竟然与世界主要地理区域，即非洲、欧洲、亚洲、大洋洲和美洲不谋而合。随后，由斯坦福大学领导的一项研究对 3636 名自我认同为白人或非裔、东亚裔和西班牙裔的美国人展开调查，结果发现人们的自我认同与 DNA 盲识别结果相互匹配。遗传学家尼尔·里施（Neil Risch）在斯坦福大学医学院发布的新闻稿中称："研究说明，人们的自我认同是遗传背景近乎完美的指标。"[1]

肤色主要由纬度决定，属于不精确标记，因为每个大陆都存在着相应的肤色变化区间。相比之下，地理位置和种族留下的遗传痕迹却是毋庸置疑的。

在某些医学领域，如不同基因的携带者对同种药物产生怎样的不同反应以及为何产生这种反应的药物遗传学研究中，肤色已经被视作遗传信息的大致指标，并且医学研究人员已经意

---

[1] 需要说明的是，样本中的非裔美国人仅来自非洲的特定地区。

第9章 在某种意义上,我们都是黑人:种族和遗传多样性

识到针对不同族群分别进行药物疗效测试的重要性。

2004年,基德和蒂什科夫共同撰文,声称人类主要的遗传和地理集群的确关乎种族的共同概念。文中也提及,如果将地球上所有群体都包括在内,那么遗传差异看起来更像是一个连续光谱,而非离散群集。

2009年,蒂什科夫携手国际团队发表了一项具有里程碑意义的研究。在这项针对非裔美国人遗传背景的研究中,研究人员发现,非裔美国人群体中的成年人在整体上具有高度的遗传多样性,其西非血统的比例从1%到99%不等。在非裔美国人的DNA中,欧洲血统的比例特别多样化。但几乎所有非裔美国人都携带非洲人的X染色体,这与以下观点形成了一致:非裔美国人的母系在历史上具有较近代的非洲血统,而父系则一部分来自非洲,一部分来自欧洲。参与研究的非裔美国人分别来自巴尔的摩、芝加哥、匹兹堡和北卡罗来纳州。按照蒂什科夫的说法,他们的遗传血统中显示出"极少的遗传分化",彼此相似,并且通常与西非人,如尼日利亚的伊博人(Igbo)和约鲁巴人的遗传特征很相似。这并不奇怪,因为在当年的奴隶贸易记录中,就经常会出现伊博人和约鲁巴人的身影,他们被赶出家园并被掳掠到加勒比海地区和美国。[1]

血统固然可以通过基因来追溯,但若要沿着基德的思维实

---

[1] 另一项针对非裔美国人的遗传研究发现,南卡罗来纳州的非裔美国人血统一般可追溯至塞内加尔到塞拉利昂的"谷物海岸"。这可能是因为当年南卡罗来纳州的稻田庄园主偏向挑选已经熟练掌握某种特定农活技能的奴隶。

验，知道了非洲人群的基因型最为多样之后，还必须了解他们的表现型是否也同样如此。表现型是潜在基因的实质性表象。构成人类 DNA 的碱基（每个"字母"代表一个碱基）多达数十亿个，对于其中大多数碱基的作用，遗传学家仍然知之甚少。其中某些碱基可能很少发挥功能或者根本毫无用处。基德认为，由于非洲人群包含了基因型的最大多样性，所以运动表现型方面的最大多样性，即最慢和最快的跑步者，也可能出现在非洲人群中。不过到目前为止，基德的思维实验还没有一个简单而全面的定论。

2005 年，美国政府下属的国家人类基因组研究所针对种族和遗传问题提出了建议，并探讨了以下疑问：世界上大多数表型变异是出现在个体层面还是族群整体层面？针对非洲人口中的高度遗传多样性是否包含了世界上其他地区大部分表型多样性的疑问，该研究所给出了答案。他们的回答是：不一定，这取决于需要观察的特定表型特征。

以人类头骨形状为例，约 90% 的差异出现在每个主要族群的内部，只有 10% 出现在不同种族之间，在这方面非洲人群的确表现出了最为丰富的变化。不过肤色的情况恰恰相反：只有 10% 的差异发生在族群内部，90% 的差异体现在族群之间。因此，为了探讨非洲人或非裔美国人是否拥有特定运动的优势基因，科学家首先必须找出对运动表现很重要的特定基因以及先天生物学特征，然后检验它们在某些人群中出现的频率是否比在其他群体中更高。

第9章 在某种意义上,我们都是黑人:种族和遗传多样性

眼下,科学家们已经开始这样做。

* * *

凯瑟琳·诺斯(Kathryn North)提交给《自然遗传学》杂志的信件已经准备完毕,她的研究即将取得重大突破。

1993年的夏天,诺斯离开澳大利亚,前往波士顿儿童医院接受儿童神经学和遗传学方面的培训。在实验室工作期间,她发现了导致杜氏肌营养不良症的基因突变,杜氏肌营养不良症是一种极度致命的肌肉萎缩性疾病。通过检查肌营养不良患者的肌纤维,诺斯发现尽管他们的快缩型肌纤维比例正常,但大约五分之一的患者都缺少一种叫作"α-辅肌动蛋白-3"的特殊结构蛋白,而这种蛋白本该出现在主导爆发力的快缩型肌纤维中。

在诺斯提交给《自然遗传学》杂志的信件中,记录了1998年她在悉尼实验室中发现的2个病例。这是一对患有先天性肌营养不良症的斯里兰卡兄弟。兄弟俩的父母属于表亲关系且没有患病,所以该疾病似乎属于隐性遗传。在两个男孩的快缩型肌纤维中都没有检验出α-辅肌动蛋白-3的存在,于是诺斯和同事对男孩体内编码该蛋白的ACTN3基因进行了测序。他们发现在ACTN3基因两个拷贝的相同位置上都有一个"终止密码子"。这一蛋白质合成终止信号仅需DNA上一个碱基发生突变即可,而正是由于它的存在阻止了α-辅肌动蛋白-3生成于肌肉中。诺斯说:"我打算给《自然遗传学》杂志起草一篇关于新疾病基因

的论文。如果你是一位优秀的遗传学家，就会把病患整个家族的情况都写进来。"

于是诺斯邀请这对父母和另外两个健康的孩子也进行了ACTN3基因检测。患病兄弟所拥有的阻止α-辅肌动蛋白-3产生的基因型被称为X变异，因此诺斯猜测这对父母都存在X变异并将X变异传给了儿子，同时他们也存在一个具有正常促进蛋白质生成功能的R变异。但令她惊讶的是，这对父母和另外两个健康的孩子也有ACTN3基因上的两个X变异。该家族所有家庭成员的肌肉中都不存在α-辅肌动蛋白-3，但只有两兄弟患有肌营养不良症。诺斯终究未能发现新的肌营养不良基因。"我记得结果出来那天是星期五，"她说，"这真的非常、非常令人沮丧。"

到了星期天，诺斯去看电影，一边散步一边思考这一周来发生的事情。无论是在实验室还是在科学文献中，她从来没有发现过基因导致肌肉中缺少结构蛋白但人体却能保持健康的案例。结构蛋白至关重要，它们参与构建指甲、头发、皮肤、肌腱和肌肉。当编码结构蛋白的基因功能缺失时，人类通常会生病或死亡。"所以我开始阅读进化方面的文献，"诺斯表示，"我想或许α-辅肌动蛋白-3是多余的。也许人体并非真的需要它，它正在慢慢被淘汰。"

诺斯打电话向专攻分子进化领域的澳大利亚研究员西蒙·伊斯特尔（Simon Easteal）求助。二人携手对200份肌肉样本进行了检验。从不能正常收缩到其他的神经功能障碍，这些肌肉

— 190 —

第9章 在某种意义上，我们都是黑人：种族和遗传多样性

样本表现出各种各样的病理状态。诺斯在波士顿接触的肌营养不良症病例中大约五分之一的患病肌肉样本具有 ACTN3 基因 X 变异的两个拷贝，缺失 α-辅肌动蛋白-3。但大约五分之一的健康肌肉样本中也存在两个 X 变异，因此该基因不可能是导致疾病的原因。那么，或许肌肉中的 α-辅肌动蛋白-3 还有其他用途。诺斯说："在那时，我们开始将目光投向不同的人类群体。紧接着我们发现了该基因在不同种族中的分布规律。"

诺斯发现四分之一的东亚人后裔拥有 ACTN3 基因 X 变异的两个拷贝，而在澳大利亚白人中，这一比例大约为 18%。不过，当测试来自南非的祖鲁人（Zulu）时，她发现只有不到 1% 的人具有两个 X 变异，而且几乎所有人都至少拥有 R 变异的一个拷贝，负责编码快缩型肌纤维中的 α-辅肌动蛋白-3。这一特点体现在所有的非洲人群中。在这种特殊的基因变异上，非洲人或拥有近代非洲血统的人恰巧表现得非常一致。

诺斯确信 α-辅肌动蛋白-3 并不是一种无意义的蛋白质，尽管它的缺失不会导致疾病。就像通过"超级宝贝"一举成名的肌肉生长抑制素蛋白一样，α-辅肌动蛋白-3 在进化上也具有高度保守性。它存在于鸡、老鼠、果蝇和狒狒，以及其他动物（包括我们亲近的灵长类亲戚黑猩猩）体内负责产生爆发力的肌肉纤维中。因此，α-辅肌动蛋白-3 的缺失是一个在极近期才产生的、仅限于人类的进化特征。诺斯和同事估计，X 变异在人类中传播的历史不超过 3 万年，并且出于某种原因，该基因似乎只在非洲以外的环境中受到自然选择的青睐。诺斯认为快缩型肌纤维一定需

要它来完成某项任务。

所以，诺斯和同事准备在具有充足快缩型肌纤维的精英短跑选手身上收集 DNA。他们与澳大利亚体育学院合作，检测了国际水平运动员的 ACTN3 基因。结果表明，虽然 18% 的澳大利亚人拥有该基因的两个 X 拷贝，但短跑运动员体内却几乎找不到。几乎所有短跑运动员的快缩型肌纤维中都产生了 α-辅肌动蛋白-3。"我等了好几年才发表这项研究，"诺斯说，"在第一次进行分析时结果就出来了，接着我们一次又一次地重复了实验。"结果依然成立。总而言之，短跑运动员不仅不会拥有 ACTN3 的两个 X 拷贝，而且表现水平越高，基因型就越不可能是 XX。以某个样本集为例，107 名澳大利亚短跑运动员中只有 5 人是 XX 基因型，而在参加奥运会的 32 名短跑运动员中，没有一人属于 XX 基因型。

在这项研究成果发表以后，世界各地的体育科学家都开始争先恐后地测试本地的短跑运动员，结果显示，上述因果关联无处不在。来自牙买加和尼日利亚的短跑运动员的快缩型肌纤维中都含有 α-辅肌动蛋白-3，而来自肯尼亚的长跑运动员也是如此——几乎所有来自非洲的对照组都存在这种情况，这一点并不奇怪。芬兰和希腊的科学家也从本国的奥运短跑选手身上提取了 DNA，但同样都不是 XX 基因型。在日本，XX 基因型的短跑选手的百米成绩都在 10.4 秒开外。

诺斯总结：ACTN3 是一个速度基因。但至于为什么会这样，科学家们并不完全清楚。α-辅肌动蛋白-3 可能对肌肉纤维的爆发性收缩产生结构性影响，或者可能影响肌肉系统的构造。在多

第9章 在某种意义上,我们都是黑人:种族和遗传多样性

项研究中,科学家们发现日本和美国的女性,还有缺少α-辅肌动蛋白-3的小鼠,其快缩型肌纤维的尺寸都较小,总体的肌肉量也更低。诺斯发现,培育出的不含α-辅肌动蛋白-3的小鼠与正常小鼠相比,它们的糖原磷酸化酶活性要低得多,而这种酶可以调动糖类分解以支持短跑等需要爆发力的活动。另外,这些小鼠的快缩型肌纤维也具有慢缩型肌纤维的持久性特点。

鉴于ACTN3基因的X型在人类群体中传播的大致时间节点为1.5万至3万年前,诺斯曾经半开玩笑地称这种变异搞不好是在最后一个冰河时期扩散开来的。缺乏α-辅肌动蛋白-3可能有助于提高快缩型肌纤维的代谢效率,就像拥有慢缩型肌纤维在非洲以外、寒冷且食物匮乏的北纬地区或许是一种生存优势。另外有两位人类学家认为,当非洲以外的人类从狩猎采集的生活方式转变为农业生产时,X型变异可能就已经传播开来。此时人类不需要在战争或狩猎中冲刺,但需要提高代谢效率从而以稳定的速度进行长时间的工作。

但诺斯对这些结论持谨慎态度。尽管人类与小鼠共享绝大多数DNA序列,但转基因啮齿动物并不是研究人类遗传变异的理想模型。诺斯表示:"我们尚不清楚完整的故事。现在看来,ACTN3是一个对短跑有所贡献的基因,但同样的基因可能还有几百个,当然还有其他因素牵涉其中,例如饮食、环境和时机。"

私人基因测试公司可不会这样谨言慎行。关于ACTN3基因和奥运选手的研究结果一经发表,很多公司就争先恐后地涌入监管稀少且直接面向消费者的基因检测市场。位于澳大利亚墨尔

本费兹罗区的"遗传技术"公司堪称是潮流的引领者，只要花上92.4美元，就能知道自己的ACTN3基因型（我属于RR型）。2005年，澳大利亚国家橄榄球联盟（NRL）的海鹰勇士队成为第一个公开承认对球员进行了ACTN3基因检测的球队。根据检测结果，球队会相应调整训练计划，让那些具有短跑运动员型基因变异的球员更多地参与爆发性的力量训练，同时减少有氧运动训练。

位于科罗拉多州博尔德的"阿特拉斯"运动基因公司，因向父母兜售子女的ACTN3检测结果而登上新闻头条。按照阿特拉斯公司总裁凯文·莱利（Kevin Reilly）的说法，这项测试对"那些还未掌握运动技能的年轻运动员"特别有用。莱利这里所谓的"年轻"指像科比这样的例子，在学会走路之前，DNA便勾勒出了他的运动生涯。如果早知道科比缺少R型基因，父母就可以提前将孩子引导向耐力运动领域。对于阿特拉斯公司来说，开拓婴儿基因检测市场很难实现，不过他们的确拥有一批未进入青春期的客户。莱利表示，在运动项目的选择方面，"我们的技术对于8～10岁年龄段的小运动员颇有些影响力"。

然而不幸的是，对于8～10岁的孩子而言，消费性质的运动能力基因测试几乎毫无价值。[1]科学家们越来越意识到，运动

---

[1] 有多项研究检测了耐力型和力量型精英运动员的相关基因，也获得了不少有价值的发现。总体来说，基因检测的确可以区分长跑运动员和短跑运动员。不过，任何一位称职的教练都可以做到这一点且准确度更高。2009年，针对西班牙短跑选手和跳远选手的一项研究测试了与运动员爆发力相关的6个基因变异。在接受测试的53名运动员中，有5人拥有全部的"爆发型"基因，而在正常的西班牙男性中这一概率为1/500。这些研究结果很有趣，但对预测孩子能否成为短跑、跳远或马拉松健将的作用依然有限。

第9章 在某种意义上,我们都是黑人:种族和遗传多样性

能力等复杂特征的遗传成分通常是成百上千个基因相互作用的结果,更不用说其中还有环境因素。诺斯认为,如果你的 ACTN3 基因属于 XX 型,"你便不太可能会出现在奥运百米比赛中"。不过,即便没有基因检测,你都已经知道了这件事。ACTN3 基因可能确实会影响短跑能力,但根据这一点来做决策就像只通过一张图案来臆测整个拼图。我们的确需要这块碎片来完成拼图,但如果没有更多的碎片,自然看不到有意义的画面。

卡尔·福斯特(Carl Foster)是威斯康星大学拉克罗斯分校人类表现实验室主任,也是多篇 ACTN3 基因相关论文的合著者。正如他所说:"如果你想知道自己的孩子能否跑得很快,最好的基因检测工具是秒表。你也可以带他去操场,让他和其他孩子一较高下。"在福斯特看来,尽管基因测试看起来前卫且吸引人,但这种间接测量速度的方式不仅愚蠢,而且不准确——就像通过从屋顶扔球,以击中某人头部所需时间来确定此人身高一样,为什么不直接用卷尺来量身高呢?

看来,ACTN3 基因只能告诉我们谁不会出现在奥运会的百米决赛现场——基本上没什么意义,因为这只是排除了地球 70 亿人口中的大约 10 亿人。

不过这也说明,就算只考虑一个基因,世界任何地方的黑人都不会被排除在奥运会以外。

— 第10章 —

短跑王国牙买加的秘密：
战士-奴隶理论

"欢迎回家！"一位黑人科学家脸上挂着柴郡猫一般的笑容，向一位白人科学家打招呼。

这位黑人科学家名叫埃罗尔·莫里森（Errol Morrison），是牙买加最知名的医学研究者。正是他将糖尿病中的"莫里森综合征"（Morrison Syndrome）与牙买加人喜欢饮用的本土灌木茶联系在了一起。莫里森在这个岛国非常受人尊敬。有一次，一位女性医生在莫里斯领取某个奖项时，向观众开玩笑地介绍他：每次自己出国旅行，如果有人得知她来自牙买加，打招呼时都会说"鲍勃·马利[1]"！但如果参加的是一个糖尿病会议，对方则会直接叫"埃罗尔·莫里森"！

莫里森还是牙买加科技大学的校长，该大学拥有1.2万名在校学生。时值2011年3月下旬，莫里森正在和白人科学家扬尼斯·比兹莱蒂斯（Yannis Pitsiladis）开着玩笑，后者是来自格拉

---

[1] 鲍勃·马利（Bob Marley）：牙买加最伟大的音乐家，雷鬼音乐的创始人。——译者注

斯哥大学的生物学家和肥胖研究专家，他经常造访牙买加，最近刚被任命为牙买加科技大学新成立的运动科学专业的杰出客座教授。

眼下，两位男士右手紧握，左手搂着对方的背，彼此之间洋溢着一种真挚而浓烈的情感。今晚，他们将在莫里森的家中享用晚餐。莫里森医生的宅邸坐落在一座山岗之上，通风良好，从那里可以俯瞰山下金斯敦市的点点灯光。

不过，比兹莱蒂斯的工作地点在城里。这十年来，他每次来牙买加旅行，总不忘带上棉签和塑料容器，以便向地球上跑得最快的男性和女性们索要点唾液样本。毕竟一顿午饭的时间，就能碰到半打参加过奥运百米比赛的短跑健将，这样的机会在其他地方可不存在。如果碰到这样的对象，他一定会想方设法收集对方的DNA。有次在一个社交场合下，比兹莱蒂斯偶遇了一位世界级跑步运动员。为了收集对方的唾液，他情急之下甚至直接将消过毒的红酒杯递了过去。虽然牙买加科技大学只有一条简陋的300米草地赛道，但那儿却堪称是"速度人才"的摇篮。在那里受训过的短跑运动员和跳高运动员在北京奥运会上总共获得了8枚田径奖牌，比几十个奥运参赛国获得的奖牌总数都要多。

晚餐期间，莫里森和比兹莱蒂斯讨论了二人共同的科学目标：揭秘一个只有300万人口的小小岛国成为世界短跑王国的遗传因素和环境因素。他们将各自令人钦佩的聪明智慧结合起来，共同发表了论文，也各自发表了关于这一主题的论文。

但这些论文中关于先天更重要还是后天更重要的结论，几乎是完全相反的。

第10章 短跑王国牙买加的秘密：战士-奴隶理论

* * *

在工作开支记事簿上，比兹莱蒂斯专门留出了一笔预算来付给一位牙买加巫医以获准从其管理辖区收集DNA。毋庸置疑，世界上再也找不到第二个像他这样的研究者了。

为了寻找工作，比兹莱蒂斯的祖辈在"二战"后离开希腊去往澳大利亚，之后又去往南非。1969年，比兹莱蒂斯从2岁开始就一直住在种族隔离的南非。到了1980年，全家人又搬回到希腊的莱斯沃斯岛。此时的比兹莱蒂斯痴迷于训练，希望能成为一名职业排球运动员。这位未来的生物学家甚至休学去打球，然而当他的身高定格在1.78米以后，比兹莱蒂斯终于放弃了排球梦。而此前在南非和希腊的生活经历在他的工作中都能看到影子，他不断寻找世界最佳运动员的基因，探寻是否有种族垄断了这一珍贵的"DNA市场"。10年来，为了实现这一目标，他往返于埃塞俄比亚、肯尼亚和牙买加的训练场，寻找全球顶尖的耐力和爆发力运动员。

这是一项艰苦卓绝的工作。比兹莱蒂斯的经费申请一次又一次被否决，因为遗传学领域的研究资金通常用于研究人类起源、健康或疾病。于是，比兹莱蒂斯通过研究儿童肥胖的遗传来维持自己在格拉斯哥大学的学术地位——这一研究领域确实吸引到了巨额资助。比兹莱蒂斯所在院系的院长劝他放弃在体育竞技方面的投入，专注于肥胖研究。但比兹莱蒂斯不为所动，肥胖遗传研究被其抛之脑后。

"我曾经发表过一篇关于肥胖基因的论文，"他说，"但这一基因的效果非常不明显，体育锻炼就能抵消它的影响。我们还会发现更多类似基因，我现在就能告诉你结果。"说完他用拇指和食指比了一个几厘米的宽度，言下之意是尽管科学家们会发现几十、数百乃至上千个有引发超重倾向的 DNA 变异，但这对于解释工业化社会肥胖盛行的原因帮助极小。

当话题从肥胖遗传学转向自己的另一项工作——一窥世界上最伟大的运动员的基因时，比兹莱蒂斯仿佛立刻卸下了冷酷面具。他偶尔会穿一件黄绿相间的埃塞俄比亚田径运动衫，那是该国一位奥运金牌得主送给他的礼物。说到兴奋时，他两鬓灰白色的头发都会开始跳动。他的眼皮向下耷拉着，精致的口音是曾经生活过的所有国家的杂糅，听上去就像是女中音。"聊这个能让我的大脑一直保持活跃，"他说，"永远、永远都不会停。我曾经为了得到一个 DNA 样本，来来回回奔波了一年！不知道有没有其他人也想来试试？"答案其实很明显，因为很少获得经费支持，在体育科学领域没人愿意研究这些。

因此，比兹莱蒂斯的体育研究必须通过一些非常规的手段来实现。自 2005 年他开始往返牙买加以来，比兹莱蒂斯用来获取研究费用的办法可谓五花八门：自掏腰包（他曾两次抵押自己的房子）；与媒体合作（把在牙买加拍摄的影像片段卖给 BBC 制作纪录片）；与外国科学家合作（日本政府为运动遗传学提供了一些资金）；甚至还有来自朋友的帮助——2008 年的一次牙买加之旅是由格拉斯哥当地一家印度餐馆的老板赞助的，条件是让餐馆

第10章 短跑王国牙买加的秘密：战士-奴隶理论

老板的儿子随行。

这就是科学的最奇妙之处，既无畏进取，又谨小慎微。即便如此，对于比兹莱蒂斯来说，获得了资助也同样让人头疼。他非常害怕坐飞机。在每次前往非洲或牙买加之前，助手总会接到他的电话，电话那头的他恳求取消这次旅行——但几杯好红酒下肚以后，他还是能够顺利登机。

并非所有的牙买加之行都以收集 DNA 为主。在最初的几次访问中，比兹莱蒂斯更像是一位人类学家，他经常向牙买加人追问能解释"短跑王国秘密"的本土理论。从吃山药到农村孩子追逐动物的习惯，再到逃离欧洲奴隶主奴役的历史，人们给出的答案千奇百怪。下面这个理论可能听起来颇为愚昧，但它实际上和发源地——牙买加西北部的洞穴一样深邃。

在牙买加闯荡初期，比兹莱蒂斯便了解到，这个岛国不仅大量出产世界顶级短跑运动员——加拿大和英国的百米国家纪录保持者都是牙买加移民，美国顶级短跑运动员也通常都有牙买加血统——而且很多人都来自牙买加西北部的特里洛尼教区及其周边地区。2008 年北京奥运会是牙买加 60 年短跑历史中的巅峰时刻。在这届奥运会上，一代短跑名将尤塞恩·博尔特和维罗妮卡·坎贝尔-布朗（Veronica Campbell-Brown）分别获得了男子 100 米、200 米和女子 200 米的冠军，他们都来自特里洛尼。相传 18 世纪时，那里是一小群神秘战士的家园，他们会穿过科克皮特地区茂密的热带雨林，从陡峭的石灰岩悬崖下行到山谷，以恐吓当时世界上最可怕的军队中装备最精良的士兵们。

本地人告诉比兹莱蒂斯，正是这些牙买加战士的存在，才奠定了今时今日牙买加的田径霸主地位。

* * *

2011年4月3日，与莫里森共进晚餐后一周，比兹莱蒂斯正身处牙买加热带雨林地区的一个混凝土房间，大多数本地人从未来过这里。房间里灯光昏暗，他坐在一张破塑料椅子上，正在为自己的科学研究据理力争。

隔着一张特地为了这个会议搬来的木桌，桌子对面坐着的是阿坤鹏镇的领导人费隆·威廉姆斯上校（Colonel Ferron Williams）。他穿着一件金棕色的短袖纽扣衬衫，听别人说话的时候，剃得光亮的脑袋会疑惑地歪向一旁。他的左边是副手，镇上的护士诺玛·罗-爱德华兹（Norma Rowe-Edwards）。

3年前，比兹莱蒂斯来到阿坤鹏镇收集镇上居民的DNA时，罗-爱德华兹曾对他的收集方法提出过疑虑，因为过程中需要用棉签摩擦口腔内壁。几天内，流言蜚语便在镇上传开，甚至有谣言称比兹莱蒂斯的口腔采样会传播艾滋病。

坐在上校右手边的是一名当地男子，2008年的时候，比兹莱蒂斯曾雇佣他帮助自己采样。当时该男子承诺收集200位阿坤鹏本地居民的DNA。但等比兹莱蒂斯回到格拉斯哥分析数据时，发现200个样本中所有的碱基序列都是相同的。被戳穿之

第10章 短跑王国牙买加的秘密：战士-奴隶理论

后，此人声称这是由于当地居民之间亲缘关系非常密切。但问题在于这些碱基序列并不是接近，而是完全相同，其原因极有可能是这个人在自己的口腔里重复采样了 200 次。

尽管先前遇到了种种困难，但比兹莱蒂斯在今天的讨论中占据着主导地位。DNA 采集试剂盒无须使用棉签拭子，受检者只要向塑料盘中吐口唾沫即可，这缓解了护士对侵入性检测的担忧。上校希望能为这片区域吸引来游客和关注——沿着孤独的盘山路向上抵达这个小小的农业社区，欣赏那些建在东倒西歪的铁皮棚屋旁边的、涂成彩色的低矮混凝土建筑，所以他很乐意看到比兹莱蒂斯的科研工作不受阻碍地进行下去。还没等到会议结束，上校就已经隔着桌子握住了比兹莱蒂斯的手——他同意对更多的人进行采样。

对于比兹莱蒂斯来说，牙买加的这片区域至关重要。根据牙买加西北部的口述历史，当年西班牙人和英国人先后将最难管理的奴隶带到了这里，因为此地被悬崖和海洋所包围，他们难以逃脱。吸引比兹莱蒂斯造访此地的一则故事源于 1655 年，当时英国海军来到牙买加，从西班牙人手中夺得了控制权。一些勇敢的奴隶趁乱出逃到了牙买加西北部的多山高原科克皮特地区，在那里建立了社区。他们被称为"马龙人"（Maroon），这一名称源于西班牙语词汇 *cimarrón*，意思是逃回野外的家养马。

科克皮特地区的地质条件不仅在岛上独一无二，放眼世界也很罕见。偏远而潮湿的森林覆盖着数百万年来被雨水侵蚀的石灰岩，成了喀斯特地貌，形成了科克皮特星形山谷[1]，四周包围着令人眩晕的陡峭悬崖。与大多数由流水侵蚀形成的山谷不同，这里的山谷中并没有河流。水流过多孔的石灰岩，直接消失在了地下洞穴中。对于掌握了地形并了解石灰岩天坑布局的马龙人来说，科克皮特地区是足以抵御英国军队的一道坚不可摧的防线。

从西班牙人手中接管牙买加以后，英国人疯狂扩大了奴隶进口的规模，他们从现今加纳和尼日利亚的部分地区掳掠了成千上万的非洲人。其中很多人来自骁勇善战的种族，比如加纳的科罗曼蒂人，还有不少人先是被敌对族群俘虏，然后被卖为奴隶。从当时英国官员往来的书信中，我们可以感受到他们对科罗曼蒂人的深深敬意，其中一位牙买加总督（英国人）称他们是"天生的英雄……受到虐待后会毫不留情地报复"，堪称是"西印度种植园里的危险囚犯"。另一位 18 世纪的英国官员曾写道，这些"来自黄金海岸的黑人"以"身心坚定、性情凶猛"而著称，"提升灵魂的渴望驱使他们义无反顾地向着困难和危险的事业进发"。

17 世纪 70 年代，随着被掳掠到牙买加的奴隶越来越多，不断有奴隶逃向新出现的山区社区，人数不断壮大的马龙人开始在甘蔗田放火，用照亮夜空的火焰表达自身的反抗意图。生活在牙买加的英国人威廉·贝克福德（William Beckford）写道："这是世界上最令人害怕的火焰，其烈度和蔓延燃烧的速度简直无法形容。"在这些大胆无畏的科罗曼蒂人中，一位名叫库乔

---

[1] 科克皮特（cockpit）在英语中有"座舱"之意，形容这些星形山谷在悬崖的包围下如同飞机的驾驶舱。——译者注

第10章 短跑王国牙买加的秘密：战士-奴隶理论

（Cudjoe）的军事天才诞生了。

库乔与岛东边的女性马龙人领导人南妮[1]（Nanny）共同搭建了一个精密的间谍系统，该系统就是雇用马龙士兵和种植园奴隶来跟踪英军士兵的行动。每当英国人冒险进入科克皮特地区搜寻逃跑的奴隶时，库乔的战士们便会设陷阱伏击。马龙人不仅以少胜多地将英军击退，还用他们缴获的武器组建了一支军队。一位英国种植园主写道，战斗过程完全呈现出一边倒的态势，以至于惯常自吹自擂的大英帝国士兵，"即便在人数相当的情况下……也不敢直视马龙人的脸"。"有去无回之地"和"小心身后之地"——科克皮特地区的地名中，依然残存着英国人刻骨铭心的恐惧。

最激烈的一战发生在1738年，位置距离比兹莱蒂斯与上校会面的地方仅几步之遥。当时，库乔的一队士兵躲在一个现在被称为"和平洞穴"的石灰岩洞中，并在外面的小路上放置了一块松动的岩石。英军士兵经过时会踩踏到这块岩石，而马龙人则按兵不动，通过声响悄悄计算对方的人数。随后，一位马龙士兵现身，吹响一种用牛角雕刻而成的、涂成绿色的号角，向周围山上的同伴发出信号。紧接着，马龙士兵便从四面八方涌入山谷，对英军士兵展开屠杀。据说在这场战役中，只有1名英军士兵幸免于难，他手捧着被割下的耳朵仓皇地逃了回去，向上级报告发生的事。屠杀事件发生后不久，英国人就与马龙人签署了一项条约，不仅将这块偏远的领土授予他们——库乔被任命为附近特里

---

[1] 南妮在牙买加非常受人尊敬，有传闻她可以在空中接住英军士兵射出的子弹。

洛尼镇的总指挥官,还恢复了他们的自由身,而此时距离牙买加的正式解放尚有几乎一个世纪的时间。

现如今,阿坤鹏镇上居住着大约 500 名马龙人。从比兹莱蒂斯和上校会面的地方越过山坡,即可抵达尤塞恩·博尔特和维罗妮卡·坎贝尔-布朗童年时期的家园。[1] 阿坤鹏镇的马龙人毫不犹豫地宣称他们二位是自己的族人。

* * *

比兹莱蒂斯表示:"毫无疑问,贩奴者筛选出了最健康的奴隶。"他查阅了历史资料,采访了岛上的专家,甚至与人合著过关于牙买加奴隶贸易人口统计的论文。"有时候,奴隶和贩奴者之间竟然是邻居关系,"他说,"事情是这样的:我知道你很强壮,所以趁你不备,将你五花大绑蒙上头套,然后当成奴隶卖掉。所以最终,最强壮且最健康的人登上了贩奴船。"那些最强壮和最健康的奴隶,最终漂泊至牙买加岛的西北边,成了不屈不挠的马龙人。"这片区域也是很多牙买加运动员的诞生之地,"比兹莱蒂斯说,"所以,这一切串起了一个合理的故事。"

故事的大致情节是这样的:强壮的奴隶们从非洲被掳走,一部分人在前往牙买加的残酷航行中幸存下来,而其中最强壮的人

---

1 另一位出生于特里洛尼的运动员是加拿大的本·约翰逊(Ben Johnson),他堪称是有史以来最声名狼藉的短跑运动员。他在 1988 年奥运会上赢得了 100 米的金牌,但几天之后在类固醇检测中呈阳性,金牌被直接取消。

第10章　短跑王国牙买加的秘密：战士-奴隶理论

组成了隐居在牙买加最偏远地区的马龙人社群，而现如今的奥林匹克短跑运动员中很多人即来自这个与世隔绝的勇士基因遗传品系。在2012年的一部纪录片中，短跑世界纪录保持者迈克尔·约翰逊（Michael Johnson）对这一理论表示赞同："作为奴隶后裔，几代人身上都难免打上了某种烙印……虽然听上去有些难以置信，但我们也从奴隶身份中受益。我相信，我们身上一定存在某种优越的运动基因。"

自2005年以来，比兹莱蒂斯已经从马龙人以及过去50年中125位最好的牙买加短跑选手身上收集了DNA。他十分谨慎，隐藏了这些运动员的身份。在我参观比兹莱蒂斯在格拉斯哥的实验室时，他正监督一位研究生进行实验操作。这位研究生正在使用移液枪将DNA转移到塑料样品板上，比兹莱蒂斯介绍说："这份DNA样本的所有者与尤塞恩·博尔特差不多。"

研究还处在初始阶段，比兹莱蒂斯所获得的数据并没有为"马龙人社群孕育了牙买加短跑天团"这一观点提供特别的支持。

阿坤鹏镇的马龙人曾多次告诉我说，他们可以根据肤色的深浅，从人群中辨认出其他的马龙人同胞。但在逼问之下，大多数人承认这只是在转述民间传说，实际上根本做不到。从DNA的角度来看，甚至连比兹莱蒂斯也无法将马龙人与其他牙买加人区分开来——尽管他只分析了一小部分的DNA。"在遗传上他们看起来像是西非人，不过其他牙买加人也是如此。"他说，"看看周围，你能告诉我究竟怎样才算牙买加人吗？"

比兹莱蒂斯的意思是，牙买加人的DNA构成正如其国家格言：合众为一（Out of Many, One People）。历史上去往牙买加的奴隶们来自非洲各个国家的多个族群。针对牙买加人祖先的遗传研究揭示了一系列西非血统的存在。Y 染色体通常只能由父亲传给儿子，而一项针对牙买加人 Y 染色体片段的研究发现，他们往往与来自比夫拉湾的非洲人最为相似，比夫拉湾是包括尼日利亚、喀麦隆、赤道几内亚和加蓬在内的沿海地区。而针对线粒体 DNA 的调查则发现，牙买加人与来自贝宁湾和黄金海岸的非洲人有更多相似之处，该区域主要包括加纳、多哥、贝宁和尼日利亚等国家。与非裔美国人一样，这些研究都认为牙买加人的遗传母系基本上属于西非，来自若干个国家。

简而言之，正如牙买加岛奴隶输入的历史所显示的，岛上居民虽然源于西非，但来自多个族群。众所周知，当年的库乔上尉正是将来自阿散蒂部落、刚果部落和科罗曼蒂部落的战士们团结在一起，才取得了斗争的胜利。更不用说有基因研究发现部分牙买加人甚至携带了美洲原住民的 DNA，专家推测这些 DNA 可能来自牙买加的本土住民泰诺人。但有历史学家认为，在西非奴隶来到牙买加之前，泰诺人就因西班牙殖民者带来的疾病和迫害而灭绝了。

科林·杰克逊（Colin Jackson）是 1993 年至 2006 年 110 米栏世界纪录的保持者，虽然他的父母都是牙买加人，但他本人却在威尔士出生和长大。2006 年，在 BBC 寻亲类节目《客从何处来》（*Who Do You Think You Are?*）的邀请下，他接受了基因分析。令杰克逊感到惊讶的是，DNA 显示他有 7% 的泰诺人血

第10章 短跑王国牙买加的秘密：战士-奴隶理论

统。有历史学家现在认为，肯定有少数泰诺人逃到山上加入了马龙人，在西班牙人的统治下幸存了下来。所以，英国人杰克逊可能是另一位拥有马龙血统的世界短跑冠军。在退役 5 年后，即 2008 年，杰克逊又参加了 BBC 另一档节目《我就是我》(The Making of Me) 的拍摄。在该档节目中，美国鲍尔州立大学的一个实验室的研究人员从杰克逊的腿上采集了一份肌肉组织样本进行分析。最后发现在实验室检测过的所有样本中，他的肌肉中所含有的 IIb 型肌纤维（即"超快收缩"肌纤维）的比例是最高的——这一检测结果令杰克逊感到颇为高兴。

很显然，关于牙买加人的基因传承以及盛产一流短跑运动员的现象还有很多纷繁的谜题有待解答。但至少比兹莱蒂斯和其他科学家的研究表明，无论是马龙人还是整体意义上的牙买加人都无法构成任何孤立、单一的遗传单位。相反，正如我们从西非多元混杂的族群中所期望看到的一样，牙买加人同样具有高度的基因多样性。不过，也正如预期的那样，单就"短跑基因"ACTN3 而言，牙买加人显然不具备多样性——几乎所有牙买加人都拥有适合短跑的基因拷贝。

如果将牙买加的短跑王国地位归因为热爱短跑运动的加勒比原住民最大程度地保留了非洲基因，那么可以预计，巴巴多斯会有更多的顶级短跑选手，因为这个小岛上的 25 万名居民基本上拥有加勒比地区最纯正的西非血统。2000 年奥运会 100 米短跑金牌得主以及 2012 年奥运会 110 米跨栏的决赛选手都来自巴巴多斯。尽管不如牙买加，但基于人口规模，巴巴多斯的精英短跑选手比例实际上已经非常之高。此外，巴哈马是一个人口仅有 35 万的小国，但也是盛产优秀短跑选手的国家之一。在 2012 年奥运会男子 4×400 米接力赛中，巴哈马代表队击败美国赢得金牌。另外，拥有 130 万人口的特立尼达和多巴哥共和国也是加勒比地区另一个称霸全球的短跑强国。

比兹莱蒂斯比较了牙买加短跑运动员和对照组样本中与成绩有关的二十几处基因变异，他表示，"方向是正确的，但并不出人意料"。（有时关联性非常微弱。）换句话说，相比非短跑运动员，短跑运动员确实拥有更多"合适"的基因型，但情况并非总是如此。比兹莱蒂斯的一位研究生被分在了对照组，然而他所拥有的短跑基因变异比那位"和尤塞恩·博尔特差不多的人"要更多。不过这并不意味着基因对于短跑不重要，而是因为科学家们目前只找到了极少数相关基因。

比兹莱蒂斯对顶级牙买加短跑运动员的基因研究仍然在继续。技术发展使得针对大块基因组的研究变得更加容易，由此短跑运动员和对照组之间的部分基因变异开始浮出水面，它们或许会影响运动员在短跑领域的成功，但真相依然模糊。由于全球范围内奥运奖牌级别的短跑运动员实在太少，以至于大规模研究难以开展，因此研究前景依旧渺茫。为了找到带来优秀竞技表现的身体素质，体育科学家们已经走过了一条曲折之路，然而要研究更基础的基因，困难只多不少。

在游历牙买加的这 10 年间，比兹莱蒂斯的世界短跑王国理论受到各类数据的影响。这些数据，有的是利用昂贵的 DNA 测

第10章 短跑王国牙买加的秘密：战士-奴隶理论

序仪和色谱仪获得的，也有些是通过另外一种重要的"科学仪器"——他自己的双眼——收集而来的。不过相比前者，观察所得来的数据更为深刻地影响着比兹莱蒂斯的理论。

* * *

牙买加的全国高中田径锦标赛简称为"冠军赛"，在1910年由6所男子学校的校长共同筹办，那时的牙买加还是英国的殖民地。自那之后这项赛事持续至今，成了岛上一年一度的娱乐盛会。

冠军赛为期4天，参赛学生来自牙买加的100所高中，比赛分为男子组和女子组。到了最后一天的决赛，那恣意狂欢的场面好像一千家夜店里的男男女女都突然涌进了田径场，场面蔚为壮观。

首都金斯敦35000个座位的国家体育场顿时只剩下站立的空间，连走廊上都挤满了体育迷，他们仿佛炫技一般跳着"抖臀舞"，这种富于韵律感的舞蹈常常会让外行人羞得面红耳赤。到了晚上，体育场的大厅里弥漫着烤肉调味料的奇香，座位区坐满了各所高中的支持者，挂满了桅帆大小颜色鲜艳的横幅。当比赛进入白热化阶段，随着运动员们争先恐后地冲向终点，欢呼声、呐喊声、口哨声和喇叭声逐渐震耳欲聋。如果接力赛的最后一棒开始赶超竞争对手，赛场广播甚至要提醒观众不要因为太过兴奋而从看台跳到赛道上。有时，某位奥运会短跑选手也会出现在现场为母校加油助威，或者单纯为了享受众星捧月的感觉。在

2011 年的冠军赛上，前世界纪录保持者阿萨法·鲍威尔（Asafa Powell）就穿着名牌牛仔裤，在晚上戴着大金链子和墨镜漫步于看台之上，身旁簇拥着一群身穿亮片衬衣的女孩以及穿着开襟夹克、脚踩宽大运动鞋的男孩。

青年田径运动开始风靡牙买加。在尤塞恩·博尔特横空出世以前，在金斯敦举行的职业田径比赛基本无人问津，热度甚至不如五六岁儿童参加的全国锦标赛。而如今，金斯敦的彪马商店里陈列着印有在冠军赛中创造佳绩的学校校徽的运动装备，例如以尼日利亚一个港口城市命名的卡拉巴尔高中，那里曾是黑人奴隶们背井离乡的起点。民众对于青年田径运动的狂热打动了一些想要赞助当地学校的热心人士，例如查尔斯·富勒（Charles Fuller）。

时间回溯至 1997 年，还在牙买加阿尔坎铝业公司上班的富勒看到过太多跑得最快的孩子为了上高中而离开曼彻斯特教区，而当他看到附近学校的选手在冠军赛中击败曼彻斯特高中时，他也倍感痛苦。为了能够赢得冠军赛，富勒开始有意引导当地的跑步苗子去曼彻斯特高中上学，谢伦·辛普森（Sherone Simpson）便是其中之一。

那一年，在当地举办的一场 12 岁年龄组的 100 米比赛中，富勒见识了辛普森的实力。回想那一幕，他那柔和的男中音不由得提高了声调。"她跑了 12.2 秒，而且是手动计时，"他瞪大了眼睛说，"还是赤脚，在草地上跑的！"辛普森奔跑时轻盈的身姿令富勒无比惊叹，那一幕让他想起了 20 世纪 80 年代的牙买加

第10章 短跑王国牙买加的秘密：战士-奴隶理论

奥运选手格蕾丝·杰克逊（Grace Jackson）。

辛普森凭借出色的学习成绩被诺克斯学院录取——牙买加一所一流的学术型学校，但学校内并没有田径队。于是，富勒出面介入。

富勒成功说服了辛普森的父母奥德利和薇薇安，让他们相信自己的女儿拥有出色的短跑潜质。征得双亲的同意后，富勒开始劝说曼彻斯特高中的校长布兰福德·盖尔（Branford Gayle）。最终盖尔联系了诺克斯学院，一番交涉后，诺克斯学院同意为辛普森办理转学手续。

头几年，辛普森在冠军赛上的表现非常优异，不过相比之下她似乎更专注于学业。牙买加的高中教练在训练上通常非常保守——大多数低年级学生并不会每天训练，而运动员至少要到15岁或16岁时才会开始举重练习。辛普森表示，高中的训练强度并不大。

但在2003年，到了曼彻斯特高中的最后一年，辛普森终于展露才能。她在冠军赛的100米短跑比赛中，以一个肩膀的差距输给了后来的奥运奖牌获得者凯伦·斯图尔特（Kerron Stewart），屈居亚军。当时经常有来自美国大学的星探在冠军赛的看台上出没，带有特定标识的衬衫和帽子以及作为体育场内并不常见的白人观众，这些星探的存在格外醒目。就在我观看冠军赛时，一个十几岁的男孩走近我，说了好几次"冒昧打扰，先生？"后，我才意识到他想和我说话。他问我："您有奖学金可以提供吗？"很抱歉，我的回答让他失望了。凭借在冠军赛上的优异表现，得克萨斯大学埃尔帕索分校向辛普森抛出了橄榄枝。就在她准备接受这份全额奖学金时，田径道路上的另一位守护天使介入了。

在距离埃罗尔·莫里森担任校长的牙买加科技大学不远的地方，教练斯蒂芬·弗朗西斯（Stephen Francis）正忙着打造一个名为MVP的田径俱乐部，他希望为牙买加运动员提供一个能在高中毕业后继续训练的地方，而不是进入美国大学的田径体育系统。在牙买加教练看来，美国大学的训练会让运动员不堪重负。曼彻斯特高中的校长盖尔把辛普森叫到办公室，他回忆道："我对她说，'不妨在牙买加科技大学先待上一年，怎么样'，结果她当着我的面就抹起了眼泪，不过最后还是答应了。"

2004年，作为牙买加科技大学的一名新生，辛普森开始在国际赛场上大放光彩。在雅典奥运会的100米决赛中，她获得了第6名。一周后，刚过完20岁生日才两周的辛普森就在4×100米接力赛的第二棒超越了美国超级巨星玛丽恩·琼斯（Marion Jones），成了牙买加历史上最年轻的金牌得主。在4年后的北京奥运会上，辛普森获得100米并列银牌，冠军是她的同班同学谢莉-安·弗雷泽-普莱斯（Shelly-Ann Fraser-Pryce），而与辛普森并列银牌的则是5年前曾在冠军赛上击败她的凯伦·斯图尔特。就这样，牙买加运动员包揽了这个项目的一金两银。

第10章 短跑王国牙买加的秘密：战士-奴隶理论

* * *

一个闷热的春日，在MVP田径俱乐部训练用的小型草地跑道旁，辛普森斜倚在水泥长凳上，眺望着不远处壮丽的蓝山。回忆往昔，她的嘴角不由得微微上扬。她说："我记得很清楚，第一次看我比赛时，富勒先生就跑来告诉我，说我有很大的潜力，一切都是从那一刻开始的！"

辛普森的故事是牙买加短跑体系的最佳缩影：几乎每个孩子在人生中的某个节点都会被要求去参加青少年组的短跑比赛。（辛普森第一次取得胜利是5岁时参加的一场接力比赛，该比赛在专为牙买加学龄儿童设置的年度运动日举行。）一些像富勒和盖尔一样热爱田径运动的成年人则会密切关注拥有短跑天赋的年轻人，寻找机会招募他们进入优秀的田径高中。虽然这些年轻人在高中阶段进步非常缓慢，但可以通过冠军赛积累经验。他们出色的赛场表现不仅可以赢得崇拜和奖学金，其中的佼佼者甚至可以获得运动鞋公司的赞助以及职业俱乐部的会员资格。

牙买加的短跑体系类似于美国的橄榄球运动，也有投机取巧的"小窍门"。冠军赛上有几位高中教练就告诉我，曾有为了招募选手而向选手父母赠送冰箱的做法，但现在已经遭到了禁止。在全岛范围内发掘和招募短跑人才的体系已经为牙买加赢得了奥运金牌，其中最具代表性的例子正是尤塞恩·博尔特。博尔特从小渴望成为一名板球明星（第二愿望是足球），但在运动日的短跑比赛中他直接碾压对手，14岁时便被迫进入田径领域——此时他依然以逃避训练而知名。最终，博尔特在 2003 年的冠军赛中创造了 200 米和 400 米的纪录。博尔特的训练搭档尤罕·布雷克（Yohan Blake）在 2012 年伦敦奥运会的 100 米和 200 米比赛中紧随博尔特，斩获银牌。布雷克的童年梦想同样也是板球运动员，也是在 12 岁的运动日上被当成天才发掘出来。牙买加的人才甄选系统甚至选拔出了美国的顶尖短跑选手。美国运动员桑亚·理查兹-罗丝（Sanya Richards-Ross）在伦敦奥运会上赢得了 400 米金牌，而 12 岁以前她一直住在牙买加。7 岁那年，在运动日的比赛中，她把比自己大的女孩都甩在了身后，因而被小学田径教练看中。回忆起当年的情形，理查兹-罗丝说："当时教练就告诉我，'很好，你可以为田径队出战了'。"

生理学研究表明，耐力训练可以增强快缩型肌纤维的抗疲劳能力，但短跑训练并不能提升慢缩型肌纤维的收缩速度。因此，对于优秀的短跑运动员来说，天生拥有大量快缩型肌纤维是必不可少的。或者用足球教练的信条来说：速度是训练不出来的。虽然有点夸大其词，因为速度——当然还有保持速度的能力——是可以提高的，但回想一下荷兰的"格罗宁根天才研究计划"就会发现，无论如何训练，速度慢的孩子永远追不上速度快的孩子。用南非体育科学研究所高水平表现研究中心主任贾斯汀·杜兰特的话来说："我们测试过上万个男孩子，还从来没见过哪个跑得慢的孩子之后速度会变快。"跑得慢的孩子日后也绝不会成为跑得快的成年人。因此，让跑得最快的孩子一直留在短跑体系中才是至关重要的。换成牙买加以外的任何国家，如果有孩子像博尔

第10章　短跑王国牙买加的秘密：战士-奴隶理论

特那样，在 15 岁就拥有 1.93 米的身高且速度快如闪电，那么除了篮球场、排球场或橄榄球场以外，还能在其他任何运动领域找到归宿吗？如果博尔特出生在美国，那么成为既高又快的橄榄球球员才是他首选的职业道路，就像兰迪·莫斯（Randy Moss）和卡尔文·约翰逊（Calvin Johnson）一样，他们俩的身高都在 1.93 米左右。作为身材高大且速度极快的外接手，二人在效力美国橄榄球联盟期间都赚得盆满钵满。凭借体型和速度优势，卡尔文·约翰逊在 2012 年获得了一份价值 1.32 亿美元的天价合同。

实际上，牙买加冠军赛冠军的短跑成绩可以与美国短跑大州，如得克萨斯州锦标赛冠军的成绩相媲美，而且前者比赛氛围的热烈程度堪比美国高中橄榄球赛。然而在美国，很多有可能成为奥运会短跑运动员的人最终都选择了更受欢迎的运动，比如篮球和橄榄球。我在冠军赛上遇到过一位牙买加体育记者，对方就提出了类似的担心，他担心随着岛上篮球运动的普及，田径方面的人才可能会被吸引走。

美国橄榄球联盟的外接手特里登·霍勒迪（Trindon Holliday）曾经是路易斯安那州立大学的一位优秀短跑选手。他曾在 2007 年全美锦标赛的 100 米短跑比赛中击败了来自佛罗里达州立大学的沃尔特·迪克斯（Walter Dix），而后者则在后来的北京奥运会上不敌博尔特，获得铜牌。随后，为了不缺席路易斯安那州立大学橄榄球季前赛训练，霍勒迪放弃了入选美国田径世锦赛代表队的机会。作为霍勒迪校友的泽维尔·卡特（Xavier Carter）在橄榄球队打了 2 年的外接手，因为成绩平平而被迫转行成为一名职业短跑运动员。这样看来，牙买加称霸世界短跑的关键，就是让最好的短跑选手专注于这项运动。

在牙买加人才发掘体系的引导下，每个孩子在人生中的某个时刻都会被要求尝试一下短跑。比兹莱蒂斯也将牙买加短跑的成功归功于该体系的存在。不过，这并不是说基因不重要。"要想成为世界纪录保持者，你肯定得选对父母。"比兹莱蒂斯夸张地说，"但是牙买加有成千上万的短跑好手，你还得成功地将基因兑现。这就是跑步王国现象的原因。换在其他国家，一样会是这样的结果。"

当苏格兰一家出版社请求比兹莱蒂斯为渴望成功的英国运动员提供建议时，他说："去练练短跑。不要在意自己的白人身份，这与你的肤色无关。"

不过对于这一观点，他的朋友兼同事埃罗尔·莫里森是断然不会苟同的。

― 第 11 章 ―

疟疾和肌肉纤维

与欧洲人相比,牙买加人拥有更长的腿长以及更窄的髋部。莫里森表示,这一点是不容辩驳的。

牙买加人的身材比欧洲人更具线条感,这不足为奇,事实上该特征亦非牙买加人特有。正如艾伦身体比例法则阐明的那样,在来自低纬度和温暖气候的人类近代祖先中,男性和女性通常拥有比例较长的四肢。而另一项生态地理法则,以 19 世纪生物学家卡尔·伯格曼(Carl Bergmann)命名的"伯格曼法则"指出,生活在低纬度的人类近代祖先,其体型也通常更为苗条,骨盆更修长。长腿和窄髋都有利于奔跑和跳跃。在其他因素相同的情况下,最快的奔跑速度与腿长的平方根成正比。不过,莫里森与人合作撰写的另一篇关于西非人称霸短跑运动的论文,则完全背离了上述解剖学方面的关注点。

2006 年,莫里森和帕特里克·库珀(Patrick Cooper)在《西印度群岛医学杂志》(*West Indian Medical Journal*)上撰文指出,奴隶掠夺盛行的非洲西海岸一带疟疾猖獗,这却导致了有利于短跑和力量运动的特殊遗传和代谢改变。该假说认为,西非的疟疾迫使抵御疟疾的基因发生了扩散,而这些基因会削弱个体在有氧状态下产生能量的能力,因此机体转而产生更多的快缩型肌肉纤维,这种肌肉纤维可以较少依赖氧气来生成能量。莫里森厘清了相关的生物学细节,但基础理念最初是由库珀提出的。库珀是一位作家,也是莫里森的儿时好友。

库珀是一位博学之士,从音乐录音到为牙买加独立的缔造者诺曼·曼利(Norman Manley)以及其子迈尔克·曼利(Michael Manley)首相撰写演讲稿,他在各个职业领域都取得了成功。在职业生涯初期,库珀作为一名记者,供职于牙买加发行量最大的报纸《拾穗者》(*The Gleaner*)。在《拾穗者》的体育编辑部工作期间,库珀首次提出猜测,在历史上,白人运动员之所以曾称霸短跑和力量运动领域,只不过是因为系统性地排挤或规避了像拳击冠军杰克·约翰逊(Jack Johnson)这样的黑人运动员。后来库珀详细记录了这一事实,即拥有西非血统的运动员们一旦获得参赛名额,哪怕人数相比白人竞争对手显得微不足道,也会很快在短跑和力量项目上表现得越来越突出。库珀着重指出了延续至今的一些趋势:除了美国抵制参加的1980年莫斯科奥运会,在此后的每一届奥运会上,每一位进入男子100米决赛的运动员,无论其国籍来自加拿大、荷兰、葡萄牙或尼日利亚,他们的近代祖辈都拥有撒哈拉以南的西非血统。近两届奥运会上的女子项目也出现了同样的趋势,自美国抵制参加1980年奥运会以来,女性百米冠军几乎都拥有近代西非血统,只有一位例外。美式橄榄球中的角卫是对速度要求最高的位置,但在这

第11章 疟疾和肌肉纤维

个位置上,全美橄榄球联盟(NFL)已经有十多年没有出现过白人球员了。[1]

1976年,库珀作为演讲撰稿人参与了迈尔克·曼利火药味浓重的竞选连任活动。在此期间,库珀和他的家人不断遭到威胁——他甚至不敢背靠窗户而坐。在妻子朱安被人持枪劫持以后,库珀为了家人安全,举家搬离了牙买加。20世纪80年代,库珀一直定居在休斯敦,他经常出没于图书馆,试图从历史和生物学角度寻找黑人运动员在冲刺运动项目上占据优势的原因。他如饥似渴地阅读生物学、医学、人类学和历史方面的各类文献。在可以搜索学术期刊的电子数据库出现以前,很少有人会像他这样查阅资料。

库珀最终找到了一篇关于1968年奥运会选手体型的著名研究,他注意到研究者们留下的一则奇怪边注——"有相当多的黑人奥运会选手表现出了镰刀型细胞特质"。也就是说,体内编码血红蛋白(红细胞中的携氧分子)的两个基因拷贝中的一个发生

---

[1] 在全美橄榄球联盟中的中卫以及其他防守型后卫位置上,都有白人球员效力。以《纽约时报》记者威廉·罗登(William Rhoden)为代表的部分撰稿人曾质疑,思维偏狭的教练会认定有望成为角卫的白人球员速度一定慢,然后安排他们去打中卫位置。虽然刻板印象可能是影响因素之一,但来自橄榄球联盟选秀前综合测试的数据表明,不论种族出身,中卫球员在速度和敏捷度测试中的表现都不如角卫球员。正如海斯曼奖(Heisman Trophy)获得者红皮队(Redskins)的四分卫罗伯特·格里芬三世(Robert Griffin III)在接受ESPN采访时所言:"中卫习惯求稳,他们的速度通常不快。我是说,他们的速度至少没有角卫那么快。" 2011年发表在《力量与训练研究杂志》(Journal of Strength and Conditioning Research)上的一项研究认为:"在受测试的15个位置上,角卫总体上最需要运动才能,进攻护锋的要求似乎最低。"

了突变，这种突变可导致圆形的红细胞在缺氧时卷曲成镰刀形状，从而削减了剧烈运动过程中流经全身的血流量。导致镰刀型细胞特质的这种基因变异，最常见于近代祖辈来自撒哈拉以南西非或中非地区的人群。科学家们之前一直认为，1968年墨西哥城奥运会的高海拔条件会导致拥有镰刀型细胞特质的运动员表现欠佳。莫里森表示："在预想中镰刀型细胞应当是一种限制力量。"但实际上，在那届奥运会的短程项目，譬如短跑和跳跃类运动中，科学家们并未发现有什么异常。

自那以后的几十年里，流行病学相关研究发现，具有镰刀型细胞特质的运动员（他们拥有突变基因的一个拷贝，通常被称为"镰刀型细胞携带者"）的确较少出现在需要耐力的运动项目中。以赛跑为例，在距离超过800米的比赛项目中，镰刀型细胞携带者几乎不存在。也就是说，他们在长距离运动中处于基因劣势。少数镰刀型细胞携带者的血液流动受到抑制，以至于如果长时间过度运动，会产生致命风险。自2000年以来，已经有9名大学橄榄球运动员在训练期间发生猝死之后被证明与镰刀型细胞特质有关，他们都是黑人且都效力于一级联盟。因此，全美大学生体育协会现在要求对导致该性状的基因变异进行筛查。（不过按照大东联盟运动医学协会下属一个专家小组在2012年的说法，白人大学生运动员通常会在队医的建议下，签署一份放弃检测的弃权声明书，因为其本人不太可能携带镰刀型细胞基因变异。）

1975年，也就是在墨西哥城奥运会研究数据公布后的第2年，另一项研究成果指出，非裔美国人体内的血红蛋白天生处于

第11章 疟疾和肌肉纤维

较低水平。20年后，库珀又对上述研究进行了分析，不过这已经是后话了。这项研究发表在全美医学协会创办的《全美医学协会杂志》（*Journal of the National Medical Association*）上，位于马里兰州的全美医学协会，其设立宗旨是促进近代非裔医生和患者的利益。研究数据来自10个不同州的近3万人，年龄从1岁到90岁不等。研究报告称，即便在社会经济地位和饮食条件都相匹配的情况下，非裔美国人在其生命中每个阶段的血红蛋白水平也都低于美国白人。埃罗尔·莫里森的妻子费伊·惠特伯恩（Fay Whitbourne）曾担任牙买加国家公共卫生实验室服务部的负责人，她表示，牙买加人的血红蛋白水平与非裔美国人的水平是一致的。此后几年，大量研究以及来自美国国家卫生统计中心的人口数据都验证了上述结果。在2010年一项针对全美71.5万名献血者的大规模研究中，研究人员表示，非裔美国人表现出"较低水平的血红蛋白基因设定点"，这一点与营养等环境因素无关。[1] 和镰刀型细胞特质一样，在其他条件相同的情况下，遗传性低血红蛋白也属于耐力运动中的基因劣势。在高水平的长跑项目中，拥有近代西非血统的跑步者少有出众之人。牙买加的1万米纪录保持者甚至无法入围2012年奥运会。

　　发表在《全美医学协会杂志》上的那篇论文还写道，非裔美国人必须更多地利用替代的能量生产途径，来补偿携氧血红蛋白的相对匮乏，其较低的血红蛋白水平增加了上述可能性的存在。

---

[1] 作者指出，黑人献血者有时会被不合理地拒之门外，因为血红蛋白水平较低，经常被认为是由于健康状况不佳所致。

2年后，在同一期刊上，另一组科学家则坚持认为："肯定存在某种补偿机制来抵消血红蛋白的相对不足，因为即使是健康运动员之间也显然存在差异。"于是，库珀开始着手探究这一补偿机制。

1996年，库珀被诊断出患有晚期前列腺癌，此时他孜孜不倦进行着的医学期刊阅读任务变得更加紧迫。于是在2000年，库珀和妻子朱安搬到了纽约市，这样他就可以每天泡在纽约公共图书馆中。他把这个图书馆称为"我的办公室"。周末他还会去巴尔的摩探望女儿，顺便去马里兰大学的图书馆查阅资料。

很快，库珀便发现了自己一直在寻找的潜在"补偿机制"的踪迹，答案就在1986年魁北克市拉瓦尔大学的一项研究中。该研究发表在《应用生理学杂志》上，是克劳德·布沙尔与人合写的，不过当时布沙尔并没有想到，有朝一日自己不仅会成为运动遗传学领域最具影响力的人物，还会以领导者的身份完成记录不同家庭之间有氧训练差异的"HERITAGE家庭研究"。在发表于《应用生理学杂志》的这篇论文中，布沙尔及其同事从24位久坐不动的拉瓦尔大学生和24位久坐不动的白人大学生的大腿上分别采集了肌肉样本。前者主要来自西非国家，与后者的年龄、身高和体重完全一致。研究人员分析后报告称，与白人学生相比，非洲学生的肌肉中快缩型肌纤维的比例更高，而慢缩型肌纤维的比例则较低。非洲学生体内某些代谢途径的活跃度也明显更高，这些途径较少依赖氧气来产生能量，主要在全力冲刺阶段参与能量供应。因此，科学家们得出结论，相对于白人学生来说，来自西非的学生"就骨骼肌特质而言，非常适合短程运动项目"。

第11章 疟疾和肌肉纤维

这项研究的规模不大，而且和活检研究一样，研究者需要通过手术切除一块肌肉组织作为样本。多年来，为数不多的类似研究基本上证实了布沙尔的结论，不过所有研究都只有少量的受试对象。[1]

库珀在2003年出版的著作《黑色超人：成就最伟大运动员的文化史和生物史》（*Black Superman: A Cultural and Biological History of the People Who Became the World's Greatest Athletes*）以及2006年与莫里森合作完成的论文中首次提出这一观点：西非人进化出某些高发的遗传突变（镰刀型细胞以及其他性状的基因突变），这些突变会使得血红蛋白水平降低以预防疟疾。但与此同时也会导致突变者肌肉中具有更多的快缩型肌纤维，而快缩型肌纤维的增加则可以通过基本不依赖氧气的方式产能，因此，为有氧供能水平较低的突变者提供了更多的能量。现在看来，库珀假说的前半部分，即镰刀型细胞特质和低血红蛋白水平是对疟疾的进化适应，这一点是无可争辩的。

1954年，在罗杰·班尼斯特爵士突破1英里跑的4分钟大关的同一年，在肯尼亚农场长大的英国医生兼生物化学家安东

---

[1] 在谈及具有近代西非血统的受试对象往往拥有更多的快缩型肌纤维时，布沙尔表示："这一现象不是人种差异，而是发生频率的差异。这类人群中拥有这一基本生物学特质的人更多，如果经过挑选和专门训练，他们可能比欧洲血统的普通人更容易（在某些运动项目上）获得成功。不过我们确实也发现过具有相同特征的欧洲血统者。这就是结论，目前为止还没有任何能让我改变想法的新数据出现。"布沙尔同时指出，平均人群的微小差异意味着曲线末端具有极端生物学特质的人群之间存在着巨大差异。

尼·艾莉森（Anthony Allison）发现具有镰刀型细胞特质的撒哈拉以南非洲人，相比同一地区不具备镰刀型细胞特质的居民，患疟疾的概率要低得多。在正常情况下，携带镰刀型细胞基因变异似乎不是什么好事。如果各带有一个变异拷贝的一对夫妻生下孩子，那么他们的孩子将会有四分之一的概率携带变异基因的一对拷贝，即患上镰刀型细胞病，也被称为镰刀型细胞贫血。这是一种即便在不运动时血细胞依然会变成镰刀形状的疾病，患者的寿命会因此而缩短。然而在撒哈拉以南的非洲疟疾肆虐地区，这一基因变异如阴影般从未散去——更准确地说，仍在扩散状态。

拥有一个镰刀型细胞基因变异拷贝的人通常是健康的，只是在感染疟原虫时，红细胞会变成镰刀状，进而保护宿主免受疟原虫的严重影响。由于镰刀型细胞病会导致患者寿命缩短，因此双拷贝的基因变异永远不可能在整个族群中传播开。在疟疾已经消失的美国，延续了好几代人的非裔美国人中镰刀型细胞基因变异正在稳步消失。时至今日，镰刀型细胞性状与疟疾抗性已经成为生物学教科书中关于演化权衡的经典案例之一，即保护作用反倒促成了某一原本有害的基因变异的传播。

库珀和莫里森认为，非裔美国人和非裔加勒比人的血红蛋白水平较低，是对疟疾的第二波适应过程。这一理论如今也已经得到了证实，不过过程有些惨烈。

即使有越来越多的证据表明，疟疾地区的非洲原住民较低的血红蛋白水平至少部分源于遗传，但非洲的援助工作者依旧

第11章 疟疾和肌肉纤维

认为,低血红蛋白水平纯粹是由于饮食中铁的含量过少所致。2001年,联合国大会提出要解决发展中国家儿童缺铁的问题。由此,为了改善非洲民众的营养,卫生保健工作者们向非洲大陆引入了补铁剂,此举也的确提高了一些补铁剂摄入者的血红蛋白水平。血红蛋白是一种富含铁元素的蛋白质,铁摄入量不足会导致血红蛋白水平下降。如果精英耐力运动员的竞技表现欠佳,那么他们通常首先要检查的便是体内铁元素水平是否偏低。

但问题在于,研究疟疾区域性发作的医生发现,在哪里配发补铁剂,当地的重症疟疾病例就会增加。自20世纪80年代以来,在非洲和亚洲工作的科学家都曾记录过"血红蛋白水平较低的人群,其疟疾死亡率亦较低"的现象。此后,研究人员又在桑给巴尔完成了一项包含安慰剂对照组的大规模研究并报告称,在服用补铁剂的儿童群体中,疟疾患病率和死亡率均呈显著增加趋势。在随后的2006年,世界卫生组织发表声明,纠正了联合国先前的倡议,并要求医务人员谨慎对待在疟疾高发地区配发补铁剂的问题。就像镰刀型细胞特性一样,低血红蛋白显然也有助于预防疟疾。而且,与库珀和莫里森假说不谋而合的是,许多被强行掳掠至加勒比和北美的非洲人恰好来自撒哈拉以南非洲西海岸的某些地区,那里不仅疟疾发病率和死亡率为全世界最高,还拥有着最高水平的镰刀型细胞基因变异率。

然而,库珀和莫里森假说的结尾部分——当血红蛋白水平降低,快缩型肌纤维会增加——却带有推测性质。

直至生命的尽头,帕特里克·库珀依然致力于研究和写作。

2009年的一天，癌症最终压垮了库珀，但直到临终时，他还在病床上向妻子朱安做口述记录。在牙买加旅行期间，我一直希望能和库珀见上一面，但直到他去世后我才知道原来他在很多年之前就已经离开了牙买加。不过我去拜会了莫里森，将他和库珀的论文推荐给了5位并不熟悉这一理论的科学家，并征询了他们的意见。其中一位科学家坚持认为莫里森和库珀的理论推测性质太强，不值得探讨，而其余4位科学家则表示这是一个合理的假说，但从未被测试过，也没有得到证实。然而就在2011年，哥本哈根大学的科学家撰文指出，高比例的快缩型肌纤维可以解释非裔美国人和非裔加勒比人已记录在案的若干体质特征，包括较低的静息和睡眠代谢水平；还有，相比欧洲人，他们较少通过脂肪代谢，而是通过碳水化合物代谢来获取能量。

作为一位专门从世界级短跑运动员身上收集DNA的基因猎手，比兹莱蒂斯认为这样的理论根本站不住脚，因为非裔美国人和牙买加人的遗传背景极其多样化，从遗传角度来看他们并非统一的整体。不过，这两类人群的确具备值得探讨的共同特征，譬如高发的镰刀型细胞特质以及较低的平均血红蛋白水平，因而整体上的遗传多样性问题就显得无关紧要了。平均而言，非洲人的遗传多样性要比欧洲人丰富许多，但就ACTN3短跑基因这样的特定基因来说，二者可能更为同质化。遗传多样性并不意味着一个族群无法共享某一特征，恰恰相反，正如耶鲁大学的遗传学家肯尼斯·基德在谈到非洲俾格米人时所说的：他们是世界上遗传多样性最为丰富的人群之一，但身材矮小的共同特点使他们注定

第11章 疟疾和肌肉纤维

无缘 NBA。

因为无缘得见库珀本人，我决定跟进他的研究工作，看看之后是否出现了可以证实或推翻该理论的证据。我面对的第一个问题便是：具有镰刀型细胞特质的运动员在需要爆发力的运动中，会有不同的表现吗？

法国生理学家丹尼尔·勒加莱（Daniel Le Gallais）曾担任过科特迪瓦阿比让国家运动医学中心的医学主任，他在库珀之前就提出了上述问题。大约12%的科特迪瓦国民是镰刀型细胞携带者。早在20世纪80年代初勒加莱就注意到，科特迪瓦跳高排名前三的女性跳高运动员（其中一人曾获得过非洲冠军），在训练期间显得异常疲惫。勒加莱对这几位运动员进行了检测，关于结果，他在一封电子邮件中这样写道："令人惊讶，尽管这3位运动员来自不同族群，但她们都属于镰刀型细胞携带者。"

勒加莱后来参与了一系列针对精英短跑运动员和跳跃运动员镰状细胞特质的筛查研究。1998年，他发表报告称，在爆发性跳跃和投掷项目的122位全国冠军中，有将近30%的人属于镰刀型细胞携带者，他们一共创造了37项全国纪录。而顶尖的男女运动员无一例外都属于镰刀型细胞携带者。2005年，研究人员针对法国国家队中来自法属西印度群岛的短跑运动员们进行了一项研究，结果发现大约19%的受试运动员是镰刀型细胞携带者，而他们获得冠军以及打破纪录的次数在法国国家队中占据了很大比例。

"如果你问我现在的观点是什么，"勒加莱在给我的信中写道，"我会说，相关研究已清楚表明，出现在长距离耐力比赛中的镰刀型细胞特质的运动员在人数上远少于正常运动员。相比之下，前者更多活跃于跳跃和投掷项目上……有氧供能系统的缺陷解释了他们在长距离比赛中表现不佳的原因，但我们却并不知道他们为何能在跳投方面占据优势。"

至于较低的血红蛋白水平是否会促使机体向着高比例快缩型肌纤维转化目前尚不得而知，但有证据表明这一推断可以在啮齿动物身上得到证实。加州大学洛杉矶分校针对缺铁饮食小鼠的一项研究表明，伴随着血红蛋白水平的降低，实验鼠小腿肌肉中IIa型快缩型肌纤维，开始向着IIb型"超快肌"纤维转变。在另一项完成于西班牙的研究中，研究人员通过定期抽血使大鼠体内的血红蛋白含量降低，也引发了实验鼠小腿肌肉中出现更高比例的快缩型肌纤维的现象。不过到目前为止还没有科学家在人类身上进行过类似的研究，还需要强调的是，相比人类，老鼠转换肌肉纤维类型的能力会更强。此外，上述研究呈现的是实验鼠寿命范围内的发育效果，而非通过改变基因而在几代实验鼠之间累积的进化效应。

所有的科学研究成果都摆上了台面。关于小鼠和大鼠的研究表明，在啮齿动物中，较低的血红蛋白水平可以诱导机体中出现更具爆发力的肌肉纤维。然而，没有科学家打算在人体上验证库珀和莫里森的理论，所以压根不存在任何人体研究结果。

第11章 疟疾和肌肉纤维

* * *

我和不少科学家探讨过库珀和莫里森的理论，他们都认为由于不可避免会涉及种族问题，对这类研究都不太感兴趣。其中一位科学家告诉我，他掌握了特定生理特征的种族差异数据，但考虑到可能引发争议，他决定永不公布这些数据。而另一位科学家告诉我，他担心顺着库珀和莫里森的思路研究下去会误入歧途，因为暗示部分人群存在体质优势很可能会被误解为这是在与智商劣势的结论之间画等号，运动能力和智力仿佛永远处在某种生物跷跷板的两端。考虑到可能存在的污名，库珀在《黑色超人》一书中写下的最重要内容，或许就是系统地证明了体力和脑力之间并不存在负相关性。他在书中写道："体质优势竟然莫名其妙成了智力低下的代名词。这一概念是被关联到非裔美国人身上再逐渐发展起来的，第一次出现于1936年左右。"运动能力突然成了智商的反向指标，这一想法并不是偏见的原因，而是偏见的结果。正如库珀提到，对棘手问题进行严肃的科学探索而非有意回避才是正道。

携氧能力降低会诱使机体的肌肉特性向着更具爆发力的方向转变，库珀和莫里森虽然提出了这一假说，但他们并未将其视作一种"仅存在于黑人群体中"的现象。即便他们的假说是正确的，任何族群的内部成员之间仍然存在着巨大的生理差异，况且库珀和莫里森的理论只以一类拥有特定地域祖先的黑人运动员为对象。

在非洲大陆上，在与"短跑血统"相反的另一侧，由于地理上的机缘巧合，世界上另一支伟大的运动员派系则幸运地躲过了可能有损于耐力表现的基因适应。他们生活在蚊虫稀少的高海拔地区，在那里疟疾和镰刀型细胞基因变异一样罕见。

这些黑人运动员主导了另一个截然不同的竞技领域。

— 第 12 章 —

卡伦津人耐力之谜

每年夏季7月份,约翰·曼纳斯(John Manners)都会回到肯尼亚举办一场1500米长跑比赛。而赛场上总会出现悲伤的泪水,一些刚跑完比赛的孩子,任由眼泪顺着脸颊往下流淌。曼纳斯说:"我也会忍不住流泪。这种事真让人难以控制情绪。"

很难想象曼纳斯伤心的模样。在报童帽下,他的一双眼眸闪闪发亮,再搭配上尖尖的白色山羊胡和轻快的步伐,他的言谈中洋溢着一种调皮欢快的气质。

让曼纳斯为之神伤的这场1500米比赛是某所大学特殊申请流程的最后一环。曼纳斯发起的"KenSAP 计划"每年都会为60名左右的贫困肯尼亚学生提供申请上大学的机会,但最终只会留下其中的十几个人。

"KenSAP 计划"的全称是肯尼亚运动员奖学金项目(Kenya Scholar-Athlete Project)。这一项目始于2004年,堪称曼纳斯和肯尼亚人迈克·博伊特(Mike Boit)博士的智慧结晶。曼纳斯长住在新泽西,是一位作家;而博伊特在1972年奥运会的800米比赛中获得过铜牌,现在是肯尼亚肯雅塔大学运动和体育科学系的一名教授。"KenSAP 计划"的初衷是希望挑选来自西部裂谷省的优秀肯尼亚学生送入美国的一流大学进行深造。

肯尼亚中等教育证书（KCSE）考试相当于高中毕业考，同时也是肯尼亚大学招生录取的唯一参考，而考试高分者会公布在报纸上。曼纳斯每年都会仔细阅读这份名单，记下西部大裂谷地区成绩最好的学生的姓名。除此之外，他还要通过本地的 Kass 调频广播，向那些获得最高评分"A"的学生发出招募邀请。尽管如此，招募过程仍然困难重重。"这个项目是免费的，"曼纳斯说，"所以有些家长会觉得这是一个骗局。"

曼纳斯会邀请完成申请的入选学生前往高海拔训练中心，该中心位于裂谷省的伊滕镇。在那里，这些学生先是接受面试，接着要在 2300 米左右的海拔高度完成 1500 米长跑比赛。尽管来自贫困的农村家庭，但这些学生都在高中取得了学业上的成功。肯尼亚重男轻女的文化导致很少有女孩能参加 KCSE 考试，入选的学生大多数是男生。有些人来自只能勉强维持生计的小农场，连上学的教室都还是泥土地或石板地，但他们都具备学术能力和写作大学论文的水平，足以让美国东海岸的招生官对其刮目相看。在面试和 1500 米比赛结束后，曼纳斯会和博伊特、一群美国教官以及肯尼亚当地的长者们交换意见，随后在几个小时内宣布被录取学生的姓名。而掉眼泪的正是那些被淘汰者。

最终留下的十几个孩子要在两个月内准备美国大学入学考试（SAT），并完成大学申请，任务颇为繁重。不过到目前为止，"KenSAP 计划"运转良好。从 2004 年到 2011 年，"KenSAP

第12章 卡伦津人耐力之谜

计划"总共挑选了 75 名学生,其中有 71 人进入了美国大学。每所常春藤盟校都曾向这些肯尼亚学子抛出过橄榄枝。其中,哈佛大学最多,录取过 10 人;耶鲁大学紧随其后,录取过 7 人;宾夕法尼亚大学录取了 5 人。也有一些学生选择了著名的文理学院,按入学人数排名分别为阿默斯特学院、卫斯理安大学和威廉姆斯学院。曼纳斯表示:"我很喜欢美国新英格兰区小学院体育联盟(New England Small College Athletic Conference,简称 NESCAC[1])的学校,我们的孩子在那里都发展得很不错。"

很显然,1500 米长跑比赛出现在大学申请流程中,这简直前所未有。获得"A"的肯尼亚孩子通常来自政府扶持的寄宿学校,且大多数人完全没有跑步经验。曼纳斯会在面试前几个月向"KenSAP 计划"的申请者发去一封信,告知对方会有一场跑步测试,要求他们注意着装。但不管怎样提醒,在面试那天,现场总会有穿着长裤的男生和穿着过膝裙和高跟鞋的女生。

曼纳斯希望通过 1500 米比赛在这些学生群体中发掘出跑步方面的奇才,说不定还可以让哪位美国教练向招生委员会推荐一下。他说"我们想尽可能让申请通过"。如果一个从未有过跑步训练的孩子显露出相应的潜质,曼纳斯就会联系大学教练看看对方是否有兴趣。

让东非这片狭小地域的尖子生们在海拔 2300 米的泥土跑道上完成一场 1500 米比赛,这种做法似乎有点奇怪。说实话,的

---

[1] 新英格兰区小学院体育联盟由美国东北部 11 所著名私立文理学院组成,成员学校在体育运动方面拥有相似的理念。——译者注

确如此。这就像大学招生顾问领着一群 SAT 考满分的美国孩子，让他们排队参加计时赛一样。

不过话说回来，这可不是一片普通的土地。

* * *

1957 年，12 岁的曼纳斯跟随父亲罗伯特·曼纳斯（Robert Manners）从美国马萨诸塞州的牛顿市搬到了非洲。作为美国布兰迪斯大学的人类学教授兼该校人类学系的创始人，罗伯特·曼纳斯一开始打算研究坦桑尼亚的查加人（Chaga），但被另一位同行捷足先登。于是他冒险向西前往肯尼亚的大裂谷地区，转而研究那里的基普斯吉人（Kipsigis）。基普斯吉人传统上以放牧为生，隶属于更大的卡伦津部落。英国人对肯尼亚的殖民统治直到 1963 年才宣告结束，但在此期间，基普斯吉人一直坚守着自己的传统文化。

罗伯特·曼纳斯在肯尼亚西部的索蒂克找到了一间房子，那里的海拔高度在 1800 米左右，周边遍布茶园和养牛场。索蒂克有一条泥泞的街道，沿街建有高高的人行道遮檐，看起来就像老西部片里的场景。搬到那里没多久，约翰·曼纳斯就变得和其他基普斯吉孩子没什么两样，他会说斯瓦希里语，和朋友跑几千米去学校，这样他们就不会因为迟到而挨鞭打。他还第一次参加了田径比赛，只不过是以观众的身份。

和牙买加的情况一样，英国殖民者引入了田径运动。肯尼亚

第12章　卡伦津人耐力之谜

业余田径协会成立于 1951 年，等到曼纳斯一家搬来时，在泥土地或草地上举办的区域性田径运动会已经变得司空见惯。曼纳斯七年级时第一次参加运动会，他对基普斯吉赛跑选手的出色表现感到高兴——于他而言，这些都是自己的同胞。

1958 年秋天，曼纳斯回到马萨诸塞州读八年级，但他对田径和肯尼亚的迷恋从未消退。1964 年的东京奥运会是肯尼亚代表团第 3 次参加奥运会，在这届奥运会上，一位名叫威尔逊·基普鲁古特（Wilson Kiprugut）的基普斯吉赛跑运动员在 800 米比赛中获得铜牌。4 年后，在高海拔的墨西哥城举行的比赛中，肯尼亚一举成为长跑强国，该国选手在中长跑项目中共揽获 7 枚奖牌。就在奥运会举办的同一个月，刚从哈佛毕业的曼纳斯正在纽约州北部接受和平队培训。"我去查了赢得这些奖牌的肯尼亚选手的名字，"他说，"我发现他们几乎都是卡伦津人。"

肯尼亚在中长跑项目上所取得的成功令曼纳斯感到振奋，因为它挑战了英国殖民主义者的刻板偏见。"有传统观念认为黑人擅长短跑，而任何需要战术技巧、纪律或系统训练的东西，他们都玩不转，"他说，"那是属于白人的领地。"

跟随着和平队，曼纳斯又回到了肯尼亚的西部大裂谷地区，当地人仍然记得他和他的父亲。他们在那里又待了 3 年时间。20 世纪 70 年代初，一些肯尼亚中长跑运动员开始现身于美国的大学校园，这激发了曼纳斯介绍肯尼亚跑者的想法。1972 年，他与人合写的一篇文章发表在《田径新闻》（*Track & Field News*）杂志上。"美国教练一直想知道肯尼亚是否还有更多的优秀跑者,"曼纳斯表示,"我们给出的答案是:成千上万!尤其是在卡伦津人之中。"

490万卡伦津人约占肯尼亚总人口的12%,但该国四分之三以上的顶尖跑者均来自这一族群。1975年,曼纳斯为《跑步者世界》(Runner's World)杂志编写了一本名为《非洲跑步革命》(The African Running Revolution)的著作,在其中一章的脚注中,他提出了肯尼亚人特别是卡伦津人在跑步上表现突出的进化理论,不过该理论至今仍存在争议。

曼纳斯在书中写道,卡伦津战士传统生活中的一部分便是"掠牛",即偷偷潜入邻近部落的土地,围捕牛群,押送它们回到卡伦津人的领地。只要牛来自卡伦津部落以外,这种行为就不会被视为盗窃。"掠牛主要在夜间进行,"曼纳斯写道,"有时总奔跑里程可达160千米!大多数掠牛活动都是集体冒险,但每位'muren'(战士)都应尽自己的一份力量。"

通过掠牛带回牛群的"muren"会被视作勇敢而强壮,他可以利用牛群和声望来娶妻。曼纳斯在脚注中写道,成功的掠牛者必定是强大的奔跑者,因为只有这样才能将圈养的牛群驱赶至安全地带,因此最优秀的掠牛者往往能收获更多的妻子和后代。由此我们可以认为,掠牛活动相当于某种生殖优势机制,该机制"青睐"拥有优越长跑基因的男性。不过在下文中,曼纳斯似乎就对这一理论产生了怀疑。他回想当时:"这个想法一闪而过,我就把它放进去了。"

多年来,随着对卡伦津人的研究不断深入,结合对来自该

第12章 卡伦津人耐力之谜

部族的跑步选手和长者的采访，曼纳斯开始觉得这一想法并非天马行空——部分原因在于，东非其他耐力跑天才涌现的"热点地区"逐渐浮出水面，这些地区同样属于曾经盛行掠牛的传统牧民部落。

埃塞俄比亚堪称世界第二大长跑强国，而奥罗莫人（Oromo）仅占总人口的三分之一，但却贡献了该国绝大多数参与国际比赛的长跑选手。乌干达的塞贝人（Sebei）居住在肯尼亚埃尔贡山的对面，而该国所有的顶级长跑运动员也基本上都来自这一族群，其中就包括赢得2012年伦敦奥运会马拉松比赛冠军的斯蒂芬·基普罗蒂奇（Stephen Kiprotich）。塞贝人实际上是肯尼亚卡伦津人的一个亚群。

* * *

曼纳斯住在新泽西州的蒙特克莱尔，在他家房子三楼屋顶的斜坡下方，有一个改建过的阁楼储藏室，那里便是他的办公室。办公室里堆满了纸张和地图，仿佛家中有个聪明的12岁孩子把这里当成了秘密基地，整天在这里偷偷捣鼓着去火星的计划。这儿随处可见成摞的文件和书籍，书架上也摆满了书，倾斜的天花板上贴着巨大的地图，上面用大头钉做着标记。

地图上显示的是跑步天才大量涌现的肯尼亚西部地区。地图旁边摆放着自1955年以来出版的每一期《田径统计学家协会年鉴》（*Association of Track and Field Statisticians Annual*）。田径统计学家协会（ATFS）是一个由田径统计爱好者组成的志愿者团体，编纂的年鉴很多早已绝版。曼纳斯说："我不得不从收藏家手里买。"另外，他还拥有几乎全套的《非洲田径》（*African Athletics*）年刊，以及可回溯至1971年的《田径新闻》（*Track & Field News*）全集。

曼纳斯通过亲自拜访运动员本人的方式收集了资料，并按照地理分布和所属部落对这些运动员进行了汇总整理。就资料的广度而言，目前还无人能出其右。收集过程中，他也整理了不少关于卡伦津天才跑者的奇闻逸事。

例如一位名叫阿莫斯·科里尔（Amos Korir）的运动员在1977年前往美国宾夕法尼亚州阿勒格尼县社区学院报到时，原定参加的是撑竿跳高比赛，但在看到其他选手的实力远超自己以后，他便跟教练撒谎说自己是一位跑步运动员。于是，科里尔硬着头皮参加了3000米障碍赛，跑程中途还设置了跨栏。然而，仅仅在跑完人生中的第3次障碍赛后，他就赢得了全美大专锦标赛冠军。4年后，科里尔成了世界排名第三的障碍赛跑者。

朱利叶斯·兰迪奇（Julius Randich）的故事也值得一说。刚来到得克萨斯州拉伯克基督教大学时，他只是一个没有任何竞技跑基础的大烟鬼。但等到1991年至1992年的第一学年结束时，兰迪奇获得了10000米项目的全美大学校际体育协会（NAIA）冠军。而第2年，兰迪奇就在5000米和10000米项目中创造了NAIA的纪录，并被评为NAIA杰出运动员。一时间，卡伦津跑者成了NAIA教练们眼中的香饽饽。在兰迪奇之

第12章 卡伦津人耐力之谜

后,又有他的多位同胞获得 10000 米的全美冠军,其中就包括兰迪奇的弟弟阿伦·罗诺(Aron Rono),他曾连续 4 次获得冠军。

当然,在曼纳斯搜集的逸闻中,保罗·罗蒂奇(Paul Rotich)的事迹或许是最著名的。罗蒂奇是一位卡伦津农民的儿子,家境颇为殷实。在他去往得克萨斯州的南平原学院学习之前,他一直过着"久坐不动的舒适生活"。很快,身高只有 1.72 米,体重高达 86 千克的罗蒂奇几乎花光了父亲给的 1 万美元,而这原本是他两年的生活费兼学费。"为了不至于灰溜溜地回家要钱,"曼纳斯写道,"保罗……决定加入训练,希望获得田径奖学金。"罗蒂奇通常在晚上训练以避免被人看到时尴尬。不过,这种担忧很快烟消云散,因为他在第一个赛季就夺得了全美大专越野锦标赛的冠军。此后,他一鼓作气,连续 10 次荣获越野、室内和室外田径赛的全美最佳运动员。正如曼纳斯所记录的,当罗蒂奇回到肯尼亚并向一位堂兄细数自己在跑步方面所取得的成就时,对方却回应:"看来他们说的是真的。如果连你都能跑,那随便挑个卡伦津人估计都可以拿冠军了。"

虽然曼纳斯并不觉得任意一位卡伦津人都能成为出色的长跑运动员,但他确实相信在卡伦津部落,稍经训练就能很快成为优秀中长跑选手的人数比例,肯定明显高于肯尼亚的其他部落以及分散于世界各地的其他民族。

我们不妨来看一下这一组数据:历史上总共只有 17 位美国男性可以用不到 2 小时 10 分钟的时间跑完马拉松全程;而仅在 2011 年 10 月这一个月的时间里,就有 32 位卡伦津人达成了这一壮举。[1] 佐证卡伦津人长跑统治地位的统计数据简直数不胜数，并且常常荒诞得令人发笑。譬如，历史上只有 5 位美国高中生能在 4 分钟以内跑完 1 英里；而卡伦津位于"训练之乡"伊滕镇的圣帕特里克高中在校生中，同时就能找到 4 个人能在 4 分钟内跑完 1 英里。与此相反，肯尼亚的 100 米纪录为 10 秒 26，这一成绩甚至够不上参加伦敦奥运会的最低标准。后来成为丹麦公民的威尔逊·基普克特（Wilson Kipketer）曾经在圣帕特里克上过高中，他是 1997 年至 2010 年 800 米世界纪录的保持者，但中学阶段的在校纪录却不属于他。当时的佼佼者为贾菲特·基穆泰（Japhet Kimutai），他的 800 米成绩为 1 分 43 秒 64。

2005 年，寄希望于西部大裂谷地区跑步人才井喷的曼纳斯举办了 KenSAP 的第一届"大考"。虽然科学家和跑步爱好者已经从各种角度分析了肯尼亚在中长跑领域的统治地位，探讨该国的跑步运动员是否具有耐力跑的基因天赋，但曼纳斯的选拔赛（其实真正目标是帮助肯尼亚贫困学子进入精英大学）才更像是针对卡伦津人的随机抽样，其随机性高于任何科学家选择的对象。参加选拔赛的孩子们通常经过筛选，都来自政府资助的精英寄宿学校，且基本上没有任何比赛经验。这相当于以最原始的方法进行耐力天才"淘金"。[2]

---

[1] 在 2012 年迪拜的一场马拉松比赛中，就有 17 位埃塞俄比亚选手和肯尼亚选手跑进 2 小时 10 分。
[2] 曼纳斯的本意并非想筛选跑步人才，因为受邀请的学生都是"把高中所有时间花在学习上"的孩子。

第12章　卡伦津人耐力之谜

这场 1500 米选拔赛在海拔 2100 米以上的一条劣质土路上展开，每年都有大约一半的男生能跑出快于 5 分 20 秒的完赛成绩。1500 米与 1 英里相差大约 100 米，而 5 分 20 秒换算成 1 英里跑，时间差不多是 5 分 40 秒多一点。曼纳斯不禁发问："你能想象在美国精英阶层的尖子生中有这样的群体吗？根本就不可能。"

2005 年的选拔赛中，一位名叫彼得·科斯盖（Peter Kosgei）的男生在没有经过系统训练的情况下，跑出了 4 分 15 秒的成绩。科斯盖后来被纽约汉密尔顿学院录取，很快成长为该学院史上最佳运动员。大一时，科斯盖就赢得了三级联盟 3000 米障碍赛的全美冠军。到大三结束时，他又 8 次获得了越野和田径项目的全国冠军。他的表现与三级联盟的定位是如此格格不入，以至于队友斯科特·比卡德（Scott Bickard）打比方："就像一个人本来只想去三级联盟学校打打篮球，没想到碰到一个 NBA 级别的球员。"

可惜的是，科斯盖在大四便告别了田径赛场。2011 年 3 月的春假期间，他在返回肯尼亚的途中遭遇抢劫，不幸双腿骨折。8 个月后，我在 KenSAP 举办的一场活动中见到了科斯盖，他当时正在攻读化学专业的研究生学位。科斯盖告诉我他渴望有朝一日能重返赛场。他说之前在汉密尔顿学院上学时，每周只进行 50 千米到 55 千米的训练，实在是微不足道，感觉自己只发挥了不到一成的实力。

其他通过"KenSAP 计划"脱颖而出的跑者也很快就取得了

成功。与彼得·科斯盖并无亲戚关系的埃文斯·科斯盖（Evans Kosgei）在美国里海大学攻读计算机科学与工程专业时，平均绩点高达 3.8。利用 1 年时间适应了美国生活之后，大二那年他决定参加越野比赛。一开始，科斯盖连 5 英里的选拔赛都很难完成。但没过多久，他就能在一级联盟的越野和田径全国锦标赛中与对手一较高低了。2012 年，他被评选为里海大学年度运动员毕业生。

曼纳斯表示，很多通过了 KenSAP 申请的学生都对跑步并无兴趣，有些学生被美国教练看中后，也很快放弃体育以专注于学业。但即便如此，在 2011 年之前通过"KenSAP 计划"前往美国留学的 71 位学生中，有 14 人入选了 NCAA 的大学校队。更值得一提的是，这 71 位学生此前都未接受过专业训练。

当然，隐藏于人群中的长跑奇才被偶然发掘出来，这一现象并非肯尼亚独有。正如牙买加短跑一样，人才发掘的流程其实非常系统化，不太像是碰运气，更像是一个策略高明的筛选手段。而终极疑问在于：在肯尼亚，特别是在卡伦津人群体中，找到耐力天才的可能性是否更高？这种现象是否在很大程度上应归因于先天的生物学特征？对于特定运动，一个群体中天赋型运动员的出现概率有高有低，这一点是显而易见的。俾格米族成年男性的平均身高为 1.52 米，虽然该群体有朝一日可能会培养出一名 NBA 球员，但如果一位球探分别从俾格米人和立陶宛人中随机抽样，他会发现经过正常训练，前一个群体中有可能成为 NBA 球员的人数会远少于后一个群体。

第12章 卡伦津人耐力之谜

若是将 KenSAP 选拔赛与针对世界其他区域、不同种族的类似测试相对比会得到怎样的结果，目前尚不得而知，况且 KenSAP 选拔的初衷原本就与科学实验无关。不过倒是有一个研究小组，曾尝试用科学的方式来寻求答案。

* * *

从1998年开始，在蜚声国际的哥本哈根大学肌肉研究中心，研究人员就尝试为卡伦津人称霸长跑领域的众多传闻和争论寻找支持数据。他们试图验证的理论包括：在卡伦津人的腿部肌肉中慢缩型肌纤维比例特别高；卡伦津人天生具有较高的最大摄氧量；卡伦津人对耐力训练的应答速度比其他族群的成员更快。

为了从后天环境影响中分离出部分先天因素，科学家们不仅研究精英跑者，还研究生活在城市和农村的卡伦津男孩，以及居住在哥本哈根的丹麦男孩。

总体而言，上述研究的结果并不支持那些流传已久但未经证明的理论。卡伦津部落和欧洲的精英跑者之间慢缩型肌纤维的平均比例并无显著差异，丹麦男孩与居住在城市或农村的卡伦津男孩之间也不存在区别；来自农村的卡伦津男孩的最大摄氧量确实高于来自城市的卡伦津男孩，后者的运动量要少得多，但前者的最大摄氧量与运动量较大的丹麦男孩又处于相近水平；整体来看，若以有氧能力作为衡量标准，卡伦津男孩对于3个月耐力训练的平均应答程度并不比丹麦男孩更高。

然而从纬度角度来看，卡伦津男孩和丹麦男孩也的确表现出了体型方面的差异。卡伦津男孩的腿长占身高的比例更大，虽然他们的平均身高比丹麦男孩矮了5厘米，但腿却长了约2厘米。

科学家们最独特的发现不仅在于腿的长度，还有围度。卡伦津男孩小腿的体积和平均厚度要比丹麦男孩低15%～17%。这一发现意义重大，因为腿类似于钟摆，钟摆末端的重量越大，摆动所需的能量就越多。[1]生物学家通过控制变量实验已经在人类身上证明了这一点。在一项标准严格的研究中，研究人员尝试在跑者的腰部、大腿、胫骨和脚踝等不同部位放置重物。即使重物的质量保持不变，位置越靠下，跑者的能量消耗就越大。在一组实验中，每位跑者必须在腰部放置3.6千克的重量，再以既定的速度奔跑，在这种情况下，与正常状态相比，跑步者会多消耗4%的能量。但当跑步者在双腿脚踝上各配上1.8千克的重量再以相同速度跑步时，尽管总重量并未变化，能量消耗的速度却提高了24%。

四肢末端的重量称为"远端重量"，长跑运动员的远端重量越低越好。也就是说，如果你的小腿和脚踝很粗，在纽约城市马拉松比赛中拿冠军的可能性基本为零。一个独立研究小组通过计算发现，仅在脚踝上增加45克的重量，跑步过程中的耗氧量就

---

1 在写作本书之时，被称为"刀锋战士"的南非双腿截肢运动员奥斯卡·皮斯托瑞斯（Oscar Pistorius）因谋杀女友嫌疑正等待受审。皮斯托瑞斯所使用的新月形碳纤维义肢比人腿要轻得多，因此他拥有史上最快的摆腿频率，远超其他短跑选手。

第12章 卡伦津人耐力之谜

会增加约 1%。阿迪达斯公司的工程师在制造轻便跑鞋的过程中也验证了上述结果。在丹麦科学家测试中的卡伦津跑者,其小腿重量比丹麦跑者轻了将近 0.45 千克,由此每千米可节省 8% 的能量。

跑步效率(running economy)是衡量跑步者在既定配速下氧气消耗量的指标。这和汽车的燃油经济性是同样的道理,烧多少油能跑多少里程要视汽车的大小和形状而定。精英级长跑运动员往往兼具较高的最大摄氧量和优秀的跑步效率。用汽车类比,他们就像是同时具备大排量发动机和良好燃油经济性的罕见组合。所有精英级跑者都拥有强劲的"发动机",尽管跑步效率也会有"极优"和"良好"之分。

在这一点上,未经训练的卡伦津男孩更优于未经训练的丹麦男孩。比例逆天的长腿和纤细的小腿皆有助于达到优秀的跑步效率,而卡伦津男孩便集这两点于一身。[1] 即使是来自城市的卡伦津男孩,虽然运动量和有氧健康水平都不如丹麦男孩,但跑步效率仍然天生更高。在肯尼亚和丹麦的跑者中,小腿围度粗细始终都是跑步效率的重要预测指标。即使每周训练里程数相近,甚至完全不训练,肯尼亚跑者的跑步效率也优于丹麦同行。

---

[1] 2012 年发表在《欧洲应用生理学杂志》(European Journal of Applied Physiology)上的一项小型研究显示,肯尼亚跑者的跟腱比同等身高的白人非跑者对照组长 6.8 厘米。鉴于肯尼亚跑者的下肢比例较长,上述结果自然在意料之中。更长的跟腱可以储存更多的弹性能量——不妨回忆一下我们在前面介绍过的世界跳高冠军唐纳德·托马斯的故事,但科学家们接下来想解决的问题是:长肌腱对于跑步能力有多大帮助?

也就是说，在携氧能力相同的情况下，肯尼亚人会跑得更快。高水平运动中通常会出现对运动员体型的人为选择，由此我们可以想见，与未经训练的肯尼亚男孩相比，肯尼亚精英跑者的小腿肯定更细，跑步效率更高。事实也的确如此。参与此项研究的本特·萨尔丁（Bengt Saltin）是世界上最杰出的运动科学家之一，针对上述结果他写道："这种联系似乎证实了小腿围度的确是影响跑步效率的关键因素。"此后，哥本哈根小组的另一位研究员亨利克·拉森（Henrik Larsen）宣称："我们已经基本解开了肯尼亚人称霸长跑领域的谜题。"

轻盈的腿部有助于提高跑步效率，这与国籍或种族无关。厄立特里亚选手泽森内·塔德塞（Zersenay Tadese）是有史以来在实验室中测量到的跑步效率最高的运动员之一。在本书写作之时，他依然是半程马拉松比赛的世界纪录保持者。而西班牙某实验室的测量结果表明，塔德塞的腿并没有特别长——相比西班牙精英级跑者，他的腿只是稍长一些——但却非常细。有趣的是，塔德塞从小就梦想从事竞技自行车运动，而该项目恰好是最早在厄立特里亚成立国家级体育联盟的运动之一。不过，就在20岁生日即将到来之际，他毅然转行跑步。此后，他获得了更多的成功：2002年的首个赛季，塔德塞在世界越野锦标赛中排名第30位；2007年，他赢得了该项赛事的世界冠军。塔德塞肯定将自行车运动中的有氧适能带到了跑步项目中，但纤细的小腿也是他的一大优势所在，而最佳的发挥场所当然是在田径赛场而非自行车领域。

第12章　卡伦津人耐力之谜

从塔德塞的例子我们可以看出，纤细的小腿并非卡伦津人独有。但总体而言，卡伦津人的体型特别有线条感，臀部较窄，四肢细长。一些人类学家会将极端纤长的体型称为"尼罗特体型"，尼罗特人是居住于尼罗河谷一带的族群，而卡伦津人恰好属于尼罗特族的一支。[1] 尼罗特体型在炎热、干燥的低纬度气候环境中进化而来，因为瘦长的体型比例更适合降温。（与之相反的另一极端，四肢粗短、结实的体型被称为"爱斯基摩体型"，一些国家为了避免歧视已经用其他叫法取代这一称呼。）卡伦津人所处的纬度同样很低。2012年在肯尼亚调研时，我甚至需要驾车横贯赤道以往返于不同训练场之间。卡伦津人最早是从苏丹南部迁徙到肯尼亚的，而其他一些尼罗特族群至今仍然生活在那里，比如丁卡人（Dinka），这是一个以身材高挑而闻名的民族。某些职业篮球运动员就出自丁卡部落，他们的四肢非常修长，其中最著名的当属马努特·波尔（Manute Bol），他身高达到了2.31米，臂展更是达到了2.59米。

体型纤长有助于耐力跑，而尼罗特人恰好拥有纤长的身型，这让我不禁想到苏丹南部应当常常出现跑步天才。但实际上，在国际大赛中极少能看到来自苏丹的长跑运动员。为此，我咨询了科学家和田径专家，想知道他们是否深入研究过苏丹跑步者的跑

---

[1] 基库尤人（Kikuyu）是肯尼亚规模最大的族群，其人口约占肯尼亚总人口的17%。基库尤人的体型稍显粗壮，这表明其祖先生活在潮湿的山区。相比仅占总人口12%的卡伦津人，基库尤人的职业跑步运动员就要少得多。基库尤人属于班图族（Bantu）的一支。

步效率，或者弄清楚为什么没有多少来自苏丹的尼罗特长跑运动员。但不幸的是，找不到任何关于苏丹跑步者的数据，对此，田径专家的共识是，肯尼亚不存在由选举导致的暴力冲突，社会局势相对较为稳定，而苏丹则一直处于持续的暴力和动荡状态，制约了运动员的发展。

2011年12月，我参加了在卡塔尔举行的阿拉伯运动会，并与苏丹运动员和记者进行了交谈。他们告诉我，除了交通不便等问题外，来自苏丹南部地区（即现在的南苏丹共和国）的运动员在历史上经常遭受歧视，国际体育比赛的官员曾一直拒绝从该地区挑选经验丰富的运动员参加奥运会。此外，在尼罗特人定居地带，内战已经持续了大半个世纪，这使得苏丹南部成了体育文化的荒漠，找不到任何体育基础设施。要解决这个问题，我能想到的唯一方法便是：在南苏丹之外，寻找来自南苏丹的跑步人才。

在写作马查里亚·尤特（Macharia Yuot）的事迹时，我平生第一次对苏丹运动员产生了好奇心。尤特是宾夕法尼亚州威德纳大学的一名跑步运动员。2006年，他先是在俄亥俄州的威尔明顿市赢得了三级联盟越野锦标赛的冠军，然后当晚坐飞机赶到费城，并在第二天一早举行的费城马拉松比赛中获得了第6名，而这却是他第一次参加距离超过34千米的赛事。这些成绩深深地吸引了我。尤特曾是一名"苏丹迷途男孩"，当年他和来自丁卡部落的很多小伙伴们为了躲避战争暴乱而逃离了家园。从1983年至2005年，宗教内战导致200万苏丹人死亡，尤特所

第12章　卡伦津人耐力之谜

在的小镇也遭到战火的蹂躏,当时他才9岁。父母们不愿看到孩子被迫去雷区为士兵开路,于是嘱咐他们逃离此地。男孩们独自进入沙漠,途中他们不仅要逃脱士兵的追捕,还得在睡梦中提防狮子的偷袭。直到1991年,包括尤特在内的部分幸存者终于抵达肯尼亚的一个难民营。2000年,美国政府通过飞机将大约3600名男孩运送至美国,由各地的民众进行领养。

很快,这些男孩便在中学田径队中大放异彩,出现在当地报纸的头条新闻中。美联社一篇文章在开头写道:"两名苏丹流亡男孩在密歇根州定居,短短数月就成为该州跑得最快的高中生。"《兰辛州刊》(Lansing State Journal)也报道了苏丹男孩亚伯拉罕·马赫(Abraham Mach)的故事。在进入东兰辛高中之前,马赫从未接触过竞技跑步,但很快他便在2001年全美AAU青年奥林匹克运动会上一举夺得三项赛事的奖牌,成了13~14岁年龄组中表现最出色的运动员。从肯尼亚难民营到美国,在短短一年时间里,马赫就成长为密歇根州中部800米项目的NCAA全美最佳运动员。

经过粗略统计,美国的纸媒总共报道过22位苏丹男孩,他们都在各自高中、大学的比赛或公路赛事中表现出色。其中,最杰出的当属洛佩兹·洛蒙(Lopez Lomong)。2008年,他作为1500米项目选手代表美国出征奥运会,并有幸成为开幕式旗手。2012年,洛蒙再次入选美国奥运代表队,成为奥运会5000米比赛选手。2013年3月,他创造了美国室内5000米比赛的新纪录。

对于人数仅相当于一所大型高中的苏丹男孩群体来说，这样的表现并不算寒酸了。2011年，刚成为独立国家的南苏丹，就出现了一位名叫古尔·马里亚尔（Guor Marial）的奥运会马拉松资格赛选手。为了躲避战乱，他曾逃离苏丹前往美国，定居在爱荷华州。但由于南苏丹尚未成立国家奥委会，而且马里亚尔本人拒绝代表苏丹参赛，最终国际奥委会在巨大的公众压力下给予马里亚尔以特殊待遇，允许他在伦敦奥运会上以独立运动员的身份参加比赛。也就是说，尽管南苏丹连奥委会都尚未成立，实际上就已经拥有了一位奥运会马拉松选手。

当然，这些真实的例子并不比约翰·曼纳斯的选拔赛更科学。一些研究人员和跑步爱好者从统计数据出发，认为东非跑步者在中长跑项目上的优势可能存在遗传基础。人类学家文森特·萨里奇（Vincent Sarich）通过分析世界越野锦标赛的结果，计算出肯尼亚跑步运动员的成绩表现比其他国家高出1700倍。除此之外，萨里奇做出了一项统计预测：每100万肯尼亚男性中约有80人拥有世界水平的跑步天赋，而在世界其他地区，每2000万男性中才大约能找出1人。如果只计算卡伦津人，这一比例会更加惊人。1992年，发表于《跑步者世界》杂志上的一篇文章指出，如果纯粹基于全球人口比例来进行预测，那么肯尼亚男性在1988年奥运会上获得奖牌的概率仅为十六亿分之一。

虽然这些计算结果看上去颇为吸引人，但一旦脱离特定情境，它们并不能说明世界水平的跑步天赋在肯尼亚人中更为普遍。从1984年到2008年，德国队赢得了每一届奥运会马术比

第12章　卡伦津人耐力之谜

赛中盛装舞步团体赛的冠军。如果严格按照人口基数来看，这简直是不太可能发生的事情。然而我们都知道，德国骑手不见得就拥有更多盛装舞步基因。盛装舞步并非一项全民参与型运动，譬如德国的盛装舞步比赛就由马匹养殖行业部分出资资助，因此坦率地说，只要肯下功夫，任何国家都能在该项目上收获成绩。北美国家冰球联盟（NHL）中大多数球员都来自加拿大，只是因为加拿大发明了冰球运动。事实上，大规模参与冰球运动的国家又有多少呢？答案是：并不太多。再比如棒球领域的世界大赛（World Series），它也只是美国国内的比赛，并非全世界都参与。

此外，多年以来世界其他国家在跑步项目上的"减速"也间接帮助肯尼亚巩固了长跑霸主的地位。甚至在肯尼亚制霸长跑赛事以前，英国、芬兰和美国等长跑大国随着富裕程度提高，肥胖的国民越来越多，人们的兴趣点就开始转向其他运动项目，进行认真、刻苦的长跑训练的人越来越少。在马拉松比赛中跑入2小时20分钟以内的美国男性人数从1983年的267人下降到1998年的35人。同一时期，英国从137人下降到17人。美国长跑的最低潮出现在2000年，当时整个美国只有1名男性获得了参加悉尼奥运会马拉松比赛的资格。在两次世界大战期间，芬兰堪称世界上最强大的长跑国家，尽管当时整个国家像是一个贫穷的大"农村"。然而到了2000年，芬兰却没有任何一名长跑运动员获得过奥运会资格。来自爱尔兰圣帕特里克兄弟会的传教士科尔姆·奥康奈尔（Colm O'Connell）在1976年曾前往肯尼亚执教高中，最后他留在那里培养精英长跑运动员。他的得意门生包括 800 米世界纪录保持者大卫·鲁迪沙（David Rudisha），正如奥康奈尔所说："在芬兰，长跑的基因并没有消失，消失的是文化。"

从 20 世纪 80 年代到跨入千禧年，只有少数国家在长跑领域维持住了原有的地位，譬如日本能跑入 2 小时 20 分钟以内的男性人数几乎每年都保持在 100～130 人。与此同时，肯尼亚则从 1980 年的 1 人骤增至 2006 年的 541 人。随着"马拉松训练会导致男性不育"这一观念逐渐淡化，再加上担任肯尼亚体育部长兼"KenSAP 计划"负责人的迈克·博伊特博士开始允许体育经纪人进入该国并放宽了针对运动员的旅行限制，肯尼亚的马拉松运动最终在 20 世纪 90 年代中期迎来了真正的爆发。

上文中的数据均来自田径统计学家彼得·马修斯（Peter Matthews）的总结。他得出了如下结论："在这个电脑游戏盛行、久坐不动成为习惯、孩子上学靠汽车的年代，只有拥有良好耐力且渴望成功的奋斗者或贫苦农民才能保持奋斗进取的动机，也只有他们才有可能成长为顶级的长跑运动员。"

― 第13章 ―

海拔：世界最强天才筛选器

"糖，给我点糖。"他说道。或许是看到我困惑的表情，他继续恳求："给我吃的糖，谢谢你了。"

我和这位跑步者正站在肯尼亚伊滕镇卡马里尼体育场的一条泥土跑道上。将卡马里尼说成是体育场，就像小孩子把一片玩耍的沙地夸张成大教堂一样。体育场一侧有一座漆成天蓝色的木制露天看台，已经如同烂牙一般东倒西歪；另一侧则是陡峭的悬崖，下方为深达1200米的大裂谷，这里的海拔高度在2400米左右。体育场里有几十个跑者在绕着跑道做间歇训练，一只绵羊从悬崖边上漫步至内场，开始悠闲地吃草。

与我搭讪的跑者是24岁的埃文斯·基普拉吉特（Evans Kiplagat），他想让我给他买点糖。这是周四的一大清早，基普拉吉特跑了10千米才抵达体育场，接着他又在这里完成了高强度的跑步锻炼，再过几分钟，他就将踏上10千米的回家之路。如果我不给他买点食物，他就会饥肠辘辘地回到落脚的木棚，那是一位本地人提供给他的居住地，建在这位好心人自己的shamba上，shamba意为仅够糊口的一小块农田。

基普拉吉特的父母也有用以维持生计的 shamba，但那块地并不属于他们。2001 年父母都因病去世以后，基普拉吉特就无法再留在那块土地上了。所以他很感激现在能有房子住，他说："但食物是个问题。"基本上每到周二和周四，基普拉吉特都会慢跑着赶到体育场，加入一个训练小组。杰弗里·穆太（Geoffrey Mutai）或塞夫·萨伊德·沙赫恩（Saif Saaeed Shaheen）偶尔也会现身于该小组，前者是波士顿市和纽约市马拉松的冠军，后者则是 3000 米障碍赛的世界纪录保持者。沙赫恩原名为史蒂芬·切罗诺（Stephen Cherono），他在肯尼亚长大并接受训练，但后来出于经济利益考虑，将国籍转为了卡塔尔。训练完毕后，基普拉吉特还要走上一大段路去朋友家中看看是否有吃剩下的"乌嘎里"——一种玉米面糊，属于肯尼亚农村地区的主食。如果能讨到足够的食物，晚上他还会再跑上 10 千米。对于基普拉吉特来说，每天 2 次的训练属于家常便饭，偶尔还会一天三练，并且这还不算周二和周四往返体育场的 20 千米距离。fp

这样一个为奔跑拼尽全力的男人，或许他希望站在最高的竞技场上拼搏，再站上领奖台，伴着国歌泪如泉涌，这是他全部的激情所在。但可惜，基普拉吉特并不是这样的人。

"如果在部队里找到了一份工作，你就会停止训练吗？"我问道。

"是的。"

"如果当上警察呢？"

第13章 海拔：世界最强天才筛选器

"一样，只要有工作就行。"他说。

基普拉吉特更希望拥有一份可以让他继续训练的工作，但如果今天有人愿意为他提供体面的生活，说不定明天他就会停止跑步。他从 2007 年开始训练，当时他刚在一场小型比赛中大胜高中同学。去年，在肯尼亚丘陵地带举办的一场 10 千米公路赛中，基普拉吉特用了 29 分 30 秒跑完全程。对于世界上大多数人来说，这是一个相当出色的成绩，但却并不足以让他在卡马里尼体育场的训练者中脱颖而出。所以，他会不断尝试筹到足够的资金，然后去肯尼亚的大城市参加比赛，这样他就可以通过一个不错的成绩吸引经纪人的关注。

像埃文斯·基普拉吉特这样的跑者，在卡马里尼体育场随处可见——我去的那天，就有大约 100 人在跑道上训练——他们大踏步前行，与世界冠军们擦肩而过。偶尔会出现一张不熟悉的面孔，这个人一踏上跑道就尝试跟上奥运选手的步伐。如果能跟上，或许第二天他还会来；要是跟不上，他就会悄无声息地溜回自己的 shamba。这就是肯尼亚运动员训练场景的缩影：这里没有秘密可言——有些顶尖跑者甚至不需要教练——但有一大群跑者愿意像全职运动员那样，每天不断重复训练。在美国，顶级的大学长跑运动员为了追逐职业梦想，通常都会将赚钱谋生的想法往后推迟几年。目前在肯尼亚当教练的前国际赛跑运动员易卜拉欣·基努西亚（Ibrahim Kinuthia）表示："在肯尼亚，情况则刚好相反。"由于缺少专业院校，大多数来自农村地区的肯尼亚跑者根本没有机会与精英选手们一起训练。[1]根据世界银行的统计数据,肯尼亚人均年收入为800美元,相对而言,通过跑步获得成功的潜在回报,甚至大过美国大城市男孩拿到一份NBA合同。赢得一场大型马拉松比赛的冠军就能拿到六位数的薪酬,而对于大多数来自农村的肯尼亚跑者来说,即使是在美国和欧洲的小型公路赛中赚得几千美元,也算是一笔相当丰厚的意外之财了。成功的跑者很快就会发展为个人经济体。在距离伊滕镇不远的大城市埃尔多雷特,前障碍赛世界纪录保持者摩西·基普塔努伊(Moses Kiptanui)拥有一家乳品公司。另外,运输牛奶的卡车以及镇上销售牛奶的超市乃至建筑也都是他的个人财产。这些经济激励措施的成果便是一群满怀抱负的跑者默默承受着为奥运选手量身定制的训练计划,有很多人半途而废,而坚持下来的人就成了专业人士。

有趣的是,这样一个通过众人辛勤工作才得以发展起来的培养体系,其驱动力竟然来自对天赋的持久信念。与我有过交流的肯尼亚教练和跑者几乎都曾说过,无论什么时候开始训练都不算太晚。他们都认为如果某个人拥有天赋,他只需要开始努力训练,精英地位很快就会不期而至。

很多耀眼的肯尼亚体育明星之所以能取得成功,正是因为

---

[1] 直到最近,在肯尼亚,已婚妇女参加训练仍然是被禁止的行为。不过,随着肯尼亚女性在国际巡回赛上赢回大笔奖金,专门为肯尼亚顶尖女运动员提供教练服务的意大利人加布里埃尔·妮古拉(Gabriele Nicola)说:"可以想见,她们的训练环境可能会发生彻底改变。"之前在非洲,人们普遍认为女性比男性更弱。但现在,情况正在发生迅速转变。妮古拉认为还需要再等待大约10年时间,肯尼亚人才能彻底摒弃女性不宜接受严格训练的固有观念。

第13章　海拔：世界最强天才筛选器

他们没有以"现在开始太晚了"作为借口。在内罗毕的一家酒店里，我遇到了马拉松前世界纪录保持者保罗·特加特（Paul Tergat），他是历史上最伟大的越野跑运动员之一。特加特告诉我，中学阶段他一直在打排球，并没有训练过跑步。他说："直到19岁那年，我开始在军队服役。在那里，我见到了很多以前只在报纸上看到过的传奇跑者，譬如摩西·塔努伊（Moses Tanui）和理查德·切利莫（Richard Chelimo）。于是我也跟着他们开始了训练。到21岁的时候我才意识到，我也拥有跑步方面的天赋。"到25岁时，他首次赢得了世界越野锦标赛的冠军，此后更是一举拿下五连冠。

肯尼亚的中长跑与牙买加短跑、加拿大冰球以及巴西足球的相似之处在于这些领域就像一个"漏斗"，顶端存在着数量庞大的运动员基础，而少数显露出天赋的人经过严格训练留了下来，再从"漏斗"底部横空出世，成为征服世界的一流跑者。

虽然肯尼亚的一些顶尖跑者很晚才开始接触中长跑运动，但也有一些运动员早早就开始了训练。

* * *

肯尼亚给扬尼斯·比兹莱蒂斯留下了刻骨铭心的印象，这位格拉斯哥大学的生物学家一直热衷于收集精英运动员的DNA。但由于对坐飞机充满了恐惧，他只好开车跑遍了肯尼亚。在肯尼亚农村的坑洼道路上驾车，就如同在迷宫游戏里试图让弹珠前进一样（最终你总会败下阵来）。然而即便如此，这十年来，比兹莱蒂斯还是一次又一次地重返肯尼亚。正如跑步天才卡伦津人所显示的，比兹莱蒂斯和同事发现一些基因指向尼罗特血统，携带这些基因的个体在精英级运动员中所占比例非常之高。但就像他在牙买加经历的一样，印象最深的调查结果并非来自基因，而是来自文化。

比兹莱蒂斯的研究表明，肯尼亚的国际水平跑者大多来自卡伦津部落，他们中的大多数人出身于贫困的农村地区，小时候很可能需要跑着上学。比兹莱蒂斯和同事对 404 名肯尼亚专业跑步者进行了研究，发现 81% 的人在小时候去学校的路上就得跑或走上相当远的距离。依靠双脚往返学校的肯尼亚孩子的有氧能力比同龄人平均高 30%，而世界级运动员早年拥有跑步或步行 10 千米以上去上学的经历的可能性也比普通运动员更高。比兹莱蒂斯怜爱地聊起一个 10 岁男孩的事，这个小男孩非常擅长跑步，当他在泥土跑道上接受有氧能力测试时，6 分钟就跑完了 1 英里，那速度简直和飞起来差不多。

在肯尼亚做调研时，我经常会在伊滕镇的红土坡上跑来跑去，这些红土坡就相当于卡伦津人的天然训练中心。跑步时偶尔会有孩子们加入我的行列，他们兴奋地重复着最喜欢的英语句子："你好吗？你好吗？"上一次在这里跑步时，当我艰难地冲上一段长坡时，一个看上去只有 5 岁的男孩就跟在我身后。男孩穿着破烂的凉鞋，一只胳膊下夹着一块面包。他跟了几分钟，便转身钻进了一处木栅栏，带着面包就不见了踪影。我突然意识到，

第13章 海拔：世界最强天才筛选器

肯尼亚不存在消遣的慢跑者，这里只有三类人：以跑步作为出行方式的人、进行自杀式训练的人以及那些从来不跑步的人。

那次跑步后，我向专为肯尼亚职业运动员提供治疗的理疗师哈伦·恩加提亚（Harun Ngatia）提起了"面包男孩"。他说："等那个男孩长大后，他唯一知道的事就会是跑步。"他的话让我想起了20世纪90年代末期，某个现已不复存在的田径在线论坛发起的一场恶搞性质的慈善活动，活动标题就是：向肯尼亚孩子捐赠校车，帮助美国人在长跑比赛中胜出。

不止在肯尼亚，比兹莱蒂斯和一个研究小组在长跑世界第二大国埃塞俄比亚也发现了类似的规律。与肯尼亚一样，埃塞俄比亚的跑步运动员也来自传统的牧民族群——奥罗莫部落。在这个群体中，相比非跑步者，后来成为运动员的人小时候必须跑着去上学的可能性更高；另外，与5000米和1万米项目的职业运动员相比，埃塞俄比亚的职业马拉松运动员在小时候需要长距离奔跑才能抵达学校的可能性也更高。与此同时，针对埃塞俄比亚和肯尼亚跑步选手线粒体的分析表明，其母系遗传之间的关联性并非特别密切，即基本不存在一个由埃塞俄比亚延续到肯尼亚、擅长跑步的单一性遗传超族（supertribe）。埃塞俄比亚人往往拥有更多发现于欧洲人身上的线粒体DNA片段，这或许佐证了埃塞俄比亚是非洲以外所有人类的迁徙起点。

丹麦科学家曾在肯尼亚做过跑步效率的研究，但还没有人针对未经训练的埃塞俄比亚儿童进行过这方面的研究，因此我们不知道奥罗莫人与卡伦津人的对比结果，不过很明确的一点是，这两个群体都将跑步视作一种生活方式。比兹莱蒂斯说:"所有这些孩子都在跑步,然后某个男孩或女孩发现自己比其他人跑得更快。基因是必要的,你必须得选对父母,但如果有成千上万的孩子在跑步,是金子就总会发光的。经过 10 年的研究,我不得不说,这其实是一种社会经济现象。"

埃塞俄比亚人的体育偶像德拉图·图卢(Derartu Tulu)是 1992 年和 2000 年奥运会的 10 千米金牌得主。当我问她在她的 2 个亲生、4 个收养的孩子中是否有人喜欢和她一起跑步时,她回答说:"孩子们都不喜欢,每次带他们一起训练时,他们总会嫌累。这些孩子不喜欢跑步……我觉得这是因为他们都坐车上学。"肯尼亚前障碍赛世界纪录保持者摩西·基普塔努伊在谈到自己的孩子时说:"汽车直接开来送他们去学校……他们都喜欢做更轻松的运动。"

当比兹莱蒂斯注意到很多肯尼亚跑步运动员的直系和表系兄弟姐妹在跑步方面同样表现出色时,不禁问道:"有多少肯尼亚顶级选手的孩子擅长跑步呢?答案是几乎没有。为什么?因为当他们的父亲或母亲成了世界冠军、拥有了惊人的财富后,这些孩子就再也不用跑步去上学了。"

不过如果就此认定所有伟大的肯尼亚运动员小时候都有跑步上学的经历,那必定也是一种不公平的刻板印象,因为显然存在例外,比如历史上最伟大的越野跑运动员之一保罗·特加特。"大多数同学都赤脚跑步上学,"特加特说,"但我家离学校很近,我可以步行去上学。"威尔逊·基普凯特(Wilson Kipketer)也

第13章 海拔：世界最强天才筛选器

是如此，他是有史以来最伟大的中长跑运动员之一，小时候他家就住在学校隔壁。这两人都是世界纪录保持者，很显然跑步上学并不是打破世界纪录的必备特征，仅具备这一点也远远不够。在比兹莱蒂斯测试过的肯尼亚儿童中，有些孩子同样需要跑上一大段路去上学，但他们的有氧能力依然平平无奇，这让人不禁想起HERITAGE家庭研究中的低应答者。"这样的孩子数量不多，"他说，"但或多或少有一些。"肯尼亚全国有数以百万计的儿童步行上学，因此卡伦津人在跑步上取得的成功依然显得很独特。

比兹莱蒂斯坚信，除了参与跑步的孩子数量众多以外，肯尼亚人在跑步上的成功还存在另一个重要因素。肯尼亚的卡伦津人和埃塞俄比亚的奥罗莫人同处大裂谷的岩架之上，其共同点在于海拔。比兹莱蒂斯表示："你必须生活在高海拔地区。也许有人认为最好的长跑训练方式是在高海拔处生活，在低海拔处训练。但肯尼亚人生活和训练都在高海拔的地方。"

"如果只是海拔的原因，那为什么看不到来自尼泊尔的跑步者？"科尔姆·奥康奈尔修士这样问道。他正坐在自己位于伊滕镇的家中，沙发上躺着800米世界纪录保持者大卫·鲁迪沙[1]。奥康奈尔家的后院被改造成了一个"健身房"，但所谓的器械只是一根两端砌在水泥里看上去像是杠铃的金属棒。

至少东非大裂谷边缘蚊子稀少，那里的海拔高度可能使居住

---

[1] 鲁迪沙具有马赛族血统。他的母亲是卡伦津人，父亲为马赛混血，也曾获得过奥运奖牌。马赛人同属尼罗特族，与卡伦津人关系密切。根据简·耶尔诺（Jean Hiernaux）在《非洲人民》（The People of Africa）一书中给出的数据，马赛人拥有特别修长的双腿。

在那里的肯尼亚跑者免受遗传性血红蛋白水平降低所导致的长跑劣势影响。因为这种血红蛋白水平降低的现象通常发生在有疟疾风险地区血统的人身上。

但奥康奈尔的疑问同样耐人寻味。众所周知,从海平面换到山区后,海拔升高会导致运动员体内的红细胞数增加,那为什么安第斯山脉和喜马拉雅山脉没有像埃塞俄比亚和肯尼亚那样涌现出足以称霸全球的优秀跑步选手呢?

这一疑问实际上与肯尼亚和埃塞俄比亚的跑步优势现象并无关联,仅仅是因为喜马拉雅地区的气候通常不会孕育出瘦长的体型。在世界上不同的海拔地区,人们适应低氧生活环境的遗传机制是完全不同的,这是一条确凿无疑的科学观点。世界三大主要文明都曾在高海拔地区发展了数千年,然而面对相同的生存问题,每种文明所发展出的生物学解决方案也各不相同。

* * *

到了 19 世纪后期,科学家们自认为已经理解了海拔适应问题。他们研究了居住在海拔 4000 米以上的安第斯山脉的玻利维亚土著人。在这一高度,人们每次呼吸所摄入的氧分子数量只有海平面的 60% 左右。为了弥补氧气不足,安第斯人的体内生成了大量红细胞,红细胞中具有负责携氧的血红蛋白。

血液中的含氧量由两个因素决定:首先是个体所拥有的血红蛋白量,其次是"血氧饱和度",即血红蛋白能够携带的氧气量。

第13章　海拔：世界最强天才筛选器

由于空气中的含氧量太低，在安第斯高地人的血液中，很多血红蛋白分子在没有满载氧气的情况下匆匆穿过身体——就像载客量很少的过山车一样。不过，安第斯人通过增加"过山车"的数量而弥补了上述缺陷。从运动生理学的角度来看，这不一定是好事。血红蛋白太多会导致安第斯人的血液变得黏稠而无法正常循环，一些人甚至会因此患上慢性高山病。

19世纪的科学家也发现从海平面地区到高海拔地区旅行的欧洲人会出现同样的反应，即血液中产生更多的血红蛋白。因此，关于海拔适应的相关著作被封存了近一个世纪之久，直到20世纪七八十年代尼泊尔和中国的西藏地区开始向外国人开放以后，相关研究才得以延续。

美国凯斯西储大学的人类学教授辛西娅·比尔（Cynthia Beall）曾经拜访并研究过藏族人和夏尔巴人，他们生活的地方海拔高度达到了5500米。在研究过程中，比尔惊讶地发现，藏族人的血红蛋白和生活在低海拔地区的人一样处于正常水平，血氧饱和度比低海拔地区的人还要更低。也就是说，在他们体内，不仅"过山车"数量稀少，而且很多车厢都没有坐满乘客。

大多数藏族人都携带着一个被称为EPAS1的特殊基因，它就像是一个仪表，感应用于呼吸的氧气、调节红细胞的生成，使血液不至于黏稠到会对健康带来风险。但这也意味着藏族人不能像安第斯人那样，身体主动增加携氧血红蛋白的数量。"那么，他们究竟是如何在这里生存的？"比尔问道，"虽然血液中的含氧量似乎非常低，但他们以某种方式供应了足以保证机体正常运作的氧气量。"

最终比尔发现，藏族人的生存策略在于极大地提高了血液中的一氧化氮水平。一氧化氮可诱导肺部的血管放松，从而扩大血液流量。"藏族人血液中的一氧化氮水平是我们平常人的240倍，"比尔说，"这比低海拔地区的败血症患者体内的一氧化氮水平还要高。"败血症是一种危及生命的疾病。也就是说，藏族人通过极大地提高肺部的血流量来适应高海拔的低氧环境，而且他们的呼吸也比低地居民更深、更快，他们就像是一直处于过度换气的状态。比尔说："为此，他们需要消耗更多能量。"

1995年，比尔和一支团队将研究重点转移到另一支在高海拔地区生活了数千年的族群：埃塞俄比亚人，特别是居住在海拔3500米、大裂谷沿线的阿姆哈拉人（Amhara）。比尔再次发现了世界上独一无二的高海拔生理机制。阿姆哈拉人血液中的血红蛋白数量和血氧饱和度都处于正常水平，与低海拔居民差不多。"过山车"的数量与低海拔居民相同，而且几乎都处于满载状态，也和低海拔居民一样。比尔说："如果不看海拔高度，我会觉得这些研究对象来自平原地区。"阿姆哈拉人是如何做到这一点的，目前尚不完全清楚。不过比尔已获得了这些埃塞俄比亚原住民的初步研究数据。数据显示，阿姆哈拉人可以将氧气从肺部的微小气囊异常迅速地转移到血液中。

来自新西兰的彼得·斯内尔（Peter Snell）曾是1英里跑的世界纪录保持者，后来他成了医学研究员。他推测当高海拔地区血统的人来到低海拔地区跑步时，有更多氧气由肺部进入

第13章 海拔：世界最强天才筛选器

血液可能是他们的优势。比尔曾经在一篇论文中提到过这一点，但她坚持认为没有人知道真正原因。此外，她从阿姆哈拉人的身体数据中也发现了氧气循环增强的趋势。不过话说回来，大多数顶级的埃塞俄比亚跑步选手都属于奥罗莫人。男子5000米和1万米的世界纪录由奥罗莫男性保持，而女子5000米的纪录同样属于奥罗莫女性。科学家们曾让奥罗莫男子科内尼萨·贝克勒（Kenenisa Bekele）完成两组配速为6分30秒的1英里跑，两组的场地分别在海拔1500米以下和海拔3000米以上。令研究人员感到惊讶的是，随着海拔高度的上升，他跑步时的平均心率仅仅是从每分钟139次提高到了每分钟141次。

比尔表示，与数千年来一直生活在高海拔地区的阿姆哈拉人不同，以放牧为生的奥罗莫人500年前才从平原迁移至高原。光凭外表很难区分阿姆哈拉人和奥罗莫人，但就海拔适应性而言，比尔永远都不会混淆这二者。

比尔曾对生活在相当于美国丹佛市的海拔高度（约1600米）的奥罗莫人进行了测试。关于血红蛋白值，她说："你看不出太多变化，但与同等海拔高度的阿姆哈拉人相比，奥罗莫人血液中的血红蛋白量已经多出了1克以上。"这些满载氧气的血红蛋白"绝对高于你对任意一个低地族群的预期值"。比尔说。即便生活在高海拔地区，阿姆哈拉人的血红蛋白水平依然不高；而奥罗莫人即便在中等海拔地区生活，其血红蛋白水平依然很高。

一方面，这些差异凸显了历史上生活在不同海拔地区的人群之间的生理多样性，也显示出进化发展出的不同遗传解决方案。

喜马拉雅山脉周边地区的族群和埃塞俄比亚的阿姆哈拉人在高海拔地区生活了数千年甚至数万年，相比之下，安第斯人的居住历史更短，这可以解释为什么后者还没有完全适应其海拔极高的家园，以及为什么他们的血红蛋白水平会升高，这和低地人来到高海拔地区时出现的反应一样。肯尼亚的卡伦津人和奥罗莫人同属于定居历史相对较短的高海拔居民，他们来到高海拔地区生活不超过 2000 年。

而对于同样涌现出诸多顶级跑者的奥罗莫人，比尔获得的数据显示他们有点像高海拔应答者。即使生活在海拔不到 1600 米的地方，测试中的奥罗莫人体内的血红蛋白水平也出现了显著增加。不仅不同种族对海拔高度的生理反应各具特点，同一种族内的不同个体之间也存在巨大差异。

2003 年，来自挪威和美国得克萨斯州的科学家团队曾在 2800 米的海拔高度下观察受试运动员体内促红细胞生成素（EPO）水平的变化。促红细胞生成素可以刺激机体产生红细胞，一些作弊的耐力运动员向体内注射促红细胞生成素就是为了迫使身体产生更多的红细胞。实验结果表明运动员们的变化各异，有人体内的促红细胞生成素水平下降了，也有人增加了 400% 以上。

另一项独立研究对在高海拔环境下训练了一个月的跑步者进行了检测，结果发现红细胞数量平均增加了 8% 的跑者在回到平原地区后，完成 5000 米的时间缩短了 37 秒，而那些红细胞数量没有增加的跑步者在回到平原地区后，5000 米的表现会比之前略差。与其他训练形式以及医疗手段一样，针对每个运动员独

第13章 海拔：世界最强天才筛选器

特的生理机能量身定制的高原训练是最有效的。

运动员对于高海拔环境存在个性化应答的理念在鲍勃·拉森（Bob Larsen）看来绝对靠谱。拉森曾执教过美国运动员迪娜·卡斯托尔（Deena Kastor）和梅布·凯夫莱齐吉，二人在2004年的奥运会马拉松比赛中分别获得铜牌和银牌。"有证据表明，部分运动员必须在这种环境里待上很长时间才会发生变化。"拉森说，"迪娜在高海拔地区适应了大约两年，而梅布则很快，第二周基本上就适应了，而大约6周以后，他在1万米比赛中创造了美国纪录。"

虽然海拔反应存在个体差异，但训练似乎存在着一个粗略的"最有效点"，即一个使红细胞增加但又不会增加太多的海拔高度。在这样的高度，空气的稀薄程度刚好。安第斯山脉和喜马拉雅山脉的海拔则远超这一高度。据称，最有效点大约在海拔1800米到2700米之间，这个高度足以引起人的生理变化，但空气又不会太稀薄以至于无法支持运动员进行艰苦的训练。

巧的是，埃塞俄比亚和肯尼亚大裂谷的山脊正好处在上述最有效点范围内。在肯尼亚，最重要的训练基地包括海拔2100米的埃尔多雷特、2300米的伊滕、1950米的卡普萨贝特、2400米的卡普塔加特和2200米的尼亚胡鲁鲁。而埃塞俄比亚的主要训练城市亚的斯亚贝巴和贝科吉都建有海拔高度大约在2440米到2740米之间的跑步场地。在美国，职业耐力运动员通常会前往加州的猛犸湖或亚利桑那州的弗拉格斯塔夫寻找最佳训练地点，前者的海拔为2400米，后者为2130米。

相比去高海拔地区训练，出生在那里似乎是更佳的选择。在高海拔地区出生并度过童年的高原土著，往往拥有更大的肺部。而肺的体积越大，表面积也就越大，意味着就有更多的氧气从肺部进入血液。这并不是高山血统改变几代人基因所产生的效果，因为它不仅出现在喜马拉雅山脉周边族群之中，也出现在没有高原血统但在落基山脉高海拔地区长大的美国儿童身上。不过一旦错过童年期，这种适应机会也会随之消失。这一特征不具有遗传性，但在青春期后也不会发生改变。

科学家们并不认为仅靠海拔就能造就不知疲倦的跑步者，或是缺少高海拔训练就不可能成为出色的长跑运动员。但有些研究者，例如比兹莱蒂斯就认为，缺少了海拔要素，成功的可能性会小得多。或许最佳组合是拥有低海拔血统（经历高海拔训练后，血红蛋白水平会迅速升高），但出生在高海拔地区（以便发育出更大的肺表面积），然后在最有效点生活和训练。这也正是来自肯尼亚卡伦津和埃塞俄比亚奥罗莫的长跑精英们的成长经历。

无论是否是巧合，目前美国跑得最快的女子马拉松运动员莎拉尼·弗拉纳根（Shalane Flanagan）——也是前马拉松世界纪录保持者的女儿——在科罗拉多州博尔德落基山脉的山麓地区出生并度过了一段童年时期，那里的海拔高度超过了 1600 米。而瑞恩·霍尔（Ryan Hall）是目前美国成绩最好的男子马拉松选手，他在加州的大熊湖（Big Bear Lake）长大，当地的海拔高度同样在 2100 米以上。

第13章　海拔：世界最强天才筛选器

＊　＊　＊

如果乘车向北驶向桑里代克里斯托山脉（Sangre de Cristo Mountains），当黑色柏油路消失在一堆棕色岩石和泥土下时，就抵达了海拔高度为2440米的美国新墨西哥州的特鲁查斯。

在柏油路快消失的地方，穿过一扇牧场的牛栅栏就会看到左边的一栋低矮土坯房，院子里还停着一辆黄色的校车。这辆汽车几十年来都没有发动过。而在房子后面的苜蓿地里，85岁高龄的普雷西利亚诺·桑多瓦尔（Presiliano Sandoval）正在高温下劳作。他的手握着铁锹的木柄，他曾经是开那辆校车的司机。

在这栋土坯房里，普雷西利亚诺培养出了美国最伟大的运动员——安东尼·桑多瓦尔（Anthony Sandoval），尽管现在已没有人记得这个名字了。眼下安东尼就住在位于西南方向的洛斯阿拉莫斯，距离这里仅1小时车程。安东尼是普雷西利亚诺的6个孩子之一，但他从小就显得与众不同。直到今天，普雷西利亚诺依然清楚地记得8岁的安东尼会独自一人冬天走进山里，用锤子和楔子劈开冻得硬邦邦的松木。

到了六年级的暑假，安东尼需要每周3次将父亲养的奶牛赶到几千米外的山里去吃草。他说："光走路就至少要花2个小时。"有时候他还要一路小跑。安东尼一直很擅长跑步，但从夏天后他一下成了学校里跑得最快的男孩。

普雷西利亚诺特别希望儿子能去特鲁查斯之外接受更好的教

育，于是让他去1个小时车程外的洛斯阿拉莫斯高中就读。洛斯阿拉莫斯是原子弹的诞生之地，在那里，安东尼同学的父母都是在洛斯阿拉莫斯国家实验室工作的物理学家和核工程师。第二次世界大战期间，那里属于高度机密区域，在洛斯阿拉莫斯出生的婴儿，出生证明上的"城市"一栏只有代号"P. O. Box 1663"。

安东尼·桑多瓦尔刚开始上高一时，一位朋友建议他去参加越野赛。"我当时都不懂什么是越野，"桑多瓦尔回忆道，"但我还是去参加了比赛，最终在州里排名第二。后来整个高中期间，我一场比赛也没输过。"到了高二，桑多瓦尔在60分钟内跑完了超过20千米的距离，创造了20岁以下跑者1小时跑的世界纪录。1972年，也就是高三那年，桑多瓦尔长到了1.68米，体重为44千克。那一年，他赢得了全美青少年越野锦标赛的冠军。

桑多瓦尔一家住在特鲁查斯的土坯房里，家中没有电话，于是大量的招生邮件直接寄到了洛斯阿拉莫斯高中。这个出身于牧羊人和铀矿矿工家庭的男孩终于可以去斯坦福读书了。在帕洛阿尔托，桑多瓦尔的成绩在班上一直名列前茅，虽然每周的训练距离长达110千米，但他依然获得了医学院的录取资格。

在1976年举行的太平洋八校联盟（Pac-8）[1]锦标赛上，正在读大四的桑多瓦尔获得了1万米的冠军。他在比赛中击败了代表华盛顿州出战的3名肯尼亚运动员，其中1人后来创造了世界纪录。随后，桑多瓦尔离开大学田径训练场，参加了1976年的

---

[1] 太平洋八校联盟是太平洋十二校联盟（Pacific-12 Conference）的前身，是位于美国西海岸的NCAA体育高校联盟。——译者注

第13章 海拔：世界最强天才筛选器

奥运会马拉松选拔赛。最终他以第 4 名的成绩完赛，遗憾落选奥运代表队。再之后，桑多瓦尔去上了医学院，他觉得自己如果能坚持马拉松训练，或许还有机会参加奥运会。

不过，怀着服务大众的心愿和对医学的莫大兴趣，桑多瓦尔选择以心脏病学作为专业方向。这是一个学习强度很高的专业，并不适合同时进行马拉松训练。但即便如此，桑多瓦尔的长跑能力依然展露无遗。1979 年，沉浸在医学研究中的桑多瓦尔每周只能完成 56 千米的训练。但仅凭这一点训练，就足够他跑进 2 小时 14 分。这点训练量基本上和慢跑者"养生锻炼"的强度差不多，却取得了这样的成绩，实属荒谬离谱。拿棒球运动来举例，就像某人平时在当地的业余球队练习击球，然后面对大联盟投手时取得了 0.300 的打击率。

1980 年，奥运会再次临近，当时的桑多瓦尔还在医学院深造。虽然只是进行了几个月的严格训练，但对他来说这已经足够了。在布法罗举行的奥运会选拔赛上，当他跑到第 37 千米时开始放飞自我，最终以 2 小时 10 分钟 19 秒的成绩创下了美国马拉松奥运选拔赛的纪录。这一纪录一直保持了 27 年之久。"当时安东尼很可能是世界上马拉松跑得最快的人。"最后一位在奥运会马拉松比赛中获得金牌的美国人弗兰克·肖特（Frank Shorter）表示。

但就在那一年，美国总统吉米·卡特要求 64 个国家和美国一起抵制莫斯科奥运会，以抗议苏联入侵阿富汗。因此，桑多瓦尔和其他 465 名美国运动员一样无缘参加这届奥运会，只能被迫待在国内。

随着桑多瓦尔作为心脏病专家的职业生涯逐渐展开，他开始了一种持续十多年的模式：每当奥运会临近时，他都会艰难而努力地加强训练。1984年，他在选拔赛中获得了第6名；1988年的选拔赛正值桑多瓦尔申请心脏病学研究员职位，结果只获得了第27名。

当1992年的奥运会选拔赛再度来临时，已经37岁的桑多瓦尔意识到这将是他最后一次机会。他终于抽出时间去训练，而且状态非常不错。选拔赛在俄亥俄州的哥伦布市举行，那天天气温暖，风很大。起初几千米，他感觉毫不费力。"我仿佛身在天堂。"桑多瓦尔说，"当时我心想，这是我第5次参加奥运选拔赛了，我将会经历美好的一天。"一切如他所愿，直到他跑到大约13千米处的山脚下时，他停下脚步并转了个弯，小腿后面顿时传来一阵剧痛。"我想应该是小腿出了问题，于是停下来按摩了一阵。"桑多瓦尔说，"我看了一下时间。因为状态非常好，我估计即使慢个2分钟，依然有希望入选奥运会。"而等他跑到21千米时，他的腿已经肿胀得几乎无法行走，只能一瘸一拐地离开跑道。"那一刻我就知道一切都结束了，"桑多瓦尔平静地说道，"我永远不能参加奥运会了。"从感觉疼痛开始算起，他拖着断裂的跟腱跑了8千米。

现如今，桑多瓦尔的办公室正对着高中田径场所在的那条街，他是为数不多专为新墨西哥州北部农村地区提供服务的心脏病专家之一。那件他本该穿着去参加1980年奥运会的蓝丝绒美

第13章 海拔：世界最强天才筛选器

国队服依然保存在家中。桑多瓦尔说："一想到这件事，我就觉得难过。我从来没机会完全展示出自己的跑步实力。"他的6个孩子也都是大学运动员，如果当年他能够参加奥运会，那么现在孩子们看到爸爸的奖牌时该有多么自豪啊！说到这里，他陷入了沉默。桑多瓦尔的妻子玛丽说："有时候我觉得他仍然还在后悔，自己当年没能多抽出点时间来训练。"

现在的桑多瓦尔依然很苗条，不开玩笑地说，如果他躲在停车收费码表后面，恐怕都没人能发现。大多数日子里，早晨6点30分他都会沿着附近赫梅斯山脉中蜿蜒的森林步道跑步。他的步伐没有丝毫多余的动作，双臂收紧，身体几乎没有离开过地面，脚掌拂过土壤，如同一只水黾从池塘的水面上轻快地掠过。他甚至将小道沿途的一些树木和露头岩石亲切地称为"老朋友"。

美国田径运动生理测试项目的前负责人大卫·马丁（David Martin）曾在比赛期间研究过桑多瓦尔。"安东尼是一个无法忽略的样本，"马丁说，"他的腿很长，心脏和肺都很大，躯干部分又比较小。我曾在亚特兰大的实验室测试过他，我不想说他是个基因怪人，但的确很不寻常。随着年龄的增长，他的身材依然保持苗条，而心脏却增大了。"

说到这里，马丁停顿了一下，沉浸在对桑多瓦尔的思考中。他沉默之中的坚韧、轻盈的身躯以及强大的有氧能力；他在海拔2400米的农村度过的青少年时期；他习惯以奔跑和步行作为出行方式的童年。桑多瓦尔显然不缺少天赋，但更值得庆幸的是，他拥有可以发掘和培养天赋的独特环境。

从沉思中回过神来的马丁兴奋地说道:"你知道他是什么人吗?他是肯尼亚人,肯定就是!他就是美国版的肯尼亚人。"

* * *

埃尔多雷特是一个拥有 25 万人口的繁华城市,靠近肯尼亚卡伦津训练区的中心。偶尔出现的驴车沿着道路上的车辙前行,还会与汽车抢道。街上人潮汹涌,购物者从底层商店或上方餐馆里进进出出。窄巷里挤满了简陋的小店。在这里,你可以买到全新的 15 年前款式的耐克跑鞋。这些鞋子是肯尼亚职业赛跑选手从赞助商那里获得的,一到手就被卖给了经销商。而在一座凉亭里,一名男子正偷偷摸摸地兜售背包里的肯尼亚国家队装备。

那天在埃尔多雷特,我坐在一座钢栅栏围成的花园里,和克劳迪奥·贝拉德利(Claudio Berardelli)一起享用了加了牛奶和糖的肯尼亚茶。贝拉德利是一位年轻的意大利人,搬到肯尼亚以后,他成了世界顶级长跑教练之一。他还参与合著了一篇论文,发表在《欧洲应用生理学杂志》上。该论文对比了同样跑出 2 小时 8 分钟的欧洲马拉松选手和卡伦津马拉松选手,对跑步效率进行了研究。结果毫不奇怪,这些跑者的生理机能,即有氧能力和跑步效率都非常接近。由此作者得出结论,超凡的跑步效率并不能解释卡伦津马拉松运动员的统治地位。

不过他们的问题并没有问到点子上。因为无论国籍或血统,

第13章 海拔：世界最强天才筛选器

能跑入 2 小时 8 分钟的马拉松运动员之间一定具有生理上的相似性，毕竟他们都属于顶尖选手。关键问题在于，是否还有其他区域的人能成为跑进 2 小时 8 分钟的马拉松选手？又或者为什么能跑 2 小时 3 分钟或 2 小时 4 分钟的马拉松选手只来自肯尼亚和埃塞俄比亚？

实际上，贝拉德利的实际观点与论文的结论大相径庭："我就不相信，意大利找不出第二个斯特凡诺·巴尔迪尼（Stefano Baldini）来。"意大利人巴尔迪尼获得了 2004 年奥运会的马拉松金牌。贝拉德利说："意大利人可能会说'没必要找，反正又赢不了肯尼亚人'，所以他们才找不到第二个巴尔迪尼。肯尼亚或许有 10 个巴尔迪尼，意大利或许只有 2 个。但不管怎么样，得先把人找到再说！"其实贝拉德利的观点是，赢得马拉松金牌的潜力并非肯尼亚人独有，只是在肯尼亚更为普遍。他说："我认为肯尼亚的生活方式可能固化了某些有利于跑步的遗传特征。"

虽然瘦长体型对于跑步效率至关重要，但效率也可以改善。在这方面，有史以来最伟大的女子马拉松运动员、英国人保拉·拉德克利夫便是最好的例子。拉德克利夫 9 岁时参加了第一场比赛，那时她还没有开始真正的训练。17 岁时，拉德克利夫成长为一名很有前途的青少年运动员，英国生理学家安德鲁·琼斯（Andrew Jones）开始和她进行合作。琼斯很快就看出拉德克利夫天赋惊人。她的家族中曾出现过优秀的运动员——她的姑母夏洛特是奥运会游泳项目的银牌得主。另外，虽然每周的训练量还不到 50 千米，但拉德克利夫的最大摄氧量却与精英级女运动员相当。琼斯在谈到拉德克利夫时说："显然，她非常有才华。不过这种潜力是在经过 10 多年艰辛训练后才得以兑现的。"

那些年里，拉德克利夫的身高变得更高，不过体重却并没有增加，因为她经常在高海拔地区疯狂训练。她的最大摄氧量没有提升（原本就处于最高水平了），但跑步效率却每年都在提高，想必部分原因在于她的腿变长了而体重却没有增加。2003 年，距离她第一次接受测试已经过去了 11 年时间，拉德克利夫的最大摄氧量与 18 岁进行轻量训练时比没有什么不同，但跑步效率却有了显著提高。那一年，她以 2 小时 15 分钟 25 秒的成绩打破了女子马拉松世界纪录。显然，拉德克利夫卓越的跑步效率至少一部分源于训练。[1]

即便遗传科学已经相当成熟，也不太可能完美解答肯尼亚人的跑步天赋。这就和很难找到与身高有关的基因一样。即使是找到与跑步相关的某些生理因素的决定基因都很难，更不用说确定所有的基因了。正如享誉世界的神经学家，也是 1 英里跑突破 4 分钟大关的第一人——罗杰·班尼斯特爵士曾说的："人体的奥秘超越了生理学家的认知好几百年，人体可以将心脏、肺和肌肉完美地整合，可这对科学家来说太复杂了，根本无从分析。"

此外，基因变异也存在着很大的族群差异，因此遗传学家在研究中通常会以特定族群的受试者为对象，即针对卡伦津人的基因研究会对照比较卡伦津跑者与非跑者。所以基因研究通常会着

---

[1] 一些生理学家曾提出过另一种假设：就像跳高运动员斯特凡·霍尔姆一样，拉德克利夫的跟腱经过多年训练已经硬化，而这有利于其跑步效率的提高。

第13章 海拔：世界最强天才筛选器

眼于族群成员之间的差异，而较少涉及不同族群之间的差异。研究人员尚未完全理解跑步的生理机制，所以指望仅仅通过基因技术来揭开肯尼亚跑步谜团至少在短期内是不现实的。我们还需要从其他地方来寻找答案，就像那些测试卡伦津男孩跑步效率的丹麦研究者一样。

当我上次遇到贝拉德利时，他正在指导一群来肯尼亚训练的印度运动员。表面来看，他们的成长经历与肯尼亚跑者有着惊人的相似性：出身贫困，高度自律，并且在童年时期经常以跑步作为出行手段。如果在长跑上取得成功只需要金钱激励、儿童时期的跑步经历和一流训练，那么贝拉德利指导下的印度学员应当很快就可以在跑道上与肯尼亚运动员一较高下。

贝拉德利带着一抹揶揄的笑意说："让我们拭目以待。"

贝拉德利相信，整体而言，肯尼亚人更有可能成为天赋型跑者。但他也知道，无论是天赋、体型还是童年环境、国籍，能跑入2小时5分钟的马拉松选手从来都不是凭空出现的。天赋必须与不屈不挠的意志结合在一起。

但说到底，与生俱来的天赋不可或缺。

— 第14章 —

雪橇犬、超级跑者和懒人基因

在阿拉斯加的费尔班克斯以北,距离艾略特高速公路大约3英里的一条土路旁,一块写着"归来犬舍"的铝制标牌被随意地钉在了一棵冬青树上。碎石铺成的车道不仅冻得极硬,而且非常陡峭,要想保证安全,只能开着越野车进入。这种偏僻之处很符合阿拉斯加人的口味。如果你能看到邻居家烟囱冒出的烟,那就说明你们住得太近了。

要在这里找寻地球上最伟大、意志最为坚定的耐力运动员仿佛是天方夜谭。不过,在黑云杉围绕着的一处斜坡空地上却养着120只阿拉斯加犬,它们都是狗拉雪橇比赛中最顶尖的选手。实际上,归来犬舍就是那座被冰霜所覆盖的前院,主人名叫兰斯·麦基(Lance Mackey)。

麦基堪称狗拉雪橇界的传奇人物,1000英里双程赛几乎可以算是他发明的。2007年和2008年,麦基连续两年获得了1000英里育空远征赛冠军,几周后他又摘下艾迪塔罗德赛的桂冠。艾迪塔罗德赛的赛程同样为1000英里,忠实粉丝称之为"地球上最后的伟大比赛"。在麦基实现连续完成两项比赛的壮举之前，这被认为是不可能的任务。对于一位狗拉雪橇车手来说，跑完其中一场比赛且车手和雪橇犬都没有生病或遭遇重伤就已经足够幸运了。要达成上述目标，无论对狗还是对主人而言，都无异于一场巨大的意志考验。

当狗狗们躺在雪地里拒绝再走一步时，哪怕是最出色的狗拉雪橇车手也不得不退出艾迪塔罗德赛。彻骨的严寒和阿拉斯加漫漫长夜中的睡眠剥夺足让艾迪塔罗德赛以险恶而著称，比赛中狗拉雪橇手非常容易失去判断力。有时，当狗拉雪橇手熬过漫长黑夜，艰难地穿越冰冻的白令海，看到明亮的阳光时，会不由自主地脱下夹克和手套，但迎面而来的却是零下 50 摄氏度的冷空气，导致人在瞬间被冻伤。麦基也产生过类似的幻觉。有一次，在经历了漫长且寒冷的不眠历程后，他很高兴地看到小路旁有一位因纽特女性在对他微笑。而当他转过头去挥了挥手才意识到她已经不见了。或者更确切地说，她根本就不曾存在过。

在麦基之前，尝试连续不断地跑完育空远征赛和艾迪塔罗德赛会被视作不切实际的鲁莽想法。而即使狗拉雪橇车手能在征程中幸存下来且生命体征正常，那狗呢？就算它们很健康，可它们真的愿意这样一刻不停地奔跑吗？想要完赛，雪橇犬必须和主人一样具有进取的意志。

狗拉雪橇车手埃里克·莫里斯（Eric Morris）是一位生物化学家，他发明了为雪橇犬量身定制的"红爪"狗粮。"它们不是家犬。用食物奖励来作为训练手段对雪橇犬不起作用，"他说，"负面强化也不能用来训练雪橇犬。要完成长途跋涉，就像一只

第14章 雪橇犬、超级跑者和懒人基因

捕鸟猎犬嗅探野鸡一样，这必须是生活中能给它们带来最大乐趣的一件事。它们必须具备与生俱来的拉雪橇欲望……你会发现不同的狗在这方面差异非常大。"

* * *

麦基院子里的阿拉斯加犬们都被拴在一个金属环上，金属环套在一根柱子上，这样做是为了将它们的活动半径限制在几米的范围内，包括钻进自己的木屋。不过，有一只名叫"佐罗"的狗是个例外。

佐罗的围栏在院子里山坡的顶上。它享有更多的空间，也不用被链子拴着。麦基开玩笑说这是它的"山顶公寓"。在这里，佐罗既可以俯瞰远处费尔班克斯夜晚的灯光，也能低头看见它的侄女、侄子、兄弟姐妹和儿女等生活在院子里的一大家子。

麦基走向佐罗，中途他停下来指着另一只阿拉斯加犬说："那只母狗对我来说非常重要。"它是佐罗的孙女之一，名叫梅普尔，拥有肉桂吐司般的金棕色毛发。2010年，梅普尔带领麦基的犬队赢得了金挽具奖，该奖项颁给艾迪塔罗德赛中表现最优异的队伍。像梅普尔一样，麦基的所有冠军犬都拥有佐罗的血统。"这是相当冒险的做法，整个犬舍都基于一只狗来打造。"麦基一边说，一边俯下身抚摸着佐罗眼周的一圈金色毛发，那正是它得名佐罗的原因。

与佐罗打过招呼以后，麦基回到他和妻子托雅已经盖了一

半的房子。虽然屋里到处都是裸露的电线,有些地方还包着塑料纸,但这是属于他们的二人世界。一旁的车库里停着1辆限量版道奇战马和3辆道奇卡车,所有的这些都是艾迪塔罗德赛的奖品。"全是狗狗们赢来的。"麦基说。其中功劳最大的莫过于佐罗。

佐罗堪称归来犬舍的遗传纽带,但它并不是一只速度特别快的阿拉斯加犬,麦基看中的是佐罗的"工作态度基因"。但事实上当年他别无选择。在1999年刚启动繁育计划时,麦基根本养不起跑得快又毛色光亮的狗。

* * *

兰斯·麦基的父亲迪克是艾迪塔罗德狗拉雪橇大赛的联合创始人之一,该项赛事首次举办于1973年。在前五届比赛中,迪克的成绩从未超过第6名。1978年,在他的第6次尝试中,发生了一件令人意想不到的事情,以至于这项刚创立不久的赛事甚至找不到对应的规则来裁决。

兰斯那一年才7岁,当他守候在标志着终点的拱门边时,他的父亲正裹着皮大衣,上气不接下气地跟着雪橇车奔跑。与他父亲齐头并进的是上届冠军里克·斯文森(Rick Swenson),二人正沿着富兰特街做最后的冲刺。随着领头犬以一个鼻子的优势率先越过终点,迪克·麦基(Dick Mackey)瘫倒在地,犬队也刚好压在终点线上。而此时,斯文森的雪橇车疾驰而过。在经历了长达14天18小时52分钟24秒漫长而艰难的跋涉后,

第14章 雪橇犬、超级跑者和懒人基因

艾迪塔罗德赛的冠军归属交由赛事总指挥迈伦·加文（Myron Gavin）裁定：究竟是雪橇车手和所有的雪橇犬都越过终点线才算获胜，还是只要一只狗通过终点即可？"赛马比赛也是看马头，而不是马屁股，对吧？"加文机智地反问。于是，迪克·麦基最终赢得了这届比赛的冠军，成了儿子心目中的英雄。

聊起这段往事时，自小在阿拉斯加的瓦西拉长大的兰斯说道："我当时就站在终点线，太令人兴奋了。一切都太戏剧化，太让人激动了。它深深地铭刻在我的脑海里。毫无疑问，在那一瞬间我人生的激情、动力和信念都被彻底激活了。这不仅改变了父亲的生活，也改变了我的生活。"从那一刻起，兰斯·麦基告诉自己，总有一天他也会赢下艾迪塔罗德赛。然而，这条道路却充满了曲折。

在夺冠3年后，麦基的父母离婚了。他开始很少见到父亲。父亲是一名钢铁工人，一直在阿拉斯加的偏远地区参与工程建设。母亲凯西则是一名丛林飞行员，平时还要兼职洗碗工来养家糊口，所以麦基基本处于无人照顾的状态，有大把的时间来寻衅滋事。这恰好又是他的强项。

到15岁时，麦基已经成了一个名副其实的坏小子：打架、饮酒、酒后斗殴闹事、随地小便，简直无恶不作。甚至还没有拿到驾照，他就偷拿凯西的支票簿买了一辆68年的道奇战马开去了北方，还当掉了从自家枪柜里偷来的三支枪。

于是，凯西便开着飞机把儿子送到了北极圈与父亲共度美好时光。当时父亲改装了一辆校车，用来向阿拉斯加输油管道

— 285 —

沿途的卡车司机出售食物。这项业务后来发展成了一家餐馆和加油站，并最终形成了拥有十几位居民的阿拉斯加科特福德镇（Coldfoot）。

在父亲的加油站里工作的麦基，学会了用维修卡车的技能换取毒品。"卡车司机们都是瘾君子，"他说，"所有能接触到的毒品我几乎都能搞到手。"18岁生日前，麦基回到了瓦西拉，继续自己之前惹是生非、有时犯罪的生活——直到某个周六，凯西拒绝再次保释儿子了。

出狱后，兰斯去往白令海，在接下来的10年时间里，他一直在延绳钓船上做渔民。即使在那时，麦基也会告诉钓船上的船员（船上许多人来自墨西哥，从未听说过艾迪塔罗德赛），自己有一天一定会赢得父亲参与创办的这项赛事。"没赢艾迪塔罗德赛，你根本就算不上什么狗拉雪橇车手。"麦基记得父亲这样说过。

1997年，麦基和托雅住在阿拉斯加的尼纳纳，两人都对可卡因上瘾。他们偶尔会让托雅与前夫所生的女儿阿曼达来当代驾司机。"她有一块垫子，坐在垫子上就能够到方向盘了，"麦基说，"她觉得自己9岁就能在高速公路上开车，简直太酷了。"

1998年6月2日，在麦基28岁生日当天（不久之前，他在一起涉枪酒吧斗殴中差点丧命），他和托雅下定决心要彻底戒除毒瘾。于是，二人连夜整理好行装，向南驱车748千米，来到了阿拉斯加的基奈半岛，在那里他们最终成功戒掉了毒瘾。麦基、托雅、阿曼达以及托雅另一个8岁的女儿布兰妮生活在一

第14章 雪橇犬、超级跑者和懒人基因

起,他们住在海滩上用防水布搭成的简易房子里,主卧室是一顶小帐篷。晚餐时,托雅会生起篝火,烹饪女孩们从沙窝里捞出来的比目鱼。麦基开始在建筑队和当地的一家锯木厂打工。他和托雅付了首付买下一小块土地,在上面建造了一栋木屋。为了保温,他们在墙里塞满了从救世军组织领来的衣服。戒除毒瘾后,麦基又染上了一种新的"瘾":繁育和饲养雪橇犬。

他没有钱购买那些在比赛中表现出众、毛色光亮、体型健壮的阿拉斯加犬,只能在大街上找一些杂种犬或收养其他雪橇车手丢弃的狗。这些品系混乱的狗永远不会成为犬类世界的短跑选手,麦基欣然接受了这个事实,他决定繁育具备其他品质的雪橇犬。而就在此时,他遇到了罗西。

罗西是一只曾属于短程赛选手帕蒂·莫兰(Patty Moran)的小母狗。莫兰觉得罗西的速度太慢了,于是以低廉的价格将它卖给了参加中长距离雪橇比赛的罗伯·斯帕克斯(Rob Sparks)。当看到罗西在奔跑时迈不开步伐后,斯帕克斯也认为小罗西实在太慢,不适合参赛。斯帕克斯为麦基提供了一群狗,但麦基一眼就相中了罗西,并带它出去试跑。当然,它的速度并不快,不过麦基却看到了它的特别之处:只要把雪橇挽带套在罗西身上,它就会小跑个不停。就像麦基说的,它不在地上刨个坑都停不下来。麦基高兴地将它从斯帕克斯手中买走,并取名为"小跑龙卷风"。

麦基将罗西与另一只名叫"霍利德医生"的阿拉斯加犬进行配种,后者同样永远也不会赢得冲刺赛,不过它的生活从来就只

— 287 —

有两件事：吃饭和奔跑。罗西和霍利德医生的结合让麦基得到了佐罗。

在长距离奔跑中，即便是精心培育且经过良好训练的雪橇犬，也会经常出现偷懒的情况。当其他团队成员在努力工作时，一些雪橇犬会偷偷地放慢脚步。经验丰富的雪橇车手可以判断出来，因为如果某只狗在偷懒，它身上连接到雪橇主绳上的绳索（拖绳）就不会完全拉紧。但佐罗的绳子总是扯紧的。从第一场比赛开始，麦基在起跑线上就必须抓住佐罗的绳子，甚至抵达终点后还要一直拉住它。尽管对于赛犬来说，佐罗有些超重，但麦基说："我跟兄弟瑞克说，我要把每只狗都培育成佐罗的模样。"

2001年，麦基从自己那些几乎要被淘汰的狗群中拼凑出了一支队伍，让它们与佐罗这只唯一由他培育和饲养的狗一起参加了艾迪塔罗德赛。麦基用了12天18小时35分钟13秒完成了比赛，获得了第36名。当时佐罗还不到2岁，在所有跑完1100英里（约合1770千米）距离的雪橇犬中，它是年龄最小的一只。比赛中，它的确表现得非常出色，甚至拉着雪橇越过终点线时还在欢快地吠叫。

但麦基本人则没那么充满活力。他经受了被好几位医生误诊为牙齿发炎脓肿的剧烈疼痛，比赛过程中他还经历了视力模糊、头痛和昏厥等一系列痛苦症状。完赛后他便倒下了。托雅直接将他送进了医院。接下来的一周，麦基接受了喉癌紧急手术。手术过程异常凶险，甚至在手术之前，医生让麦基把想说的话都告诉了妻子和家人以免留下遗憾。一向沉稳的父亲迪克看上去都悲痛

第14章 雪橇犬、超级跑者和懒人基因

欲绝。

外科医生从麦基的喉咙中取出了一个葡萄柚大小的肿瘤，并切除了与之缠绕的皮肤、肌肉组织和唾液腺。手术后，麦基必须不间断地通过水瓶啜饮水或者果汁来保持喉咙湿润，以方便呼吸。放射治疗损伤了麦基的神经，导致他的左手食指出现搏动性疼痛，他看了很多位医生都没办法根治，最后只得将手指截掉。

即便在麦基生死未卜之时，托雅仍在延续着麦基的育种计划。在麦基的指导下，她在院子里让佐罗和母犬繁育后代。等到手术后的那年冬天，麦基已经康复得差不多了，重返工作时，迎接他的是66只摇头摆尾的小狗——它们都是佐罗的后代。

2002年，麦基重返艾迪塔罗德赛——胃里还插着一根喂食管，不过这一次他只跑了708千米就退赛了。下一年的艾迪塔罗德赛他也没有报名，在接下来的几年里他都专注于抚养和训练佐罗的子孙后代。麦基的训练计划是根据他最初的繁殖策略——培育出最勤奋的狗而量身定制的。这一策略也是迫不得已，因为他根本买不起跑得最快的狗。麦基知道自己永远不可能在检查站之间超越艾迪塔罗德赛上的竞争对手，因此他发明了一种"马拉松式"技术，改变了长距离狗拉雪橇比赛。许多成功的雪橇车队的冲刺速度为每小时19千米，甚至偶尔高达24千米。相比之下，麦基的雪橇犬速度更慢，但它们会一直坚持小跑前行。"与其在休息站之间冲刺，不如以每小时11千米的慢速前进，"麦基说，"如果狗狗们能以这样的速度连续跑上19小时，反而会更快

— 289 —

抵达终点。"

2007 年，麦基率领着由 16 只狗组成的队伍又一次征战艾迪塔罗德赛。除了同父异母的兄弟拉里、侄子巴特尔以及佐罗自己以外，这支狗狗队伍几乎完全由佐罗的后代组成。仅仅 9 天后，脸上还挂着结冰的泪痕的麦基便第一个从木拱门下通过了终点。"生活的改变才刚刚开始。"麦基告诉自己的雪橇犬们。不止如此，狗拉雪橇比赛也同样迎来了改变。

麦基的竞争对手们都想要照搬这种马拉松式的比赛方式。一夜之间，麦基犬舍中的雪橇犬从没人要的廉价货，摇身一变成了令人垂涎的高贵血统者，每只狗的价格都至少在四位数。托雅说："佐罗的儿子奥博被一位雪橇车手买下后，被带到挪威去配种，每次配种的价格都达到数千美元。"2008 年，麦基再次赢得了艾迪塔罗德赛，这是他四连胜中的第 2 次夺冠。然而在赢得冠军几周后的一场比赛中，一名醉酒的雪地摩托车手冲进了他的犬队。佐罗因 3 根肋骨骨折、肺部瘀伤、内出血和严重的脊椎损伤而无法站立，不得不被空运到西雅图进行治疗。

佐罗最终幸存了下来，但一位兽医命令它退出育种行列，也禁止它再参加比赛。麦基在院子里为佐罗搭了一个狗窝，很快他就发现，如果他带其他狗去参加比赛而忽略佐罗，这只勤勉的奔跑者便会发出哀怨的吠叫声，并拉扯自己的狗链。于是，麦基又在房子前面的围栏区域，为它专门建造了一座"山顶公寓"。麦基说："它依然是犬舍里的风云人物。即便不参加比赛，它依然是我最重要的伙伴。它在我的生活里、我心中都占据着

第14章 雪橇犬、超级跑者和懒人基因

非常非常特别的地位。"当然,更重要的是它奠定了归来犬舍基因库的基础。

* * *

事实上,通过繁育狗群来赢得比赛的想法并不是什么了不起的启示。无论你想要何种特征的狗,育犬员都能够繁育出来。对于这种能力,连达尔文本人都感到非常惊讶。对于竞速型惠比特犬的速度基因进行选育的竞争一直激烈异常,以至于在顶级比赛中超过40%的狗都拥有通常极为罕见的肌生长抑制素基因突变,即所谓的"超级宝贝"突变。

19世纪末和20世纪初,尤其在克朗代克淘金热期间,每当阿拉斯加的海港和河流冻结之时,雪橇犬便成为最主要的运力来源,它们负责运送包括邮件和金矿石在内的各种物品。阿拉斯加的育犬者一直在认真培育雪橇犬的力量、耐力和抗寒属性,直到雪地摩托车开始流行起来,狗作为运力的需求才日渐式微。1973年第一届艾迪塔罗德赛举办后,随着赛事奖金水涨船高,狗拉雪橇比赛越来越受到人们的关注,竞技型雪橇犬的选育开始成为一门正经的生意。来自指示猎犬、萨路基猎犬和很多其他犬种的基因相继被引入传统上只包括阿拉斯加马拉缪特犬和西伯利亚爱斯基摩犬的基因池中,形成了一锅基因"杂烩"。事实证明,这样做的确有用。

上两届艾迪塔罗德赛的获胜者花了20多天才完成比赛。而

经过 20 多年的繁育后,现在的雪橇车手只需要一半时间就能完赛。阿拉斯加犬演变为地球上独一无二的运动员。即便在接受训练以前,一只优秀的阿拉斯加犬体内运输的氧气量就相当于一位未经训练的健康成年男子的 4～5 倍。如果经过训练,顶级雪橇犬的最大摄氧量约为普通男子的 8 倍,比训练有素的女子马拉松世界纪录保持者保拉·拉德克利夫还高出 4 倍多。

经过繁育的雪橇犬具有诸多优秀特质,它们的胃口奇大(在艾迪塔罗德赛期间,它们每天要摄入 10000 卡热量),拥有适合在雪地上奔跑的蹼趾,具有短暂休息便能迅速平复心跳的能力。或许,在人类培育出来的阿拉斯加犬的所有生物学特性中,最引人注目的莫过于它们迅速适应训练的能力。与人类一样,雪橇犬在训练中会消耗肌肉中的能量储备,体内的应激激素水平会升高,机体细胞会遭到破坏。这时人类会感到疲劳和酸痛,必须通过休息来让身体适应,然后才能恢复训练或比赛。但最优秀的雪橇犬则会在奔跑中完成这一过程。人类必须交替运动和休息才能保持健康,而顶级的阿拉斯加犬则可以几乎不用停下来恢复体力,就能保持良好的状态。换句话说,它们是最完美的训练应答者。

2010 年,当时还在阿拉斯加大学学习的遗传学家希瑟·赫森(Heather Huson)——她从 7 岁起就开始参加狗拉雪橇比赛——对来自 8 个不同犬舍的狗进行了测试。令赫森感到惊讶的是,阿拉斯加雪橇犬在特定性状方面的选育是如此彻底,以至于微卫星 DNA 分析表明,阿拉斯加犬已经相当于一个独立的遗传

第14章 雪橇犬、超级跑者和懒人基因

品系，与贵宾犬或拉布拉多犬一样独特，而不仅仅是阿拉斯加马拉缪特犬或西伯利亚爱斯基摩犬的变种。

除了阿拉斯加犬的独特标记外，赫森及其同事还发现了21个犬种的遗传印记。研究小组通过雪橇拖绳的松紧程度对这些狗的工作态度进行了分析，结果发现不同犬种间差异巨大。工作态度较好的雪橇犬拥有更多来自安纳托利亚牧羊犬的DNA。安纳托利亚牧羊犬是一种拥有金色毛发的犬种，肌肉发达。由于天性热衷于与狼战斗，它们最初被尊崇为羊的守护者。安纳托利亚牧羊犬基因赋予雪橇犬良好的工作态度，这是一项科学角度的新发现。但事实上优秀的雪橇车手早就知道如何繁育工作态度上佳的雪橇犬。

"在38年前的艾迪塔罗德赛上，很多狗并不热衷于比赛，它们只是被迫这样做。"麦基说，"然而尽管我去参加比赛只是想体验一下，但我的狗狗们是真心实意地想跑，因为它们热爱自己的工作。它们穿越阿拉斯加不是为了让我获得满足感，而是因为它们自己喜欢。这就是40多年繁育的结果，我们培育出了具有强烈比赛欲望的狗。"

与我交谈过的几位雪橇车手表示，雪橇犬的生理能力可能已经达到极限，不可能变得更快或更强壮了。现如今，比赛成绩的提升完全取决于雪橇犬们渴望在不休息的情况下拉多久。"这些狗处于可控状态，"生物化学家、狗拉雪橇手埃里克·莫里斯说，"这就是我们繁育热爱工作的雪橇犬的原因……必须花时间反复试错，与优秀的雪橇车手聊天、一起工作，才能了解他们掌握的

知识。一位伟大的雪橇车手知道如何培育一只动力十足且渴望拉雪橇的狗，接着他们会再培育和发展这种渴望。"[1]

* * *

科学家已经培育出具有奔跑意愿的啮齿动物，对这些动物的研究证明了工作态度会受到基因的影响。该领域的领导者之一是来自加州大学河滨分校的生理学家西奥多·加兰（Theodore Garland）。10多年来，他的主要研究方法是为小鼠提供一个轮子，让它们自行决定是否跳上去奔跑。

正常小鼠每晚会跑上4.8千米到6.4千米。加兰将一群普通小鼠分成两个小组：每晚跑动距离低于平均水平的小鼠以及跑动距离高于平均水平的小鼠。然后他利用跑动较多的小鼠来繁育"爱跑鼠"，让跑动较少的小鼠繁育"厌跑鼠"。仅仅经过一代的培育，"爱跑鼠"的后代出于自愿而跑动的平均距离就超过了父母一辈。到了第16代时，这种"爱跑鼠"每晚自愿跑动的距离高达11.2千米。加兰表示："普通小鼠只会悠闲地散步，它们在轮子上四处溜达，但热爱跑动的小鼠们却真正地在奔跑。"

---

[1] 我感受过阿拉斯加雪橇犬对艰难旅程的渴望。2010年，在明尼苏达州上冻的边界水域，我生平第一次也是唯一一次体验狗拉雪橇之旅。领头的雪橇犬是一只已经退役的赛狗，后来我才知道它是佐罗的儿子之一。奔跑过程中我需要用很大的力量，花费大约100米的距离才能让狗在结冰的湖面上停下来。但当我松开缰绳看向一侧时，车队又开始狂奔。我从雪橇上被抛下来，狂追了400米，直到雪橇车卡在一座冰冻小岛上的树枝之间，它们才停了下来。真是万幸，我相信，和执着的佐罗孩子相比，我自己是绝对不可能撑到最后的。

第14章 雪橇犬、超级跑者和懒人基因

与此同时,研究人员也开展了耐力素质的繁育实验,让实验鼠被迫在能承受的情况下尽可能长时间地跑步。研究发现,经过若干代选育以后,小鼠的身体骨骼更加对称,体脂率更低,心脏也更大。在他的自愿跑步小鼠育种计划中,加兰也看到了同样的变化。他说:"与此同时,大脑的差异也非常显著。"热衷跑步的小鼠的大脑比普通小鼠的大脑要更大。加兰推测这可能是负责处理动机和奖励的大脑中心区域变大了。

随后,加兰给小鼠服用了利他林(Ritalin),这是一种改变多巴胺水平的兴奋剂。多巴胺是一种脑内的化学神经递质,负责在脑细胞之间传递信息。正常小鼠服用这种药物后,显然会从跑步中获得更大的快感,因此开始跑得更久。但热衷跑步的小鼠在服用药物后却并没有跑得更多。利他林在正常小鼠大脑中的作用过程,在热衷跑步的小鼠的大脑中实际上已经发生过了。毫不夸张地说,后者就是一群跑步成瘾鼠。[1]

"谁说动机是不可遗传的?"加兰反问道,"在这些小鼠身上,跑步的动机绝对发生了进化。"

世界各地的研究人员已经开始探索"马拉松小鼠"和正常小鼠在基因组上的差异位点,特别是寻找与多巴胺相关的基因,这些基因可能会影响小鼠从特定行为中获得的愉悦感。

---

[1] 任何可以培育的性状都必定涉及遗传组分,否则繁殖将不起作用。研究人员已经成功培育出具有一些奇怪特征的啮齿动物,例如喜欢啃咬自己脚趾的小鼠。如果让喜欢啃咬脚趾的小鼠相互交配,它们将会生出把自己脚趾啃得一干二净的后代。

当然，科学家们研究这些并非只是为了解啮齿类动物跑步的原因。他们的终极目标是理解那些运动成瘾的健身狂人。

* * *

这已经不是帕姆·里德（Pam Reed）第一次来到纽约市皇后区拉瓜迪亚机场停车场的顶层了。航班延误了，但她从来都是个坐不住的人。当心怀不满的旅客们拖着行李，争先恐后地寻找电源插座和软垫座椅时，51 岁的里德突然戴上了耳机，来到了停车场的顶层。

夏日的闷热空气令人呼吸不畅。里德把行李藏在角落，然后开始奔跑。顿时，一股淡淡的平静从她的全身蔓延开来。整整一个小时，她绕着这个不大的地方跑了一圈又一圈，每圈不超过 200 米。然而这并不是因为她需要健身。

就在一天前，里德以 11 小时 20 分钟 49 秒的成绩完成了在纽约市举办的美国铁人三项锦标赛，而这一成绩足以让她获得夏威夷世锦赛的参赛资格。在那之前的一周，她参加了一场接力赛，她负责的一棒需要环绕跑道连续跑上 8 个小时。而在之前的两周，里德还参加了著名的恶水超级马拉松，她用 31 个小时完成了从死亡谷开始的 217 千米全程，成为本届比赛的第 2 位女性完赛者。而此前里德已经两次获得这项赛事的冠军。

里德的航班最终从拉瓜迪亚机场起飞了。接下来的周末，她在魁北克以 12 小时 16 分钟 42 秒完成了蒙特朗布朗铁人三项赛。

第14章　雪橇犬、超级跑者和懒人基因

而在这之后的又一个周末，用里德自己的话来说，"只参加了一场马拉松比赛"，然而这场比赛要穿越堤顿山脉——她位于怀俄明州杰克逊霍尔的老家。

这种强度并非某种自虐情结，而是里德作为一名女性的日常生活。她曾经在不睡觉的情况下跑完了 482 千米；2009 年在皇后区的一个公园里，她花了 6 天时间绕着一个 1 英里的圆圈，单调地跑了 491 圈。

当 11 岁的里德在电视上观看 1972 年奥运会时，她被体操运动给迷住了。此后在自传《更进一步》（*The Extra Mile*）中里德这样写道："当时我非常着迷，每时每刻都在练习体操，在地下室、沙发旁，无论在哪儿都一直练。"到了高中，里德转向网球，同样全身心地投入到这项运动中，就像海豹突击队队员满怀兴奋地跳下飞机一样。她每天至少要做 1000 个仰卧起坐，而这只是训练的一部分。进入密歇根理工大学后，她加入校队继续打网球。之后，里德搬到亚利桑那州（该地区最大的图森马拉松正是在她的指导下创办的）开始担任有氧运动教练，这样她就可以使用健身俱乐部的游泳池。在那里，她遇见了经常和自己一起进行铁人三项训练的第二任丈夫。里德时常想弄清楚的一个问题就是：让自己坚持不懈地进行训练的动力来源究竟是什么？

里德的父亲就是个不知疲倦的人。他经常凌晨 3 点半起床去铁矿上班，而下午回到家就开始修建房子或修理汽车。里德表示，"根据家族传说，绝对真实可信"——她的祖父伦纳德曾经

在威斯康星州梅里尔的一次家庭聚会上与人发生争执，一怒之下夺门而出，整整走了480千米后回到了位于芝加哥的家中。

"每天跑步3个小时可能会让一些人生病，"里德在书中写道，指出她在极限运动中找到了内心的平静，"但如果我每天不跑上3个小时，我肯定就会生病……没有人强迫我这样做，但我别无选择。天性让我很难坐着不动……习惯于不停运动的性格，让我在长途汽车旅行或安静的社交环境中感觉非常不舒服。"里德的儿子蒂姆将自己和母亲相比，说："我也喜欢跑步，但最多只能跑两三个小时。"里德眼下的目标之一就是以每天跑两场马拉松的节奏，创造横穿美国的女子跑步世界纪录。

"如果做不到这种程度，"里德说（"这种程度"指每天跑3～5次马拉松），"那会感觉太糟糕。我经历剖宫产手术的3天后就开始跑步……我太热爱跑步了。等我年纪再大点，或许坐着不动的时间会稍长一点，但那样会感觉不舒服。"

在她的书中，里德敏锐地意识到自己或许就像是威斯康星大学实验室里的啮齿动物。实验中培育出来的小鼠天性热爱奔跑，但研究人员却限制了它们奔跑的自由，分析它们的大脑活动。人类渴望食物或性爱、瘾君子渴望毒品时活跃状态的大脑回路，在热衷于跑步但却被剥夺了跑步自由的小鼠身上同样被激活了，因此它们变得焦躁不安。研究人员原本以为当小鼠无法跑步时，它们的大脑活跃程度会下降。但结果恰恰相反，它们的大脑进入了过度活跃状态，以至于似乎需要运动才能恢复正常。对某只小鼠而言，习惯奔跑的距离越长，当被要求静止不动时，它的大脑活

第14章 雪橇犬、超级跑者和懒人基因

动就越狂乱。与加兰研究中的小鼠一样,这些啮齿动物同样是运动成瘾鼠。

无论以何种标准来衡量,帕姆·里德都算是个特例。不过在杰出的运动员中间,这种看似强迫性的锻炼习惯却相当普遍。以创造了27项长跑世界纪录的埃塞俄比亚人黑·格布雷希拉西耶(Haile Gebrselassie)为例,他曾经说"一天不跑步,我就感觉不舒服";再比如创造不败战绩的拳击冠军弗洛伊德·梅威瑟(Floyd Mayweather),据说他会在半夜惊醒,强迫阵容庞大的随从人员在健身房与他会面,然后开始锻炼;又或者2010年奥运会四人雪车队的成员史蒂夫·梅斯勒(Steve Mesler),他所在的队伍为美国赢得了62年来该项目上的首枚金牌。夺冠之后梅斯勒便退役了,但按他的说法,现在即便休息一会儿都会感到焦虑。铁人三项运动员克里希·威灵顿和跳高运动员斯特凡·霍尔姆都曾声称,训练让自己上瘾。

赫歇尔·沃克(Herschel Walker)曾以跑卫身份赢得了1982年的海斯曼奖,也是纵横全美橄榄球联盟十二载的著名老将。51岁时沃克又成了一名职业综合格斗家,取得过两战全胜的战绩。此外他还练过芭蕾舞和跆拳道(他是黑带五段),并作为雪车车手参加过1992年奥运会。早在系统性地参与体育活动之前,从12岁起沃克就开始执行一套锻炼方案并一直每天坚持,这足以说明他强大的内驱力。"我会从晚上7点开始做仰卧起坐和俯卧撑一直到11点。"他说,"每晚差不多会做5000个。"如今,沃克表示自己每天"只能"做1500个俯卧撑和3500个仰

卧起坐（相当于 50～75 组俯卧撑，300～500 组仰卧起坐）。除此之外，他还要参加武术训练。

沃克表示，即便以后不参加比赛了，俯卧撑和仰卧起坐的例行锻炼内容都仍会保留下来。"这与比赛无关，"他说，"训练就像一种药物，能让人上瘾。哪怕生病了，我也会坚持这样做。好像内心深处有人在对我说，'赫歇尔，你得动起来'。"

* * *

大脑中的多巴胺系统因人而异，这让某些人在使用特定药物时更有可能获得奖励的刺激，也就是说，更有可能上瘾。会不会有些人就像雪橇犬和实验室小鼠一样，在生理上就倾向于从持续的运动中获得超强的刺激或愉悦感呢？[1] 截至本文撰写之时，有 16 项相关研究都发现，遗传对于人们自发进行的体育运动量有着极大的贡献。

2006 年，瑞典科学家针对 13000 对异卵双胞胎和同卵双胞胎进行了一项研究。异卵双胞胎平均有一半的基因相同，而同卵双胞胎基本上所有的基因都相同。研究发现，同卵双胞胎之间体

---

1 在引人入胜的著作《天才儿童：神话与现实》(Gifted Children: Myths and Realities) 中，心理学家艾伦·温纳（Ellen Winner）提出了用"可掌控的愤怒感"来描述天才儿童的主要品质。她将其描述为内在动机和"强烈而痴迷的兴趣"。书中她写道："对某个领域的痴迷兴趣再加上在该领域轻松学习的能力——这种幸运的组合会带来很高成就。"这句话似乎完全可以用来形容泰格·伍兹或莫扎特。

育活动水平的相似度是异卵双胞胎的 2 倍。不过，该研究是通过调研方式进行的，由于人们会习惯性地高估自己的运动量，所以准确性有待商榷。而另一项规模较小的双胞胎研究则使用了加速度计直接测量运动量，结果表明，异卵双胞胎和同卵双胞胎之间的确存在上述差异。研究人员针对来自 6 个欧洲国家和澳大利亚的 37051 对双胞胎完成了一项超大规模的研究，最后得出的结论是，在人们表现出的运动量差异中，约有一半至四分之三的比例可归因于遗传，而独特的环境因素，如加入健身俱乐部，其影响力则相对微不足道。

多巴胺系统会对体育活动产生应答，这一点毫无疑问。运动可用于辅助治疗抑郁症，并可作为延缓帕金森病发展的治疗方案，这就是原因所在。科学家发现，帕金森病这种疾病的发生，正与制造多巴胺的脑细胞受到破坏有关。相关证据表明反之同样成立，即体育活动水平也会对多巴胺系统形成应答。有不少科学证据已经开始暗示多巴胺控制基因的存在。

特殊的多巴胺受体基因、高水平的体育活动和较低的体重指数之间彼此相关。有多项研究以及对现有研究的元分析已经验证了以下发现：其中一种突变体，即 DRD4 基因的 7R 分型会增加个体患注意力缺陷多动障碍，即所谓多动症（ADHD）的风险。德州农工大学的悉尼和赫法恩斯研究所所长蒂姆·莱特富特（Tim Lightfoot）撰写了一系列关于啮齿动物和人类进行自发性体育活动的论文。另外，他还发现了多动症、运动和多巴胺基因之间的联系。"我们在实验室中培育的高活跃度小鼠，"莱特富特说，"至少就多巴胺系统而言，它们会表现出类似多动症儿童的症状……一种特殊的多巴胺受体在它们的体内很少，如果提高多巴胺的含量，它们身体的活动量就会减少。"

利他林可以使多动症儿童体内的多巴胺水平提高，进而降低其活跃度。显然，这对于很难在学校里坐着不动的孩子来说是一件好事。但莱特富特认为这样做可能会产生意想不到的后果。"这些孩子或许有很强的自驱力想让自己动起来，而我们这样做也许是在用药物钝化这种驱动力。"

莱特富特继续说道："我们的社会非常害怕孩子变胖。如果我们给这些多动症儿童服用的药物在降低活动水平的同时却导致了发胖，又该怎么办呢？"无论如何，莱特富特的实验小鼠身上的确出现了发胖的迹象。

科学家们提出了一个颇具争议的观点，即对于在自然环境中生活的人类祖先来说，"多动"和"冲动"属于生存优势，于是提高多动症风险的基因也得以保存下来。有趣的是，DRD4基因的7R突变在需要长距离迁移的人群以及游牧群体中更为常见。

2008年，一支由人类学家组成的团队对肯尼亚北部的阿里亚尔（Ariaal）部落成员进行了基因测试。该部落的部分成员仍旧维持着游牧生活，而另一些成员则定居了下来。在游牧组中，那些带有DRD4基因7R突变的人发生营养不良的可能性较低，然而这一趋势仅出现在游牧组中。为此，研究人员提出了若干假设，其中之一是：游牧民族中7R突变者较高的活动水平可能会转化为粮食产量的增加。换句话说，这种基因的携带者可能是更

第14章 雪橇犬、超级跑者和懒人基因

为辛勤的劳动者。

"这个研究领域的一大争议在于,当我们研究人的活动以及影响活动的因素时,总会忘记科学家们其实早已弄清楚影响积极性的生物学机制。"莱特富特说,"譬如你是否先天就更容易成为一个'沙发土豆'[1]。"

很明显,就像肯尼亚儿童一样,步行交通的必要性以及对更好生活的渴望会对他们的体育活动水平产生深远的影响。但环境因素并不能排除遗传的重要影响,这一点体现在所有关于自发性体育活动的可遗传性研究中。

这些发现让人不禁联想起历史上最伟大的曲棍球运动员之一韦恩·格雷茨基(Wayne Gretzky)说过的一句名言:"也许上帝赐予我的并非天赋,而是激情。"

又或许,这二者是密不可分的。

* * *

虽然有越来越多的研究证明遗传会影响体育活动水平,但科学家们才刚刚开始了解遗传发挥作用的生物学过程。此外,所有科学家也都非常清楚极端环境会极大地改变个体的训练量。虽然多巴胺能在一定程度上激发动力,但毫无疑问还有其他效果更为明显的诱饵。

---

[1] Couch potato,指整天躺在沙发上看电视而不出门的人。

弗洛伊德·梅威瑟以疯狂训练而著称。2007 年他在击败奥斯卡·德·拉·霍亚（Oscar De La Hoya）后，造访了《体育画报》编辑部。在采访中，他讲述了自己曾经一直为金钱烦恼，"但现在我高兴得很。"梅威瑟带着灿烂的笑容说道，那场比赛让他赚了 2500 万美元。

总而言之，遗传与环境之间的纠葛是如此地复杂，以至于催生了这样一个问题：在当今的体育运动中，基因检测究竟是否具有实际用途？

尽管情况异常复杂，但答案绝对是肯定的。

― 第15章 ―

心碎基因

赛场上的死亡、伤病和疼痛

2000年2月12日,在埃文斯顿镇高中的室内田径场里,冬季的空气异常干燥。当天我并不在现场。那时我已经高中毕业进入了大学。但我的弟弟是刚加入高中田径队的新人,父亲当天也在那里录像。当我的好友、从前的训练搭档凯文·理查兹(Kevin Richards)倒在赛场上时,看台的一些观众站起来想看清楚发生了什么,其中就有我的父亲。

在一场艰苦的比赛后,筋疲力尽的跑者摔倒在地是件稀松平常的事,不过这种情况在凯文身上从未出现过。队友们都知道,他会默默应对自己的疼痛,欣然接受跑步带来的痛苦,他总是站着,甚至会鄙视因精疲力竭而躺下的做法。"我喜欢酸痛的感觉,"他说,"就像在提醒自己,付出就会有收获。"

在正常情况下,选手的摔倒只会引起田径比赛观众们的轻微好奇。但凯文是全州冠军得主,布满尘土的绿色橡胶跑道也并不适合一位州冠军仰面朝天地躺在上面,况且他还在不停地颤抖。

那天早上，当凯文罕见地睡过头时，母亲格温多琳就开始觉得他有点不对劲了。比赛日当天凯文从不睡懒觉。她觉得儿子生病了，叫他不要去比赛了。但阿莫斯·阿隆佐·斯塔格高中的丹·格拉兹（Dan Glaz）也会参加那天的比赛。格拉兹是伊利诺伊州最优秀的赛跑运动员之一，他后来也拿到了州冠军，并获得了俄亥俄州立大学的奖学金。

凯文还是一名高三学生，正在准备自己的大学特长生申请。他不仅是伊利诺伊州最优秀的800米赛跑运动员之一，同时也是一名优等生。他来自牙买加的移民家庭，不出意外的话他将会成为家族中的第一位大学生。他曾经告诉我（通常是在我跑得上气不接下气的时候）自己想成为一名电子游戏设计师，印第安纳大学是他最想去的学校。而格拉兹是他未来大十联盟[1]的潜在竞争者之一，他绝对不能错过与这位对手同场竞技的机会。

在疗养院工作的格温多琳不太愿意凯文单凭跑步解决大学学费，所以她参加了助学金研讨会，想了解如何通过贷款支付学费。但凯文却不让她这么做，他告诉母亲："你不用为我掏一分钱。"说完便转身离开了。

在瘫倒前的最后关头，凯文一直在风驰电掣地追赶着格拉兹。虽然还有其他参赛选手，但这场比赛实际上已经成了凯文和格拉兹之间的对决。他们已经领先其他人一圈的距离。还剩两圈时，格拉兹拉开了一个身位，但随着最后一圈的铃声敲响，

---

[1] 大十联盟（Big Ten）：全美大学生体育协会下属的大学体育联盟之一，由美国中西部五大湖地区的10所大学组成，现已扩充至14所大学。——译者注

第15章 心碎基因：赛场上的死亡、伤病和疼痛

凯文缩小了差距。在最后的弯道处，他满头大汗地追了上来。他大口喘着粗气，一步一步试图切到格拉兹的面前。但空间已经不够了，在最后关头，他紧挨着格拉兹的肩膀抵达终点，屈居亚军。

越过终点线以后，凯文精疲力竭地走了几步。当教练大卫·菲利普斯（David Phillips）走过来伸出胳膊正要搀住他时，他从教练手中慢慢滑了下去，瘫倒在地板上，开始颤抖起来。

首席运动教练布鲁斯·罗曼（Bruce Romain）在其职业生涯中经历过近百次的突发痉挛事故。他跪在凯文身边量了一下他的脉搏，发现他的心跳得飞快。他握紧凯文的手，但凯文没有回握，他还在不停地颤抖着，像是一条搁浅的鱼，胸口剧烈起伏着，费力地将肺里的空气从嘴里挤出来，每次用力地呼吸，都伴随着白沫从口中涌出，挂在下嘴唇上。

观众中的一位消防员赶紧打电话叫来了医护人员。就在凯文倒下几分钟后，医疗急救人员冲进了田径馆，帮助罗曼对凯文进行人工呼吸。凯文用力吸了一口气，然后又无力地长叹了一口气。最终，他停止了呼吸。

罗曼望向对面的医务人员，这两位专业急救者正眉头紧锁。当凯文的脉搏消失时，罗曼脱口说了一句："哦，该死！"一名医务人员立刻冲向救护车去取除颤器。罗曼和其他人继续疯狂地给凯文做心肺复苏术。其中一个人充当凯文的肺，将富含氧气的空气吹入他的口中；另一个人下压他的胸腔，代替心脏来让含氧的血液流遍全身。心肺复苏术只能争取一些时间，但无法让凯文的

心脏再次跳动。如同一辆需要电才能启动的汽车，现在只有除颤器才能拯救他。

在最后一圈的某个时间点，指挥凯文心跳加速的电信号已经严重衰竭。这导致凯文的心脏无法有节奏地收缩和放松，它只是颤抖着，就像摇晃托盘上的果冻一样。负责从肺部接收含氧血液并将其迅速泵向全身的左心室出现了故障，导致凯文全身的血液循环出现"交通堵塞"。血液在凯文肺部的毛细血管中积聚——毛细血管非常狭窄，红细胞必须排成一排才能通过。与此同时，血液中的水分透过毛细血管壁渗入了肺泡，水占据了氧气原本应该存在的空间。凯文逐渐溺死在自己的体液之中。

医护人员拿来了除颤器，试图通过电击使凯文的心脏恢复正常节律。他们争分夺秒，希望从死神手里抢回这位年轻人的生命。在凯文经历过的所有计时赛中，接下来的这几分钟是他一生中最为凶险的时刻。若是平常，这短短几分钟时间足够凯文跑完1英里，而现在大脑缺氧的绝境将导致他的脑细胞成群结队地死亡。

凯文的一位队友在终点线附近失魂落魄地来回踱步，口中喃喃自语："这怎么可能，他是那么强壮的一个人。"罗曼也惊呆了，不知所措地往后退了几步。回过神后，他让一位助理教练赶紧打电话给还在上班的格温多琳。等母亲赶到时，她的儿子正在被人抬上救护车。她不管不顾地强行坐上了副驾驶座。一名医护人员赶紧拉下窗帘，这样她便看不到儿子在后面接受抢救的过程。

第15章　心碎基因：赛场上的死亡、伤病和疼痛

抵达埃文斯顿医院以后，格温多琳坐在候诊室里度过了自己一生中最漫长的时刻。最终，她只等来了一位牧师。"我知道他死了！快告诉我他死了！"她尖叫起来，接着便昏倒了。

凯文死了。他死在了跑道上。

* * *

碱基是构成 DNA 螺旋阶梯的一种化合物。人类基因组中包含 30 亿对碱基。在凯文体内的这些碱基对上，某处的遗传密码出现了一个拼写错误。这就好比在足以填满 13 套完整《不列颠百科全书》的一连串字母中，有一个字母打错了。

凯文体内的基因突变可能存在于数十亿个位点中的任何一处。当突变出现在某个位点会导致个体罹患肌肉萎缩症，而出现在另一个位点则会让个体患上色盲。就像我们每个人日常携带的大多数基因突变一样，许多位点的突变根本不会产生显著影响。但凯文体内的突变恰好出现在 DNA 螺旋阶梯的某一特定位点，相当于是一颗破损心脏的生物蓝图。

凯文患有肥厚型心肌病（HCM），这是一种会导致左心室壁增厚的遗传性疾病，左心室在两次心跳之间不能完全放松，阻碍血液流入心脏自身。大约每 500 名美国人中就会有 1 人患有这种疾病，但很多人从来都不会出现严重症状。根据美国明尼阿波利斯心脏研究基金会肥厚型心肌病中心主任巴里·马龙（Barry Maron）的说法，肥厚型心肌病是导致年轻人猝死的最常见原

因。毫无疑问，它也是导致年轻运动员猝死的常见元凶。

马龙的统计数据显示，在美国，每隔一周就至少有一位患有肥厚型心肌病的高中生、大学生或职业运动员不幸遭遇猝死。他们中的一些人还很有名，比如亚特兰大老鹰队的中锋贾森·科利尔（Jason Collier）、旧金山49人队的进攻内锋托马斯·赫里恩（Thomas Herrion）以及来自喀麦隆的职业足球运动员马克-维维安·福（Marc-Vivien Foé）。大多数人都像凯文·理查兹一样，在尚未闯出一片天地的青少年时代就意外陨落。

在他们的体内，左心室的肌细胞并非呈正常状态，即像砌墙砖一样整齐摆放，相反，它们全都呈歪斜状，就像胡乱堆放在一起的砖块。当指挥心脏收缩的电信号通过这些细胞时，心脏很容易发生不规律的跳动。高强度的体育活动会引发"短路"现象，这在比赛期间尤其危险，因为此时运动员的身体正处在紧张状态，通常不会对危险的早期迹象做出反应。

糖尿病、高血压和冠状动脉疾病是当前美国国内最紧迫的健康问题，对于这些疾病的患者而言，运动具有奇效。但对于患有肥厚型心肌病的人来说，运动则可能会导致其猝死的风险增加。

艾琳·科格特（Eileen Kogut）很早就知道自己的家族中存在风险因素。1978年，科格特21岁，而15岁的弟弟乔在餐桌上和哥哥马克玩闹时，突然倒地身亡。尸检报告上列出的死因为"特发性肥厚性主动脉瓣下狭窄"——换句话说，就是心脏因不明原因发生扩张。"乔是7个兄弟姐妹中最小的一个，"艾琳说，"他的去世给我们的家庭造成了毁灭性的可怕打击。"弟弟在

第15章 心碎基因：赛场上的死亡、伤病和疼痛

自己面前倒下那一幕给马克留下了刻骨铭心的记忆。于是他开始坚持每天锻炼以避免像乔一样出现心脏问题。1998 年，马克在宾夕法尼亚州兰斯当市基督教青年会的跑步机上倒地猝死。死因依然是不明原因的心脏扩张。当时的马克年仅 37 岁，留下了妻子和 3 个年幼的儿子。

肥厚型心肌病以所谓的"常染色体显性"方式遗传，这意味着携带"肇事基因"的父母将突变遗传给下一代的可能性如同抛硬币，概率为 50%。

艾琳·科格特最终了解到，原来是肥厚型心肌病夺去了这些亲人的生命。2008 年，她决定检测一下自己的 DNA。

* * *

在波士顿芬威球场旁边的查尔斯河对岸，一座用砖石和钢铁建造的楼房拔地而起。但与球场外纪念世界大赛冠军的旗帜不同，这座建筑外部的旗帜上有两条缠绕的金属带，旗帜顺着三层楼蜿蜒而下，这是对 DNA 双螺旋结构的艺术描绘。

这座建筑是哈佛大学附属的个性化遗传医学合作医疗保健中心，遗传学家海蒂·雷姆（Heidi Rehm）负责指导该中心下属分子医学实验室的工作。她和实验室的工作人员每周都要鉴定新的肥厚型心肌病突变。在 20 世纪 90 年代初期，科学家们认为单基因 MYH7 负责编码心肌中的一种蛋白质，这段基因上存在 7 种不同突变，任何一种突变都会导致肥厚型心肌病。2012 年，

我去参观过雷姆的实验室。实验室建立了一个数据库，收录了有可能导致肥厚型心肌病的 18 个不同的基因和 1452 种不同突变（数量还在不断增加中）。大多数突变位于编码心肌细胞蛋白质的基因上，而大约 70% 的肥厚型心肌病患者的突变发生在两个特定基因中的其中之一上。不过，三分之二的肥厚型心肌病突变属于"独有突变"，也就是说这些突变都只在某一家族中被发现，这导致问题变得极端复杂。肥厚型心肌病突变最常见的类型是 DNA 错拼，被称为"错义"突变。即当 DNA 编码中某个密码子字母被替换，恰好替换的位点又非常重要，就会导致合成目标蛋白质的氨基酸发生改变，即产生错义突变。[1]

肥厚型心肌病突变可随机发生在没有家族病史的人身上，但大多数变异由父母遗传给孩子。不过也有些突变不会在家族中世代遗传。如果某种肥厚型心肌病基因变异特别危险，那它只会以自发突变的形式出现在家族的单一个体身上。"这是因为它具有生殖致死性，也就是说其携带者不可能活到足以繁衍后代的年龄。"雷姆表示。

其他突变带来的影响可能非常轻微，以至于携带者终生都不会注意到，例如"色氨酸-792 移码突变"。它听上去很像是来自全美橄榄球联盟战术手册中的名词，但实际上这是一种只存在于门诺派教徒中的基因突变。

---

[1] 由于碱基（"字母"）的改变，使一种氨基酸的密码子变为另一种氨基酸的密码子，例如原本的谷氨酸（GAA）变成了赖氨酸（AAA），进而导致蛋白质性质发生改变。——译者注

第15章 心碎基因：赛场上的死亡、伤病和疼痛

在大多数情况下，我们很难判断某种特定的突变是否会导致肥厚型心肌病患者面临猝死的风险。在凯文的案例中，医生是在他死后检查了他的心脏，才诊断出了这种疾病。凯文的尸检结果显示他的心脏重达554克，而成年男性心脏的平均重量为300克。除了被告知心脏有杂音外，凯文的身体并不存在明显的疾病迹象。我的心脏也存在杂音，很多接受过听诊检查的运动员都是如此。与人体的所有肌肉群一样，运动会让心脏变得更强壮。非危险性的心脏杂音在运动员群体中很常见，但等到他们退役、身材变形后，这种杂音就会消失。[1]

鉴于自己的家族病史，艾琳·科格特从儿子很小开始就会让他定期接受心脏检查。她的儿子吉米会打篮球、练举重，也偶尔会抱怨呼吸急促。检查发现他患有哮喘，这对于肥厚型心肌病患者来说是一种常见但危险的误诊，因为哮喘吸入器会导致患者出现致命的心律失常。2007年，当吉米在匹兹堡大学准备升大三时，他接受了基因检测，发现自己携带一种最常见的肥厚型心肌病突变，该突变位于调节心脏收缩的基因上。正如淡褐色的眼睛以及雀斑一样，他的突变也是从艾琳那里遗传来的。确定了家族突变后，艾琳决定让她的其他孩子（18岁的凯尔、16岁的康纳

---

[1] 美国高中体育运动界有一种令人不安的趋势，即对运动员进行赛前检查的医疗服务人员往往很少或根本没有接受过心血管诊断方面的专业训练——这导致运动员体内危险的心脏杂音难以被识别出来。1997年，美国只有11个州允许按摩师、草药医生或其他非医师人员参与检查。而到2005年，对这种做法开绿灯的州增加到了18个，其中3个州——加利福尼亚州、夏威夷州和佛蒙特州——甚至允许每个高中自行决定由谁来实施赛前检测。

和 12 岁的凯瑟琳）都接受检测，即便他们还没有出现相关症状。2008 年 3 月，她带着孩子们进行了基因筛查并暗暗祈祷自己没有将突变遗传给所有孩子。

情况比较糟糕，康纳和凯瑟琳都检查出了突变。"我彻底崩溃了。"艾琳说，"我不知道自己还有什么可期待的。这样的结果叫人难以接受……我甚至迁怒于负责检测的实验室。我一直在想：'我为什么要把疾病传给孩子们？他们还年轻，我究竟在想什么？这会毁了他们的童年。'"

研究肥厚型心肌病的心脏病专家建议患有这种疾病的人不要进行极其剧烈的运动，因为肾上腺素的增加可能会引发致命的心律失常。确诊以后，吉米接受了手术，在胸部植入了内置式除颤器。这种只有火柴盒那么大的微型设备通过电极导线来监测心脏状态。一旦监测到心律异常，除颤器就会自动触发电击，使心脏恢复正常工作。于是，手术后的吉米回归到正常的大学生活，只是不能再接触篮球了，举重也被限制在不超过头顶的高度，否则可能会对他的左侧身体形成太大压力，从而导致除颤器电极损坏。

最终，艾琳的沮丧之情缓解了，她很高兴让孩子们接受了检测，尽管这意味着他们的生活方式要有所的改变。命运以一种残忍的方式让她意识到比失去 1 个兄弟更糟糕的是失去 2 个；而唯一比这更糟糕的则是失去 2 个兄弟再加上 1 个孩子。雷姆表示："我完全迷上了遗传学这个研究领域，因为它确实可以改变患者的生活——能够找出肥厚型心肌病的病因并预测其他家庭成员的

第15章 心碎基因：赛场上的死亡、伤病和疼痛

患病可能性。有时会得到不好的结果，有时候结果又不错，但至少我们可以理解它并进行预测。"

肥厚型心肌病的明确鉴定对运动员来说尤其重要，因为这种疾病最明显的症状是心脏增大，而这在运动员群体中又极为常见，因此需要为数不多的真正懂行的肥厚型心肌病专家来判断心脏增大究竟是训练结果还是肥厚型心肌病的征兆。巴里·马龙的儿子马丁·马龙（Martin Maron）是一位研究运动员猝死问题的专家，也是波士顿塔夫茨医疗中心的心脏病学家。他认为心脏的扩大方式取决于运动员从事的运动项目。例如，自行车运动员和赛艇运动员的心腔会扩大，心肌增厚，而举重运动员虽然心肌较厚，但心腔不会扩大。也就是说，每项运动都会在心脏上留下标志性的"印迹"。

正常心脏中分隔心腔的心肌厚度通常在 1.2 厘米以下，左心室的直径通常小于 5.5 厘米。大幅度的心肌增厚和心室扩张是疾病发生的征兆。但如果只是略微扩大，比如心脏壁在 1.3～1.5 厘米，心室直径在 5.5～7 厘米，就可能是运动训练造成的，也有可能是疾病造成的。马丁·马龙认为："这对运动员来说是'灰色地带'。"有些心脏扩张处于"灰色地带"的运动员会被认为这是训练适应的结果，而当他们继续参加运动时却猝死在了赛场上。相反，如果运动员通过基因检测发现自身存在肥厚型心肌病突变，那么"灰色地带"的问题便迎刃而解。

个性化基因检测对运动员产生的影响由此可见一斑。不过运动员们对利用这项技术也并非总是热情高涨。

2005 年，当篮球中锋埃迪·库里（Eddy Curry）带领芝加哥公牛队在 NBA 赛场上大杀四方时，却因为检查出了心律不齐而遗憾告别赛场。而在接受评估期间，库里还错过了赛季末的比赛以及整个季后赛。

1990 年，全美大学篮球联赛的得分王和篮板王汉克·盖瑟斯（Hank Gathers）在摄像机前不幸猝死。为了避免同样的悲剧在库里身上重演，在巴里·马龙的建议下，公牛队在为库里提供的价值 500 万美元的合同中附加了一个关于基因检测的条款。合同规定，如果检测显示库里携带某个已知的肥厚型心肌病基因变异，那么公牛队将不允许他上场，但会在接下来的 50 年里，每年向他支付 40 万美元。库里拒绝进行基因检测，于是公牛队随后将他交易到尼克斯队。"DNA 检测目前还刚刚处于起步阶段，"库里的律师艾伦·米尔斯坦（Alan Milstein）在接受美联社采访时表示，"不过很快我们就会知道某人是否易患癌症，是否容易酗酒、肥胖、秃顶，以及其他什么……这些信息都会提交给雇主，可以想见这样做的后果。"

时至今日，情况变得有所不同。经过 13 年来围绕着基因隐私的争论后，2008 年美国国会终于通过了《基因信息反歧视法案》。该法案已于 2009 年底生效，规定雇主不得要求雇员提供基因信息，并禁止雇主和健康保险公司基于遗传信息对员工或客户进行歧视性对待。然而，该法案并未禁止人寿保险、残疾和长期护理保险领域中的基因歧视。

很多运动员即便知道自己携带危险的突变也会选择继续参

第15章 心碎基因：赛场上的死亡、伤病和疼痛

加比赛。2009年，足球赛场上出现了令人惊心动魄的一幕：比利时皇家鲁瑟拉勒俱乐部年仅20岁的后卫球员安东尼·凡·洛（Anthony Van Loo）突然遭遇心脏骤停，像断了线的提线木偶一般瘫软在球场上。几秒后，他猛地一抽搐，随后坐了起来，仿佛什么事情都没发生过。凡·洛植入的除颤器被激活了，将他从死亡线上拉了回来。他很幸运，因为植入式除颤器时常会因为剧烈运动而磨损失效。

能否让患有肥厚型心肌病的运动员参加运动，这对于医生来说是一个两难命题，因为他们不知道某位肥厚型心肌病患者究竟属于猝死风险较高者，还是那种不会表现出严重症状，能一直活到90岁的幸运儿。

虽然科学家们已经知道某些特定的肥厚型心肌病突变比其他突变更危险，但这并非建立在确凿的科学证据之上。保罗·汤普森（Paul Thompson）是美国哈特福德医院的心脏病专家，也是1972年奥运会美国马拉松选拔赛的参赛者。他说："我知道有些孩子没有家族死亡史，没有表现出症状，心脏也不会特别肥大。他们中的很多人其实并没有很大风险。但我通常会说虽然我觉得没什么风险，但我不能拿生命冒险，所以我得禁止你们参加比赛。有些满脸粉刺的半大孩子已经成长为所在高中公认的优秀美式橄榄球线卫人才，而要告诉他这一切将成为过去式，对我来说真是一种沉重的心理负担。"

不管怎样，这总比生命无可挽回要好。在回家参加朋友凯文的葬礼时，我去了他倒下的那条室内跑道。其中一条赛道的

白线上写满了各种悼词:"爱你一生一世""希望来生能再见到你""再见你时,请告诉我们你为何要离开"。一年后,当我再次去那里时,地板上的字已经被新的油漆盖住,它们似乎连同凯文的汗水和梦想一起随风而逝了。

* * *

凯文从来都不知道自己的胸膛里藏着一颗定时炸弹。但如果他有所警觉,结果会不会不同?在凯文的葬礼上,朋友们都说他献身于自己所热爱的事业。凯文确实热衷于赛跑,但他也有其他的爱好,比如计算机。赛跑可能只是他用来获取奖学金的"敲门砖",而一旦敲开大学之门,我毫不怀疑他肯定会停止跑步并将自身的竞争能量热切地投入到其他领域之中。所以对他在奔跑中离世这一事实的诗意描述很难抚慰我的悲伤。

究竟是否要对运动员采取限制措施?虽然这样的问题受困于情感和法律因素,但心脏病专家们一致认为,当运动员明显存在猝死于赛场的风险时,远离赛场才是明智的做法。(但仍然有不少运动员会直接忽略这些建议,坚持继续参加比赛。)不过,如果运动员只是面临受伤的风险呢?毕竟,运动本身就具有一定的风险性。就像飞行中的战斗机一样,时间长了总有受损的风险。那如果科学家们能够分辨出哪些运动员面临的风险更高呢?

眼下,随着研究人员不断探索体育运动中重大医疗风险的相关基因,上述目标正在逐步达成中。

第15章 心碎基因：赛场上的死亡、伤病和疼痛

* * *

在 11 月的曼哈顿，一个寒冷的下午，罗恩·迪盖（Ron Duguay）刚完成了几个小时的认知测试，他坐在一张椅子上俯瞰公园大道南端，等待着埃里克·布雷弗曼（Eric Braverman）博士的消息。从 1977 年开始，迪盖已经在国家冰球联盟打了 12 个赛季的比赛，主要出任纽约游骑兵队的中锋。迪盖是一名出色的球员，他参加过 1982 年的全明星赛，但更广为人知的是他在冰球界的摇滚明星范。

不戴头盔在冰面上滑行时，迪盖那一头飘逸卷曲的黑发使他成为 20 世纪 80 年代的性感人物象征。即便到了今天，50 多岁的迪盖依然拥有浓密而卷曲的头发。他迎娶了昔日的超级名模金·亚历克西斯（Kim Alexis）。他是一个非常友善的人，很容易与人攀谈。不过，在布雷弗曼的办公室里，迪盖却显得很紧张。当提到朋友经常说自己应该写一本关于冰球职业生涯的书时，他会不由自主地拨弄着小指上熠熠生辉的游骑兵队冠军戒指。"我必须打电话给队友，"他说，"有很多事情我不记得了。"而这就是迪盖来到这里的原因。他认为自己在职业生涯中曾多次遭受未经确诊的脑震荡，头部也累积了多次撞击，包括球杆、肘部的击打以及偶尔的冰球撞击。

随后布雷弗曼现身了，直截了当地告诉迪盖，他未能通过衡量记忆力和大脑反应速度的三项测试。布雷弗曼说："与从前相比，你现在简直一团糟。"

布雷弗曼还安排了基因测试以了解迪盖的载脂蛋白 E（ApoE）基因的分型。迪盖的祖母死于阿尔茨海默病，而另一位家庭成员也一直有记忆问题。针对阿尔茨海默病患者的研究表明，特定分型的 ApoE 基因会大大增加个体患病的风险。

该基因具有 3 种常见分型：ApoE2、ApoE3 和 ApoE4。每个人都携带 ApoE 基因的两个拷贝，一个来自父亲，一个来自母亲。而单个 ApoE4 的拷贝会导致阿尔茨海默病的患病风险增加 3 倍，双拷贝则将导致风险增加 8 倍。大约一半的阿尔茨海默病患者携带 ApoE4 基因，而在普通人群中这一比例为四分之一。携带 ApoE4 基因的人往往会在更年轻的时候患上这种疾病。

ApoE 基因的重要性不仅体现在阿尔茨海默病的患病风险上，还关乎个体从各种脑损伤类型中恢复的能力。举例来说，ApoE4 基因变异的携带者如果在车祸中撞到头部，昏迷的时间会更长，大脑出血和瘀伤的情况会更严重，受伤后出现癫痫的可能性更高，康复成功率更低，并且更有可能遭受永久性损伤甚至死亡。

科学家们目前尚不完全了解 ApoE 基因如何影响大脑恢复，但该基因的确与头部创伤后的大脑炎症反应有关。ApoE4 基因变异的携带者需要更长时间才能清除大脑中的淀粉样蛋白，这种蛋白质通常会在大脑受伤时大量生成。多项研究发现，携带 ApoE4 基因变异的运动员如果头部受到撞击，需要更长的时间才能恢复，在晚年患上痴呆症的风险也更高。

1997 年的一项研究表明，相比拥有年限相近的职业生涯但

第15章　心碎基因：赛场上的死亡、伤病和疼痛

不携带 ApoE4 基因拷贝的同行，拥有 ApoE4 基因拷贝的拳击手在脑损伤测试中的得分更低。研究中的 3 名拳击手都有严重的脑功能障碍，且都携带一个 ApoE4 基因拷贝。2000 年，另一项针对 53 名现役职业橄榄球运动员的研究发现，导致脑功能测试得分低于同行的因素有三点：年龄；头部是否经常遭受撞击；是否携带 ApoE4 基因变异。

2002 年，曾经担任过休斯敦油人队和迈阿密海豚队线卫、当时年近 40 岁的约翰·格里姆斯利（John Grimsley）开始出现痴呆症的症状。家人注意到，如果没有列清单，他就记不住要买的东西；明明是已经看过的电影碟片，他却还要再租一次。

身为一名经验丰富的狩猎向导，格里姆斯利却在 2008 年一次清理枪支时意外走火身亡。而他的妻子弗吉尼娅则一直想知道，丈夫的认知衰退是否与他曾经经受过脑震荡有关？于是，她将丈夫的大脑捐赠给了波士顿大学的创伤性脑病研究中心。

为了提高人们对于运动中脑损伤风险的认识，波士顿大学的研究者们检测了很多大脑，但这是第一个属于全美橄榄球联盟前球员的大脑。该中心的研究人员在格里姆斯利的大脑中发现了大量积累的蛋白质，这正是慢性创伤性脑病变（CTE）的特征。如今人们已经在很多橄榄球运动员的大脑中发现了这一现象的存在。此外，波士顿大学的科学家们还发现，格里姆斯利拥有 ApoE4 基因的双拷贝，而这样的个体在人群中的比例仅为 2%。

2009 年，在报告了数十起拳击手和橄榄球运动员脑损伤的案例以后，波士顿大学的研究者们很快便登上了美国的新闻头

条。这些新闻也让全美橄榄球联盟很是头疼。然而，媒体只字未提的是，报告中 9 位遭受脑损伤的拳击手和橄榄球运动员，其中有 5 人携带 ApoE4 基因变异。也就是说，ApoE4 基因在该群体中出现的概率约为 56%，相当于普通人群的 2～3 倍。曾为全美橄榄球联盟球员提供诊疗服务的洛杉矶医生布兰登·科尔比（Brandon Colby）在谈及这些患者时说："因头部创伤而出现明显症状的病人都携带了一个 ApoE4 基因拷贝。"现在，科尔比在为希望了解子女参与橄榄球运动存在的潜在风险的父母提供 ApoE 基因测试的服务。

神经学家巴里·乔丹（Barry Jordan）在 2000 年参与过一项针对 53 名橄榄球运动员的合作研究，与此同时，他也是纽约州竞技委员会的前首席医疗官。他曾考虑过对纽约州的所有拳击手进行 ApoE4 基因变异的强制性筛查。"我觉得阻止运动员参加比赛是不可能的，"乔丹说，"但这样做可能有助于对情况进行密切监控。单独一个 ApoE4 基因变异似乎不会增加脑震荡的风险，但它仍然可能会影响运动员在脑震荡后的康复。"

最终，乔丹决定不强制性地进行基因检测，主要是他担心这些检测信息的使用方式。"即使有《基因信息反歧视法案》，"乔丹说，"情况仍然很难预料，信息还是会泄露出去。我认为基因检测可以用来教育运动员，但不确定人们是否会对它感兴趣，也许有些人压根就不想了解。"又或，正如科罗拉多州拳击委员会的神经学家詹姆斯·凯利（James Kelly）所言："有些人会主张知识并不代表权力。"

第15章　心碎基因：赛场上的死亡、伤病和疼痛

这是一个令人焦虑的话题，但只要我解释过 ApoE4 基因测试的意义，无论是现役还是已经退役的职业运动员，大多数人似乎都愿意检测，前提是这些信息要对球队、保险公司以及潜在的未来雇主保密。[1] 在拜访布雷弗曼博士几周后，罗恩·迪盖得知自己的确携带 ApoE4 基因变异。他认为，如果提前对这种潜在的认知障碍风险因素有所了解，当年在比赛时"自己肯定会认真考虑戴头盔的问题"。

我也询问了其他运动员对 ApoE 基因检测的兴趣，包括职业拳击手格伦·约翰逊（Glen Johnson），他参加过 71 场比赛，2004 年击败过小罗伊·琼斯（Roy Jones）和安东尼奥·塔弗（Antonio Tarver）。约翰逊非常清楚，脑损伤并不由某一个特定基因决定，头部遭到击打才是主要原因。不过他也表示想知道更多信息。

新英格兰爱国者队的前线卫球员特德·约翰逊（Ted Johnson）因多次经历脑震荡而退役，后来又遭受了苯丙胺成瘾、抑郁症、记忆障碍和慢性头痛的折磨，他说："如果当年有这种检测，我一定毫不犹豫第一个报名参加。我知道携带这个基因并不代表一定会发生什么，但如果这意味着比普通人面临更大的风险，我肯定立刻想知道。在我打球的那个年代，我们什么也不懂……现在的球员如果掌握了这样的信息，会有非常重要的意义。"纽约市西奈山伊坎医学院的一位阿尔茨海默病研究人员指出，携带

---

[1] 访谈对象中也有例外，比如橄榄球联盟的前四分卫肖恩·索尔兹伯里（Sean Salisbury）就表示："我可不想知道自己在 80 多岁时会变成什么样子。"

ApoE4 基因单拷贝带来的痴呆症风险与参加全美橄榄球联盟比赛的风险大致相近，若二者叠加则更加危险。

由于无法量化风险程度，与我交流的医生几乎一致认定不应该为运动员提供 ApoE 基因检测。"这是一个有争议的研究领域。"波士顿大学神经学家罗伯特·格林（Robert Green）说。他曾经参与过 REVEAL 的合作研究，专门调查自愿接受 ApoE 基因筛查的人在收到坏消息时的反应。"几十年来，遗传学相关研究已经表明，向人们提供遗传风险信息毫无必要，除非有证据证明已经找到了解决方案。"然而，REVEAL 的研究结果表明，人们在得知自己携带了 ApoE4 基因变异之后，并没有感到恐惧。相反，得知坏消息的研究对象往往会更加注重健康的生活方式，比如加强锻炼等，因为医生告诉他们这些方法可能会有用，尽管目前尚不存在任何一种经过验证的治疗方案可以延缓阿尔茨海默病的发作。

医生们的犹豫不决是可以理解的。纽约州竞技委员会的前首席医疗官巴里·乔丹说："假如某个基因会提高膝盖损伤的风险，而某位球员又恰好检出该基因。一旦信息落入他人之手，球员能否签约的命运就掌握在别人手中了，这会带来很多问题。"当然，球队也会竭尽全力地利用球员的体检和过往病史推测这类信息。

事实上，科学家们已经找到了膝盖损伤的相关基因。在识别肌腱和韧带损伤风险基因方面，南非开普敦大学的生物学家们一直处于领先地位。他们专注于研究构成胶原蛋白的编码基因，如 COL1A1 和 COL5A1。胶原蛋白是肌腱、韧带和皮肤的基本组成

第15章 心碎基因：赛场上的死亡、伤病和疼痛

部分，被称为"身体的胶水"，可以使结缔组织维持正常形态。

COL1A1 基因的某种变异会让携带者患上脆性骨病，容易发生骨折。而 COL5A1 基因中的某个特定位点变异会导致埃勒斯-丹洛斯综合征（Ehlers-Danlos syndrome），患者的肢体关节会呈过度灵活状态。开普敦大学的生物学家马尔科姆·柯林斯（Malcolm Collins）是胶原蛋白基因研究的负责人，他说："过去的马戏团里有一些能把自己折叠进一个盒子的表演者，我敢打赌，他们中的绝大多数人都患有埃勒斯-丹洛斯综合征。这些表演者可以将身体扭曲成一般人达不到的状态，因为他们体内的胶原蛋白纤维极为异常。"

尽管埃勒斯-丹洛斯综合征较为罕见，但柯林斯及同事们已经证明，胶原蛋白基因中存在变异会影响个体的柔韧性，提高结缔组织受伤（如跟腱断裂[1]）的风险，而这些变异在人群中相当常见。以该项研究为基础，有些公司推出了胶原蛋白基因检测技术，医生可以安排患者进行检测。

"具有特定基因特征的运动员，受伤的风险会增加，"柯林斯说，"就像吸烟会增加患肺癌的概率一样。不同之处在于我们可以戒烟，但自身的 DNA 无法改变。不过可以改变其他方面的因

---

[1] 针对 COL5A1 基因的研究还发现，某些变异可能会导致一个人的灵活性变差。这对跑步可能有好处，原因在于坚硬的跟腱有助于储存更多的弹性能量（不妨再次回忆一下跳高冠军斯特凡·霍尔姆的故事），并提高跑步的效率。另外一项颇为新颖的研究表明，拥有"不灵活"基因型的铁人三项运动员，在跑步赛段的成绩更好，而在游泳或骑自行车时则不然。只有在需要充分利用跟腱的比赛中，他们的表现才会更好。不过，"不灵活"的基因变异也会提升跟腱损伤的风险。

素。例如你可以通过调整训练方式来降低风险，或者通过'预康复'训练来强化存在受伤风险的身体部位。"

全美橄榄球联盟的一些球员已经开始检测容易引发跟腱受伤或膝关节前交叉韧带撕裂的"损伤基因"。例如，杜克大学橄榄球队就在申请校方批准将球员的DNA提交给研究人员进行基因检测。

可以说，赛场上出现的猝死、脑损伤和受伤事件大多与特定基因有关。现在，研究人员开始将注意力转移到另一类基因上，它们关系到体育运动中另一种令人不快但又不可避免的存在：疼痛。基因似乎会影响我们对疼痛的感知。

* * *

体重116千克的跑卫球员杰罗姆·贝蒂斯（Jerome Bettis）曾效力于全美橄榄球联盟13个赛季，他拥有3479次冲球，遭遇过肋骨断裂、多次肩膀脱臼、若干次脑震荡、一次腹股沟肌肉撕裂、一次胸骨碎裂以及数不清的膝盖和脚踝手术。在职业生涯的最后几年，他养成了一个特殊的习惯：每周一早上他都会坐在楼梯顶部，移动屁股向台阶下挪动，一次下一级台阶。

作为匹兹堡钢人队的当家跑卫，球队希望贝蒂斯在周日的比赛中能够杀出重围。"那是我的技能组合，"他说，"但我没法摆脱对手的围追堵截。"在与杰克逊维尔美洲虎队的一场比赛中，一名防守球员的拇指穿透了贝蒂斯的面罩，弄断了他的鼻

第15章 心碎基因：赛场上的死亡、伤病和疼痛

子。队医给他的鼻子贴上胶带，然后塞入棉花，暂时起了作用。在比赛的最后阶段，一次正面碰撞导致棉花沿着他的鼻腔向上推进，最后顺着喉咙进入了他的胃部。"这情形就像是有人在说'伙计们等一下，我手套里的缓冲棉不见了'。"贝蒂斯说，"真是糟糕极了。"

难怪周一早上贝蒂斯都无法步行下楼。有时疼痛太过剧烈，他觉得下一场比赛自己一定会错过。但等到周日一踏上草坪，退缩的念头就消失得一干二净。"走上赛场，这些就都不是问题了。"贝蒂斯说，"我只会尽自己所能，做好工作。"

贝蒂斯素来坚强，但他表示在全美橄榄球联盟中有很多球员都在与伤痛作斗争。"一些人因身体疼痛而罢工，以至于无法保持巅峰状态，"贝蒂斯说，"这种例子屡见不鲜。"

和跑动、跳跃一样，疼痛耐受度和疼痛管理也是大多数高水平运动关注的焦点。为什么有些人比其他人更能忍受疼痛？这个问题现在已经成为加拿大麦吉尔大学疼痛遗传学实验室的研究课题。在该实验室的一个房间里，饲养小鼠的透明缸从地板堆到了天花板。为了研究影响鼠类和人类体验疼痛的基因以及如何缓解疼痛，科学家们培育了这些特殊的小鼠。

其中一个缸内的小鼠缺少催产素受体。这些用于研究疼痛的小鼠在社交认知方面也存在缺陷。如果将它们与相伴长大的其他小鼠放在一起，它们并不能辨认出对方。在另外一个角落里，研究人员饲养着一缸黑色小鼠，它们容易出现偏头痛的症状。这些小鼠会花大量的时间抓挠自己的额头并浑身颤抖，由于一直被头

疼的毛病所困扰，它们显然对交配也没什么兴趣。当谈及这项旨在开发偏头痛治疗方案的研究时，实验室负责人杰弗里·莫吉尔（Jeffrey Mogil）说："实验耗费了数年时间，因为这些小鼠的繁殖能力非常糟糕。"

在实验室的另一个架子上也有一缸特殊的小鼠，它们的黑色素皮质激素受体1（MC1R）基因失去了功能。说得直白点，它们是一群"红发"鼠。大多数红发人群的发色也是由于这一基因突变造成的。莫吉尔发现携带红发突变的人类和啮齿动物对某些类型的疼痛具有更高的耐受性，只需要较少的吗啡即可缓解疼痛。

MC1R基因是科学家们最早鉴定出来能够影响人类疼痛感知的基因之一。此后在追踪一位10岁的巴基斯坦街头艺人表演天赋的过程中，科学家们又发现了另外一个基因。

拉合尔市的医务人员非常熟悉这位男孩，因为当他站在燃烧的煤上将刀插进手臂后，会进医院缝合伤口。不过，医生从来没有给他开过止疼药，因为这个男孩感觉不到疼痛。

等到英国遗传学家们听闻消息赶到巴基斯坦展开研究时，这位14岁的男孩已经因为逞强从楼顶跳下来而不幸去世。不过，科学家们在男孩的6位远房亲戚身上也发现了相同的特质。"他们都不知道疼痛是种什么感觉，"科学家们写道，"只是年长者会意识到哪些行为会引发疼痛（比如在被人铲球时应该表现出痛苦的样子）。"

然而所谓的"年长者"也只有10岁、12岁和14岁。天生

第15章 心碎基因：赛场上的死亡、伤病和疼痛

对疼痛不敏感的人往往寿命不长。因为他们在坐着、睡觉或站立时，不会像正常人一样本能地转移身体重心，因而会死于由此导致的关节炎症。

这些对疼痛免疫的巴基斯坦人都在 SCN9A 基因上发现了罕见的突变。这种突变阻断了通常会从神经传递到大脑的疼痛信号。SCN9A 基因上的另一种突变会导致携带者对疼痛过分敏感，这些人很容易感到炎热难耐，因此他们都不穿鞋。2010 年，英国遗传学家联合美国、芬兰和荷兰的研究人员完成了一项研究。研究报告称，SCN9A 基因上常见的变异会影响成年人对普通疼痛（如背痛）的敏感程度。这样看来，个体之间不同的遗传变异使得我们每个人都无从了解他人对于疼痛的真正感受。

在参与疼痛调节的基因中，科学家们研究最多的是儿茶酚-O-甲基转移酶（COMT）基因，它参与大脑中的神经递质（例如多巴胺）的代谢。根据 DNA 序列的特定部分是编码缬氨酸或蛋氨酸，有 Val 型和 Met 型这两种常见的 COMT 基因分型。

在小鼠和人类中，Met 分型清除多巴胺的能力较差，这会导致额叶皮层中多巴胺的水平较高。而认知测试和脑成像研究发现，拥有两个 Met 型拷贝的受试对象（包括动物和人类）往往在认知和记忆任务中表现得更好且代谢消耗较低，不过也更容易焦虑，对疼痛更加敏感。焦虑是预测个人对疼痛敏感程度的强力指标之一。与之相反的是，Val/Val 型携带者在考查快速思维灵活性的认知测试中表现稍差，但在面对压力和疼痛时适应能力更强。利他林能够提升额叶皮层中的多巴胺水平，它在 Val/Val 型

携带者体内能够发挥更强的药效。此外，COMT基因还参与去甲肾上腺素的代谢——这种激素会在压力下释放以保护机体。

大卫·戈德曼（David Goldman）是美国国立卫生研究院酗酒和酒精中毒研究所的神经遗传学实验室负责人，他提出了"勇者/虑者基因（warrior/worrier gene）"的概念，用来描述两种COMT基因分型的表观区别。这两种分型在世界各地都很常见。戈德曼表示，在美国，有16%的人属于Met/Met，48%的人为Met/Val，而36%的人是Val/Val。戈德曼指出，不管在哪个社会，"勇者"和"虑者"都缺一不可，因此这两种基因分型都得到了广泛保留。"我们没有做过这方面的研究，"他说，"但我预测全美橄榄球联盟的大部分截锋可能都是Val型，因为他们每天都需要拼命，与伤痛为伍。这些球员需要超强的恢复能力和坚韧的意志。"[1]

平心而论，针对COMT基因的研究结果通常都自相矛盾，该基因与疼痛敏感度之间的相关性也引发了激烈的争论。不过，参与情绪调节的基因可能会改变痛觉。这个观点是确凿无疑的。

---

[1] 戈德曼认为额叶皮层中多巴胺水平的提高或许对需要保持高度警觉和思维灵活的棒球击球手有所帮助。几十年来，使用提高多巴胺水平的苯丙胺在棒球界已经成为公开的秘密，这种药物俗称"小绿片"。2006年，美国职业棒球大联盟开始明令禁止使用苯丙胺。很快，仅一个赛季内，要求医生开出多动症药物（成分类似于苯丙胺的兴奋剂）处方的球员数量便从28人猛增至103人。我采访过的一位与大联盟有合作关系的医生表示，他给8位表现出多动症症状的职业球员开了药品阿德拉（Adderall）。"诊断过程就像是面试，"这位医生说，"很容易作假。"而在接受药物治疗后，这8位球员在接下来的赛季中都达到了更高的击球率。

第15章　心碎基因：赛场上的死亡、伤病和疼痛

毕竟吗啡的效果并不在于降低疼痛强度，而是减少由疼痛引发的不愉快情绪。戈德曼说："疼痛回路与情绪回路具有很强的共享性，很多神经递质都是如此。随着情绪得到调节，疼痛反应也会得到极大缓解。"

运动同样能成为强效"调节剂"。

* * *

美国哈弗福德学院的心理学家温迪·斯滕伯格（Wendy Sternberg）曾就应激镇痛（大脑在高压情形下阻断痛觉的能力）发表演讲。当时有一位学生告诉她，这就是运动员在比赛中要面对的。

在2004年的美国终极格斗冠军赛中，重量级冠军头衔争夺战就是一个令人感到极度痛苦的例子。当时巴西柔术黑带选手弗兰克·米尔（Frank Mir）利用"十字固"关节技，将身高2.03米、绰号"缅因狂魔"的蒂姆·席尔瓦（Tim Sylvia）锁住。米尔抓住席尔瓦被掰直的右臂将他的肘关节顶在自己的髋部，用力向后拉，看起来就好像在向后扳火车刹车。

观众们通过电视可以清楚地听到席尔瓦手臂断裂时发出的爆响。裁判赫伯·迪恩（Herb Dean）赶忙冲过去将选手分开，并大声喊停比赛。席尔瓦开始不停咒骂，要求比赛继续进行。直到躺在轮床上被送往医院的途中，席尔瓦才开始感到疼痛，并意识到继续比赛的想法可能过于天真。医生用了三块钛板才将他的

手臂重新固定在一起。"裁判可能挽救了我的职业生涯。"席尔瓦说。因为在激烈的搏斗中,他根本感知不到疼痛。

斯滕伯格表示:"在应激状态下,大脑会抑制疼痛以便让我们继续战斗或逃跑,而不去担心自己是否骨折。"所有人类都进化出了在极端情况下阻断疼痛的系统,即使在日常的体育运动场景下也能激活。

1998年,在学生的建议下,斯滕伯格在比赛前两天、当天以及两天后分别测试了哈弗福德学院的径赛、击剑和篮球运动员对于冷痛觉和热痛觉的敏感性。结果发现,与非运动员的同龄人相比,篮球运动员和赛跑选手对疼痛的敏感度较低,而且所有运动员在比赛日当天对疼痛的敏感度都处于最低水平。"体育比赛可以激活'战斗或逃跑'机制,"斯滕伯格说,"当你进入专注的竞争状态时,就会激活它。"

* * *

疼痛感知会随着比赛进程或运动员情绪的变化而发生调整,但身体感知疼痛的基因蓝图早已编码在大脑中,甚至与躯体是否完整都无关。(一出生便缺少四肢以及截肢的人经常会出现"幻肢"的疼痛感。)但无论如何,疼痛首先要通过实践来感知。

20世纪50年代,师从唐纳德·赫布(Donald Hebb)的加拿大心理学家罗纳德·梅尔扎克(Ronald Melzack)在麦吉尔大学攻读博士学位,他的研究课题为当生活经验遭到极端剥

第15章 心碎基因：赛场上的死亡、伤病和疼痛

夺，人的智力会受到怎样的影响？赫布用苏格兰梗犬进行了实验。

这些实验犬得到了很好的照料和喂养，与外界完全隔绝。赫布感兴趣的点在于这种环境隔绝将如何改变它们在迷宫中导航的能力，最终答案是：这会产生强烈的负面影响。梅尔扎克对这些实验犬的观察，让他逐步成长为疼痛研究领域最具影响力的科学家。"准备室里的水管与狗的头部差不多高，"梅尔扎克说，"这些狗狗会跑来跑去，头撞到水管上，但好像它们什么都感觉不到。它们一直撞着水管，不停地跑来跑去。"

梅尔扎克是个烟民，他划了一根身上带着的火柴。"当我把火柴递过去，它们就会把鼻子伸进火焰里去。"他说，"接着，它们会立刻退缩，然后回来再闻一闻。我再次点燃一根火柴，它们就会一次又一次地凑过来闻它。"这些狗显然具备正常的大脑"硬件"，但却错过了"下载"大脑疼痛"软件"的关键窗口期。它们从来没有学习过要避开火焰。正如学习语言或者打棒球一样，即便我们天生拥有必备的基因"硬件"，但如果错过获取"软件"的窗口期，基因就用处不大了。麦吉尔大学疼痛遗传学实验室的杰弗里·莫吉尔感慨："即使是疼痛也必须通过学习来掌握，这真是令人惊讶的事实。"

* * *

疼痛是与生俱来的，但感知它必须经过学习。这一过程不可避免，但具有可调节性。不管是普通人还是运动员，疼痛都属于

寻常体验，但从来没有两个人，甚至是同一个人在不同境遇下经历过完全相同的疼痛。我们每个人都如同希腊悲剧中的英雄，虽为自然所限制，但仍然可以在一定的边界范围里改变自己的命运。神经遗传学家戈德曼说："如果你的基因型属于'虑者'，那么最好不要以'勇者'作为职业。不过话说回来，这事谁也说不清楚，因为人类总是能克服万难。"

就像其他人体特质一样，运动员应对疼痛的能力是先天与后天的综合，像一株藤蔓一样复杂地交织在一起。

然而在科学家们真正领会到自己对于基因图谱复杂性的了解有多贫乏之前，任何寻找"运动基因"的想法都属于一厢情愿。10年前，伴随着首个人类基因组完整测序结果的出现，这种臆想达到了顶峰。至今大多数人类基因的具体功能仍然是一个谜团。诚然，ACTN3基因或许能告诉我们世界上有十几亿人永远不可能进入奥运会的百米决赛，但这一概率我们每个人都心知肚明。

如果需要数千个DNA变异才能部分地解释人与人之间的身高差异，那么发现成为明星运动员需要的单个基因的概率会有多大？近乎零？还是完全不可能？

不过凡事总有例外……

― 第16章 ―

金牌突变

2010年12月,在斯堪的纳维亚的北方地区,人类文明的痕迹暂时成了冰雪覆盖下的沉积物,到了春天才能重见天日。在过去的几天里,我所在的芬兰北极圈地区出现了破纪录的降雪以及零下26摄氏度的恒定低温。外面没有起风,每天早上推门出去,踩在雪上的第一步看似风平浪静,但很快,连鼻毛都会被冻得硬邦邦的。

芬兰人将一年中的这段时间称为"Kaamos",没有确切对应的英文单词,大致意思是"极夜"。芬兰北部地区在这段时间远离太阳,所谓的白天实际上不过是3个小时的朦胧暮色。从下午2点开始,这点微弱天光就会在宇宙天幕的遮蔽之下逐渐熄灭。

我正沿着E8高速公路驾车北上寻找一位神秘人物。这里是最适合离群索居的地方:严寒让松树和云杉变得硬实,雪花为它们披上银装;树林间夹杂着瑞典白木和欧洲白榆;银桦和毛白桦通体雪白,白色雾霭弥漫于桦树林中;驯鹿在路旁昂首阔步,接着便消失于林原雪海之中。到处都是厚重的白色,仿佛天国的奶瓶被打翻,而我正穿行于倾倒在大地之上的奶渍中。这是一片充满朴拙之美的土地,天空和积雪白得发亮,夜晚则漆黑得如同虚空。

不过对于出生地离这里不远的伊丽斯·曼蒂兰塔(Iiris Mäntyranta)来说,世界是彩色的。在她的眼中,天空是淡蓝色的,云墙的间隙中偶尔会闪烁着紫色的光芒。

几个月前我联系过伊丽斯,当时我还不确定自己要找寻的神秘人物是否还活着。20世纪60年代,伊丽斯的父亲出生于北极的一个小村庄,他一口气拿下了7块奥运奖牌,其中包括3枚金牌。但自那以后,在所有我能找到的英文媒体上都再也没有出现过关于此人的只言片语。现在,我准备和伊丽斯前往北方,去见见这位充满传奇色彩的人物。

伊丽斯是瑞典吕勒奥市的行政官员,从吕勒奥驱车出发3个小时后,我们开始熟络起来。刚踏入北极圈后不久,我们就路过了佩洛,这是一座拥有4000人口的小镇,也是沿途见到的最后一座城市。快要驶离佩洛镇时,我们看见了一尊立在花岗岩基座上比真人还要大的青铜雕像。雕像是一名正在越野滑雪的男子,此人正是伊丽斯的父亲。

半小时后,我们驶离铺装道路,沿着松树间的羊肠小道行进。最后,我们将车停在了宽阔湖泊边的一栋米色的房子前。下车时我才意识到自己处于"监视"下——一只栗色的驯鹿从拐角处走了过来,目光紧紧追随着我,仿佛能嗅到我身上大城市的气味。天寒地冻,又在下着雪,我们赶紧进了屋。

第16章 金牌突变

我走进屋，在步枪架下方的地垫上清理干净靴子上的雪。很快，一张奇特的地中海面孔便出现在玄关处，正是那尊雕像人物——伟大的运动员埃罗·曼蒂兰塔（Eero Mäntyranta）。我吃了一惊。我曾在一张 20 世纪 60 年代的照片中见过这个人，觉得他的皮肤相对在北极来说似乎有点太黑了。而现在看来，他本人的肤色更接近于该地区富含铁质的红色土壤，并非冰雪映照下的深黑色。伊丽斯在路上就告诉过我，她的父亲拥有一种特殊的基因突变，皮肤会随着年龄的增长而变红，不过我没想到会是这种夹杂着斑驳紫色的猩红色。

当埃罗的妻子拉克尔走到玄关时，两人形成了鲜明的对比，后者拥有着极地冰川般的蓝色眼睛和雪白皮肤。埃罗不会说英语，但他带着灿烂的笑容向我打招呼。他看上去就像个"大人物"——他圆润的面庞中间是蒜头一样的大鼻子，手指粗壮，下巴宽大，宽厚的上身穿着一件红色的毛衣，衣服中间还印着一只表情严肃的驯鹿。他相貌非凡，黑发精心梳到脑后，突出的颧骨仿佛将薄薄嘴唇的边缘都向上勾了起来，这让他总是显出一副充满兴奋和好奇的神态。虽然已经 73 岁了，但埃罗的身上还保留着一股显而易见的力量感。他右手中指最末端的关节处出现了明显的弯曲，仿佛是一只潜望镜。强壮的双手看起来力气不小，似乎可以把滑雪杖折成两半——同他握手时，我也能明显感觉到。

埃罗将我领到厨房，拉克尔为我和伊丽斯准备了茶和咖啡，在座的还包括伊丽斯的瑞典裔丈夫汤米以及他们的儿子维克托。

维克托是一位音乐家，组建了一支名为"Surunmaa"的乐队，演奏曲风融合了民谣、布鲁斯和探戈。当时他正住在埃罗家，准备拍摄一部介绍自己祖父生平的纪录片。

透过厨房的大窗户可以看到白雪皑皑的森林。这里曾经是极端贫困的芬兰极北之地，但现在因为国内木材和电子产品贸易而变得繁荣起来。拔地而起的住宅就如同玩具小屋一般，美好得无可挑剔。坐在这里，一边从一个小瓷杯中啜饮着热茶，一边对着一个穿驯鹿毛衣的红鼻子男人咧嘴微笑，我万分肯定自己进入了一个圣诞节的冰雪水晶球世界。

寒暄了几句后，我跟着埃罗走到了外面。他抓了几把淡绿色的地衣喂给十几只驯鹿。这些驯鹿既可以用来比赛，也是他们的肉食来源。当我走到其中一只驯鹿的面前时，维克托翻译了埃罗的警告，他说驯鹿和马不同，不喜欢被人抚摸。有些驯鹿的皮毛是泰迪熊一般的棕色，还有些则是粉白色。在户外飘落的雪花中，埃罗脸上的红晕消失了不少。

天色很快暗下来，我们返回了室内。在接下来的几个小时里，我和埃罗聊起了他非凡的运动生涯，而伊丽斯、汤米和维克托轮流为我翻译。他们的语言在我耳中听起来就像是一连串低沉的"ess's"，中间夹杂着噼啪作响的"k's"和"cox's"，偶尔还穿插着一些类似西班牙语中的弹舌音"r"。

等到太阳完全落山后，我们暂停了交谈，开始享用一顿驯鹿肉搭配土豆的美味大餐。手中握着餐叉，埃罗的思绪回到了40多年前，他大笑起来——那时，他是世界上最伟大的运动员之一。

第16章　金牌突变

*　*　*

1964年，埃罗·曼蒂兰塔又一次作为受邀请的贵宾，深陷尴尬的社交场面中。在一片水晶杯碰撞的声音中，他面对盘子两侧的三把餐叉，眉毛几乎都拧到了一起。在刚刚结束的奥地利因斯布鲁克冬奥会上，埃罗获得了两金一银。他在越野滑雪比赛中的优势是如此明显，以至于媒体称呼他为"泽菲尔德先生"——泽菲尔德就是比赛的所在地。在15千米比赛中，埃罗领先第2名40秒——在此前乃至之后的奥运会上，再也没有人创造过如此"神迹"——之后5名选手之间的差距都在20秒之内。而在30千米比赛中，他更是以超过1分钟的巨大优势夺冠。成为国家历史上最伟大的运动员以后，各种庆功宴接踵而至。眼下，晚宴才是埃罗面临的棘手难题。

埃罗的第一枚金牌来自1960年美国加州斯阔谷冬季奥运会的一场接力赛。比赛结束后，当他参加芬兰奥委会在洛杉矶举办的庆祝晚宴时，差点闹了个大笑话：他准备用桌上的高脚杯喝水，却见一群温文尔雅的宾客们大步走来开始在高脚杯里洗手。而这一次，这三把餐叉又给他出了新的难题。

20世纪40年代，埃罗还是一个生活在芬兰兰科耶尔维农村的孩子，当时他们全家人共用一把餐叉。这把餐具在16平方米的房间里传来传去，供大家轮流使用。这间小屋就是他们的家，从家中可以远眺以小镇名命名的湖泊。孩子们有时候会用削尖的棍子来代替餐具叉起土豆块和面包片。

如果所有孩子都平安活着，那么埃罗将会拥有 12 个兄弟姐妹。但家里最终只剩下了 6 个孩子。尽管埃罗和父母、兄弟姐妹以及大姐的丈夫挤在一间房子里，但他仍然感到温馨。再加上偶尔过来拉拉家常再抽支烟的邻居，一间屋子里塞进十几个人堪称是家常便饭。正是在这种氛围中，年幼的埃罗很早就展现出令人钦佩的独处能力，此后当他在极夜里孤独且枯燥地进行滑雪训练时，这一品质也帮了他的忙。当时埃罗成绩优秀，他可以屏蔽屋子里的喧哗，蜷缩于烟雾中，借助油灯那忽明忽暗的光亮做功课。那是战后芬兰的萧条时光，这个国家背负着苏联的战争债务，已经封锁了二十几年。

1943 年冬天，纳粹军队向北进犯，兰科耶尔维居民被迫疏散。当时只有 6 岁的埃罗搭乘一辆满载着镇上妇女和儿童的卡车离开，途中一名芬兰士兵告诉大家要保持安静，以免被德军士兵发现，但一位老妇人拒绝听从指令，还放声高唱劳动号子，这让埃罗吓得瑟瑟发抖。卡车最终开到了一艘渡船前，他们乘坐渡船越过边境，抵达了瑞典的奥维尔托尔奈亚。在那里，埃罗惊奇地看到了数不清的子弹像浅灰色的雪一样铺满了地面。他和家人在瑞典的松兹瓦尔度过了整个冬天，直到来年冰雪消融后才获准重返纳粹撤离后的芬兰。

春季返乡的长途跋涉之旅，让希望逐渐变成了失望。一家人不得不骑马或坐马车穿越森林，因为大路上遍布未被引爆的地雷。德军在撤离芬兰的途中一路纵火，这对于一个城镇都位于茂密森林中的国家而言，"燃料"可谓用之不尽。整个拉普兰地区

第16章　金牌突变

成了燃烧着的巨大火坑,居民家中用松木制成的门框、楼梯和山墙都被烧成了灰烬。

不过埃罗一家回来后却惊喜地发现,他们的房子是为数不多没有遭到破坏的建筑之一。他们住在偏远的湖边,交通不便,因此纳粹士兵没有大费周章地越过湖面和森林,来夷平湖岸另一侧这几间不起眼的棚屋。可以说是这片湖泊拯救了他们的家园,也正是在这一片湖泊上,埃罗开始了自己的滑雪生涯。

虽然德国人没能越过湖泊,但兰科耶尔维的许多孩子别无选择,因为学校就在湖的对岸。差不多从刚学会走路起,埃罗就开始滑雪了。从瑞典回来后不到一年,他就和其他孩子一起滑冰,或者用钉在一起的木板作为简易滑板,滑过湖面去上学。他曾经掉进冰水里,差点被淹死。滑冰上学大约需要一个小时,而冬天时路上一片漆黑,孩子们滑行时只能盯着远处的湖岸,来让自己的心态尽量保持轻松。

为了生计,对于拉普兰地区的每个人来说,滑雪都是必备技能。但没过多久,埃罗便脱颖而出。早在7岁时,他就在学校的越野滑雪比赛中获得了冠军。10岁那年,他开始赢下附近村庄孩子们之间举行的各种比赛。到了11岁,他以碾压之势获得了佩洛镇青少年比赛的冠军。

与身处南方的芬兰青年不同,埃罗从未梦想过要在体育方面有所成就。自1917年宣布脱离俄国独立建国以来,体育一直是芬兰不可或缺的国家标志之一。随着国家体育组织的成立,芬兰人的努力很快得到了回报——奖牌接踵而至。在20世纪20年代，被誉为"飞翔的芬兰人"的芬兰长跑运动员一直称霸世界体坛。"二战"结束后，当宣布赫尔辛基将成为1952年奥运会的举办地时，体育再次将芬兰人民凝聚在了一起。然而芬兰的体育传统却对年轻的埃罗没有产生任何影响。兰科耶尔维没有电台或报纸，对于那些伟大的芬兰运动员，他也一无所知。他甚至没有机会从备受世人爱戴的芬兰长跑选手帕沃·鲁米（Paavo Nurmi）的名言中得到启发。鲁米曾告诉世人："头脑才是一切，肌肉只是一块块橡胶。我之所以存在，是因为我的思想存在。"埃罗曾在邻居家看到过一张巴西运动员参加男子三级跳远的照片，这是他对1952年赫尔辛基奥运会的唯一印象。在当时的埃罗眼中，滑雪就是一种交通方式，同时也是获得一份更好工作的保障。

在战争结束后的20年里，由于被迫要向苏联偿还战争债务，芬兰的经济增长一直处于停滞状态。拉普兰年轻人唯一的工作就是从森林中砍伐和拖运木材。15岁时，埃罗和一群伐木的成年人住在森林中，其中有很多人是逃到北方的罪犯。这些男人在闲暇时间会喝酒、打牌、打架。埃罗在睡觉的枕头下面放了一根木棒作为对付夜间袭击者的武器。对于一个年轻人来说，这真是一种既悲惨又惊心动魄的生存环境。两年后他就觉得受够了。

当时埃罗了解到政府有个惯例，会给有前途的年轻越野滑雪者提供轻松的工作，譬如担任边境巡逻警卫，从而让他们可以一边工作一边进行训练。于是埃罗开始在工作之余训练。他的

第16章 金牌突变

进步是令人惊叹的。19岁那年他前往瑞士参加了一系列比赛。如果在比赛中取能够取得优异的成绩,他将有机会进入芬兰国家队。最终,他赢下了所有比赛,不久便如愿获得了边境巡逻警卫的工作。

母亲告诫埃罗该存点钱了,不要急着到处去追女孩子。他听从了母亲的建议,不过只坚持了两个星期。他在佩洛遇到了一位金发蓝眼的女孩拉克尔,两个人跳了一晚上的舞,之后这个女孩便成了他的妻子。有了孩子以后,每到夏季训练,埃罗就会让拉克尔和孩子们开车,自己跑步或步行去32千米之外的小屋与他们会合。

尽管瑞典和芬兰的边界经常有走私活动,但北极圈以北的国境通常很安静,尤其是在冬天,所以埃罗有足够的时间投入到训练中。他身高1.7米,作为越野滑雪运动员来说身材非常矮小。深棕色的眼睛上方是弯弯的黑色眉毛,再加上微黑的肤色,他看起来更像是出生在意大利的海滨,而非低纬度的针叶林地带。埃罗依靠滑雪杖蹬过覆盖大地的厚厚雪毯,坚持每天行进80千米。他经常在月光下训练。当他经过佩洛的马路附近时,来往司机时常会在车灯的光线中发现他的身影,很快他又消失在黑暗中。没有月光的夜晚,埃罗时常会担心自己会撞到树,不过幸好总能化险为夷。就这样,埃罗的越野滑雪技能出现了飞跃式进步。

到了22岁时,埃罗显然已经具备了为芬兰队出征1960年奥运会的实力,但队内大多数优秀的滑雪选手都更有经验,代表队官员也并不急于让一位初出茅庐的运动员立刻在这个最大的竞技舞台上接受考验。但最终埃罗说服领队安排了一场队内计时赛，结果他排名第二，落后于 35 岁的滑雪界传奇人物维科·哈库利宁（Veikko Hakulinen），而后者已经获得了 2 枚奥运金牌。这一表现让埃罗得以在芬兰的 4×10 千米接力队伍中占据一席，接着他便随队在奥运会上夺得了金牌。

这枚奥运金牌只是拉开了埃罗滑雪生涯的序幕。1964 年，埃罗在因斯布鲁克获得 2 枚金牌和 1 枚银牌；1968 年，在法国的格勒诺布尔又获得一银两铜。在此期间，他还收获了一系列世界冠军头衔。他总共参加了 500 场比赛，赢下的水晶杯、银碗和银盘足以摆满一家瓷器店。即便现在，埃罗有时还会在半夜醒来跟拉克尔说自己的腿很酸，因为他又在梦里滑雪了。

然而早在 1960 年奥运会之前，埃罗通往滑雪神殿的道路就已经铺好了。在繁重的伐木工作敦促他追求更美好的生活之前，在利用翘曲木板滑雪越过湖面去上学之前，甚至早在 3 岁时第一次站上滑雪板之前。埃罗冠军之路的起点可以追溯到他的曾祖父前往芬兰旅行之时。

* * *

曼蒂兰塔家族在芬兰生活的历史已无从考证，但可以确定的是，早在 19 世纪 50 年代，他们就已经定居拉普兰。埃罗的曾祖父来自比利时，移居芬兰可能是为了当铸造硬币的铁匠。他的儿子伊萨克娶了一个名叫约翰娜的女人，约翰娜的父亲拥

第16章 金牌突变

有兰科耶尔维以北的一片土地,经济条件还算不错,夫妻二人就定居在这块土地上的一间小房子里。作为交换,伊萨克需要帮助当地的农民干活。但伊萨克不是个勤快人,在当地并不受欢迎。

埃罗肯定没有继承祖父伊萨克的懒散品性,但他从父亲尤霍那里遗传到了一种罕见的基因,改变了他体内的血液供给系统。

十几岁时的一次常规体检第一次揭示了埃罗的异常体质。验血结果显示他的血红蛋白水平高得异常。血红蛋白是红细胞中负责携带氧气的蛋白质,其中的铁元素使血液呈现红色。不过由于埃罗非常健康,较高的血红蛋白水平并没有引起他太多的关注。

但随着他竞技生涯的深入,情况开始变得复杂起来。每次对埃罗进行体检时,医生都会发现他的体内不但血红蛋白水平很高,而且红细胞数量也远远超出了正常值。通常情况下,这些迹象表明这位参与耐力项目的运动员正在使用血液兴奋剂——通常是合成的促红细胞生成素。促红细胞生成素向机体发出信号以产生红细胞,而注射这种药物可以刺激运动员的身体增强血液供应。

埃罗的红细胞计数比普通男性高出65%,这一异于常人的特质偶尔会令其辉煌的职业生涯蒙上阴影。尽管埃罗从孩提时代起的所有血液检测数据都登记在案,但还是有很多人猜测这样的血液特征是使用兴奋剂的结果。直到埃罗从滑雪界退役20年后,科学家才查明了真相。

***

曼蒂兰塔家族其他成员在接受常规医学检查时偶尔也会发现自己体内的血红蛋白水平较高。由于这不会对健康构成显著影响，因此医生并没有采取任何措施。

然而，这种特殊现象足以引起赫尔辛基大学血液学系主任佩卡·沃皮奥（Pekka Vuopio）的好奇。作为拉普兰的本地居民，他对埃罗·曼蒂兰塔在运动方面的辉煌成就非常熟悉。1990年，沃皮奥和同事邀请埃罗前往赫尔辛基参与一系列测试，希望以他为例子深入了解一种名为红细胞增多症的疾病。这种疾病偶尔会通过家族遗传的方式传播，患者血液中的红细胞数量增加导致血液变稠，有可能危及生命。

研究者们提出的第一种猜测是，埃罗体内红细胞的寿命可能比正常人更长，在旧的红细胞被清除之前，新的红细胞就已经生成了。事实证明，这一猜测是错误的。另一种猜测是，埃罗会自然分泌高水平的促红细胞生成素，导致其身体过量生成红细胞。然而，事实亦非如此。埃罗血液中的促红细胞生成素水平非常低，几乎比健康的成年男性的下限水平还要低。

但是，当血液学家埃娃·尤沃宁（Eeva Juvonen）在实验室检查埃罗的骨髓细胞时，发现了令人吃惊的现象。为了测试制造红细胞的骨髓细胞是否对促红细胞生成素特别敏感，研究人员通常会将促红细胞生成素添加到骨髓细胞样本中再追踪红细胞的生成情况。尤沃宁发现在加入促红细胞生成素之前，埃罗的骨髓

第16章　金牌突变

细胞就已经开始制造红细胞了。试样中即便只存在极低水平的促红细胞生成素，都足以让这个红细胞制造工厂运转不息。很明显，埃罗的身体会以超乎寻常的活力对哪怕是微量的促红细胞生成素做出响应。为了阐明该现象的原因，科学家们需要对曼蒂兰塔家族成员展开进一步研究。

* * *

阿尔伯特·德·拉·沙佩勒自称"基因猎手"，当玛丽娅·何塞·马丁内斯-帕蒂诺被禁止以女性身份参赛时，这位遗传学家曾出面为她辩解。而眼下他正在俄亥俄州立大学专注于某些危险基因的研究，这些基因会导致人们易患一些最为致命的癌症，例如会干扰红细胞生成的急性髓细胞性白血病，让原本健康的人在短短几周时间内便撒手人寰。

德·拉·沙佩勒在赫尔辛基大学度过了大部分职业生涯，其间他一直在寻找一种与芬兰人高发疾病相关的基因突变。这些疾病来自所谓的"始祖突变"(founder mutation)，即突变原本出现在一个小群体的成员中，随着人口增长而扩散开。德·拉·沙佩勒的研究团队阐明了芬兰特有的20多种疾病的遗传基础，其中包括多种形式的癫痫和侏儒症。有些疾病也是美国明尼苏达州的地方病，因为州中很多居民都拥有芬兰血统。

在实验室检验埃罗·曼蒂兰塔的血液样本后不久，德·拉·沙佩勒便前往兰科耶尔维，与曼蒂兰塔家族的40位成员进行了会面。他们都聚集在埃罗的家中，与正在研究其血液的研究人员交谈。

享用完拉克尔准备的新鲜驯鹿肉午餐后，德·拉·沙佩勒在客厅里与人攀谈起来。"我和三位老太太坐在沙发上，"德·拉·沙佩勒回忆道，"我已经知道她们中间有两个人有血液问题。她们向我讲述了自己的健康状况，那位血液没问题的老人出现了各种健康问题，而有血液问题的两位老人反倒都很健康，并且完全没有觉得自己和正常人有什么区别。"

就算不看她们稍暗的肤色，德·拉·沙佩勒也知道这两名健康女性的血液异于常人，因为他已经分析了她们的基因组。

研究人员对曼蒂兰塔家族的 97 名成员进行了检测，发现其中 29 人的血红蛋白水平都非常高，肤色也比普通芬兰人略红。不同于对埃罗的最初研究，这次检测成果超出了血液的范畴。德·拉·沙佩勒一路探查，最终在第 19 条染色体上定位了一个特殊基因，即所谓的"促红细胞生成素受体基因"(EPOR)。

这个特定基因会指导机体构建促红细胞生成素受体，而该受体分子位于骨髓细胞顶部，可以与促红细胞生成素特异性结合。如果将促红细胞生成素受体比作一个钥匙孔，那么受体分子的设计目的就是接受促红细胞生成素这把钥匙。一旦钥匙插入钥匙孔，机体便会开始生成红细胞，即促红细胞生成素受体向骨髓细胞发出信号，开始产生含有血红蛋白的红细胞。

促红细胞生成素受体基因由 7138 对碱基构成，而在 29 个血红蛋白水平异常升高的家族成员体内，这些碱基对中只有一

第16章 金牌突变

个碱基发生了改变。和正常人一样,这29位家族成员也都拥有促红细胞生成素受体基因的两个拷贝。但在其中一个拷贝上的6002处核苷酸位点,原本的鸟嘌呤分子(G)被腺嘌呤分子(A)取代。这一变化虽然微不足道,但造成的影响却是巨大的。

这种拼写上的改变没有为细胞机器添加遗传信息来编码促红细胞生成素受体,反倒是形成了一个"终止密码子",从遗传学的角度来说,相当于一个章节最后一句话末尾处的句号。本质上,终止密码子的作用就是告诉负责读取DNA代码以翻译成相应功能蛋白质的核糖核酸(RNA):指令已经完成,继续前进,这里已经没有需要读取的内容了。而曼蒂兰塔家族的突变导致这一段基因没有像在正常情况下一样编码色氨酸,而是直接停止了,以至于整个"工程"还剩下15%的工作尚未完成。在受突变影响的曼蒂兰塔家族成员中,尚未完工的这部分恰好属于骨髓细胞内部受体的某一功能域。通常,细胞的外部受体等待与促红细胞生成素结合,而内部受体则负责调控随后的反应,就像刹车一样,可以停止产生血红蛋白。携带突变的曼蒂兰塔家族成员相当于没了刹车,因而红细胞的生成完全不受控制。

对这个家族来说幸运的是,过量的红细胞并没有导致健康问题。这些家族的成员除了肤色略黑外,没有任何异常表象,他们的特殊体质往往是在常规体检中偶然发现的。

对于曼蒂兰塔家族促红细胞生成素受体基因突变的研究,是20世纪90年代初期的一项重大发现。在该家族中,高血红蛋白水平症状以常染色体显性方式世代相传,这意味着其家庭成员只

— 349 —

需要携带突变基因的一个拷贝，就会出现同样的症状。在此项研究之前，科学家们也发现了其他显性遗传的基因突变，但这些突变通常会导致携带者患上严重的疾病。

研究人员在1991年和1993年发表的论文中指出，携带家族性促红细胞生成素受体基因突变的曼蒂兰塔家族成员都很长寿。换句话说，这似乎是一种对运动员有益且不会带来严重后果的突变。然而，德·拉·沙佩勒表示，自己永远无法说服埃罗相信，他的奥运成就是在促红细胞生成素受体基因突变的帮助下才达成的。"他一直认为这一切与体质无关，"德·拉·沙佩勒说，"是他的意志和精神发挥了作用。"

* * *

听说我是从纽约布鲁克林千里迢迢赶来相见，埃罗便急切地想告诉我他在1960年冬季奥运会后游览纽约市的经历。对于由凯迪拉克汽车、路灯和柏油路构成的这座"泥沼"都市，埃罗唯有"可怕"一词能用来形容自己对这座城市的第一印象。

埃罗向我展示了他最珍贵的奖章，包括7块奥运会奖牌，以及芬兰政府通常为军事英雄颁发的一枚荣誉勋章。除了之前提到的"极夜"一词外，芬兰人还有一个无法翻译的词汇"sisu"，意思是激情的力量或面对困境时的冷静决断。芬兰政府认为埃罗就是"sisu"的体现。

留着齐肩金发、戴着黑框眼镜的伊丽斯讲述了发生在1964

第16章 金牌突变

年冬季奥运会以后的一个故事。当时,一家地方电力公司出资请埃罗乘坐直升机回家。当飞机降落在覆盖湖面的冰层上时,数百名狂欢者聚集在一起准备庆祝。伊丽斯那时还是个小女孩,她还记得自己兴奋地跑向直升机时的情形。起初,埃罗很享受这种众星捧月的感觉,他还在当地政府那里谋得了一份儿童体育教学的工作,但很快名气就变成了负担。

20世纪60年代中期,有些记者会不请自来地突然造访埃罗的居所,还直截了当地提出一些无礼的要求,类似"给我讲个故事,不要那种别人已经听过的"。此外,还经常有一些来自芬兰南部的游客会"顺道"光顾这里,要求观摩奖牌和拍照留念,埃罗和拉克尔总是不忍心拒绝这些人。对埃罗来说,滑雪更像是争夺输赢以及谋求一份更好的工作,而不是出于对这项运动发自内心的热爱。这些无谓的关注促使他在1968年冬季奥运会后就退出了滑雪比赛,那时他才30岁。

应一家芬兰名人杂志社的要求,埃罗在1972年日本札幌冬季奥运会前短暂复出了。而在此前的3年,他都没有认认真真地滑过一次雪,也没有进行过系统训练,体重还远高于此前比赛时的体重。杂志社承诺支付埃罗的训练费用,让他可以暂时离开职场,条件是杂志社方面可以跟踪报道他复出的过程。埃罗在奥运会开始的前6个月才重返赛场,但最终仍然得以入选芬兰代表队,并在奥运会30千米比赛中取得了第19名的成绩。之后他再次选择了退役——这一次是永久的。

随着访问渐入尾声,我们坐在挂着冬季风景画的客厅里,埃罗指着挂在墙上的一排黑白照片，说照片上的人是他的祖先。皮肤黝黑的伊萨克身穿背心，头戴报童帽，斜躺在森林中的一处空地上，正在和头上裹着一条浅色围巾的约翰娜用餐。在这张照片的上面，埃罗的父亲尤霍和母亲泰妮坐在一片空地中间的木椅上，旁边是他们的几个孩子。

早在德·拉·沙佩勒开始探索曼蒂兰塔家族的基因之前，伊萨克和尤霍就已经去世了。但德·拉·沙佩勒仍然检测了足够多的家族成员，绘制了遗传家族树，进而推断出他们二人都应该存在促红细胞生成素受体基因突变。尤霍的两个兄弟莱维和埃米尔也携带了这种突变。

不过，这种突变在埃罗这一分支中走到了尽头。原本他的儿子哈里拥有该突变，并有希望也成为一名越野滑雪运动员。但不幸的是，哈里在年轻时死于与这一基因突变无关的其他疾病。埃罗的另外两个孩子明娜和韦萨是一对龙凤胎，明娜携带突变，而他现在唯一的儿子却没有。

当我问埃罗是否会因为赫尔辛基大学的研究帮助他洗清了兴奋剂嫌疑而松了一口气时，他回答说"是的"，但同时也否认了这种突变为自己带来竞技优势的说法。埃罗认为，红细胞过多会导致血液黏度增加，阻碍血液循环，从而抵消了它所能带来的好处。不过，德·拉·沙佩勒坚决不同意这种说法，"这毫无疑问是一种运动上的优势"，他指出埃罗的血红蛋白水平是他见过最高的，"如果血液循环出现问题，症状将会非常严重，他本人不可能没有感觉。"

第16章 金牌突变

这几年来，埃罗得过几次肺炎，医生认为这可能与他黏稠的血液有关，所以眼下他正在服用血液稀释药物。伊丽斯补充说："父亲的皮肤发红也是近几年的事情。"在活跃于赛场的那段岁月里，埃罗并没有因为促红细胞生成素受体基因突变而表现出任何异样，而其他携带这种突变的曼蒂兰塔家族成员也都健康地步入了老年。

围绕曼蒂兰塔家族的基因突变涌现出大量科学论文，这在体育运动领域是独一无二的。不过可以肯定的是，其他成功的运动员或许同样拥有异常高的血红蛋白水平。例如，在越野滑雪和自行车等耐力运动领域就已经建立起了相应的申诉系统，血红蛋白水平过高的运动员只要能够证明这种升高属于自然的生理现象，就可以获得医疗豁免从而正常参加比赛。已经有不少运动员获得了这类豁免，收获了巨大的成功。

意大利自行车运动员达米亚诺·库内戈（Damiano Cunego）获得了国际自行车联盟开出的医疗豁免，并在23岁时成为有史以来最年轻的公路自行车世界冠军。挪威越野滑雪运动员弗罗德·埃斯蒂尔（Frode Estil）得到了来自国际滑雪联合会的豁免，在2002年盐湖城冬季奥运会上揽获2枚金牌和1枚银牌。

正常男性的血红蛋白值为每升血液140克到170克，埃罗则高于200克，最高值可达230克，比其他携带突变的家族成员都要高。尽管库内戈和埃斯蒂尔的血红蛋白水平不及埃罗，但依然高过队友和竞争对手，并且这种升高是自然产生的。

和约克大学研究中的"天生健康六人组"一样，他们生来就与众不同。

* * *

考虑到回吕勒奥还有 3 个小时车程，伊丽斯便跟埃罗和拉克尔约定圣诞节时再见面，告别后就拉着我准备上路。

正当我准备离开时，突然想起来还有一个明显的问题忘了问他们。当我知道促红细胞生成素受体基因突变无法在埃罗的直系后代中延续时感到有些失望，这意味着我将无法看到这种突变是否会继续推动曼蒂兰塔家族年青一代在竞技运动上取得成功。我从德·拉·沙佩勒描绘的遗传家族树中看到有其他家族成员携带了突变。

于是我问伊丽斯："你父亲的兄弟姐妹遗传了这种突变吗？"

她告诉我的确还有其他人携带突变。埃罗的妹妹奥内以及奥内的儿子佩尔蒂、女儿艾丽都携带突变。

"那他们滑雪吗？"我继续问。

"他们都滑雪。"伊丽斯告诉我。

"他们取得过什么成就吗？"

艾丽在 1970 年和 1971 年曾两次获得过 3×5 千米接力赛的世界冠军。在 1976 年的因斯布鲁克冬季奥运会上，佩尔蒂在他叔叔曾经创造辉煌纪录的场地上获得了 4×10 千米接力赛的金牌。1980 年，他又在普莱西德湖冬奥会上收获了铜牌。

除此之外，这个家族中就没有其他运动员了。

— 尾声 —

完美运动员

埃罗·曼蒂兰塔的一生可以说是践行"1万小时定律"的最佳典范。

埃罗出身贫苦,每天必须滑雪穿过结冰的湖面往来于学校和家。成年后,他开始认真考虑将滑雪作为改善生活的手段,想要谋得一份边境巡逻员的工作,以摆脱危险且艰辛的伐木工作。这种最微不足道的成功滋味便是埃罗进行艰苦训练的全部动力来源,也正是这日复一日的训练,才造就了这位伟大的奥林匹克运动员。他的辛勤努力以及在寒冷冬夜忍受的孤独痛苦,谁能够否定呢?如果将滑雪板换成脚底板,将北极针叶林换成东非大裂谷,埃罗的人生经历就与肯尼亚马拉松运动员的完美重合了。

要不是一群充满好奇且熟知埃罗辉煌履历的科学家在这位奥运冠军退役20年后邀请他到实验室接受检测,或许埃罗仍然是一个纯粹依靠后天努力取得成功的范例。但在遗传学的启发之下,埃罗的人生经历被赋予了完全不同的内涵:100%的先天条件,加上100%的后天努力。

很显然,埃罗拥有罕见的天赋,但同样显而易见的是他必须通过刻苦训练才能将这种天赋兑现为奥运金牌。正如心理学家德鲁·贝利(Drew Bailey)所说:"没有基因和环境就没有结果,这二者缺一不可。"像埃罗这样单个基因产生巨大影响的个例极为罕见,寻找运动基因又异常复杂和困难。虽然目前大多数运动基因难以确定,但这并不意味着它们不存在,科学家们肯定还会找到更多。

科学家扬尼斯·比兹莱蒂斯曾为了收集运动员的DNA而闯荡非洲和牙买加,他担心的一个问题是:如果某一运动天赋基因相对集中于某一族群或地区,那么这类基因的发现是否会让运动员们的辛苦训练失去价值?不过,眼下我们已经知道,某些族群的确拥有一些特别的基因,这些基因可以让他们在特定的运动项目中天生占据优势或处于劣势。从耶鲁大学遗传学家肯尼斯·基德的研究案例出发,我们会认同这样一种观点:俾格米族不太可能成为NBA球星的摇篮,因为与其他族群相比,俾格米人拥有高大身材基因变异的概率较低。

身高显然是篮球运动的一大先天优势。迈克尔·乔丹有幸拥有高个子基因,从而获得了比俾格米人乃至地球上大多数人都要高大的身材,但这一事实难道会让这位篮球巨星取得的伟大成就失去色彩吗?我不知道是否有科学家或体育迷会因为乔丹的身高天赋而贬低他的努力和技巧,但至少我从来没遇到过。事实上,另一种极端的观点——忽略天赋,就好像它不存在——在体育领域却更加司空见惯。

尾声 完美运动员

《内心之火——并不具有耀眼天赋的公牛队中锋乔金·诺阿（Joakim Noah）同样能为球队带来最佳礼物》，这是《体育画报》某一期人物故事的标题。这里的"礼物"没有什么特别的含义，意在强调乔金·诺阿的求胜欲望。但别忘了，他可是法国网球公开赛冠军之子，他身高2.11米，臂展2.16米，垂直弹跳高度达到了95厘米。如果这些数据都不算耀眼的运动天赋，那什么才算是？标题中提到诺阿缺乏耀眼天赋以及文章中诺阿本人的讲述似乎都印证了他控球粗糙且跳投平庸的事实。换句话说，从体育科学的角度而言，他需要更加努力地进行专项训练以提升控球和投篮技巧，在这些方面遗传天赋可帮不了他。那么我们不妨将标题改得更符合事实：《天赋外露：尽管技术水平不如队友，但乔金·诺亚的身体天赋堪称人类顶尖，无论如何都会成为优秀的NBA球员》。

承认天赋或潜力基因的存在，绝不是贬低将天赋转化为成就所必需的努力。"'1万小时定律'之父"安德斯·埃里克森和同事们的研究基本上不涉及遗传天赋，他们从一开始就着眼于在音乐或运动领域颇有建树的研究对象。因为大多数人都被排除在研究之外了，所以这项研究几乎没有提及天赋存在与否。

事实上，在体育领域，任何完全依赖于先天或后天的案例都属于稻草人论证[1]。即如果世界上所有的运动员都是完全相同的个体，那么只有环境和训练才能决定谁能进入奥运会，或者成为职

---

[1] 指曲解对方的论点，提出反对，再宣称已推翻对方论点的论证方式。——译者注

业选手；相反，如果世界上所有的运动员都以完全相同的方式进行训练，那么唯有基因能区分他们在赛场上的表现。但实际情况与以上两种假设相去甚远。[1] [只有极少数个例能印证这些推断。比如，当我站在伦敦奥运会 400 米决赛的终点线旁边时发现，来自比利时的同卵双胞胎兼训练搭档凯文·博莱（Kevin Borlée）和乔纳森·博莱（Jonathan Borlée）虽然在完全不同的跑道上奔跑，但最终成绩仅差 0.02 秒。]本质上，运动能力的差别来自训练环境和基因这两大因素的结合。

在某些情况下，看似建立在超强反应力之上的技能，其实在很大程度上是后天脑力数据库的结果。（一旦建立了数据库，拥有出色视觉硬件的运动员就可以发挥出这一数据库更强的效力。）而在其他一些项目中，就像对耐力训练快速产生应答的能力一样，基因又调和了艰苦训练所能达成的提升效果。我们将自身的技能和特质究竟更多地归因于天赋还是训练，往往取决于哪种说法更贴合我们要讲的故事。

史蒂夫·乔布斯（Steve Jobs）曾谈到，他过去一直认为自己的个性完全是人生经历塑造的结果，但直到成年后他第一次遇到了小说家莫娜·辛普森（Mona Simpson）——自己素昧平生的妹妹以后，才慢慢转变了想法。尽管在不同的家庭环境中长大，但二人之间惊人的相似性还是令乔布斯感叹不已。乔布斯在

---

[1] 不过也有一些颇为有趣的案例。比如，美国短跑女运动员米丽莎·巴贝尔（Me'Lisa Barber）和米凯拉·巴贝尔（Mikele Barber）是一对同卵双胞胎，而她们的个人百米最好成绩仅相差 0.07 秒。

尾声 完美运动员

1997 年接受《纽约时报》采访时说:"我曾经很看重后天教育的影响,但在认识莫娜以及自己养育儿女后我更加重视先天因素了。我的女儿才 14 个月大,但她的个性已经展露无遗。"

随着基因研究日趋成熟,我们会越来越多地发掘出体育叙事背后的遗传因素——有些影响巨大,大多数则显得微不足道。我们不太可能仅凭遗传学研究就获得完整答案,因为环境和训练始终是关键因素。哪怕是针对身高这一易于测量的特征,科学家们也需要成千上万名受试者和无数个 DNA 密码子位点才能勉强解释半数成年人之间的身高差异。我们越来越清楚,人类的很多特征是受到大量 DNA 变异相互作用的结果。因此,科学家们必须对成百上千位受试者进行研究才能了解这些特征的遗传根源,但精英级的百米运动员在世界上屈指可数。此外,即使是让短跑运动员跑得更快的基因,不同携带者身上的基因变异也可能完全不一样。以容易导致运动员猝死的肥厚型心肌病为例,有很多已知的基因变异会引发该疾病,但大多数都属于"个人"突变。也就是说,这些致病的基因突变目前都可以定位于单个家族系统中。不同的遗传途径有时会呈现出相同的生理学表现。

无独有偶,就在我写下这段文字时,日本科学家从小鼠干细胞中培育出受精卵的消息登上了新闻头条。一位科学家在电台声称,这一突破最终将会让人类能够设计后代的各种特征,包括运动能力。换句话说,我们可以打造出完美的运动员。斯坦福大学的生物伦理学家汉克·格里利(Hank Greely)在接受美国公共电台采访时也表示:"有了这项技术,父母会拥有选择孩子遗传特征的强大自主权。"

然而，在目前这个阶段，对于"哪些基因组合能够诞生最具运动才能的运动员"这一点，我们依然毫无头绪。部分罕见基因（例如，促红细胞生成素受体基因或肌肉生长抑制素基因）可以对运动能力产生显著影响，但它们都属于个例。在可预见的未来，我们仍然无法"设计"在遗传上堪称完美的运动员。所谓拥有完美基因的运动员只能说拥有合适的基因，刚好匹配所从事的运动项目。

那么，这样的概率究竟有多大？

* * *

英国曼彻斯特城市大学的遗传学家阿伦·威廉姆斯（Alun Williams）一直被这个问题困扰着。他和同事乔纳森·富兰德（Jonathan Folland）梳理文献，找出了迄今为止科学家们发现的与耐力天赋最密切相关的 23 种基因变异，接着再研究这些基因变异在人群中出现的频率。

其中一些变异发现于 80% 以上的人群中，其他变异则存在于不到 5% 的人群中。富兰德和威廉姆斯通过基因频率概念，对地球上究竟存在多少"完美"耐力运动员（即携带所有 23 个基因的 2 个正确拷贝的人）做了统计预测。

威廉姆斯认为，即便是数量有限的已识别基因，也很难找到完美组合。毕竟，像格雷格·勒蒙德（Greg LeMond）或克里

尾声　完美运动员

希·威灵顿这样的运动员都属于难得一见的奇才。然而，经过统计计算后，威廉姆斯吃惊地发现，一个人拥有完美基因变异组合的概率不到千万亿分之一。换种说法：假如你每周买 20 张彩票，连续两次中一等奖的概率也比中这种"基因头奖"的概率更高。从富兰德和威廉姆斯的分析来看，地球上简直不可能找到拥有完美基因的运动员。因为在这样的概率面前，地球上的 70 亿人口显得很微不足道，别说 23 个基因，就算是拥有 16 个以上完美基因、具有理想耐力特征的人都不可能存在。不过，一个人也不太可能拥有很少的耐力基因，基本上大多数人都处在中间状态，彼此之间仅存在少量的基因差异。这就好像我们都在一遍又一遍地玩基因"轮盘赌"，不断地放上筹码，有时会赢，有时会输，而所有人都趋近于平庸。"相对而言，人类在整体上都比较相似，我们都依赖于偶然性。"威廉姆斯说。

然而，某些"精英运动员"并不依赖于偶然性，比如撒拉布列特纯种马。由于运动能力涉及复杂的基因组合，冠军赛马往往是赛马之间多代配对的结果。赛马之间需要更多代的配对育种才能生出拥有足够多正确基因变异、具有冠军潜力的后代。在赛马场押注时，最稳妥的做法是下注给那些拥有优秀父母、祖父母乃至曾祖父母的顶级赛马。

赛马育种者做得非常出色：最好的撒拉布列特纯种马可以在一分半钟内跑完 1 英里。尽管如此，从几十年前开始，许多大型赛马比赛中获胜马匹的速度就已经停滞不前了。撒拉布列特纯种马可能已经达到了奔跑的生理极限，或者说该繁殖种群中的运动基因潜力已经被发掘殆尽。撒拉布列特纯种马属于相对近交品种，现代赛马超过一半的基因可以回溯至4匹马：高多芬阿拉伯、达利阿拉伯、拜耶尔土耳其和巴布柯温湾，它们来自北非和中东，在17世纪末和18世纪初被运到英格兰。

正如比兹莱蒂斯所言，要想成为世界冠军，"你必须得选对父母"。当然，这是个玩笑。因为人类通常不会在细致考察彼此的基因变异情况后，再步入婚姻殿堂。人类的结合配对过程更像是轮盘赌中的弹球，它们从几个口袋弹出，然后落入某一个合适的位置。威廉姆斯提出了一种假设，如果人类要培养出更多拥有"正确"运动基因的运动员，方法之一便是通过更全面的谱系来考察遗传"弹球"，比如父母和祖父母都是优秀的运动员，因而孩子保有大量优秀的运动基因。不过，运动员为了创造卓越后代而有意结合在一起的案例在实际生活中并不多见。

即使这样，我们也不能保证伟大运动员的后代都能在运动方面取得成功。事实上，父母越是优秀，后代同样优秀的可能性就越小。在受到诸多基因影响的天赋特征上，孩子的运气肯定不如非常幸运的父母，这是非常简单的统计学道理。所谓的"均值回归"就来自对身高的研究。当然，如果父母的身高都在2米以上，那么孩子的身高往往会超过父母身高的平均水平，但偏离平均值的程度可能不如父母那般显著。同理，两位天赋异禀的运动员结合后，他们的孩子可能相较随机情况拥有更多的运动基因组合，但就上天的眷顾程度而言，这个孩子肯定比不上自己的父母。

尾声　完美运动员

在很大程度上，人类将继续依赖于概率，体育也将继续作为展示人类生物学多样性的精彩舞台。2016年里约热内卢奥运会的开幕式盛况就是对人体体质极限的一次展露。身高1.45米的体操运动员站在体重140千克的铅球运动员身旁，她需要抬头才能仰望身高2.08米的篮球运动员，而对方的臂展为2.29米；又或者是身高1.93米的游泳运动员和身高1.75米的1500米运动员一起大步迈入奥林匹克体育场，而二人却穿着相同长度的裤子。

种族、地理和家族史决定了我们体内每个细胞核所携带的遗传信息，进而塑造了我们的身体。从基因角度来看，人类本属于一个大家族，但祖先选择的道路竟然让我们这些后代变得如此泾渭分明，这真的令人叹为观止。在里程碑式的《物种起源》一书的结尾处，查尔斯·达尔文谈到了他所观察到的所有生物变异均源于共同祖先的现象，以及这给予他的启示："……无数最美丽与最奇异的类型，竟是从如此简单的开端演化而来并依然在演化之中。"

我们每个人都是独一无二的，遗传科学向我们证明，适用于所有人的万全训练方案也是不存在的。如果某种运动或训练方式达不到效果，可能与运动或训练本身无关，在最深层的意义上，问题可能出在你自己身上。

所以不要害怕去尝试不同的东西。唐纳德·托马斯和克里希·威灵顿就勇敢迈出了求变的第一步，而尤塞恩·博尔特在称霸田径赛场以前，也曾一心想成为板球明星。

20世纪初，在"体型大爆炸"理论提出之前，体育老师们都认为"平均"体型才是完美体型，是所有运动员都应该努力的方向。多么离谱的错误！现如今，遗传学家和生理学家已经证明，成功的训练计划应该随着训练对象的变化而不断改变。

2007年底，《科学》杂志将"人类遗传变异"列为当年最大的科学突破之一。随着DNA测序变得更加方便快捷，"研究人员将揭示我们彼此之间的真正差异。"封面文章这样写道。

想要提高竞技水平，意味着要寻找与自身独特的生物学特质相适应的训练计划。正如"HERITAGE家庭研究"所显示的，即使是简单的训练项目也会给各种体质特征的人带来与众不同的效果。神奇的是，在该研究的所有受试者中，研究者们没有发现任何"无应答者"。诚然，有些受试者的有氧能力并未改善，但他们的血压可能下降了，或者是胆固醇水平有所改善。每个人都以某种独特的形式从运动中获益。参与便是一次自我发现之旅，这种心路历程在很大程度上甚至超出了前沿科学研究所能够触及的范畴。

正如杰出的成长专家、世界级跨栏运动员坦纳博士所说："每个人都有不同的基因型，为了实现最佳成长，每个人都应具备与众不同的环境。"

祝大家训练愉快！

后　记

《我们与天赋的距离》（原书名：《运动基因》）一书于2013年8月出版后，柏林马拉松大赛于9月开始了。男子组的前五名选手全部来自肯尼亚；女子组方面，肯尼亚人占据了冠军、亚军和第四名的位置。在同年10月举行的芝加哥马拉松比赛中，肯尼亚男子选手分别获第一、第二、第三、第四、第八和第十一名；女子选手获得冠军和亚军。一个月以后，纽约市马拉松比赛的男女组冠军也都分别被肯尼亚人包揽。

不过，不要被"肯尼亚"这几个字蒙蔽。正如本书第12章和第13章中提到的，以上这些运动员都来自卡伦津部落，这个肯尼亚的少数民族仅有500万人口，数量与哥斯达黎加差不多。你能想象来自哥斯达黎加的跑步选手在一场大型马拉松比赛中包揽前五名吗？在卡伦津人这个特殊的群体中，我们目睹了前所未有的世界级运动实力。截至目前，历史上共有17名美国男性选手和14名英国男性选手能够用不到2小时10分钟的时间（相当于每千米配速为3分05秒）完成马拉松，然而只在今年，就有72位卡伦津人跑出了上述成绩。这便是卡伦津人独特的生理条件和训练环境的证明。此外，他们具有的某种精神力量也通过丹尼斯·基米托（Dennis Kimetto）的故事为人所知。在2013年的芝加哥马拉松比赛中，基米托以惊人的成绩打破纪录，赢得了冠军。但在此之前，他在跑步界只是一个寂寂无闻的小人物。

冲线以后，29岁的基米托承认自己只是一名马拉松新人。他说："2010年之前，我一直在做农活，从未跑过步。我基本上没有什么跑步方面的经验，只会种玉米和喂养奶牛。"

为了创作本书，我曾去往肯尼亚进行采访，卡伦津跑者那种"永远不会太晚"的训练心态以及纤瘦的体型令我感到惊叹不已。以基米托为例，他直到20多岁时才开始正式练习跑步。当时，他在购物中心偶遇了一位著名马拉松选手，是在对方的盛情邀请下，他才加入了训练队伍。我不禁想，如果基米托生活在美国或欧洲，这次会面的结果将会如何？或许他会考虑片刻，在脑海中涌现出各种奇思妙想：从农民转变为职业运动员；在一场大都市马拉松比赛中扬起双臂，第一个抵达终点，再带着六位数的薪酬，如英雄凯旋一般回到位于大裂谷的家乡。而等到白日梦破灭，他只会付之一笑。他会觉得为时已晚，自己已经被其他人甩开太远了。

这才是"1万小时定律"的真正要义——只有不断累积练习，才能取得成就。练习是唯一至关重要的因素，如果对手练习的时间比你多得多，那么失败是你必然的结果。不过谢天谢地，这一思维还未渗透到肯尼亚西部的大裂谷省。跑者在20多岁时才开始第一次认真训练是典型的卡伦津现象，他们抱有这样的信念：凭借充足的天赋、强大的驱动力、刻苦的训练，总有一天能

后 记

赶上那些跑在自己前面的人。正是在这种"永远不会太晚"的心态的驱使之下,体育界才能不断涌现诸如跳高运动员唐纳德·托马斯和铁人三项运动员克里希·威灵顿的精彩故事。

之所以提到这一点,是因为《我们与天赋的距离》的受众范围比我预想的更加广泛。美国前总统奥巴马在参加某个活动期间就曾被记者拍到手拿此书。这本书的成功也使我坚定了自己的信念,即相信读者愿意了解前沿科学并且不惧怕其复杂性。本书面市后,我对"1万小时定律"的批判态度也成了主流媒体纷纷报道的话题。其中,最激烈的批评者之一就是英国记者马修·萨伊德(Matthew Syed),他是《天才假象》(*Bounce*)一书的作者。这本以优秀表现为主题的流行书籍对"1万小时定律"推崇备至,甚至弱化了基因的重要性。

在和我一起接受BBC电台的采访时,萨伊德没有对本书中的科学结论提出异议,而是对承认天赋的重要性可能会造成不良的社会影响提出了担心。萨伊德认为,宣扬遗传天赋的社会思潮会限制人们的努力,阻碍人们发挥自身的潜力。

那么像基米托、托马斯和威灵顿这样的冠军选手对此有什么看法呢?威灵顿在30岁时才跻身职业运动员行列,其职业生涯从开始到结束仅5年时间,但她不仅成了一位伟大的冠军,还成了一位伟大的慈善家。而她从自身成功中得到的启示是:"所有人都拥有天赋,有时这些天赋是隐藏着的,你必须勇敢尝试新事物,否则可能永远都不知道自己擅长什么。"

我希望本书中详述的遗传学和生理领域的科学研究能够将托

马斯和威灵顿在发掘自身运动天赋时拥有的运气，转化为帮助更多人发挥潜力、成就自己的科学系统。

"1万小时定律"是以小提琴演奏者群体为研究对象展开的研究。新闻媒体对于此项研究的曲解在2012年达到了狂热的地步，以至于在原文发表20年后，曾主导这项工作的心理学家安德斯·埃里克森决定做出回应。他在自己的机构主页上发表了一封题为《让媒体谈教育的危害性》的公开信，在这封信中，他将"1万小时定律"称为"虚构的理论"。而在另外一篇期刊论文中，他多次将大众对于研究成果的解读称为"通俗互联网版"。同时，他也试图通过公开信澄清公众对"1万小时定律"的误解。他写道："1万小时是研究中最高水平组小提琴手在20岁前的平均练习时间。不过，有些极优秀的小提琴演奏者在20岁时累积的练习时间要少得多。"

上个月去澳大利亚体育学院参加会议期间，我仔细阅读了一位足球教练的训练计划——上述埃里克森的观点恐怕会给这位教练带来沉重的打击。这位足球教练为18岁的球员精确安排了1万小时的训练时间。而正如我在本书第2章中所指出的，以小提琴手作为研究对象得到的平均值本质上掩盖了习得每项技能过程中的个体差异。(这些小提琴手是来自世界级音乐学院的演奏家，即经过了严格的预筛选。换到体育领域，这相当于将研究范围局限在了NBA赛场，然后发现研究对象都积累了大量的练习，就由此得出结论：训练是他们进入NBA的唯一原因，而不是训练再加上2米多的身高。)

后 记

对于萨伊德的批评，我更担忧的是他似乎建议应当摒弃那些与他偏好的社会影响不相符的科学观点，强调有利于某类信息传播的研究，尽可能地弱化与其相抵触的科学理论——出发点可能是好的，但这种做法绝对是误导，甚至具有危害性（具体例子可见本书的第 11 章内容）。选择具有"最佳社会性"的信息而无视更全面的科学观点，在我看来是一种专横、自大的思维方式。相较于拘泥于某个神奇数字或单一途径，理解人与人之间真实的内在差异才有助于个体得到所追求的最佳结果。（第 2 章中两位跳高运动员的经历就证明了：即使在并不复杂的运动项目中，水平相当的两个人通往卓越的道路也并不唯一。）我们应该努力了解更多有关个体独特性的数据，而不是抱着一种回避的心态。有一个很典型的例子，有一次在我作报告期间，一位来自某知名研究型大学运动学系的学科带头人就向我坦承，他隐瞒了黑人和白人受试者对于膳食补充剂存在不同反应的数据，因为他担心公开承认这样的种族差异可能会带来不好的影响。但无论如何，对于公众和其他科学界同行而言，隐瞒数据的行为都会带来信息缺失的后果。

"1 万小时定律"也可能会促成不合适或无效的专业训练方式，对尚未发育完全的小运动员们造成伤害。在本书出版后，我最常被问到的问题就是："我的孩子应该从什么时候开始专攻某一项运动？"如果积累的练习时间是决定成功与否的唯一因素，那么答案很明显，肯定是"越早越好"。若是只看成年精英运动员与次一级运动员之间刻意练习的平均时数对比，也的确会发现训练时数非常重要：

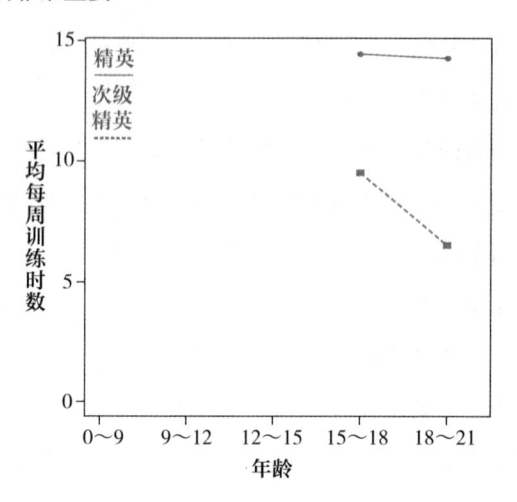

然而，如果科学家们着眼于运动员的完整成长历程，包括童年时期的训练时间，就会看到这样的结果：

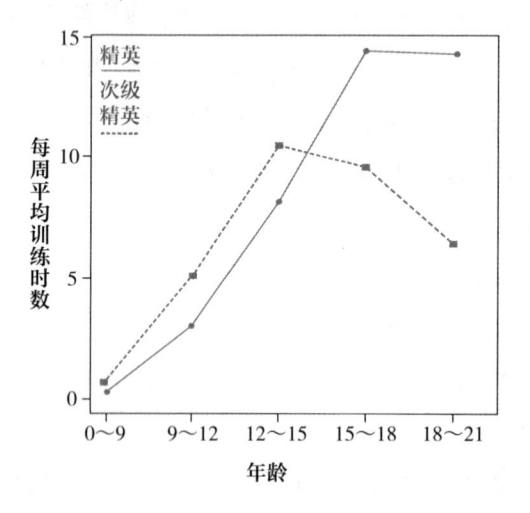

从图中可以看出，在大部分童年时间里，未来的精英们在其

后　记

最终从事的运动上投入的平均训练时数比次级精英要少。直到青少年时期，他们才专注于某一项运动，开始积累训练时数。[1] 其中原因可能是真正的精英往往更具天赋，不需要过早专注于某一项运动；又或者基于上图中青春期的跨度范围，次级精英运动员可能只是发育得较早，而当同龄人的身体素质赶上来以后他们便不再显得突出，于是次级精英们在心理上开始服输，训练上也不再积极。还有一种可能的解释是，过早的专门化训练实际上会阻碍某些运动技能的发展。回想一下本书第 3 章，早期繁重且单调的冲刺训练会产生可怕的"速度停滞期"。美国的田径高中向来以针对新生的优秀训练方案而著称，而与之相比，牙买加一流田径高中的新生们所承担的训练量，简直轻松到令人发笑：每周休息好几天，而且不需要练习举重。[2] 牙买加人首先会享受运动的乐趣，发掘自身长处，等到高年级时才开始进入严肃的正式训练状态。后来，一项针对俄克拉荷马州橄榄球运动员的研究发现，在大学坚持训练举重 4 年的球员，虽然力量显著增加，但速度并

---

[1] 这些数据来自 "CGS 运动"，即以距离（Centimeter）、重量（Gram）和速度（Second）来衡量的运动项目，例如自行车、田径、帆船、游泳、滑雪和举重等。在其他项目，如网球和一些团队运动中也发现了类似模式。而另外一项针对 152 名美国职业棒球运动员的研究发现，在专攻棒球以前，这些运动员最常见的高中经历是打橄榄球和篮球。不过，在特定的运动中，例如女子体操项目，早期的专门化训练是不可或缺的：在过去的 30 年间，体型大爆炸（详见第 7 章）导致精英运动员的平均身高从 1.6 米缩减至 1.45 米，换句话说，女子体操运动的窗口期非常短暂。

[2] 牙买加的全国中学田径锦标赛按年龄划分，这有助于年轻运动员缓慢提升自身能力。然而在美国，一个速度很快的 14 岁少年可能会在州际锦标赛上与 18 岁的运动员同台竞争。

没有增加。研究人员由此得出结论，球探在选择球员时，最好选择那些速度已经很快的球员。

过早的专业化训练也可能会导致尝试各项运动以寻找最合适项目的尝试期提前结束。虽然偶尔冒出的"神童"令我们着迷，也会引发媒体的关注，但事实证明"大器晚成"才是常态。以两届"NBA最有价值球员"史蒂夫·纳什（Steve Nash）为例，纳什成长于加拿大的一个足球世家，他起初想以哥哥马丁为榜样，成为一名职业足球运动员。互联网上至今还流传着史蒂夫·纳什和伊莱·福瑞兹（Eli Freeze）一起踢足球的视频，从中可以欣赏到纳什娴熟无比的足球技巧。

"十二三岁的时候我才开始打篮球，"纳什在接受NBA网站采访时说道，"所以我肯定是到了13岁才有了属于自己的第一个篮球。"纳什将得到篮球描述为找到一位"新朋友"。相比其他已经在青少年联赛打拼或从幼儿园开始就接受集体训练的美国男孩们（包括我），纳什接触专业训练的时间晚了5~8年，但这并没有妨碍他迎头赶上且最终成长为NBA历史上球技最精湛的球员之一。"在那个年纪，无论你擅长什么运动，都可以轻松地换成其他运动，"纳什说，"直到十三四岁时，我才逐渐意识到自己有机会成为一名非常优秀的篮球运动员。"

纳什的成长模式反复出现在对精英运动员童年生活的研究中：12岁之前的时间相当于一个"体验期"，他会尝试各种运动，直至找到在生理和心理上都最适合自身的运动，然后在青少年时期集中训练，最终成就事业。

后 记

网球巨星罗杰·费德勒（Roger Federer）也有过类似的经历，他小时候接触过羽毛球、篮球和足球，这些经历使他成了一名优秀的全能运动员。但他在网球方面的发展并没有因此受到阻碍。在《天才之击》（Strokes of Genius）一书中，作者乔恩·韦特海姆（Jon Wertheim）认为，费德勒父母的做法是"助力"，而不是强迫。"如果他们只是一味逼迫，"韦特海姆写道，"可能费德勒就不会认真对待网球了。"瑞典科学家曾针对精英和次级精英网球运动员进行过一项研究，在精英级受试对象中，有5人曾跻身于世界排名前15位。研究发现，次级精英选手往往在11岁时就放弃了除网球以外的其他运动，而精英选手在14岁以前都一直保持着全面发展的态势。直到15岁，精英选手的训练强度才开始超过次级精英选手。对于精英选手的童年，研究人员写道："网球只是众多选项之一。他们通常在宽松和谐的俱乐部环境下打网球，那样的环境并不苛求孩子们必须成功。"大多数次级精英选手在童年后就开始品尝失败的滋味，之后往往在十几岁时就完全退出网球运动。[1]

关于音乐家童年经历的研究也验证了类似模式。在一篇题为《卓越音乐才华的生物学征兆》的论文中，心理学家约翰·斯洛博达（John Sloboda）和迈克尔·豪（Michael Howe）指出，

---

[1] 美国洛约拉大学初级保健运动医学系主任尼鲁·贾亚提（Neeru Jayanthi）认为，如果年轻运动员参与多项运动后再专攻某一项运动，受伤的概率会更低。不过，他并非主张投入更少的时间，而是希望鼓励孩子们参与更加多样的体育活动。想一想费德勒的例子就能明白。

一些被认为具有非凡才华的青少年在进入某所竞争激烈的音乐学院之前都尝试过多种乐器，并且练习量和课时数都不及那些被认定为能力一般的学生。在进入学院之前，普通学生在一种乐器上平均累积了1382小时的演奏和练习时长，而优秀学生为615小时，但后者在决定专注于某种乐器之后，就逐渐开始提升自己的练习量。心理学家们写道，普通演奏者"在乐器上投入的总时间更多，而且大部分精力都花在了首选乐器上"。也就是说，他们会固执地一条路走到底，而不是充分地利用"体验期"。而未来的运动员和音乐家则会利用这段时期寻找与自身特质最为匹配的发展路径。当然，也会出现像泰格·伍兹这样的特例，或者接触的第一种乐器便是一个人的理想乐器。然而伍兹是屈指可数的，被逼迫着很快步入专一领域的孩子却数不胜数，例如那些次级精英网球运动员以及音乐学校中所谓"天资普通"的学生，他们没有机会像史蒂夫·纳什那样首先体验并沉浸在"玩乐"的感觉之中，接着做出适当选择，之后才专注于某一领域。斯洛博达和豪写道："这些数据似乎说明小时候上太多学并没有什么帮助。"

强调早期体验的价值并没有贬低训练的重要性。每当想起卡伦津跑者，我就会感到：如果肯尼亚西部的大裂谷省突然经济变得繁荣并成为富裕的城市，卡伦津人的生理优势就将变得无足轻重，全民跑者的奇迹说不定明天就会消失。而我们对于基因变异现象理解得越透彻，就会越发意识到单靠训练是不够的。找到与个人天赋相匹配的努力方向对于达到最佳表现起着决定性作用。

后　记

《我们与天赋的距离》一书付梓后，马尔科姆·格拉德威尔曾在多个场合忧心忡忡地提及了我对"1万小时定律"的批判。其中最令我惊讶的一次莫过于当我在加州的 KPCC 公共电台接受采访时，他竟然通过电话加入了访谈。在那档节目中，格拉德威尔表示，1万小时理论不应该应用于运动领域，它仅适用于"复杂的认知活动"。

对此，研究技能培养的运动心理学家乔·贝克回应："运动中的感知和行为堪称人类所能完成的最复杂的活动之一。不仅执行过程很复杂，而且经常有被打断的风险。"在 KPCC 电台的采访中，格拉德威尔对自己的观点做了进一步的阐述，强调像下棋、音乐或计算机编程这类具有一定难度的技能需要以大量的知识作为储备，要想掌握此类技能必须进行大量训练，训练量通常比大多数人想象得要多得多。我完全同意大量训练，特别是高质量训练至关重要。在《我们与天赋的距离》面市以后，我发现自己仿佛成了某些天才人物的代言人。这多少有点奇怪，因为在朋友们看来，我始终抱着这样的想法：只要 6 个月，任何拥有两条腿哪怕是装着假肢或坐竞速轮椅的人，但凡没有严重的疾病，都可以在我的指导下完成马拉松。当然，若要在 2 小时 10 分钟内跑完毕竟需要基因禀赋，但完赛是没有问题的。一个从未体验过任何身体机能探索（即有过运动训练计划）的人都会错过一场神奇而迷人的蜕变之旅，无论训练是针对跑步这类简单的项目，还是棒球、板球、网球等需要复杂运动技能的项目。

说到运动技能，读者们最常问的一个问题是：是否有对于习得复杂运动技能尤其重要的特定基因？正如我在前几章中所写到的，决定身高的基因在很大程度上仍然属于未解之谜，我们对与运动技能相关的特定基因也知之甚少。技能习得领域的相关研究发现，技能越复杂，个体在学习速度上的差异就越大。早期的研究工作已经找出了一些影响运动技能习得中个体差异的基因变异。在初稿中，我曾经收录了一些研究成果。但由于当时的运动科学还处在初期发展阶段，所以在修订时，我决定删除这些内容。此外，我也担心读者可能会过度解读这些研究结果。

不过，如果你对运动科学有足够的兴趣，也通过本书对运动科学有了深刻的认识，那么你会深切地体会到针对单一基因的研究在不久的将来会被证实，也会面临挑战。鉴于此，我保留了负责编码与其同名的蛋白质——脑源性神经营养因子（brain-derived neurotrophic factor，简称 BDNF）的 BDNF 基因。BDNF 基因存在 Val 型和 Met 型两种常见的分型。美国国家心理健康研究所的一项研究发现，当要求研究对象回忆曾经看到过的场景时，Met 型基因的拥有者会表现得更差。随访研究表明，BDNF 也会影响运动技能习得中的"肌肉记忆"：

> 在学习运动技能时，人脑运动皮层中的 BDNF 水平会升高。BDNF 是协调大脑重组的神经信号之一。2006 年的一项研究发现，当人们用右手练习运动技能时（比如尽可能快地将小钉子插入孔中），大脑中代表右手的区域（神经"运动图"）会随着练习而增大，并且只会出现在非 Met 型的实验

后 记

对象身上。在初始阶段，所有受试者运动图的大小都差不多，不过只有非 Met 型基因携带者在练习过程中会发生变化。

2010 年，神经学家史蒂文·克莱默（Steven Cramer）领导的研究小组决定测试 BDNF 基因是否会对运动技能学习中涉及的记忆类型产生影响。研究结果表明，影响确实存在。在这项研究中，参与者需要在一天内沿着一条数字轨道驾车行驶 15 次。而随着对路线逐渐熟悉，所有驾驶员的驾驶技术都得到了改善，但 Met 型基因携带者的提升水平相对有限。当 4 天后要求所有驾驶员沿着原有路线再次进行测试时，Met 型基因携带者犯了更多错误。当科学家使用功能性磁共振成像（fMRI）来监测驾驶员的大脑活动时，他们发现那些 Met 型基因携带者的大脑激活模式与众不同。

这些关注单个基因变异的大脑激活和遗传关联性的研究，在得出结论之前都需要反复验证。不过，上述研究成果在概念上颇为有趣，如果 Val 型基因和 Met 型基因携带者的运动技能学习差异是稳定且显著的，那么就有希望通过进一步研究来寻找帮助 Met 型基因携带者获得进步的差异化练习策略。毕竟，为每一个独特个体找到理想的训练方式是大多数运动学和运动遗传学研究的主要目标之一。

科学家们对个体差异的探索不断深入，然而我们自己却更难获取有关自身基因的信息。2013 年 11 月，美国食品与药品管理局（FDA）勒令全球规模最大且直接面向消费者的基因检测公司

"23andMe"取消其部分业务。原本消费者只要花上 99 美元,即可委托该公司对自己的数百种基因变异进行测试。FDA 明确表示,23andMe 公司提供的与健康风险相关的基因检测信息只有在医生进行医疗诊断时才能使用。对 23andMe 服务的担忧也源于另一个难题,我在本书第 9 章讨论"速度基因"ACTN3 时曾提到过:某个特定基因可能的确会对速度产生影响,但还有其他许多基因以及环境因素参与其中,无视这些情况而做出关键的人生决策,这种行为可能是愚蠢的。这就像我们在只看到一块拼图的情况下对整幅拼图的内容下定论。

当我仔细阅读 23andMe 的客户留言信息时,能明显地感觉到有些客户会过度解读自己的基因数据。即便自身感觉良好,且测试中阳性的基因变异可能只占疾病风险变异中很小的一部分,人们也会担心。不过,我也发现有很多参与检测的人的诉求颇为理性。他们理解检测结果在很多时候基于尚不成熟的科学理论,而且单个基因通常无法揭示问题的全貌。(研究表明,自愿接受筛查并检测出高风险疾病基因呈阳性的人通常会理性地处理这些信息。)23andMe 公司将继续提供血液检测服务并将在客户允许的情况下,继续使用原始遗传数据开展研究。此外,这家公司宣布将不再向客户提供有关 ApoE4 等基因变异的信息,正如第 15 章中所述,ApoE4 基因变异会增加阿尔茨海默病的患病风险并阻碍携带者从脑震荡中恢复。(不过,受检者仍然可以通过医生获得上述敏感信息。)

虽然我个人更喜欢从直接面向消费者的检测服务中获得基因

后　记

数据，但可以接触遗传学实验室和世界级专家的"特权"让我能从更大的视野解读这些信息。值得称道的是，23andMe 公司在提供检测结果的同时，也会附上来自遗传学家的论文、图表以及视频。不过与任何特定性状或疾病有关的基因图谱是否会随着科学理论的更新而发生变化，目前尚不够清晰。

涉及个人遗传信息时，谨慎和开放之间的完美平衡点在哪里，我并不知道。而 23andMe 公司也毫不掩饰地表示，若得到许可，公司计划将客户数据用于其他用途，例如向制药公司提供这些数据以便对方向携带特定基因的客户打广告。

如果直接面向消费者的基因检测行业继续发展，那么除了第 15 章中提到的《基因信息反歧视法案》之外，相关遗传隐私法规也需要进一步加强。基因组测序的普及是如此迅速，应当尽快让公众更多参与到对遗传信息的探讨中来。

即便基因技术和前沿的生理学研究能告诉我们诸多运动差异，但在可预见的未来我们一定能发现更好的整体信息来源。以试错思维制订训练计划、绘制进度图表是适用于所有人的生物学和心理学探索方式。除此之外不会有其他更好的办法。主动寻找属于自己的"体验期"，无论何时都不会太晚。

因此，我希望以同样的一句话来结束《我们与天赋的距离》的再版后记：祝大家训练愉快！

大卫·爱泼斯坦

2013 年 12 月

致 谢

我需要感谢的人太多了,所幸很多人的名字已经出现在了前文中。其中既有运动员和科学家,也有乐于和我分享个人见解的人。

扬尼斯·比兹莱蒂斯专门抽出时间接受了我的几十次采访。我也曾跟随比兹莱蒂斯前往牙买加参与一位前牙买加奥运选手的活体组织检查,他允许我全程待在手术室观摩整个过程。和他在一起的那段时间让我感觉自己变成了一个精神上更加富足的人。

生理学家斯蒂芬·罗斯(Stephen Roth)和蒂姆·莱特富特仔细审查了书中有关运动生理学的描述,订正了错误和不准确的地方。准确、规范的科学描述绝非易事,感谢数十位科学家的耐心指导让我能够做到这一点。我还要感谢本书的顾问丽贝卡·孙(Rebecca Sun),她是一位初露头角的剧本创作天才。如果仍然存在错误,那么只能归咎于我个人的原因。

每隔一段时间我都会读到一本在研究深度和独创性方面让我自惭形秽的书。坦纳博士和帕特里克·库珀的著作便是其中之一,可惜这两位研究者都已离我们远去。虽然没有机会采访他

致　谢

们，但他们的辛勤研究和自由思考都将化作动力和勇气的来源，留存于我的脑海中。

我还要特别感谢《体育画报》杂志的几位同僚。如果没有理查德·德马克（Richard Demak），我恐怕不会以体育科普写作为生。如果没有克里斯·亨特（Chris Hunt）和克雷格·内夫（Craig Neff）的帮助，我可能也没有机会在《体育画报》上讲述那则故事，从而萌生创作的念头。如果没有特瑞·迈克多诺（Terry McDonell）和克里斯·斯通（Chris Stone），我可能无法自由地完成这本书的创作。如果没有乔恩·韦特海姆和经纪人斯科特·韦克斯曼（Scott Waxman）的不断鼓励，我可能还没动笔就已经打了退堂鼓。斯科特，感谢你打消了我退缩的念头，同时也要感谢法利·蔡斯（Farley Chase）帮忙处理国外的版权合作事务。

如果不是因为与凯文·理查兹的友谊，我很可能永远也不会涉足体育科普写作。凯文出生于牙买加，于13年前的一个周六，在埃文斯顿举办的一场田径比赛中意外猝死。我希望在他身边奔跑的队友们能永远铭记这个教训。我要感谢凯文的母亲格温多琳、父亲鲁伯特以及教练大卫·菲利普斯，感谢他们给予的力量。还要感谢凯文·科因（Kevin Coyne），他教会我如何通过文字来讲述死亡和友谊。

在肯尼亚，如果没有易卜拉欣·基努西亚（Ibrahim Kinuthia）、戈弗雷·基普罗蒂奇（Godfrey Kiprotich）、詹姆斯·姆旺吉（James Mwangi）、汤姆·拉特克里夫（Tom Ratcliffe）和克里斯托弗·拉特克里夫（Christopher Ratcliffe）的协助，我就不会听懂当地的语言，也没有机会了解当地民众。如果没有易卜拉欣·恩加提亚（Ibrahim Ngatia）和哈伦·恩加提亚，我可能会一直困在从尼亚胡鲁鲁到内罗毕的途中，当时我的车胎从车上掉了下来，越过一只羊的头顶飞入路边的草丛中不知去向。感谢肯尼亚的孩子们，他们好心地帮我从干草中捡回了螺母。

感谢牙买加科技大学的工作人员，特别是体育系主任安东尼·戴维斯（Anthony Davis）以及科学与体育学院院长科林·盖尔斯（Colin Gyles）。

感谢来自日本东京健康长寿医学研究所的福典之（Noriyuki Fuku）和三上绘里（Eri Mikami）。

感谢来自芬兰的曼蒂兰塔一家，尤其是伊丽斯。感谢伊丽莎白·纽曼（Elizabeth Newman）帮助我用芬兰语进行交谈，本来我对寻找埃罗·曼蒂兰塔已经不抱希望了。

衷心祝福我的瑞典"家人"。我想特别感谢凯萨·海涅曼（Kajsa Heinemann）在瑞典给予我的照顾。同时，还要感谢她翻译的瑞典语文章让我能为采访斯特凡·霍尔姆做好充分准备。

在此，我还要感谢负责日语的高井志保（Shiho Takai）、负责德语的亚历克斯·冯·图恩（Alex Von Thun）和负责俄语的维罗妮卡·贝伦卡娅（Veronika Belenkaya）帮忙翻译各种对话、论文或视频里的内容。

我的名字或许会印在这本书的封面上，但本书的成功同样少不了很多幕后人士的默默付出。感谢企鹅出版社的工作人

致　谢

员,特别是营销总监威尔·魏瑟尔(Will Weisser)、宣传总监艾利森·麦克林(Allison McLean),宣传专员杰奎琳·伯克(Jacquelynn Burke)、卡蒂·科伊(Katie Coe)、杰西·迈士罗(Jesse Maeshiro)和布列塔尼·温克(Brittany Wienke)。我还要特别感谢编辑阿德里安·扎克希姆(Adrian Zackheim)和埃米莉·安吉尔(Emily Angell)。他们对于我的创作过程的信赖以及耐心的最佳例证可以用这个数字来说明:40000,初稿的字数。另外,我还要感谢黄色领骑衫出版社(Yellow Jersey Press)的马修·菲利普斯(Matthew Phillips)和路易斯·考特(Louise Court)。

心理学家德鲁·贝利对本书的贡献怎么强调都不为过,他容忍我在一天中的任何时间和他进行散漫的讨论,帮助我分析NBA球员的数据,并且随时告知我可能会影响写作的、相关科学领域的新发现。遗传科学就像一个活动的靶心,仅靠我个人的力量无法进行追踪。另外,也要感谢威尔·博伊兰-佩特(Will Boylan-Pett)帮忙查阅期刊。

在写作本书之前,我的父亲马克·爱泼斯坦(Mark Epstein)对遗传学几乎毫无兴趣。但现在他会经常翻阅遗传学方面的文献,甚至还检测了自己的基因组。作为父亲,他是最好的榜样。我的姐姐查娜和哥哥丹尼听到我说"我做不到了"的次数,可能比我能记得的还要多,他们总是在不断地鼓励我。我的母亲伊芙·爱泼斯坦(Eve Epstein)似乎早就知道我要写一本书,除了提供瑞典语方面的帮助之外,她的鼓励也给予了我莫大的支持。在创作本书的过程中，我偶然读到了一位音乐老师寄给我外祖父母的一封信。当年外祖父母为了逃亡，从德国来到了美国，当时我的母亲才 7 岁。这封信上写：

> 我想告诉你们，虽然教你们女儿的时间并不长，但我能看出她是一个非常优秀的孩子。她拥有不同寻常的高音乐智商，可以考虑为她请一位音乐专家进行辅导。我实在是抽不出更多的时间来专门指导她，但这让我很担心。在过去 20 年我接触过的孩子中，我从未遇到过比伊芙更机敏、更出色的孩子。期待我们能够进一步详谈。
>
> 此致
> 敬礼
>
> 霍华德·贝克（Howard Baker）

这封信提醒我，先天和后天同属成才的必要条件，二者缺一不可。

最后，谢谢你，伊丽莎白。我总喜欢开玩笑说，MC1R 基因突变让你具有超强的疼痛忍耐力，因此能对我的滑稽行径无动于衷。我相信，如果我再写一本书，还是会献给你。

注释和引用

为了创作本书,我进行了数百次的采访。在多数情况下,我会直接引用受访者的原话。此外,一些顶尖科学家也和我分享了从精英运动员那里收集的数据,不过他们要求不具名,因为他们的研究目的是帮助特定团队或运动员获得竞争优势。因此,某些时候我在书中没有直接写出科学家或运动员的名字,只是使用他们的数据来支持其他研究。

此外,我也通过参加各种会议掌握了很多宝贵的背景资料,例如 2010 年英国运动与运动科学协会大会以及美国运动医学会的多场年会。到了 2012 年,运动医学界在经历了我的长期"骚扰"以后,终于邀请我担任美国运动医学会的演讲嘉宾。在那次会议上,我有幸结识了奔走于全球收集 DNA 样本的扬尼斯·比兹莱蒂斯,与他组建了一个专门探讨先天优势和后天特质的专家小组。该小组成员包括世界上最有影响力的运动遗传学家克劳德·布沙尔、以"1 万小时定律"和刻意练习理论而闻名的学者安德斯·埃里克森、设计航空管制员测试的运动技能习得专家菲利普·阿克曼。不用说,辩论的过程剑拔弩张,但随后的晚餐气氛非常融洽,令人愉快。于我而言,这便是兼具争议和合作的最好的科学研究方式。

书中的引用并不全面。如果有读者想要查阅我所引用的相关数据或研究也并不难,因为我通常会直接写出研究人员的姓名和论文的名称。例如,珍妮特·斯塔克斯和布鲁斯·阿伯内西的几十篇研究论文对于理解第 1 章的内容非常有帮助。当然,我不想长篇累牍地详述论文内容。书中的注释是在正文未作详细说明的情况下用来标明事实的来源,并为有兴趣研究原始材料的读者提供详细的切入点。本书中引用的绝大多数口述内容都直接来自采访。如有特殊情况,我会在正文或本书结尾处给出事实的出处。

第 1 章 败给"耍手段"女孩:与基因无关的"专长"模型[1]

2　Jennie Finch told me in an interview that she was nervous about Pujols hitting a line drive back at her, and that Bonds refused to allow certain pitches to be filmed. Many of Finch's strikeouts of major leaguers, and Pujols's "I don't want to experience that again" quote, can be found in the DVD titled *MLB Super-stars Show You Their Game* (Major League Baseball Productions, 2005).

4　On the problem a human confronts in trying to hit a fastball: Adair, Robert K. *The Physics of Baseball* (3rd ed.). Harper Perennial, 2002. Land, Michael F., and Peter McLeod (2000). "From Eye Movements to Actions: How Batsmen Hit the Ball." *Nature Neuroscience*, 3(12):1340–45. McLeod, P. (1987). "Visual Reaction Time and High-Speed Ball Games." *Perception*, 16(1):49–59.

---

[1] 左侧数字为原著中的页码。另外,为给读者提供最原始的资料和信息来源,我们将原著中的文献资料原文附列如下,以便感兴趣的读者参阅。——译者注

注释和引用

5   Joe Baker (York University) and Jörg Schorer (University of Muenster) taught me about reaction speed and gave me an occlusion test in which I had to tend a virtual goal against female professional handball players. My results can be inferred from the original chapter 1 title in a first draft of this book: *Beat by a Digital Girl.*

5   For anyone who has ever been told, "Keep your eye on the ball": Bahill, Terry A., and Tom LaRitz (1984). "Why Can't Batters Keep Their Eyes on the Ball?" *American Scientist*, May–June.

6   A sampling of Janet Starkes's work on perceptual expertise and simple reaction time:
Starkes, J. L., and J. Deakin (1984). "Perception in Sport: A Cognitive Approach to Skilled Performance." In W. F. Straub and J. M. Williams, eds. *Cognitive Sports Psychology*, 115–28. Sport Science Intl.
Starkes, J. L. (1987). "Skill in Field Hockey: The Nature of the Cognitive Advantage." *Journal of Sport Psychology*, 9:146–60.

8   De Groot's experiments that laid the foundation for the study of chess expertise:
de Groot, A. D. *Thought and Choice in Chess*. Amsterdam University Press, 2008.

10 Chase and Simon's chunking theory of chess expertise:
Chase, William G., and Herbert A. Simon (1973). "Perception in Chess." *Cognitive Psychology*, (4):55–81.

11 Some of the innovative occlusion work by Bruce Abernethy and colleagues:
Abernethy, B., et al. (2008). "Expertise and Attunement to Kinematic Constraints." *Perception*, 37(6):931–48.
Mann, David L., et al. (2010). "An Event-Related Visual Occlusion Method for Examining Anticipatory Skill in Natural Interceptive Tasks." *Behavior Research Methods*, 42(2):556–62.
Muller, S., et al. (2006). "How do World-Class Cricket Batsmen Anticipate a Bowler's Intention?" *Quarterly Journal of Experimental Psychology*, 59(10):2162–86.

12 The visual reaction speed of Muhammad Ali, and how Ali's test results were initially misportrayed:

Kamin, Leon J., and Sharon Grant-Henry (1987). "Reaction Time, Race, and Racism." *Intelligence*, 11:299–304.

12　The perceptual expertise of basketball rebounding:
Aglioti, Salvatore M., et al. (2008). "Action Anticipation and Motor Resonance in Elite Basketball Players." *Nature Neuroscience*, 11(9):1109–16.

13　Psychologist Richard Abrams provided several of the results of Washington University's 2006 testing of Pujols:
http://news.wustl.edu/news/pages/7535.aspx.

13　Detailed background on the study of skill expertise in sports:
Starkes, Janet L., and K. Anders Ericsson, eds. *Expert Performance in Sports: Advances in Research in Sport Expertise*. Human Kinetics, 2003.

13　Practice at a specific task changes the brain and l ads to automation:
Duerden, Emma G., and Danièle Laverdure-Dupont (2008). "Practice Makes Cortex." *The Journal of Neuroscience*, 28(35):8655–57.
Squire, Larry, and Eric Kandel. *Memory: From Mind to Molecules* (chap. 9). Macmillan, 2000.
Van Raalten, Tamar R., et al. (2008). "Practice Induces Function-Specific Changes in Brain Activity." *PLoS ONE*, 3(10):e3270.

13　Familiarity with a familiar mode of exercise influences brain activity. A study of interest:
Brümmer, V., et al. (2001). "Brain Cortical Activity Is Influenced by Exercise Mode and Intensity." *Medicine & Science in Sports & Exercise*, 43(10):1863–72.

14　The best primer on the modern study of expertise, from chess to surgery to writing, with emphasis on "software":
Ericsson, K. Anders, et al., eds. *The Cambridge Handbook of Expertise and Expert Performance*. Cambridge University Press, 2006.

第 2 章　两位跳高运动员的故事：多于 1 万小时或少于 1 万小时

18　Dan McLaughlin's progress can be followed at: thedanplan.com.

21　Numerous chess studies by Campitelli and/or Gobet were used in reporting, but these were the most central:
Campitelli, Guillermo, and Fernand Gobet (2008). "The Role of Practice

注释和引用

in Chess: ALongitudinal Study." *Learning and Individual Differences*, 18(4):446–58. Gobet, F., and G. Campitelli (2007). "The Role of Domain-Specific Prac-tice, Handedness, and Starting Age in Chess." *Developmental Psychology*, 43(1):159–72.

Gobet, Fernand, and Herbert A. Simon (2000). "Five Seconds or Sixty? Presentation Time in Expert Memory." *Cognitive Science*, 24(4):651–82.

22　The paper in which K. Anders Ericsson writes that Gladwell "misconstrued" his conclusion:

Ericsson, K. Anders (2012). "Training History, Deliberate Practice and Elite Sports Performance: An Analysis in Response to Tucker and Collins Review—What Makes Champions?" *British Journal of Sports Medicine*, Oct. 30 (ePub ahead of print).

23　Holm's personal Web site (scholm.com) is a testament to a lifelong obsession with high jump (and Legos).

29　Photos of Thomas's first competition (in baggy shorts) are preserved here: http://www.polevaultpower.com/forum/viewtopic.php?f=32&t=7161&sid=e68562cf62585697482f1ec91c086165.

29　Most details come from Thomas himself and competition records, but the quote by Thomas's cousin that Thomas "doesn't know that a track goes around in a circle," and Clayton's "didn't know how to warm up" quote both originally appeared in a 2007 press release issued by the U.S. Track and Field and Cross Country Coaches Association titled: "An Improbable Leap into the Limelight."

31　YouTube has video of Thomas's world championship win: http://www.youtube.com/watch?v=yzmPtZyuo4s.

32　Johnny Holm's "buffoon" quote appeared in the Swedish publication *Sport Expression* on August 30, 2007. It can be found here: http://www.expressen.se/sport/friidrott/han-ar-en-javla-pajas/.

32　The NHK documentary on Holm and Thomas—the title roughly translates to "Inside the Top Athlete's Body" '—is brilliant.

33　A good example of the tremendous range of practice hours accumulated by competitors of similar ability:

Baker, Joseph, Jean Côté, and Janice Deakin (2005). "Expertise in Ultra-Endurance Triathletes: Early Sport Improvement, Training Structure, and

34 the Theory of Deliberate Practice." *Journal of Applied Sport Psychology*, 17:64–78.

34 Among papers that chronicle the number of practice hours that elite athletes accumulate:

Baker, Joseph, Jean Côté, and Bruce Abernethy (2003). "Sport-Specific Practice and the Development of Expert Decision-Making in Team Ball Sports." *Journal of Applied Sport Psychology*, 15:12–25.

Helsen, W. F., J. L. Starkes, and N. J. Hodges (1998). "Team Sports and the Theory of Deliberate Practice." *Journal of Sport & Exercise Psychology*, 20:12–34.

Hodges, N. J., and J. L. Starkes (1996). "Wrestling with the Nature of Expertise: A Sport Specific Test of Ericsson, Krampe and Tesch-Römer's (1993) theory of 'deliberate practice.' " *International Journal of Sport Psychology*, 27:400–24.

Williams, Mark A., and Nicola J. Hodges, eds. *Skill Acquisition in Sport: Research, Theory and Practice* (chap. 11). Routledge, 2004.

34 On the 28 percent of Australian athletes who reached the international level after only four years:

Bullock, Nicola, et al. (2009). "Talent Identification and Deliberate Programming in Skeleton: Ice Novice to Winter Olympian in 14 Months." *Journal of Sports Sciences*, 27(4):397–404.

Oldenziel, K., F. Gagne, and J. P. Gulbin (2004). "Factors Affecting the Rate of Athlete Development from Novice to Senior Elite: How Applicable Is the 10-Year Rule?" Pre-Olympic Congress, Athens. (Summary here: http://cev.org.br/biblioteca/factors-affecting-the-rate-of-athlete-development-from-novice-to-senior-elite-how-applicable-is-the-10-year-rule/.)

35 Thorndike, Edward L. (1908). "The Effect of Practice in the Case of a Purely Intellectual Function." *American Journal of Psychology*, 19:374–384.

37 Even in darts, accumulated practice explains a small portion of variance in performance after fifteen years:

Duffy, Linda J., Bahman Baluch, and K. Anders Ericsson (2004). "Dart Performance as a Function of Facets of Practice Amongst Professional and Amateur Men and Women Players." *International Journal of Sport Psychology*, 35:232–45.

注释和引用

第3章 大联盟球员的视力与最强小选手：硬件与软件

38　Rosenbaum recounts some of his Dodgers work in his book Beware of GUS: *Government-University Symbiosis*. Lulu.com, 2010.

39　The main paper with data from the Dodgers (Daniel M. Laby kindly provided additional data):
Laby, Daniel M., et al. (1996). "The Visual Function of Professional Baseball Players." *American Journal of Ophthalmology*, 122:476–85.

39　The theoretical limit of human visual acuity:
Applegate, Raymond A. (2000). "Limits to Vision: Can We Do Better Than Nature?" *Journal of Refractive Surgery*, 16: S547–51.

39　On the range of human cone density:
Curcio, Christine A., et al. (1990). "Human Photoreceptor Topography." *Journal of Comparative Neurology*, 292:497–523.

40　Piazza picked as a favor to his father:
Whiteside, Kelly. "A Piazza with Everything." *Sports Illustrated*, July 5, 1993.

40　The China and India vision studies:
Nangia, Vinay, et al. (2011). "Visual Acuity and Associated Factors: The Central India Eye and Medical Study." *PLoS ONE*, 6(7):e22756. Xu, L., et al. (2005). "Visual Acuity in Northern China in an Urban and Rural Population: The Beijing Eye Study." *British Journal of Ophthalmology*, 89:1089–93.

40　Studies of visual acuity in young people, including Swedish teenagers:
Frisén, L., and M. Frisén (1981). "How Good Is Normal Visual Acuity? A Study of Letter Acuity Thresholds as a Function of Age." *Albrecht von Graefes Archiv für klinische und experimentelle Ophthalmologie*, 215(3):149–57.
Ohlsson, Josefin, and Gerardo Villarreal (2005). "Normal Visual Acuity in 17–18 Year Olds." *Acta Ophthalmologica Scandinavia*, 83:487–91.

41　As a group, hitters begin to decline at age twenty-nine:
Fair, Ray C. (2008). "Estimated Age Effects in Baseball." *Journal of Quantitative Analysis in Sports*, 4(1):1.

41　Ted Williams on his own vision:

	Williams, Ted, and John W. Underwood. *My Turn at Bat: The Story of My Life*. Simon and Schuster, 1988, p. 93–94.
42	Keith Hernandez's quote is from his commentary on SNY during the sixth inning of the Mets game against the Nationals on April 10, 2012.
42	Virtual-reality batting studies: Gray, Rob (2002). "Behavior of College Baseball Players in a Virtual Batting Task." *Journal of Experimental Psychology: Human Perception and Performance*, 28(5):1131–48. Hyllegard, R. (1991). "The Role of Baseball Seam Pattern in Pitch Recognition." *Journal of Sport & Exercise Psychology*, 13:80–84.
42	Most tennis pros have outstanding visual acuity, but a few have average vision: Fremion, Amy S., et al. (1986). "Binocular and Monocular Visual Function in World Class Tennis Players." *Binocular Vision*, 1(3):147–54.
43	Muhammad Ali's reaction speed: Kamin, Leon J., and Sharon Grant-Henry (1987). "Reaction Time, Race, and Racism." *Intelligence*, 11:299–304.
43	Visual-acuity of Olympians: Laby, Daniel M., David G. Kirschen, and Paige Pantall (2011). "The Visual Function of Olympic-Level Athletes—An Initial Report." *Eye & Contact Lens*, Mar. 3 (ePub ahead of print).
43	Depth perception and catching skills: Mazyn, Liesbeth I. N., et al. (2004). "The Contribution of Stereo Vision to One-Handed Catching." *Experimental Brain Research*, 157:383–90. Mazyn, Liesbeth I. N., et al. (2007). "Stereo Vision Enhances the Learning of a Catching Skill." *Experimental Brain Research*, 179:723–26.
44	Emory study of youth baseball/softball players: Boden, Lauren M., et al. (2009). "A Comparison of Static Near Stereo Acuity in Youth Baseball/Softball Players and Non–Ball Players." *Optometry*, 80:121–25.
45	Schneider's tennis study is published only in German: Schneider, W., K. Bös, and H. Rieder (1993). "Leistungsprognose bei ju-gendlichen Spitzensportlern [Performance prediction in adolescent top tennis players]." In: J. Beckmann, H. Strang, and E. Hahn, eds., *Aufmerksam-keit und Energetisierung*. Göttingen: Hogrefe.

46	Graf's training with Germany's Olympic track team is mentioned in her husband's memoir: Agassi, Andre. *Open*. Vintage, 2010 (Kindle e-book).
46	An introduction to the Groningen talent studies: Elferink-Gemser, Marije T., et al. (2004). "The Marvels of Elite Sports: How to Get There?" *British Journal of Sports Medicine*, 45:683–84. Elferink-Gemser, Marije T., and Chris Visscher. "Chapter 8: Who Are the Superstars of Tomorrow? Talent Development in Dutch Soccer." In: Joseph Baker, Steve Cobey, and Jörg Schorer, eds. *Talent Identification and Development in Sport: International Perspectives*. Routledge, 2011.
50	The difference in practice hours between Belgian and Dutch field hockey players: van Rossum, Jacques H. A. "Chapter 37: Giftedness and Talent in Sport." In: L. V. Shavinina, ed. *International Handbook on Giftedness*. Springer, 2009.
50	Diverse, rather than specialized sports experience can lead to the attainment of expertise in certain sports: Baker, Joseph (2003). "Early Specialization in Youth Sport: A Requirement for Adult Expertise?" *High Ability Studies*, 14(1):85–94. Baker, Joseph, Jean Côté, and Bruce Abernethy (2003). "Sport-Specific Practice and the Development of Expert Decision-Making in Team Ball Sports." *Journal of Applied Sport Psychology*, 15:12–25.
52	Discussion of the "speed plateau": Schiffer, Jürgen (2011). "Training to Overcome the Speed Plateau." *New Studies in Athletics*, 26(1/2):7–16.
53	Tiger Woods, on his desire to play: Verdi, Bob. "The Grillroom: Tiger Woods." *Golf Digest*. January 1, 2000, 51(1):132.
53	Tiger could balance on his father's palm at six months: Smith, Gary. "The Chosen One." *Sports Illustrated*. December 23, 1996.

第4章 男人为什么有乳头

56	The best read on the travails of María José Martínez-Patiño was written by

Martínez-Patiño herself:
Martínez-Patiño, María José (2005). "Personal Account: A Woman Tried and Tested." *Lancet*, 366:S38.

59 *U.S. News & World Report* surveyed Americans on whether female athletes would soon beat male athletes:
Holden, Constance (2004). "An Everlasting 639–40.Gender Gap?" *Science*, 305: 639–40.

59 The papers suggesting that women will outrun men:
Beneke, R., R. M. Leithäuser, and M. Doppelmayr (2005). "Women Will Do It in the Long Run." *British Journal of Sports Medicine*, 39:410.
Tatem, Andrew J., et al. (2004). "Momentous Sprint at the 2156 Olympics? Women Sprinters Are Closing the Gap on Men and May One Day Overtake Them." *Nature*, 431:525.
Whipp, Brian J., and Susan A. Ward (1992). "Will Women Soon Outrun Men?" *Nature*, 355:25.

60 Men out-throw women by three standard deviations, and the gap starts before sports participation:
Thomas, Jerry R., and Karen E. French. "Gender Differences Across Age in Motor Performance: A Meta-Analysis." *Psychological Bulletin*, 98(2):260–82.

61 Background on sexual differentiation (particularly chapter 1):
Baron-Cohen, Simon, Svetlana Lutchmaya, and Rebecca Knickmeyer. *Prenatal Testosterone in Mind: Amniotic Fluid Studies*. The MIT Press, 2004.

61 David C. Geary's book: *Male, Female: The Evolution of Human Sex Differences*, 2nd ed., American Psychological Association, 2010, is a fascinating read and the main resource for facts about sex differences in this chapter (example: boys develop longer forearms than girls while still in the womb; 30 percent of hunter-gatherer men died at the hands of other men; sex differences in upper-body strength). This compilation of one hundred years of studies of sex differences was also used:
Ellis, Lee, et al. *Sex Differences: Summarizing More Than a Century of Scientific Research*. Psychology Press, 2008.

61 The male/female throwing gap, and throwing skill in Australian Aboriginal children:

注释和引用

Thomas, Jerry R., et al. (2010). "Developmental Gender Differences for Overhand Throwing in Australian Aboriginal Children." *Research Quarterly for Exercise and Sport*, 81(4):1–10.

62 Sexual selection and physical competition in humans and other animals, and targeting skill differences:
Puts, David A. (2010). "Beauty and the Beast: Mechanisms of Sexual Selection in Humans." *Evolution and Human Behavior*, 31:157–75.

62 Targeting skills of females who are exposed to higher than normal levels of testosterone prenatally:
Hines, M., et al. (2003). "Spatial Abilities Following Prenatal Androgen Abnormality: Targeting and Mental Rotations Performance in Individuals with Congenital Adrenal Hyperplasia." *Psychoneuroendocrinology*, 28(8):1010–26.

62 Despite the throwing gap, highly trained women will out-throw un-trained men:
Schorer, Jörg, et al. (2007). "Identification of Interindividual and Intraindividual Movement Patterns in Handball Players of Varying Expertise Lev-els." *Journal of Motor Behavior*, 39(5):409–21.

62 Analysis of the elite performance gap in track and field and swimming:
Thibault, Valérie, et al. (2010). "Women and Men in Sport Performance: The Gender Gap Has Not Evolved Since 1983." *Journal of Sports Science and Medicine*, 9:214–23.

62 Sex differences in ultraendurance races, starting on p. 682 of a book known to a generation of runners:
Noakes, Tim thy D. *Lore of Running* (4th ed.). Human Kinetics, 2002.

63 The widening running gap between men and women:
Denny, Mark W. (2008). "Limits to Running Speed in Dogs, Horses and Humans." *The Journal of Experimental Biology*, 211:3836–49.
Holden, Constance (2004). "An Everlasting Gender Gap?" *Science*, 305: 639–40.

65 Sex differences in skeletal growth and proportions:
Malina, Robert, Claude Bouchard, and Oded Bar-Or. *Growth, Maturation & Physical Activity* (2nd ed.). Human Kinetics, 2003.
Malina, Robert M. "Part Five: Post-natal Growth and Maturation." In: Stan-

ley J. Ulijaszek, et al. eds. *The Cambridge Encyclopedia of Human Growth and Development*. Cambridge University Press, 1998.

Morgenthal, Paige A., and Diane N. Resnick. "Chapter 14: The Female Athlete: Current Concepts." In: Robert D. Mootz and Kevin McCarthy, eds., *Sports Chiropractic*. Jones & Bartlett Learning, 1999.

65 A table listing basic physical differences between the sexes that are relevant to athleticism is on p. 176 of:

Abernethy, Bruce, et al. *The Biophysical Foundations of Human Movement* (2nd ed.). Human Kinetics, 2004.

66 Physical competition depends on the area inhabited by the organism:

Puts, David A. (2010). "Beauty and the Beast: Mechanisms of Sexual Selection in Humans." Evolution and Human Behavior, 31:157–75.

67 Studies that document the larger number of female than male ancestors of modern humans are numerous, but a summary can be found in Geary's *Male, Female: The Evolution of Human Sex Differences*, on pp. 234–35.

67 The "Genghis Khan paper":

Zerjal, T., et al. (2003). "The Genetic Legacy of the Mongols." *American Journal of Human Genetics*, 72:717–21.

67 Meta-analysis of the pre-and postpuberty gap in athletic skills between males and females ages two to twenty:

Thomas, Jerry R., and Karen E. French. "Gender Differences Across Age in Motor Performance: A Meta-Analysis." *Psychological Bulletin*, 98(2):260–82.

67 Prior to puberty, boys and girls do not differ in height or muscle and bone mass:

Gooren, Louis J. (2008). "Olympic Sports and Transsexuals." *Asian Journal of Andrology*. 10(3):427–32.

68 Age-related changes in boys and girls for a range of physical skills—throwing, sprinting—are in chapter 11 of:

Malina, Robert, Claude Bouchard, and Oded Bar-Or. *Growth, Maturation & Physical Activity* (2nd ed.). Human Kinetics, 2003.

68 Discussion of physical characteristics, including body fat, of female marathoners:

Christensen, Carol L., and R. O. Ruhling (1983). "Physical Characteristics of Novice and Experienced Women Marathon Runners." *British Journal of Sports Medicine*, 17(3):166–71.

68 Discussion of body size and performance in developing gymnasts: Claessens, Albrecht L. (2006). "Maturity-Associated Variation in the Body Size and Proportions of Elite Female Gymnasts 14–17 Years of Age." *European Journal of Pediatrics*, 165:186–92.
Malina, R. M. (1994). "Physical Growth and Biological Maturation of Young Athletes." *Exercise and Sport Sciences Reviews*, 22:389–433.

69 A captivating look into the East German doping program: Ungerleider, Steven. *Faust's Gold: Inside the East German Doping Machine.* Thomas Dunne Books, 2001.

70 Two excellent reviews of intersex conditions in Olympians: Ritchie, Robert, John Reynard, and Tom Lewis (2008). "Intersex and the Olympic Games." *Journal of the Royal Society of Medicine*, 101:395–99.
Tucker, Ross, and Malcolm Collins (2009). "The Science and Manage-ment of Sex Verification in Sport." *South African Journal of Sports Medicine*, 21(4):147–150.

70 The male and female ranges of testosterone come from interviews with endocrinologists and lab reference ranges. The testosterone reference range varies slightly by lab. Quest Diagnostics provides a male range of 241–827 nanograms of testosterone per deciliter of blood. The Mayo Clinic provides a similar range: http://www.mayomedicallaboratories.com/test-catalog/Clinical+and+Interpretive/8508.

71 Seven female athletes at the Atlanta Olympics who were found to have an SRY gene:
Wonkam, Ambroise, Karen Fieggen, and Raj Ramesar (2010). "Beyond the Caster Semenya Controversy." *Journal of Genetic Counseling*, 19(6):545–548.

71 The prevalence of a Y chromosome in female competitors ove five Olympics: Foddy, Bennett, and Julian Savulescu (2011). "Time to Re-evaluate Gender Segregation in Athletics?" *British Journal of Sports Medicine*, 45(15):1184–88.

71 Rates of complete androgen insensitivity syndrome: Galani, Angeliki, et al. (2008). "Androgen Insensitivity Syndrome: Clinical

71　Among the studies that document tall stature and masculine skeletal ra-tios in women with AIS:

Han T. S., et al. (2008). "Comparison of Bone Mineral Density and Body Proportions Between Women with Complete Androgen Insensitivity Syndrome and Women with Gonadal Dysgenesis." *European Journal of Endocrinology*, 159:179–85.

Zachmann, M., et al. (1986). "Pubertal Growth in Patients with Androgen Insensitivity: Indirect Evidence for the Importance of Estrogens in Pubertal Growth of Girls." *Journal of Pediatrics*, 108:694–97.

71　Androgen insensitivity only "scratches the surface" of intersex conditions in sports:

Foddy, Bennett, and Julian Savulescu (2011). "Time to Re-Evaluate Gender Segregation in Athletics?" *British Journal of Sports Medicine*, 45(15):1184–88.

72　The testosterone levels of elite female athletes:

Cook, C. J., et al. (2012). "Comparison of Baseline Free Testosterone and Cortisol Concentrations Between Elite and Non-Elite Athletes." *American Journal of Human Biology*, 24(6):856–58.

72　Female netball players with higher testosterone self-select greater work-loads:

Cook, C. J., and C. M. Beaven (2013). "Salivary Testosterone is Related to Self-Selected Training Load in Elite Female Athletes." *Physiology & Behavior*, 116-117C:8-12 (ePub ahead of print).

74　Men's hearts get bigger more rapidly:

Kolata, Gina. "Men, Women and Speed. 2 Words: Got Testosterone?" *New York Times*, August 22, 2008.

第 5 章　可塑之才

78　In addition to interviews with Ryun, his book, *In Quest of Gold: The Jim Ryun Story*, written with Mike Phillips, gives a detailed account of his emergence in track and field and is the source of quotes from Ryun's parents and his own writing.

注释和引用

79 The HERITAGE Family Study has produced more than one hundred journal articles. The HERITAGE papers most central to this chapter:
Bouchard, Claude, et al. (1999). "Familial Aggregation of VO2max Response to Exercise Training: Results from the HERITAGE Family Study." *Journal of Applied Physiology*, 87:1003–8.
Bouchard, Claude, et al. (2011). "Genomic Predictors of the Maximal O2 Uptake Response to Standardized Exercise Training Programs." *Journal of Applied Physiology*, 10(5):1160–70.
Rankinen, T., et al. (2010). "CREB1 Is a Strong Genetic Predictor of the Variation in Exercise Heart Rate Response to Regular Exercise: The HERITAGE Family Study." *Circulation: Cardiovascular Genetics*, 3(3): 294–99.
Timmons, James A., et al. (2010). "Using Molecular Classification to Predict Gains in Maximal Aerobic Capacity Following Endurance Exercise Training in Humans." *Journal of Applied Physiology*, 108:1487–96.

79 A layman's introduction to the HERITAGE Family Study can be found here: Roth, Stephen M. *Genetics Primer for Exercise Science and Health*. Human Kinetics, 2007.

83 The independent scientific commentary on the twenty-nine-gene expression signature:
Bamman, Marcas M. (2010). "Does Your (Genetic) Alphabet Soup Spell 'Runner'?" *Journal of Applied Physiology*, 108:1452–53.

84 Data from Miami's GEAR study were kindly shared by members of the research team, particularly: Pascal J. Goldschmidt (dean, Miller School of Medicine, University of Miami); Margaret A. Pericak-Vance (director, Miami Institute of Human Genomics); Jeffrey Farmer (GEAR project manager); Evadnie Rampersaud (director, Division of Genetic Epidemiology in the Center for Genetic Epidemiology and Statistical Genetics, John P. Hussman Institute for Human Genomics).

91 The "naturally fit six" study:
Martino, Marco, Norman Gledhill, and Veronica Jamnik (2002). "High VO2max with No History of Training Is Primarily Due to High Blood Volume." *Medicine & Science in Sports & Exercise*, 34(6):966–71.

94 Wellington's "near impossible task":

"Wellington Wins World Ironman Championships." Britishtriathlon.org, October 14, 2007.

96　Andrew Wheating's entry into track and field is described here: Layden, Tim. "Off to a Blazing Start." *Sports Illustrated*, September 20, 2010.

96　Alberto Juantorena recounts his switch from basketball to track here: Sandrock, Michael. *Running with the Legends*. Human Kinetics, 1996, p. 204.

97　Jack Daniels's five-year study of Jim Ryun:
Daniels, Jack (1974). "Running with Jim Ryun: A Five-Year Study." *The Physician and Sports medicine*, 2:63–67.

98　Study of Japanese junior athletes:
Murase, Yutaka, et al. (1981). "Longitudinal Study of Aerobic Power in Superior Junior Athletes." *Medicine & Science in Sports & Exercise*, 13(3):180–84.

第6章　超级宝贝、恶霸惠比特犬和肌肉的可训练性

100　The original Superbaby paper:
Schuelke, Marcus, et al. (2004). "Myostatin Mutation Associated with Gross Muscle Hypertrophy in a Child." *New England Journal of Medicine*, 350:2682–88.

101　The first description of myostatin in scientific literature:
McPherron, Alexandra C., Ann M. Lawler, and Se-Jin Lee (1997). "Regulation of Skeletal Muscle Mass in Mice by a New TGF-β Superfamily Member." *Nature*, 387(6628):83–90.

102　The myostatin mutation found in cattle:
McPherron, Alexandra C., and Se-Jin Lee (1997). "Double Muscling in Cattle Due to Mutations in the Myostatin Gene." *Proceedings of the National Academy of Sciences*, 94:12457–61.

103　Whippets and the myostatin mutation:
Mosher, Dana S., et al. (2007). "A Mutation in the Myostatin Gene Increases Muscle Mass and Enhances Racing Performance in Heterozygote Dogs." *PLoS ONE*, 3(5):e79.

104　Myostatin gene predicts sprinting ability and earnings in horses:

Hill, Emmeline W., et al. (2010). "A Sequence Polymorphism in MSTN Predicts Sprinting Ability and Racing Stamina in Thoroughbred Horses." *PLoS ONE*, 5(1):e8645.

104　The impact of variations in the myostatin gene on athletic performance in animals:

Lee, Se-Jin (2007). "Sprinting Without Myostatin: A Genetic Determinant of Athletic Prowess." *Trends in Genetics*, 23(10):475–77.

Lee, Se-Jin (2010). "Speed and Endurance: You Can Have It All." *Journal of Applied Physiology*, 109:621–22.

105　Myostatin-inhibiting molecule increased mouse muscle 60 percent in two weeks:

Lee, Se-Jin, et al. (2005). "Regulation of Muscle Growth by Multiple Ligands Signaling Through Activin Type II Receptors." *Proceedings of the National Academy of Sciences*, 102(50):18117–22.

105　Pharmaceutical companies are testing drugs that inhibit myostatin in humans: Attie, Kenneth M., et al. (2012). "A Single Ascending-Dose Study of Muscle Regulator ACE-031 in Health Volunteers." *Muscle & Nerve*, August 1 (ePub ahead of print).

106　H. Lee Sweeney on his IGF-1 work and the future prospect of gene doping: Sweeney, H. Lee (2004). "Gene Doping." *Scientific American*, (July 2004): 63–69.

107　Studies by University of Alabama–Birmingham's Core Muscle Research Laboratory and the Veterans Affairs Medical Center:

Bamman, Marcas M., et al. (2007). "Cluster Analysis Tests the Importance of Myogenic Gene Expression During Myofiber Hypertrophy in Humans." *Journal of Applied Physiology*, 102:2232–39.

Petrella, John K., et al. (2008). "Potent Myofiber Hypertrophy During Resistance Training in Humans Is Associated with Satellite Cell-Mediated Myonuclear Addition: A Cluster Analysis." *Journal of Applied Physiology*, 104: 1736–42.

108　GEAR study data was generously shared by members of the University of Miami research team.

108　After twelve weeks, strength gains ranged from 0 percent to 250 percent: Hubal, M. J., et al. (2005). "Variability in Muscle Size and Strength Gain

After Unilateral Resistance Training." *Medicine & Science in Sports & Exercise*, 37(6):964–72.

109 Muscle contraction speed limits human sprinting:
Weyand, Peter G., et al. (2010). "The Biological Limits to Running Speed Are Imposed from the Ground Up." *Journal of Applied Physiology*, 108(4):950–61.

109 An accessible introduction to muscle fiber types, with a chart showing typical proportions:
Andersen, Jesper L., et al. (2007). "Muscle, Genes and Athletic Performance." In: Editors of *Scientific American*, ed. *Building the Elite Athlete*. Scientific American.

110 Two of the most famous studies of muscle fiber proportions in athletes:
Costill, D. L., et al. (1976). "Skeletal Muscle Enzymes and Fiber Composition in Male and Female Track Athletes." *Journal of Applied Physiology*, 40(2):149–54.
Fink, W. J., D. L. Costill. and M. L. Pollock (1977). "Submaximal and Max-imal Working Capacity of Elite Distance Runners. Part II: Muscle Fiber Composition and Enzyme Activities." *Annals of the New York Academy of Sciences*, 301:323–27.

110 An excellent and freely available primer on muscle fiber types:
Zierath, Juleen R., and John A. Hawley. "Skeletal Muscle Fiber Type: Influence on Contractile and Metabolic Properties." *PLoS Biology*, 2(10):e348.

110 Frank Shorter's biopsied calf muscle can be viewed for free online in fig. 2 of this paper:
Zierath, Juleen R., and John A. Hawley. "Skeletal Muscle Fiber Type: Influence on Contractile and Metabolic Properties." *PLoS Biology*, 2(10):e348.

110 Eight hours a day of electrical stimulation did not change slow-twitch fiber proportions:
Simoneau, Jean-Aimé, and Claude Bouchard (1995). "Genetic Determinism of Fiber Type Proportion in Human Skeletal Muscle ." *The FASEB Journal*, 9:1091–95.

110 The review, coauthored by Jesper Anderson, addressing the impact of

training on muscle fibers:
Andersen, J. L., and P. Aagaard (2010). "Effects of Strength Training on Muscle Fiber Types and Size: Consequences for Athletes Training for High-Intensity Sport." *Scandinavian Journal of Medicine & Science in Sports*, 20(Suppl. 2):32–38.

110 The Russian study correlating endurance genes and muscle fiber proportions: Ahmetov, Ildus I. (2009). "The Combined Impact of Metabolic Gene Polymorphisms on Elite Endurance Athlete Status and Related Phenotypes." *Human Genetics*, 126(6):751–61.

第 7 章 体型大爆炸

114 Winner-take-all markets with discussion of the impact of technology: Frank, Robert H. *Luxury Fever: Money and Happiness in an Era of Excess*. Free Press, 1999 (Kindle e-book).

115 The joint speed of Jesse Owens was similar to that of Carl Lewis: Schechter, Bruce. "How Much Higher? How Much Faster?" In: Editors of *Scientific American*, eds. Building the Elite Athlete. Scientific American, 2007.

115 The quote regarding the perfect form of man appears here:
Sargent, D. A. (1887). "The Physical Characteristics of the Athlete." *Scribner's Magazine*, 2(5):558.

116 Norton and Olds have written extensively on the changing bodies in the elite athlete pool. Here are two of the best compilation papers, from which many of the sport-specific examples in this chapter were drawn:
Norton, Kevin, and Tim Olds (2001). "Morphological Evolution of Athletes Over the 20th Century: Causes and Consequences." *Sports Medicine*, 31(11):763–83.
Olds, Timothy. "Chapter 9: Body Composition and Sports Performance." In: Ronald J. Maughan, ed. *The Olympic Textbook of Science in Sport*, Blackwell Publishing, 2009.

117 Very tall women are 191 times more likely to make an Olympic final than very small women:
Khosla, T., and V. C. McBroom (1988). "Age, Height and Weight of Female Olympic Finalists." *British Journal of Sports Medicine*, 19:96–99.

119 Norton and Olds coedited the textbook Anthropometrica (UNSW Press, 2004), the definitive introduction to the measurement of body types in sports. Chapter 11, "Anthropometry and Sports Performance," is a treasure trove of information, from the rapid change in the height of high jumpers after the introduction of the Fosbury flop, to graphs showing how the bodies of world record holders vary according to the distance they run.

119 Heat dissipation and body size of runners:
O'Connor, Helen, Tim Olds, and Ronald J. Maughan (2007). "Physique and Performance for Track and Field Events." *Journal of Sports Sciences*, 25(S2):S49–60.

120 The effect of core temperature on effort (and the impact of amphetamines):
Roelands, Bart, et al. (2008). "Acute Norepinephrine Reuptake Inhibition Decreases Performance in Normal and High Ambient Temperature." *Journal of Applied Physiology*, 105:206–12.
Tucker, Ross (2009). "The Anticipatory Regulation of Performance: The Physiological Basis for Pacing Strategies and the Development of a Perception-Based Model for Exercise Performance." *British Journal of Sports Medicine*, 43:392–400.

120 Heat dissipation discussion specifically with respect to Paula Radcliffe:
Schwellnus, Martin P., ed. *The Olympic Textbook of Medicine in Sport*. Wiley, 2008, p. 463.

120 The famous 1968 Mexico City Olympics study of body types:
de Garay, Alfonso L., Louise Levine, and J. E. Lindsay Carter, eds. *Genetic and Anthropological Studies of Olympic Athletes*. Academic Press, 1974.

121 Michael Phelps's short inseam:
McMullen, Paul. "Measure of a Swimmer: From Flipper Feet to a Long Trunk, Phelps Represents a One-Man Body Shop of What a Swimmer Should Be." *Baltimore Sun*, March 9, 2004.

122 Salary gap between average workers and pro athletes (updated using figures from the U.S. Census Bureau):
Olds, Timothy. "Chapter 9: Body Composition and Sports Performance." In: Ronald J. Maughan, ed. *The Olympic Textbook of Science* in Sport. Blackwell Publishing, 2009.

122 The GIANT Consortium study:

注释和引用

Willer, C. J., et al. (2009). "Six New Loci Associated with Body Mass Index Highlight a Neuronal Influence on Body Weight Regulation." *Nature Genetics*, 41(1):25–34.

123 Researchers in the United States and Finland have found that a high proportion of fast-twitch muscle fibers decreases fat burning and increases blood pressure and risk of heart disease:
Hernelahti, Miika, et al. (2008). "Muscle Fiber-Type Distribution as a Predictor of Blood Pressure: A 19-Year Follow-Up Study." *Hypertension*, 45(5):1019–23.
Kujala, Urho M., and Heikki O. Tikkanen (2001). "Disease-Specific Mortal-ity Among Elite Athletes." *JAMA*, 285(1):44.
Tanner, Charles J., et al. (2002). "Muscle Fiber Type Is Associated with Obesity and Weight Loss." *American Journal of Physiology—Endocrinology and Metabolism*, 282:E1191–96.

124 Francis Holway graciously shared spreadsheets of his data on the body measurements of athletes.

124 Cowgill on innate skeletal differences:
Cowgill, L. W. (2010). "The Ontogeny of Holocene and Late Pleistocene Human Postcranial Strength." 141(1):16–37.

126 Tanner's quote comes from: *American Journal of Physical Anthropology*, Tanner, J. M. *Fetus into Man: Physical Growth from Conception to Maturity* (revised and enlarged edition). Harvard University Press, 1990.

第8章 维特鲁威 NBA 球员

129 Dennis Rodman confirmed his rapid height growth in an interview, but his book is the most colorful account and provided his quotes:
Rodman, Dennis. *Bad as I Wanna Be*. Dell, 1997.

130 Michael Jordan notes that he began dunking as a 5'8" freshman in the video Come Fly with Me (Fox/NBA), and his brother's athleticism and diminutive stat-ure is often recounted, perhaps most eloquently in chapter 2 of David Halberstam's *Playing for Keeps: Michael Jordan and the World He Made*. Three Rivers Press, 2000.

131 Gene mixing may be contributing to widespread increase in height:

Malina, Robert M. (1979). "Secular Changes in Size and Maturity: Causes and Effects." *Monographs of the Society for Research in Child Development*, 44(3/4): 59–102.

131 Scientific papers addressing the threshold claims of journalists, including Malcolm Gladwell and David Brooks:
Arneson, Justin J., Paul R. Sackett, and Adam S. Beatty (2011). "Ability-Performance Relationships in Education and Employment Settings: Critical Tests of the More-Is-Better and the Good-Enough Hypotheses." *Psychological Science*, 22(10):1336-42.
Hambrick, David Z., and Elizabeth J. Meinz (2011). "Limits on the Predictive Power of Domain-Specific Experience and Knowledge in Skilled Performance." *Current Directions in Psychological Science*, 20(5):275–79. (The paper notes: children scoring in the 99.9th percentile on the SAT's math section by age thirteen are eighteen times more likely to get a math or science Ph.D. than children who "only" scored in the 99.1th percentile.)

131 Data analysis of NBA body types in this chapter is original, carried out by the author and psychologist Drew H. Bailey. We used data from the NBA combine and from U.S. government sources that are noted in the text.

133 The 5'3" Muggsy Bogues could dunk:
Foreman, Tom Jr. "Bogues, Webb Make Case for the Little Guy." Associated Press, February 16, 1985.

135 A fascinating account of the "creation" of Yao Ming:
Larmer, Brook. *Operation Yao Ming: The Chinese Sports Empire, American Big Business, and the Making of an NBA Superstar*. Gotham, 2005.

136 Average height of a seventeenth-century Frenchman:
Blue, Laura. "Why Are People Taller Today Than Yesterday?" *Time*, July 8, 2008.

136 J. M. Tanner's *Fetus into Man* (Harvard University Press, 1990) served as a source on growth trends in the industrialized world. It is where he recounts: the tale of the identical twin brothers raised in starkly different environments (p. 121); the growth patterns of twins (p. 123); that man did not evolve with the supermarket (p. 130); the leg length disparities between socioeconomic classes (p. 131); work indicating that blind children have distinct growth patterns (p. 146); and rapid leg growth during Japan's

"economic miracle" (p. 159).
136　The study that accounted for 45 percent of the variance in height with DNA variations also discusses the general finding that height is about 80 percent heritable in a given population:
Yang, Jian, et al. (2010). "Common SNPs Explain a Large Proportion of the Heritability for Human Height." *Nature Genetics*, 42(7):565–69.
137　On the inability to find height genes:
Maher, Brendan (2008). "The Case of the Missing Heritability." *Nature*, 456: 18–21.
137　Female gymnasts delay menarche, but attain normal adult stature: Norton, Kevin, and Tim Olds. *Anthropometrica*. UNSW Press, 2004, p. 313.
138　Leg length—and particularly leg growth in Japan—is also discussed in:
Eveleth, Phyllis B., and James M. Tanner. *Worldwide Variation in Human Growth* (2nd ed.). Cambridge University Press, 1991.
138　Charts of leg length by ethnicity:
Eveleth, Phyllis B., and James M. Tanner. "Chapter 9: Genetic Influence on Growth: Family and Race Comparisons." *Worldwide Variation in Human Growth* (2nd ed.). Cambridge University Press, 1990.
138　The 1968 Mexico City Olympic study (the quote regarding "persistent" ethnic differences appears on p. 73):
de Garay, Alfonso L., Louise Levine, and J. E. Lindsay Carter, eds. *Genetic and Anthropological Studies of Olympic Athletes*. Academic Press, 1974.
140　The original "Allen's rule" paper:
Allen, Joel Asaph (1877). "The Influence of Physical Conditions in the Genesis of Species." *Radical Review*, 1:108–140.
140　A massive body of research has extended Allen's and Bergmann's rules to humans. For one recent discussion and a listing of confirmato y studies:
Cowgill, Libby W., et al. (2012). "Development Variation in Ecogeographic Body Proportions." *American Journal of Physical Anthropology*, 148:557–70.
140　The 1998 analysis of body proportions in native populations around the world: Katzmarzyk, Peter T., and William R. Leonard (1998). "Climatic Influences on Human Body Size and Proportions: Ecological Adaptations and Secular Trends." *American Journal of Physical Anthropology*,

106:483–503.
141 The 2010 "belly button" study:
Bejan, A., Edward C. Jones, and Jordan D. Charles (2010). "The Evolution of Speed in Athletics: Why the Fastest Runners Are Black and Swimmers White." *International Journal of Design & Nature*, 5(3):199–211.
Duke press release: "For Speediest Athletes, It's All in the Center of Gravity." July 12, 2010.

第9章 在某种意义上，我们都是黑人：种族和遗传多样性

142 Background on the "Out of Africa" hypothesis and previously competing hypotheses:
Klein, Richard G. "Chapter 7: Anatomically Modern Humans." The Human Career: *Human Biological and Cultural Origins* (2nd ed.). University of Chicago Press, 1999.
143 One example of the human "family tree" diagram:
Tishkoff, Sarah A., and Kenneth K. Kidd (2004). "Implications of Biogeogra-phy of Human Populations for 'Race' and Medicine." *Nature Genetics*, 36(11): S21–27.
144 The intrepid band of our ancestors that left Africa was a small group:
Macaulay, V., et al. (2005). "Single, Rapid Coastal Settlement of Asia Revealed by Analysis of Complete Mitochondrial Genomes." *Science*, 308:1034–36. Wade, Nicholas. "To People the World, Start with 500." New York Times, November 11, 1997, p. F1.
144 Molecular dating and fossil methods for the timing of the human-chimp split and the Out-of-Africa migration:
Gibbons, Ann (2012). "Turning Back the Clock: Slowing the Pace of Prehistory." *Science*, 338:189–91.
144 A succinct look at how genetic diversity decreases with distance from Africa:
Prugnolle, Franck, Andrea Manica, and François Balloux (2005). "Geography Predicts Neutral Genetic Diversity of Human Populations." *Current Biology*, 15(5):R159–60. See fig. 2.
146 Kenneth Kidd's coauthored CYP2E1 paper is an example of his rainbow

注释和引用

diagrams that describe genetic diversity:
Lee, M. Y., et al. (2008). "Global Patterns of Variation in Allele and Haplotype Frequencies and Linkage Disequilibrium Across the CYP2E1 Gene." *The Pharmacogenomics Journal*, 8(5):349–56.

147 An excellent and accessible talk by Sarah Tishkoff on the genetic changes that allowed adult lactose digestion:
http://www.youtube.com/watch?v=sgNEb0itPOs.

148 Adult lactose intolerance is common in Rwanda:
Cox, Joseph A., and Francis G. Elliott (1974). "Primary Adult Lactose Intolerance in the Kivu Lake Area: Rwanda and the Bushi." *American Journal of Digestive Diseases*, 19(8):714–724.

148 A common gene variant confers immunity from a sports doping test:
Schulze, Jenny Jakobsson, et al. (2008). "Doping Test Results Dependent on Genotype of Uridine Diphospho-Glucuronosyl Transferase 2B17, the Major Enzyme for Testosterone Glucuronidation." *Journal of Clinical Endocrinology & Metabolism*, 93(7):2500–2506.

148 An interesting albeit technical paper on the 99.5 percent DNA similarity of humans:
Levy, Samuel, et al. (2007). "The Diploid Genome Sequence of an Individual Human." *PLoS Biology*, 5(10):e254.

149 The 2007 scientific breakthrough of the year, "human genetic variation":
Pennisi, Elizabeth (2007). "Breakthrough of the Year: Human Genetic Variation." *Science*, 318:1842–43.

149 Local ancestry of Iceland residents identifiable with DNA:
Helgason, A., et al. (2005). "An Icelandic Example of the Impact of Population Structure on Association Studies." *Nature Genetics*, 37(1):90–95.

149 DNA pinpoints European ancestry to within a few hundred miles:
Novembre, John, et al. (2008). "Genes Mirror Geography Within Europe." *Nature*, 456(7218):98–101.

149 A computer blindly grouped DNA into major geographic regions:
Rosenberg, Noah A., et al. (2002). "Genetic Structure of Human Populations." *Science*, 298(5602):2381–85.

149 The Stanford-led study of self-identified race and genetics:

Tang, Hua, et al. (2005). "Genetic Structure, Self-Identified Race/Ethnicity, and Confounding in Case-Control Association Studies." *American Journal of Human Genetics*, 76(2):268–75.

150　The Stanford press release ("Racial Groupings Match Genetic Profiles, Stan-ford Study Finds") for the study can be found here: http://med.stanford.edu/news_releases/2005/january/racial-data.htm.

150　On skin color, UV radiation, and latitude:
Jablonski, Nina G., and George Chaplin (2000). "The Evolution of Human Skin Coloration." *Journal of Human Evolution*, 39:57–106.

150　The main genetic and geographic clusters of people do "correlate with the common concept of 'races'":
Tishkoff, Sarah A., and Kenneth K. Kidd (2004). "Implications of Biogeogra-phy of Human Populations for 'Race' and Medicine." *Nature Genetics*, 36(11): S21–27.

150　The genetic backgrounds of African Americans:
Tishkoff, Sarah A., et al. (2009). "The Genetic Structure and History of Afri-cans and African Americans." *Science*, 324(5930):1035–44.

150　Tishkoff's "little genetic differentiation" quote can be found in a University of Pennsylvania press release:
http://www.upenn.edu/pennews/current/node/3643.

151　The National Human Genome Research Institute on race, genetics, and genotypic and phenotypic diversity:
Race, Ethnicity and Genetics Working Group of the National Human Genome Research Institute (2005). "The Use of Racial, Ethnic, and Ancestral Categories in *Human Genetics* Research." *American Journal of Human Genetics*, 77:519–32.

153　The original ACTN3 paper:
North, Kathryn N., et al. (1999). "A Common Nonsense Mutation Results in α-Actinin-3 Deficiency in the General Population." *Nature Genetics*, 21: 353–54.

155　The first paper that documented a difference in ACTN3 variant frequency in sprinters and the general population:
Yang, Nan, et al. (2003). "ACTN3 Genotype Is Associated with Human Elite Athletic Performance." *American Journal of Human Genetics*, 73:627–31.

注释和引用

155 ACTN3 and athletic performance studies in populations around the world:
Eynon, Nir, et al. (2012). "The ACTN3 R577X Polymorphism Across Three Groups of Elite Male European Athletes." *PLoS ONE*, 7(8):e43132.
Niemi, A. K., and K. Majamaa (2005). "Mitochondrial DNA and ACTN3 Geno-types in Finnish Elite Endurance and Sprint Athletes." *European Journal of Human Genetics*, 13:965–69.
Papadimitriou, I. D., et al. (2008). "The ACTN3 Gene in Elite Greek Track and Field Athletes." *International Journal of Sports Medicine*, 29:352–55.
Scott, Robert A., et al. (2010). "ACTN3 and ACE Genotypes in Elite Jamaican and US Sprinters." *Medicine & Science in Sports & Exercise*, 42(1):107–12.
Yang, Nan, et al. (2007). "The ACTN3 R577X Polymorphism in East and West African Athletes." *Medicine & Science in Sports & Exercise*, 39(11):1985–88.
ACTN3 data from Japanese sprinters was generously shared by Noriyuki Fuku and Eri Mikami during a visit to the Department of Genomics for Longevity and Health at the Tokyo Metropolitan Institute of Gerontology.

155 The spread of the ACTN3 X variant in humans may have been an evolutionary adaptation:
North, Kathryn (2008). "Why Is α-Actinin-3 Deficiency So Common in the General Population? The Evolution of Athletic Performance." *Twin Research and Human Genetics*, 11(4):384–94.

155 The best review of ACTN3 research and the impacts on muscle properties of α-actinin-3 deficiency:
Berman, Yemima, and Kathryn N. North (2010). "A Gene for Speed: The Emerging Role of α-Actinin-3 in Muscle Metabolism." *Physiology*, 25:250–59.

155 The idea that the ACTN3 X variant may have spread as an adaptation to agri-culture is posited on p. 117 of:
Cochran, Gregory, and Henry Harpending. *The 10,000 Year Explosion: How Civilization Accelerated Human Evolution*. Basic Books, 2010.

第 10 章 短跑王国牙买加的秘密：战士-奴隶理论

159 An overview of theories of Jamaican sprint success (p. 2 has ACTN3 data

for Jamaicans and other populations):
Irving, Rachael, and Vilma Charlton eds. *Jamaican Gold: Jamaican Sprinters*. University of the West Indies Press, 2010.

161 Lists of sprinters of Jamaican descent who compete for other countries and of Jamaican sprinters from Trelawney can be found in the annex of:
Robinson, Patrick. *Jamaican Athletics: A Model for 2012 and the World*. Black Amber, 2009.
(These are merely partial lists. The Trelawney list, for example, does not include Olympic 100-meter finalist Michael Green or 4×100-meter world champion Merlene Frazer, both of whom were born in Trelawney.)

163 A thorough history of Jamaica's Maroons (the "born Heroes" and "elevation of the soul" quotes appears on p. 45):
Campbell, Mavis C. *The Maroons of Jamaica 1655–1796*. Africa World Press, 1990.

163 A history of Jamaica, written with particular attention to the African-Jamaican perspective:
Sherlock, Philip, and Hazel Bennett. *The Story of the Jamaican People*. Ian Randle Publishers, 1998.
(The "dangerous inmates" quote and William Beckford's description of a cane fire appear on p. 134 and the "dare not" quote on p. 139. Descriptions of Maroon battles for independence and of Cudjoe and Nanny can be found in chapter 13: "The African-Jamaican Liberation Wars, 1650–1800.")

164 A fascinating contemporary history of the Maroons is in the unabridged reprints of early-nineteenth-century letters:
Dallas, Robert C. *The History of the Maroons: From Their Origin to the Establishment of Their Chief Tribe at Sierra Leone* (vols. I and II). Adamant Media Corporation, 2005. (Originally published in 1803 by T. N. Lon man and O. Rees.)

166 A description of the slave/warrior/sprinter story, with Michael Johnson's quote from the Channel 4 documentary:
Beck, Sally. "Survival of the Fastest: Why Descendants of Slaves Will Take the Medals in the London 2012 Sprint Finals." *Daily Mail*, June 30, 2012.

167 Y chromosomes of Jamaican men:
Benn Torres, Jada (2012). "Y Chromosome Lineages in Men of West

African Descent." *PLoS ONE*, 7(1):e29687.

167 Genetic studies of the demographics of Jamaica, with both Errol Morrison and Yannis Pitsiladis as coauthors:

Deason, Michael L., et al. (2012). "Interdisciplinary Approach to the Demography of Jamaica." *BMC Evolutionary Biology*, 12:24.

Deason, M., et al. (2012). "Importance of Mitochondrial Haplotypes and Maternal Lineage in Sprint Performance Among Individuals of West African Ancestry." *Scandinavian Journal of Medicine & Science in Sports*, 22:217–23.

167 DNA shows that Taino Native Americans did not die out in Jamaica. The study also gives data on the degree of genetic "African-ness" of various Caribbean populations:

Benn Torres, J., et al. (2007). "Admixture and Population Stratification in Afri-can Caribbean Populations." *Annals of Human Genetics*, 72:90–98.

169 A visit to Champs should be on the bucket list of any track-and-field fan. The next best treat:

Lawrence, Hubert. *Champs 100: A Century of Jamaican High School Athletics*, 1910– 2010. Great House, 2010.

174 Pitsiladis's advice to prospective white sprinters appears here:

"No Proof Sporting Success Is Genetic According to Academic." Scotsman.com, March 23, 2011.

第11章 疟疾和肌肉纤维

175 Background on latitude and pelvic breadth:

Nuger, Rachel Leigh. *The Influence of Climate on the Obstetrical Dimensions of the Human Bony Pelvis*. UMI Dissertation Publishing, 2011.

175 The Cooper and Morrison paper introducing their hypothesis:

Morrison, E. Y. St. A., and P. D. Cooper (2006). "Some Bio-Medical Mecha-nisms in Athletic Prowess." *West Indian Medical Journal*, 55(3):205–209.

176 Patrick Cooper's widow Juin—and several obits—provided details of his life. Cooper's book on black athletes:

Cooper, Patrick Desmond. *Black Superman: A Cultural and Biological*

History of the People That Became the World's Greatest Athletes. First Sahara, 2003.

177　The famous study of 1968 Mexico City Olympians, again:
de Garay, Alfonso L., Louise Levine, and J. E. Lindsay Carter, eds. *Genetic and Anthropological Studies of Olympic Athletes.* Academic Press, 1974.

177　Underrepresentation of sickle-cell carriers at race distances of eight hundred meters and above:
Eichner, Randy E. (2006). "Sickle Cell Trait and the Athlete." *Gatorade Sports Science Institute: Sports Science Exchange,* 19(4):103.

177　Analysis of the risk of death to college football players with sickle-cell trait:
Harmon, Kimberly G., et al. (2012). "Sickle Cell Trait Associated with a RR of Death of 37 Times in National Collegiate Athletic Association Football Athletes: A Database with 2 Million Athlete-Years as Denominator." *British Journal of Sports Medicine,* 46:325–30.

178　The first article Cooper cited showing low hemoglobin levels in African Americans:
Garn, Stanley M., Nathan J. Smith, and Diance C. Clark (1975). "Lifelong Differences in Hemoglobin Levels Between Blacks and Whites." *Journal of the National Medical Association,* 67(2):91–96.

178　Data tables from the CDC's National Center for Health Statistics are publicly available, and are easily located with a call to the Center. Heaps of hemoglobin data are also available in published reports:
Hollowell J. G., et al. (2005). "Hematological and Iron-Related Analytes—Reference Data for Persons Aged 1 Year and Over: United States, 1988–94." National Center for Health Statistics. *Vital Health Statistics,* 11(247).
Robins, Edwin B., and Steve Blum (2007). "Hematologic Reference Values for African American Children and Adolescents." *American Journal of Hematology,* 82:611–14.

178　Study of 715,000 blood donors:
Mast, Alan E., et al. (2010). "Demographic Correlates of Low Hemoglobin Deferral Among Prospective Whole Blood Donors." *Transfusion,* 50(8): 1794–1802.

179　The quote in which doctors refer to "some compensatory mechanism" appears here:

注释和引用

Kraemer, Michael J., et al. (1977). "Race-Related Differences in Peripheral Blood and in Bone Marrow Cell Populations of American Black and American White Infants." *Journal of the National Medical Association*, 69(5):327–31.

179　The fiber type study coauthored by Bouchard:
Ama, P. F., et al. (1986). "Skeletal Muscle Characteristics in Sedentary Black and Caucasian Males." *Journal of Applied Physiology*, 61(5):1758–61.

180　Sickle-cell trait causes reduced capacity to produce energy through pathways that rely primarily on oxygen:
Bitanga, E., and J. D. Rouillon (1998). "Influence of the Sickle Cell Trait Heterozygote on Energy Abilities." *Pathologie Biologie*, 46(1):46–52.
Le Gallais, D., et al. (1994). "Sickle Cell Trait as a Limiting Factor for High-Level Performance in a Semi-Marathon." *International Journal of Sports Medicine*, 15(7):399–402.

180　For quick background on the malaria protection conferred by sickle-cell trait:
Pierce, E. C. "How Sickle Cell Trait Protects Against Malaria." *Medical Journal of Therapeutics Africa*, 1(1):61–62.

180　Anthony C. Allison first documented the connection between sickle-cell trait and malaria resistance:
Allison, A. C. (1954). "Protection Afforded by Sickle-Cell Trait Against Subtertian Malarial Infection." *British Medical Journal*, 1(4857):290–94.
Allison, Anthony C. (2002). "The Discovery of Resistance to Malaria of Sickle-Cell Heterozygotes." *Biochemistry and Molecular Biology Education*, 30(5):279–87.

181　The gradual disappearance of the sickle-cell gene in African Americans is discussed on p. 99 of:
Nesse, Randolph M., and George C. Williams. *Why We Get Sick: The New Science of Darwinian Medicine*. Vintage, 1996.

181　Risk of malaria with iron supplementation has long been documented by Stephen J. Oppenheimer and others:
English, M., and R. W. Snow (2006). "Iron and Folic Acid Supplementation and Malaria Risk." *Lancet*, 367(9505):90–91.

Oppenheimer, S. J., et al. (1986). "Iron Supplementation Increases Prevalence and Effects of Malaria: Report on Clinical Studies in Papua New Guinea." *Transactions of the Royal Society of Tropical Medicine and Hygiene*, 80(4)603–12.

Oppenheimer, Stephen (2007). "Comments on Background Papers Related to Iron, Folic Acid, Malaria and Other Infections." *Food and Nutrition Bulletin*, 28(4):S550–59.

182　In 2006, the WHO revised iron supplementation recommendations for malaria zones: http://www.who.int/maternal_child_adolescent/documents/iron_statement/en/.

182　The global pattern of the sickle-cell gene and its relation to malaria (with color-coded maps available online):

Piel, Frédéric B., et al. (2010). "Global Distribution of the Sickle Cell Gene and Geographical Confirmation of the Malaria Hypothesis." *Nature Communications*, 1:104.

182　Danish scientists proposed that fast-twitch fibers might explain physical traits documented in African Americans:

Nielsen, J., and D. L. Christensen (2011). "Glucose Intolerance in the West African Diaspora: A Skeletal Muscle Fibre Type Distribution Hypothesis." *Acta Physiologica*, 202(4):605–16.

183　Daniel Le Gallais's coauthored studies on athletic performance and sickle-cell trait:

Bilé A., et al. (1998). "Sickle Cell Trait in Ivory Coast Athletic Throw and Jump Champions, 1956–1995." *International Journal of Sports Medicine*, 19(3):215–19.

Hue, O., et al. (2002). "Alactic Anaerobic Performance in Subjects with Sickle Cell Trait and Hemoglobin AA." *International Journal of Sports Medicine*, 23(3):174–77.

Le Gallais, D., et al. (1994). "Sickle Cell Trait as a Limiting Factor for High-Level Performance in a Semi-Marathon." *International Journal of Sports Medicine*, 15(7):399–402.

Marlin, L., et al. (2005). "Sickle Cell Trait in French West Indian Elite Sprint Athletes." *International Journal of Sports Medicine*, 26(8):622–25.

184　The two studies showing a muscle fiber type proportion shift in low

hemoglobin mice:
Esteva, Santiago, et al. (2008). "Morphofunctional Responses to Anemia in Rat Skeletal Muscle." *Journal of Anatomy*, 212:836–44.
Ohira, Yoshinobu, and Sandra L. Gill (1983). "Effects of Dietary Iron Deficiency on Muscle Fiber Characteristics and Whole-Body Distribution of Hemoglobin in Mice." *Journal of Nutrition*, 113:1811–18.

185 In populations at altitude in East Africa the sickle-cell mutation is rare or nonexistent:
Ayodo, George, et al. (2007). "Combining Evidence of Natural Selection with Association Analysis Increases Power to Detect Malaria-Resistance Variants." *American Journal of Human Genetics*, 81:234–42.
Foy, Henry, et al. (1954). "The Variability of Sickle-Cell Rates in the Tribes of Kenya and the Southern Sudan." *British Medical Journal*, 1(4857):294.
Williams, Dianne. Race, *Ethnicity and Crime: Alternate Perspectives*. Algora Publishing, 2012, p. 20.

第 12 章 卡伦津人耐力之谜

186 A breakdown on who the elite runners in Kenya are and what tribes they come from:
Onywera, Vincent O., et al. (2006). "Demographic Characteristics of Elite Kenyan Endurance Runners." *Journal of Sports Sciences*, 24(4):415–22.

190 Cattle raiding was not regarded as theft so long as not from the same tribe:
Bale, John, and Joe Sang. *Kenyan Running: Movement Culture, Geography and Global Change*. Frank Cass, 1996, p. 53.

190 The best compilation of scholarly writing examining the success of East African runners:
Pitsiladis, Yannis, et al., eds. *East African Running : Towards a Cross-Disciplinary Perspective*. Routledge, 2007.

190 Ethiopian population data comes from the "Summary and Statistical Report of the 2007 Population and Housing Census," issued by Ethiopia's Public Census Commission.

190 John Manners's writing about the "cattle complex" and a number of his accounts of Kalenjin phenoms and his written quotes on Rotich: Manners,

John (1997). "Kenya's Running Tribe." *The Sports Historian*, 17(2):14–27.

Manners, John. "Chapter 3: Raiders from the Rift Valley: Cattle Raiding and Disdance Running in East Africa." In: Yannis Pitsiladis, et al., eds. *East African Running: Towards a Cross-Disciplinary Perspective*. Routledge, 2007.

193　From the IAAF list of top marathon times of 2011; John Manners assisted in identifying the Kalenjin athletes.

194　Scott Bickard's comparison of Peter Kosgei to an NBA player appeared in the *Utica Observer-Dispatch* on April 21, 2011.

195　A succinct summary of the Copenhagen research team's work—including Saltin's "seems to confirm" quote:

Saltin, Bengt (2003). "The Kenya Project—Final Report." *New Studies in Athletics*, 18(2):15–24.

195—198　A more technical description is here:

Larsen, Henrik B. (2003). "Kenyan Dominance in Distance Running." *Comparative Biochemistry and Physiology Part A: Molecular & Integrative Physiology*, 136(1):161–70.

第13章　海拔：世界最强天才筛选器

207　Most Kenyan runners are Kalenjin and traveled to school on foot: Onywera, Vincent O., et al. (2006). "Demographic Characteristics of Elite Kenyan Endurance Runners." *Journal of Sports Science*, 24(4):415–22.

208　Most Ethiopian runners are Oromo and traveled to school on foot:

Scott, Robert A., et al. (2003). "Demographic Characteristics of Elite Ethiopian Endurance Runners." *Medicine & Science in Sports & Exercise*, 35(10):1727–32.

208　Mitochondrial DNA of Oromo Ethiopians and Kalenjin Kenyans is not particularly closely related:

Scott, Robert A., et al. (2008). "Mitochondrial Haplogroups Associated with Elite Kenyan Athlete Status." *Medicine & Science in Sports & Exercise*, 41(1):123–28.

Scott, Robert A., et al. (2005). "Mitochondrial DNA Lineages of Elite Ethiopian Athletes." *Comparative Biochemistry and Physiology Part B:*

注释和引用

Biochemistry and Molecular Biology, 140(3):497–503.

211 Nineteenth-century scientists were unaware of the variety of altitude adaptation Beall would find:
Beall, Cynthia M. (2006). "Andean, Tibetan, and Ethiopian Patterns of Adaptation to High-Altitude Hypoxia." *Integrative and Comparative Biology*, 46(1):18–24.

212 Beall raised the possibility the Ethiopians living at high altitude have enhanced transfer of oxygen from lungs to blood. (Snell's theorizing on that topic was directly to the author in an interview.):
Beall, Cynthia M., et al. (2002). "An Ethiopian Pattern of Human Adaptation to High-Altitude Hypoxia." *Proceedings of the National Academy of Sciences*, 99(26):17215–18.

213 Kenenisa Bekele's altitude workout data was generously shared by Barry Fudge, senior physiologist at the English Institute of Sport.

214 Scientists from Norway and Texas exposed athletes to altitude and documented EPO changes:
Jedlickova, K., et al. (2003). "Search for Genetic Determinants of Individual Variability of the Erythropoietin Response to High Altitude." *Blood Cells, Molecules & Diseases*, 31(2):175–82.

214 The response of red blood cell levels and 5K times to altitude is highly individual:
Chapman, Robert F. (1998). "Individual Variation in Response to Altitude Training." *Journal of Applied Physiology*, 85(4):1448–56.

214 Information on the altitude "sweet spot" comes from numerous interviews with altitude experts, including Randall L. Wilber, senior sport physiologist at the

197 Another study finding that African distance runners have better economy at a given pace than white runners:
Weston, A. R., Z. Mbambo, and K. H. Myburgh (2000). "Running Economy of African and Caucasian Distance Runners." *Medicine & Science in Sports & Exercise*, 32(6):1130–34.

197 Distal weight and running energetics (what happens when weight is added to the ankle):
Jones, B. H. et al. (1986). "The Energy Cost of Women Walking and

Running in Shoes and Boots." *Ergonomics*, 29:439–43.

Myers, M. J., and K. Steudel (1985). "Effect of Limb Mass and Its Distribution on the Energetics Cost of Running." *Journal of Experimental Biology*, 116:363–73.

197 Harvard's Dan Lieberman also confirmed the increased energetic cost of distal weight, and the finding by Adidas engineers was conveyed to me by Andrew Barr, global product line manager for Adidas running products.

197 Longer legs and thinner lower legs contribute separately to running economy:

Steudel-Numbers, Karen L., Timothy D. Weaver, and Cara M. Wall-Scheffler (2007). "The Evolution of Human Running: Effects of Changes in Lower-Limb Length on Locomotor Economy." *Journal of Human Evolution*, 53(2):191–96.

197 Kenyan runners and their long Achilles tendons:

Sano, K., et al. (2012). "Muscle Tendo Interaction and EMG Profiles of World Class Endurance Runners During Hopping." *European Journal of Applied Physiology*, December 11 (ePub ahead of print).

198 Larsen's contention that the main point of Kenyan running dominance has been solved appears here:

Holden, Constance (2004). "Peering Under the Hood of Africa's Runners." *Science*, 305(5684):637–39.

198 Zersenay Tadese's running economy:

Lucia, Alejandro, et al. (2007). "The Key to Top-Level Endurance Running Performance: A Unique Example." *British Journal of Sports Medicine*, 42:172–174.

201 Vincent Sarich's calculation starts on p. 174 of:

Sarich, Vincent, and Frank Miele. *Race: The Reality of Human Differences*. Westview Press, 2004.

202 The Runner's World calculation appears in:

Burfoot, Amby (1992). "White Men Can't Run." *Runner's World*, 27(8):89–95. U.S. Olympic Training Center in Colorado Springs, Colorado. A good background resource—including a list of the altitudes of famous training cities: Wilber, Randall L. *Altitude Training and Altitude Performance*. Human Kinetics, 2004.

注释和引用

215　Children who grow up at altitude have larger lung surface area, but adults who move there do not:
Moore, Lorna G., Susan Niermeyer, and Stacy Zamudio (1998). "Human Adaptation to High Altitude: Regional and Life-Cycle Perspectives." *Yearbook of Physical Anthropology*, 41:25–64.

215　High-altitude Ethiopians have larger forced expiratory volume of airflow than Ethiopian lowlanders. (Also contains a table with some measures of stature and sitting height in Ethiopians):
Harrison, G. A., et al. (1969). "The Effects of Altitudinal Variation in Ethiopian Populations." *Philosophical Transactions of the Royal Society of London. Series B, Biological Sciences*, 805(256):147–82.

220　Claudio Berardelli's coauthored paper on the running economy of European and Kenyan runners:
Tam, E., et al. (2012). "Energetics of Running Top-Level Marathon Runners from Kenya." *European Journal of Applied Physiology*, 112(11):3797–806.

221　Andrew M. Jones's years of physiological testing on Paula Radcliffe:
Jones, Andrew M. (2006) "The Physiology of the World Record Holder for the Women's Marathon." *International Journal of Sports Science & Coaching*, 1(2):101–16.

222　Sir Roger Bannister's quote appeared in the June 20, 1955, issue of *Sports Illustrated*.

第14章　雪橇犬、超级跑者和懒人基因

223　A candid and engrossing account of Lance Mackey's life, in his own words:
Mackey, Lance. *The Lance Mackey Story: How My Obsession with Dog Mushing Saved My Life*. Zorro Books, 2010.

231　Physiologist and veterinarian Michael Davis (Oklahoma State University) gave an accessible talk on his research on the exercise adaptation of sled dogs at Texas A&M's Huffines Discussion 2012. (I was also an invited speaker, and had the pleasure of discussing Dr. Davis's work with him.) His talk can be found here: http://huffinesinstitute.org/resources/videos/entryid/330/huffines-discussion-2012-oklahoma-states-dr-michael-davis.

232　The genetics of Alaskan huskies:

Huson, Heather J., et al. (2010). "A Genetic Dissection of Breed Composition and Performance Enhancement in the Alaskan Sled Dog." *BMC Genetics*, 11:71.

234 Garland's coauthored work on dopamine, Ritalin, and "running-junkie" mice: Rhodes, J. S., S. C. Gammie, and T. Garland Jr. (2005). "Neurobiology of Mice Selected for High Voluntary Wheel-Running Activity." *Integrative and Comparative Biology*, 45(3):438–55.

236 The University of Wisconsin mice to which Pam Reed compared herself: Rhodes, J. S., T. Garland Jr., and S. C. Gammie (2003). "Patterns of Brain Activity Associated with Variation in Voluntary Wheel Running Behavior." *Behavioral Neuroscience*, 117(6):1243–56.

237 Background on the scientific study of dopamine and addiction:
Holden, Constance (2001). " 'Behavioral' Addictions: Do They Exist?" *Science*, 294:980–82.
Peirce, R. C., and V. Kumaresan (2006). "The Mesolimbic Dopamine System: The Final Common Pathway for the Reinforcing Effect of Drugs of Abuse?" *Neuroscience & Biobehavioral Reviews*, 30(2):215–38.

238 Every human study conducted has found that voluntary physical activity is significantly heritable:
Lightfoot, J. Timothy (2011). "Current Understanding of the Genetic Basis for Physical Activity." *Journal of Nutrition*, 141(3):526–30.

238 In thirteen thousand Swedish twin pairs, identical twins were far more likely to be similarly active or inactive:
Carlsson, S., et al. (2006). "Genetic Effects on Physical Activity: Results from the Swedish Twin Registry." *Medicine & Science in Sports & Exercise*, 38(8):1396–1401.

238 When activity is directly measured with accelerometers, the difference between fraternal and identical twins holds:
Joosen, A. M., et al. (2005). " genetic Analysis of Physical Activity in Twins." *American Journal of Clinical Nutrition*, 82(6):1253–59.

238 Stubbe, Janine H., et al. (2006). "Genetic Influences on Exercise Participation in 37,051 Twin Pairs fro Seven Countries." *PLoS ONE*, 1:e22.

239 Review of research on the dopamine system—and early work on genes—and voluntary physical activity:

Knab, Amy M., and J. Timothy Lightfoot (2010). "Title: Does the Difference Between Physically Active and Couch Potato Lie in the Dopamine System?" *International Journal of Biological Science*, 6(2):133–50.

239 DRD4-7R and ADHD:
Li, D., et al. (2006). "Meta-analysis Shows Significant Association Between Dopamine System Genes and Attention Deficit Hyperactivity Disorder (ADHD)." *Human Molecular Genetics*, 15(14):2276–84.
Swanson, J. M., et al. (2007). "Etiologic Subtypes of Attention-Deficit/Hyperactivity Disorder: Brain Imaging, Molecular Genetic and Environmental Factors and the Dopamine Hypothesis." *Neuropsychology Review*, 17(1):39–59.

240 The DRD4 gene in migratory and settled cultures:
Chen, Chuansheng, et al. (1999). "Population Migration and the Variation in Dopamine D4 Receptor (DRD4) Allele Frequencies Around the Globe." *Evolution and Human Behavior*, 20:309–24.
Matthews, L. J., and P. M. Butler (2011). "Novelty-Seeking DRD4 Polymorphisms Are Associated with Human Migration Distance Out-of-Africa After Controlling for Neutral Population Gene Structure." *American Journal of Physical Anthropology*, 145(3):382–89.

240 The DRD4 gene and Ariaal tribesmen:
Eisenberg, Dan T. A., et al. (2008). "Dopamine Receptor Genetic Polymorphisms and Body Composition in Undernourished Pastoralists: An Exploration of Nutrition Indices Among Nomadic and Recently Settled Ariaal Men of Northern Kenya." *BMC Evolutionary Biology*, 8:173

第15章 心碎基因：赛场上的死亡、伤病和疼痛

245 The best background resources on sudden death in athletes:
Estes III, Mark N. A., Deeb N. Salem, and Paul J. Wang, eds. Sudden Cardiac Death in the Athlete. Futura, 1998.
Maron, Barry J., ed. *Diagnosis and Management of Hypertrophic Cardiomyopathy*. Futura, 2004.

245 In my *Sports Illustrated* article "Following the Trail of Broken Hearts" (December 10, 2007), I made the analogy of an HCM mutation to a typo in

Encyclopaedia Britannica. There, I analogized a single DNA base change to one typo in sixty full sets of Britannica. In this book I used thirteen full sets of *Britannica*. In SI, I counted each word in the *Encyclopaedia Britannica* set as a possible single typo. In this book, I considered each individual letter as a possible typo—a scenario that I think is more accurately compared to DNA.

245　An excellent primer on HCM, written specifically for the layman and with pictures of the heart cells:
Maron, Barry J., and Lisa Salberg. *Hypertrophic Cardiomyopathy: For Patients, Their Families and Interested Physicians* (2nd ed.). Wiley-Blackwell, 2006.

247　The MYH7 gene was the first, but now many mutations that cause HCM have been identified:
Maron, Barry J., Martin S. Maron, and Chrisopher Semsarian (2012). "Genetics of Hypertrophic Cardiomyopathy After 20 Years." *Journal of the American College of Cardiology*, 60(8):705–15.

248　The weight of Kevin Richards's heart comes from his autopsy documents, ob-tained with written permission of his parents, Gwendolyn and Rupert Richards.

248　An increasing number of states allow nonphysicians to conduct preparticipation exams:
Glover, David W., Drew W. Glover, and Barry J. Maron (2007). "Evolution in the Process of Screening United States High School Student-Athletes for Cardiovascular Disease." *American Journal of Cardiology*, 100:1709–12.

251　Alan Milstein's quote originally appeared here:
Litke, Jim. "Curry's DNA Fight with Bulls 'Bigger Than Sports World.' " Associated Press, September 29, 2005.

254　ApoE4 carriers get Alzheimer's more often and younger:
Corder, E. H., et. al. (1993). "Gene Dose of Apolipoprotein E type 4 Allele and the Risk of Alzheimer's Disease in Late Onset Families." *Science*, 261(5123):921–23.

254　ApoE4 influences severity of brain trauma injury:
Jordan, Barry D. (2007). "Genetic Influences on Outcome Following Trau-matic Brain Injury." *Neurochemical Research*, 32:905–15.

注释和引用

254 Boxers with ApoE4 have worse outcomes:
Jordan, Barry D. (1997). "Apolipoprotein E epsilon4 Associated with Chronic Traumatic Brain Injury." *Journal of the American Medical Association*, 278(2):136–40.

254 Age, getting hit in the head, and ApoE4 negatively influence brain function:
Kutner, K. C., et al. (2000). "Lower Cognitive Performance of Older Football Possessing Apolipoprotein E epsilon4." *Neurosurgery*, 47(3):651–57.

255 BU's Center for the Study of Traumatic Encephalopathy has background on CTE, and John Grimsley's brain:
http://www.bumc.bu.edu/supportingbusm/research/brain/cte/.

255 Two percent of people have two copies of the ApoE4 gene variant:
Izaks, Gerbrand J., et al. (2011). "The Association of ApoE Genotype with Cognitive Function in Persons Aged 35 Years or Older." *PLoS ONE*, 6(11):e27415.

255 BU researchers have been compiling cases of CTE in athletes:
McKee, Ann C., et al. (2009). "Chronic Traumatic Encephalopathy in Athletes: Progressive Tauopathy Following Repetitive Head Injury." *Journal of Neuropathology & Experimental Neurology*, 68(7):709–35.

257 Sam Gandy, director of Mt. Sinai Hospital's Center for Cognitive Health, equated ApoE4 risk to playing in the NFL:
http://www.alzforum.org/new/detail.asp?id=3264.

257 When people learn what version of ApoE they have:
Green, Robert C., et al. (2009). "Disclosure of ApoE Genotype for Risk of Alzheimer's Disease." *New England Journal of Medicine*, 361:245–54.

257 Technical background on research into genes that may affect injury susceptibility:
Collins, Malcolm, and Stuart M. Raleigh. "Genetic Risk Factors for Musculoskeletal Soft Tissue Injuries." In: Malcolm Collins, ed. *Genetics and Sports*. Karger, 2009, 54:136–49.

258 COL5A1 may also influence flexibility and running performance via Achilles tendon stiffness:
Posthumus, Michael, Martin P. Schwellnus, and Malcolm Collins (2011). "The COL5A1 Gene: A Novel Marker of Endurance Running

258 Performance." *Medicine & Science in Sports & Exercise*, 43(4):584–89.

258 A number of NFL players have pursued "injury gene" testing:
Assael, Shaun. "Cheating Is So 1999." *ESPN The Magazine*, October 8, 2009, pp. 88–97.

260 An excellent resource—but very technical—for a broad look at the pain genetics landscape: Mogil, Jeffrey S. *The Genetics of Pain*. IASP Press, 2004.

260 The "redhead" mutation reduces pain sensitivity:
Mogil, J., et al. (2005). "Melanocortin-1 Receptor Gene Variants Affect Pain and μ-Opioid Analgesia in Mice and Humans." *Journal of Medical Genetics*, 42(7):583–87.

261 The quote from British researchers regarding a Pakistani family's inability to feel pain appears here:
Cox, James J., et al. (2006). "An SCN9A Channelopathy Causes Congenital Inability to Experience Pain." *Nature*, 444(7121):894–98.

261 Pain perception is altered by common variation in SCN9A:
Reimann, Frank, et al. (2010). "Pain Perception Is Altered by a Nucleotide Polymorphism in SCN9A." *Proceedings of the National Academy of Sciences*, 107(11):5148–53.

261 Background on the COMT gene:
Goldman, David. "Chap er 13: Warriors and Worriers." *Our Genes, Our Choices: How Genotype and Gene Interactions Affect Behavior*. Academic Press, 2012.
Stein, Dan J., et al. (2006). "Warriors Versus Worriers: The Role of COMT Gene Variants." *Pearls in Clinical Neuroscience*, 11(10):745–48.

263 Athletes are less sensitive to pain on game day:
Sternberg, W. F., et al. (1998). "Competition Alters the Perception of Noxious Stimuli in Male and Female Athletes." *Pain*, 76(1–2):231–38.

第 16 章 金牌突变

274 The first documentation of the inheritance pattern of high red blood cell levels in the Mäntyranta family:
Juvonen, Eeva, et al. (1991). "Autosomal Dominant Erythrocytosis Caused

by Increased Sensitivity to Erythropoietin." *Blood*, 78(11):3066–69.

276　First documentation of the Mäntyranta family EPOR mutation:
de la Chapelle, Albert, et al. (1993). "Familial Erythrocytosis Genetically Linked to Erythropoietin Receptor Gene." *Lancet*, 341:82–84.

277　Detailed analysis of the Mäntyranta family EPOR mutation:
de la Chapelle, Albert, Ann-Liz Träskelin, and Eeva Juvonen (1993). "Truncated Erythropoietin Receptor Causes Dominantly Inherited Benign Hu-man Erythrocytosis." *Proceedings of the National Academy of Sciences*, 90:4495–99.

尾声　完美运动员

286　Williams, Alun G., and Jonathan P. Folland (2008). "Similarity of Polygenic Profiles Limits the Potential for Elite Human Physical Performance." *The Journal of Physiology*, 586(pt. 1):113–21.

288　Cunningham, Patrick. "The Genetics of Thoroughbred Horses." *Scientific American* (May 1991).

290　Tanner's quote on optimal development appears here:
Tanner, J.M. *Fetus Into Man: Physical Growth from Conception to Maturity* (revised and enlarged edition). Harvard University Press, 1990, p. 120.

后　记

292　Dennis Kimetto says he had "literally" never run before 2010:
Eder, Larry (2013). "Chicago Marathon Diary: Dennis Kimetto wins in CR of 2:03.45." *RunBlogRun*, Oct. 13, 2013.

294　Ericsson's "Danger of Delegating" letter can be downloaded from the "2012 Ericsson's reply" link on his faculty Web page:
http://www.psy.fsu.edu/faculty/ericsson/ericsson.hp.html
And his critical journal article:
Ericsson, K. Anders (2012). "Training History, Deliberate Practice and Elite Sports Performance: An Analysis in Response to Tucker and Collins Review—What Makes Champions?" *British Journal of Sports Medicine*, Oct. 30 (ePub ahead of print).

295—296　The charts showing practice hours use data from:
Moesch, K., et al. (2011). "Late Specialization: the key to success in centimeters, grams, or seconds (cgs) sports." *Scandinavian Journal of Medicine & Science in Sports*, 21(6):e282–290.

296　Studies showing late specialization in tennis, baseball, and several team sports:
Carlson, Rolf (1988). "The Socialization of Elite Tennis Players in Sweden: An Analysis of the Players' Backgrounds and Development." *Sociology of Sport Journal*, 5:241–256.
Hill, Grant M. (1993). "Youth Sport Participation of Professional Baseball Players." Sociology of Sport Journal, 10:107–114.
Moesch, K., et al. (2013). "Making It to the Top in Team Sports: Start Later, Intensify, and Be Determined!" *Talent Development & Excellence*, 5(2):85–100.

297　Oklahoma St. football players increase strength, but not speed:
Jacobson, B.H., et al. (2013). "Logitudinal morphological and performance profiles for American, NCAA Division I football players." *Journal of Strength and Conditioning Research*, 27(9):2347–2354.

298—299　Later specialization among "exceptional ability" music students:
Sloboda, John A. and Michael J. A. Howe (1991). "Biographical Precursors of Musical Excellence: An Interview Study." *Psychology of Music*, 19:3–21.

299　Gladwell discusses *The Sports Gene* here:
http://www.newyorker.com/online/blogs/sportingscene/2013/08/psychology-ten-thousand-hour-rule-complexity.html and here:
http://www.newyorker.com/a large_gladwellts/critics/atlarge/2013/09/09/130909crat_at-large_gladwell
And here is an analysis of his analysis by Alex Hutchinson, a physics PhD who was a Canadian national runner and is the author of *Which Comes First, Cardio or Weights?*:
http://m.runnersworld.com/general-interest/on-malcolm-gladwell-and-naturals

301—302　BDNF and motor skill acquisition:
Kleim, Jeffrey A., et al. (2006). "BDNF val66met polymorphism is associated with modified experience-dependent plasticity in human motor

cortex." *Nature Neuroscience*, 9(6):735–737.

McHughen, S.A., et al. (2010). "BDNF val66met polymorphism influences motor system function in the human brain." *Cerebral Cortex*, 20(5): 1254–1262.

303　So far, customers seem to react to 23andMe health revelations rationally: Francke, Uta, et al. (2013). "Dealing with the unexpected: consumer response to direct-access BRCA mutation testing." *Peerj*, 1:e8.

Copyright . © 2013, 2014 by David Epstein
Simplified Chinese edition copyright © 2024 by Ginkgo (Shanghai) Book Co., Ltd.
Published by arrangement with The Gernert Company, Inc.
through Bardon-Chinese Media Agency
All rights reserved.

本书中文简体版权归属于银杏树下（上海）图书有限责任公司
著作权合同登记号　图字：22-2023-143

图书在版编目（CIP）数据

我们与天赋的距离 /（加）大卫·爱泼斯坦
(David Epstein) 著 ; 徐黄兆译 . —— 贵阳 : 贵州人民
出版社 , 2024.6
书名原文 : The Sports Gene
ISBN 978-7-221-18215-9

Ⅰ.①我… Ⅱ.①大… ②徐… Ⅲ.①体育运动—遗
传学 Ⅳ.①G804.2

中国国家版本馆CIP数据核字(2024)第030480号

WOMEN YU TIANFU DE JULI
我们与天赋的距离
［加］大卫·爱泼斯坦（David Epstein） 著
徐黄兆 译

出 版 人	朱文迅	选题策划	后浪出版公司
出版统筹	吴兴元	编辑统筹	王 頔
策划编辑	周湖越　苏 轼	责任编辑	梁 丹
特约编辑	舒亦庭	装帧设计	墨白空间·曾艺豪
责任印制	常会杰		
出版发行	贵州出版集团　贵州人民出版社		
地　　址	贵阳市观山湖区会展东路SOHO办公区A座		
印　　刷	嘉业印刷（天津）有限公司		
经　　销	全国新华书店		
版　　次	2024年6月第1版		
印　　次	2024年6月第1次印刷		
开　　本	889毫米×1194毫米　1/32		
印　　张	13.75		
字　　数	308千字		
书　　号	ISBN 978-7-221-18215-9		
定　　价	65.00元		

读者服务：reader@hinabook.com 188-1142-1266
投稿服务：onebook@hinabook.com 133-6631-2326
直销服务：buy@hinabook.com 133-6657-3072
官方微博：@后浪图书

后浪出版咨询（北京）有限责任公司　版权所有，侵权必究
投诉信箱：editor@hinabook.com　　fawu@hinabook.com
未经许可，不得以任何方式复制或者抄袭本书部分或全部内容
本书若有印、装质量问题，请与本公司联系调换，电话：010-64072833